中國石刻關係圖書目錄（1949－2007）

附『石刻史料新編』（全4輯）書名・著者索引

高橋　繼男　編

汲古書院

前　言

　　石刻資料が中國歷代のさまざまな分野の研究に有用であることはいうまでもないが、石刻資料を研究したり、それを研究に利用しようとする初學者にとって、關係する研究文獻やどのような石刻資料が存在するのかを知ることは容易ではない。

　　周知のように、1948年以前の石刻關係圖書は、容媛輯・容庚校『金石書錄目』(1930年初版。修正再版、商務印書館、1936年)、容媛編「金石書錄目補編」(『考古通訊』1955-3)によって、その大凡をおさえることができ、また主として清代以前に著錄された主要な石刻は、楊殿珣編『石刻題跋索引』(商務印書館、1940年。增訂本、同、1957年)によって、その所在を知ることができる。しかし1949年以降、とくに1980～90年代以後、現在も續いている爆發的と稱しても過言ではない、おびただしい數にのぼる石刻關係圖書の刊行情況の全貌を把握することは、きわめて困難である。

　　そこで、編者は「『石刻史料新編第一・二・三輯』書名・著者索引」①を作成した上で、「近二十年出版の隋・唐・五代を中心とする石刻關係書籍目錄（稿）」②を試作し、今から思うと無謀にも、さらにこれを一擧に擴大して、中國の全時代にわたる石刻關係文獻をあつかう「近五十年來出版の中國石刻關係圖書目錄（稿）」③を公表した。これには2001年初めまで出版された約500種の書名を採錄したが、印刷された直後から、「目錄（稿）」で脫落している關係圖書があまりにも多數にのぼることに氣づき、以後これを增補する作業を進めてきた。本目錄は、この作業の現時點における一應の結果である。

　　ここではまず、石刻關係圖書の出版が未曾有の隆盛にいたる、1950年代から1990年前後までの情況をごく簡單に概觀し、ついで本目錄における石刻關係圖書の分類・編集方針を説明しておきたい。

---

① 『(東洋大學) アジア・アフリカ文化研究所研究年報』第28號、1994年3月。前言・凡例（高明士譯）、新文豐出版公司、重印、1995年6月。
② 『法史學研究會會報』第5號、2000年7月。
③ 『唐代史研究』第4號、2001年6月。

一　1950年代から1990年前後に至る石刻關係圖書の出版概況

１．1950年代から1970年代まで

1950年代に中國で刊行された主要な石刻資料集に、次のものがある。

（１）　蔡美彪編著・中國科學院語言研究所編『元代白話碑集錄』科學出版社、1955年2月

（２）　趙萬里著・中國科學院考古研究所編輯『漢魏南北朝墓誌集釋』（考古學專刊乙種第2號）、全1函6册、科學出版社、1956年1月

（３）　商承祚編著『石刻篆文編』（考古學專刊乙種第4號1）、全1函2册、科學出版社、1957年9月

（４）　馬衡著・中國科學院考古研究所編輯『漢石經集存』（考古學專刊乙種第3號之1）、全1函2册、科學出版社、1957年12月

（５）　江蘇省博物館編『江蘇省明清以來碑刻資料選集』生活・讀書・新知三聯書店、1959年5月

（５）を除いて、これらの編著者は1949年以前から活動していた研究者であり、したがって、これらの著作は1949年以前からの研究の集大成であった。（２）は北魏312件・隋221件を中心に、後漢〜隋の墓誌合計612件の拓本を影印し、多くは詳細な考釋を附しており、當該期の墓誌に關する從來の研究を集大成し、以後の研究の基礎をつくった畫期的な著作であったといえよう。

その後、中國では1966年から開始された約10年の「文革」によって、學術圖書の刊行がほとんど途絶えたが、日本では1950年代からこの間、主として書道（書法）方面で編集された次のような圖書が出版された。

（１）　神田喜一郎・田中親美監修『書道全集』全28卷、平凡社、1954年5月〜1968年12月

（２）　西川寧・神田喜一郎監修『書跡名品叢刊』全208册・總索引1册、二玄社、1958年10月〜1981年1月

（３）　西川寧編『西安碑林』講談社、1966年8月

（４）　日比野丈夫［等］監修・成田安賢［等］編『碑刻畫像石：中華人民共和國河南省』共同通信社開發局、1974年2月

（5）　中田勇次郎編『龍門造像題記』全1函2冊、中央公論社、1974年6月

（6）　中田勇次郎編『中國墓誌精華』全1函2冊、中央公論社、1975年12月

　このうちの（6）は、西晉～唐の合計100件の優品墓誌の拓本寫眞と1件ごとの釋文・訓讀文・解題を收めたものである。

　一方、臺灣では、『臺灣中部碑文集成』④、『臺灣南部碑文集成』⑤等が編纂された他、次の大型の叢書が出版された。

（1）　嚴耕望輯『石刻史料叢書：甲・乙編』全60函420冊、藝文印書館、1966年（或いは1967年？）9月

（2）　新文豐出版公司編輯部編『石刻史料新編』新文豐出版公司、全30冊、1977年12月

　（2）はその後、『第二輯』全20冊（1979年）、『第三輯』全40冊（1986年）、『第四輯』全10冊（2006年）と規模を擴大して全100冊となり、ほぼ1960年代頃に出版された圖書にまでおよぶ總計1090種の石刻文獻を收錄し、現在この方面の最大の叢書として斯學の研究に大きな役割を果たしている。

2．1980年～1990年前後

　中國で石刻關係圖書の刊行が本格的に再開されるのは、1980年代に入ってからである。1980年～1981年に、『明淸以來北京工商會館碑刻選編』⑥、『上海碑刻資料選輯』⑦、『明淸蘇州工商業碑刻集』⑧など、明淸以降の碑刻資料集や、六朝陵墓石刻・六朝碑誌の寫眞を多くふくむ『六朝藝術』⑨も出版されたが、數年間のうちに符節を合わせたかのように、香港、中國、臺灣で、唐代墓誌の資料集が相いで刊行されたのは注目にあたいする。

（1）　饒宗頤編著『唐宋墓誌：遠東學院藏拓片圖錄』（香港中文大學中國文化研究所史料叢刊2）、中文大學出版社、1981年

（2）　河南省文物研究所・河南省洛陽地區文管處編『千唐誌齋藏誌』全2冊、文物出版

---

④　劉枝萬著・臺灣銀行經濟研究室編、臺灣文獻叢刊151、臺灣銀行、1962年9月
⑤　黃典權輯・臺灣銀行經濟研究室編、臺灣文獻叢刊218、全6冊、臺灣銀行、1966年3月
⑥　李華編、文物出版社、1980年6月
⑦　上海博物館圖書資料室編、上海史資料叢刊、上海人民出版社、1980年6月
⑧　蘇州歷史博物館等編、江蘇人民出版社、1981年2月
⑨　姚遷・古兵編著、文物出版社、1981年5月

社、1984年1月
（3）　毛漢光撰、盧建榮・耿慧玲・郭長城助理『唐代墓誌銘彙編附考』（中央研究院歷史語言研究所專刊81）第1～18册、中央研究院歷史語言研究所、1984年6月～1994年7月
（4）　李希泌編『曲石精廬藏唐墓誌』齊魯書社、1986年5月

　これらはいずれも、1948年以前に出土した唐代墓誌の拓本を主に收錄している[10]が、戰後初めて出版された唐代墓誌の資料集であって、唐史研究の進展に大きく寄與しただけではなく、以後、中國石刻關係圖書の刊行が盛況となる機運をますます促進させたのではないかと感じるのは、唐史研究にたずさわっている編者の「ひいき目」であろうか。

　その後、魯迅による主に漢代～隋代の石刻の釋文手稿を影印した『魯迅輯校石刻手稿』[11]の刊行も忘れられないが、さらに1990年前後には、二つの畫期的な大型の石刻資料集が公刊された。

（1）　北京圖書館金石組編『北京圖書館藏中國歷代石刻拓本彙編』全9部分100册、中州古籍出版社、1989年5月～1991年6月
（2）　《隋唐五代墓誌彙編》總編輯委員會（吳樹平［等］）編『隋唐五代墓誌彙編』全9卷29册・索引1册、天津古籍出版社、1991年12月～1992年4月

　（1）は戰國秦漢から民國の9部分に分け、第3部分の「隋唐五代十國」全28册には、概算によれば合計約4700件（うち墓誌3400餘件）の石刻を影印しており、その唐代墓誌のほとんどは1948年以前の出土によるものという[12]。また（2）は全國各地・各機關所藏の當該時代の墓誌、合計約5050件（重複と墓誌蓋を除く）を收錄しており、そのなかには1949年以後に新たに出土した墓誌もかなり多數ふくまれていることが特徵的である。なお、（2）の出版の直前には、新出土の唐代墓誌をふくむ『咸陽碑石』[13]や、やはり新出土のものを

[10]　（1）（2）（4）については、吉岡眞「フランス極東學院所藏唐代墓誌拓本紹介」（初出1983年）、同「『千唐誌齋藏志』關係文獻調查槪要」（初出1988年）、同「『曲石精廬藏唐墓誌』敍錄」（初出1989年）、參照。いずれも後に、吉岡眞『現存唐代墓誌研究－總合目錄の作成－（平成8年度～平成9年度科學研究費補助金基盤研究（C）（2）研究成果報告書）』1998年、に收錄。
[11]　北京魯迅博物館・上海魯迅紀念館編、全3函18册、上海書畫出版社、1987年7月
[12]　吉岡眞「北京圖書館藏唐代墓誌拓本管見」（初出1992年）、後に、前注[10]所揭の吉岡『研究成果報告書』に收錄。
[13]　陝西金石文獻彙集、張鴻傑主編、三秦出版社、1990年12月

ふくむ836件（うち唐代墓誌646件）を収める『洛陽出土歷代墓誌輯繩』⑭も刊行された。ここから唐代墓誌に限っていえば、（1）は1948年以前に出土した墓誌拓本を總括的に公開し、（2）は『輯繩』などとともに1949年以後に新たに出土した唐代墓誌拓本の影印出版に先鞭をつけた、と見なすことが可能ではなかろうか。

　その後、唐代墓誌關係の資料集の出版は一層盛んとなり、大型の圖書が相ついだことは、氣賀澤保規編『新版　唐代墓誌所在總合目錄』（汲古書院、2004年3月）の「凡例」を參照すれば一目瞭然であるが、氣賀澤氏の新版目錄刊行の後わずか3年半の間に、主要なものだけでも次の10種の大部な資料集が刊行されていることからも、石刻關係圖書の出版の盛況ぶりが了解されよう。

（1）　趙君平編『邙洛碑誌三百種』中華書局、2004年7月
（2）　楊作龍・趙水森［等］編著『洛陽新出土墓誌釋錄』（洛陽師範學院河洛文化研究所系叢書）、北京圖書館出版社、2004年10月
（3）　中國文物研究所・河北省文物研究所編『新中國出土墓誌・河北〔壹〕』全2册　文物出版社、2004年12月
（4）　陝西省古籍整理辦公室・洛陽市第二文物工作隊編、吳鋼主編『全唐文補遺』第8輯、三秦出版社、2005年6月
（5）　陳尙君輯校『全唐文補編』全3册、中華書局、2005年9月
（6）　吳鋼主編、王京陽・趙跟喜・張建華本輯副主編『全唐文補遺・千唐誌齋新藏專輯』三秦出版社、2006年6月
（7）　中國文物研究所・常熟博物館編『新中國出土墓誌・江蘇〔壹〕常熟』全2册、文物出版社、2006年11月
（8）　陝西省古籍整理辦公室編・吳鋼主編『全唐文補遺』第9輯、三秦出版社、2007年7月
（9）　趙君平・趙文成編『河洛墓刻拾零』全2册、北京圖書館出版社、2007年7月
（10）　西安碑林博物館編・趙力光主編『西安碑林博物館新藏墓誌彙編』（中國石刻文獻研究叢刊3）、全3册、綫裝書局　2007年10月

以上、主として唐代墓誌關係の資料集に言及したに過ぎないが、唐代墓誌以外の石刻に

⑭　洛陽市文物工作隊編、中國社會科學出版社、1991年6月

ついても同樣の情況で、1990年前後を境にして、石刻關係圖書の出版はますます拍車がかかり、未曾有のブームを迎えることとなった。各種の歷代石刻の拓本影印集・錄文集、『唐代某々』のごとく時代を限定した石刻圖書、各省・市・縣等或る地域の歷代の碑誌刻を收錄したもの、石窟、摩崖、寺觀・祠廟等の石刻資料集、各地の碑林作品集、石刻造像、これらの石刻を取りあつかった槪說書・硏究書、その他、ありとあらゆる石刻關係圖書が、中央・地方を問わず、おびただしい數で出版されている。これらの圖書は、歷史硏究のみならず中國を對象とする多方面の硏究にとって、今後ますます重要になるであろう。しかし現在、これらの關係圖書を一書にまとめた目錄の類は見あたらず、どのような新しい關係書籍が刊行されているかを調べる簡便な手段は與えられていない。本目錄が、斯學を志す人々の工具書の一つとして利用されることを期待したい。

二　本目錄の分類・編集方針

　石刻の分類は非常に難しく、一定の分類が確立しているわけでもない。たとえば前揭の楊殿珣編『石刻題跋索引』は「墓碑、墓誌、刻經（石經・釋道經幢）、造像・畫象、題名題字、詩詞、雜刻・磚瓦・法帖」に分類し、趙超著『中國古代石刻槪論』（文物出版社、1997年6月）は、「刻石（摩崖・碣）、碑、墓誌、塔銘及び塔と關係する石刻、經幢・墳幢、造像題記、畫像石、經版、買地券・鎭墓券、建築附屬刻銘、その他の雜刻」に10大分類している。しかし、實際の石刻圖書は多種多樣な石刻を一書に收錄している場合が多く、全ての石刻關係圖書を石刻の種類によって細かく分類することは到底不可能である。

　また、前揭の容媛輯『金石書錄目』は、金石書を「總類、金類、錢幣類、璽印類附封泥、石類、玉類、甲骨類、匋類、竹木類、地志類」に10大分類し[15]、それぞれをさらに「某某之屬」に細分しているが、たとえば「總類」は「目錄之屬（以下「之屬」を省略）、圖象、文字、通考、題跋、字書、雜箸、傳記」に8分し、「石類」の部分はこのなかの「傳記」がなく、「義例」を加えている。容媛氏の分類はおおいに參考となるが、これにそのまま從って、近年刊行された膨大な數にのぼる石刻關係圖書を分類しても、使いやすい目錄になるとは思われない。

　そこで、本目錄はできる限り實際の硏究に役立つ實用的なものになることを企圖して、

---

[15]　前揭の容媛編「金石書錄目補編」は、これにさらに「發掘調査類」を加えて11分類にしている。

次のような方針で分類・編集している。
1．全體を次のように構成する。詳細は後掲の目次を參照願いたい。
　　Ⅰ　資料性圖書〔A　總合性大型圖書、B　南北朝以前を主とする圖書、C　隋唐五代を主とする圖書、D　宋以後を主とする圖書〕
　　Ⅱ　考古調查發掘報告書・新出土文物圖錄
　　Ⅲ　概說・研究圖書〔A　總述・通論、B　南北朝以前を主とする圖書、C　隋唐五代を主とする圖書、D　宋以後を主とする圖書、E　題跋(敍錄)・碑帖・碑學關係圖書、F　校點・校注・校補圖書、G　石刻・碑帖・書道(書法)關係邦譯圖書、H　石刻紀行關係圖書、I　傳拓關係圖書・その他〕
　　Ⅳ　字體（字形）關係圖書〔A　石刻文字・異體字(俗字・別字)關係圖書、B　その他の字典・字書〕
　　Ⅴ　目錄(索引)・地圖〔A　石刻・刻工目錄、B　機關(個人)所藏石刻・拓本目錄（圖錄）、C　石刻文獻目錄・地圖〕
2．本目錄でいう「石刻」とは、石に文字を刻したものを主とするが、陶磚銘文・瓦當、畫像石・畫像磚、岩畫、高句麗廣開土王(好太王)碑、王羲之・王獻之全集、石窟・造像・雕刻、石窟志・石窟內容總錄、展覽會圖錄・目錄、書道（書法）、金石家、考古學關係文獻目錄・年鑑・地圖などに關する圖書も、それぞれ「附錄」として採錄する。
3．碑帖關係については、單獨の碑誌（單帖）、あるいは小規模のものは採錄しない。
4．篆刻（璽印）・封泥は獨自の分野を形成しているので、本目錄には收錄しない。
5．省・市・縣など地域別に編纂されているものが多い分野は、省每に分けて揭出する。
6．「Ⅴ　目錄(索引)・地圖」に、かなり詳細な「考古學關係文獻目錄・年鑑・地圖」を附錄したのは、新出土の石刻などに關する報告・研究論文の檢索に資するためである。
7．それぞれの關係圖書の下に、その圖書の內容を簡單に紹介する短文をできる限り附す。
8．卷末に、中華民國以前の主要な石刻書をほとんど網羅的に收錄する「『石刻史料新編』（全4輯）書名・著者索引」を附錄することによって、本目錄1冊で、現在にいたるまでの主要な石刻關係圖書の書名を一覽できるようにする。
　以上の如くであるが、本目錄で把握できた圖書數は、Ⅰに1377、Ⅱに179、Ⅲに1280、Ⅳに219、Ⅴに231、合計3286點である[16]。しかし、近年は中國の地方で出版される關係書

—7—

籍も多く、また中國、香港、臺灣、日本以外の地域の調査が不十分であることは自覺しており、必ずや筆者の未知の關係圖書が少なからず存在しているに相違ない。さらに分類・配置が不適切な圖書が存するのではないかも、氣にかかるところである。諸賢のご教示をいただき、補訂できる機會があれば幸いである[17]。

　本目錄の作成を進めるなかで、ここに個々人のお名前を揭げることはできないが、國內外の實に多くの同學諸氏から、おりにふれて貴重なご教示を頂戴し、東方書店・亞東書店などでは、中國からの新刊・新着圖書を實見させていただいた。また、日本學術振興會平成15～17年度科學研究費補助金（基盤研究（B）（2））研究代表者・明治大學氣賀澤保規教授「中國南北朝後期隋唐期の石刻文字資料の集成・データベース構築と地域社會文化の研究」（研究分擔者）、東洋大學平成17年度特別研究「中國石刻資料の調査と研究」（研究代表者）からは、研究費の補助をうけ、東洋大學大學院博士後期課程在學の竹内洋介君には、舊稿「『石刻史料新編第一・二・三輯』書名・著者索引」の點檢とエクセルへのデータ入力で協力を得た。

　さらに本書の出版にさいしては、日本學術振興會平成20年度科學研究費補助金（研究成果公開促進費）が交附され、汲古書院相談役坂本健彥氏、同社長石坂叡志氏、同編集部大江英夫氏には格別のご配慮をいただいた。

　以上特に記して、關係機關、關係各位に深く感謝申しあげる。

2009年1月

編者　記

---

[16]　これに『石刻史料新編』（全4輯）書名索引の1090點を合計すれば、4376點（若干の重複を含む）となる。
[17]　以上は「第八屆唐代文化國際學術研討會」（於臺灣・國立中興大學、2007年11月30日）で口頭發表した「《中國石刻關係圖書目錄（1949～2007）》の編纂」の原稿を改稿したものである。

中國石刻關係圖書目錄(1949－2007)　目次

前　言

凡　例

I　資料性圖書　　　　　　　　　　　　　　　　　　　　（圖書番號）
 A　總合性大型圖書　　　　　　　　　　　　　　　0001〜0014
  附錄1　碑帖・書道(書法)關係圖書　　　　　　0015〜0025
  附錄2　石窟・造像(雕塑)關係圖書　　　　　　0026〜0033
  附錄3　佛寺志・道觀志・祠墓志關係叢書　　　0034a〜0036
 B　南北朝以前を主とする圖書　　　　　　　　　　0037〜＊006
  附錄1　陶磚銘文・瓦當關係圖書　　　　　　　0137〜＊011
  附錄2　畫像石磚關係圖書
   ①　廣域　　　　　　　　　　　　　　　　0205〜0239
   ②　山西省・江蘇省・安徽省　　　　　　　0240〜0248
   ③　山東省　　　　　　　　　　　　　　　0249〜＊013
   ④　河南省　　　　　　　　　　　　　　　0262〜0285
   ⑤　四川省　　　　　　　　　　　　　　　0286〜0298
   ⑥　陝西省　　　　　　　　　　　　　　　0299〜0306
   ⑦　甘肅省　　　　　　　　　　　　　　　0307〜0309
  附錄3　岩畫關係圖書　　　　　　　　　　　　0310〜＊014
  附錄4　高句麗廣開土王(好太王)碑　　　　　　0345〜＊015
  附錄5　王羲之・王獻之全集　　　　　　　　　0365〜0379
 C　隋唐五代を主とする圖書　　　　　　　　　　　0380〜＊017
 D　宋以後を主とする圖書
   ①　廣域　　　　　　　　　　　　　　　　0467〜0516

②	北京市・天津市	0517〜0549
③	河北省	0550〜＊019
④	山西省	0580〜＊022
⑤	內蒙古自治區・遼寧省	0632〜0641
⑥	吉林省・黑龍江省	0642〜0648
⑦	上海市・江蘇省	0649〜＊023
⑧	浙江省	0692〜＊025
⑨	安徽省	0721〜0728
⑩	福建省	0729〜0769
⑪	江西省	0770〜0786
⑫	山東省	0787〜＊027
⑬	河南省	0832〜＊028
⑭	湖北省	0877〜0889
⑮	湖南省	0890〜0897
⑯	廣東省・海南省	0898〜0926
⑰	廣西壯族自治區	0927〜＊030
⑱	重慶市・四川省	0942〜0964
⑲	貴州省	0965〜0973
⑳	雲南省	0974〜＊032
㉑	西藏自治區	1005〜1006
㉒	陝西省	1007〜＊033
㉓	甘肅省	1036〜＊034
㉔	青海省・寧夏回族自治區	1048〜1050
㉕	香港・澳門	1051〜1055
㉖	臺灣	1056〜1077
㉗	その他	1078〜1090

(B〜D)附錄1　石窟・造像・雕刻關係圖書

①	廣域	1091〜＊035

②	北京市・河北省	1136～1144
③	山西省	1145～＊036
④	遼寧省	1154～＊037
⑤	江蘇省	1155～＊038
⑥	浙江省	1165～1171
⑦	安徽省・	1172～1178
⑧	福建省・江西省	1179～1180
⑨	山東省	1181～1183
⑩	河南省	1184～＊039
⑪	湖北省・湖南省	1204～1207
⑫	重慶市・四川省	1208～＊040
⑬	雲南省	1237～1238
⑭	西藏自治區	1239～＊041
⑮	陝西省	1241～1254
⑯	甘肅省	1255～1268
⑰	新疆維吾爾自治區	1269a～1269b
⑱	臺灣	1270～1271

(B～D)附錄2　石窟志・石窟內容總錄　　　　　　　　1272～＊044

Ⅱ　考古調查發掘報告書・新出土文物圖錄

①	北京市	2001～2004
②	河北省	2005～2008
③	山西省	2009～＊201
④	內蒙古自治區	2020～2024
⑤	遼寧省・吉林省・黑龍江省	2025～2029
⑥	江蘇省	2030～2033
⑦	浙江省・安徽省	2034～＊202
⑧	福建省・江西省	2038～2040
⑨	山東省	2041～2043

	⑩	河南省	2044〜＊203
	⑪	湖北省	2056〜2058
	⑫	重慶市・四川省	2059〜＊204
	⑬	雲南省・西藏自治區	2067〜2068
	⑭	陝西省	2069〜＊206
	⑮	甘肅省・寧夏回族自治區	2097〜2107
	⑯	新疆維吾爾自治區	2108〜2110
	⑰	その他	2111〜2112
	附錄	展覽會圖錄・目錄	2113〜＊207

Ⅲ 概説・研究圖書

A	總述・通論		3001〜3037
B	南北朝以前を主とする圖書		3038〜＊302
	附錄1	陶磚銘文・瓦當關係圖書	3148〜＊303
	附錄2	畫像石磚關係圖書	3173〜＊307
	附錄3	岩畫關係圖書	3256〜＊310
	附錄4	高句麗廣開土王(好太王)碑關係圖書	3316〜3366
C	隋唐五代を主とする圖書		3367〜＊311
D	宋以後を主とする圖書		
	①	廣域	3452a〜＊312
	②	北京市・天津市・河北省	3492〜＊313
	③	山西省	3523〜3527
	④	內蒙古自治區・遼寧省・吉林省	3528〜＊314
	⑤	黑龍江省	3534〜＊316
	⑥	上海市・江蘇省	3536〜＊318
	⑦	浙江省	3547〜3550
	⑧	福建省・江西省	3551〜3554
	⑨	山東省	3555〜3569
	⑩	河南省	3570〜3587

⑪	湖北省・湖南省	3588〜3589
⑫	廣東省・海南省	3590〜＊320
⑬	廣西壯族自治區	3593〜3602
⑭	重慶市・四川省	3603〜3610
⑮	貴州省・雲南省	3611〜3616
⑯	陝西省	3617〜3633
⑰	甘肅省・靑海省・新疆維吾爾自治區	3634〜3640
⑱	香港・澳門	3641〜3642
⑲	臺灣	3643〜3661
⑳	その他	3662

（A〜D）附錄　石窟・造像・雕刻關係圖書

①	廣域	3663〜＊323
②	北京市・河北省	3759〜3762
③	山西省	3763〜＊325
④	內蒙古自治區・遼寧省	3797〜3798
⑤	江蘇省	3799〜＊326
⑥	浙江省・安徽省	3805〜3809
⑦	山東省	3810〜3814
⑧	河南省	3815〜3834
⑨	廣西壯族自治區	3835
⑩	重慶市・四川省	3836〜＊327
⑪	陝西省	3882〜3888
⑫	甘肅省	3889〜＊328
⑬	新疆維吾爾自治區	3909〜3915
⑭	臺灣	3916
⑮	その他	3917〜3920

E　題跋(敍錄)・碑帖・碑學關係圖書　　　　　3921〜＊333

　　附錄1　書道(書法)關係圖書　　　　　　　4013〜＊334

		附錄 2　金石家(清後期以降)關係圖書	4119〜＊336
	F	校點・校注・校補圖書	4151〜4187
	G	石刻・碑帖・書道(書法)關係邦譯圖書	4188〜＊337
	H	石刻紀行關係圖書	4208〜4220
	I	傳拓關係圖書・その他	4221〜4232
Ⅳ	字體(字形)關係圖書		
	A	石刻文字・異體字(俗字・別字)關係圖書	5001〜＊501
	B	その他の字典・字書	5095〜＊502
Ⅴ	目錄(索引)・地圖		
	A	石刻・刻工目錄	6001〜＊603
	B	機關(個人)所藏石刻・拓本目錄(圖錄)	
		①　中國	6045〜6075
		②　臺灣	6076〜6083
		③　日本	6084〜6097
		④　アメリカ	6098
	C	石刻文獻目錄・地圖	6099〜6120
	附錄　考古學關係文獻目錄・年鑑・地圖		6121〜6170
	［參考］考古研究文獻集成		6171〜6174e

附『石刻史料新編』(全 4 輯) 書名・著者索引　　　　　　　239頁

凡　　例

1．本目錄は、新中國が成立した1949年から2007年までに、中國および諸國・諸地域で出版された、中國歷代の石刻に關する圖書の目錄である。

2．2008年に入ってから刊行されたもの（近刊豫告を含む）も、2008年11月現在までに氣づいた限りで記載する。

3．1948年以前に出版された圖書の再版本・複印本、および1949年以後初版の圖書の再版本は原則として採錄しない。

4．石刻に關する專著を主とするが、石刻を收錄している資料集・調査發掘報告書、石刻を廣く利用している研究書・校訂本なども、できるだけ記載する。

5．特に必要と認めた雜誌所載の作品は、例外的に採錄する。

6．本目錄における石刻關係圖書の分類・編集方針は、「前言」および「目次」を參照されたい。

7．圖書の配列は、細分類した項目ごとに、圖書の刊行「年月」順による。「月」が不詳の場合は、その「年」内の後方に記載する。

8．書名の前に、大分類ごとにそれぞれⅠ（0001〜）、Ⅱ（2001〜）、Ⅲ（3001〜）、Ⅳ（5001〜）、Ⅴ（6001〜）から始まる固有の通し番號を附し、2008年に入ってから刊行された圖書には「＊」を附した通し番號をつけて區別する。

9．採錄した圖書に關する書評・紹介や索引など、關連文獻があるものは、氣づいた範圍で記載する。

10．圖書の内容について簡單な説明を附したものがあるが、説明の有無はその圖書の重要性如何とは關係しない。

11．出版データに關して原書で使用されている簡體字や日本の常用漢字は、舊體漢字（繁體字）に改めて表記する。

中國石刻關係圖書目錄(1949-2007)

附『石刻史料新編』(全4輯) 書名・著者索引

中國石刻關係圖書目錄（1949－2007）

Ⅰ　資料性圖書
A　總合性大型圖書

0001.　**石刻史料叢書：甲乙編**　全60函420册　嚴耕望輯　（臺灣）藝文印書館　1966（或いは1967）年序

　　　　甲編「文錄」に27種、乙編「目錄跋尾」に27種、合計54種の宋～民國の石刻書を影印收錄。

0002a.　**石刻史料新編**　全30册　新文豐出版公司編輯部編　（臺灣）新文豐出版公司　1977年12月

0002b.　**石刻史料新編：第二輯**　全20册　新文豐出版公司編輯部編　（臺灣）新文豐出版公司　1979年6月

0002c.　**石刻史料新編：第三輯**　全40册　新文豐出版公司編輯部編　（臺灣）新文豐出版公司　1986年7月

0002d.　**石刻史料新編：第四輯**　全10册　新文豐出版公司編輯部編　（臺灣）新文豐出版公司　2006年7月

　　　　a・b・c・d合わせて、1980年代の出版にまで及ぶ總計1092種の石刻關係書を影印收錄。現在この方面の最大の叢書。

　　　　Annotated Bibliography to the Shike Shiliao Xinbian 石刻史料新編［*New Edition of Historical Materials Carved on Stone*］. Kuhn, Dieter, and Stahl, Helga. Heidelberg: Wurzburger Sinologische Schriften, Edition Forum, 1991.

　　　　『石刻史料新編第一・二・三輯』書名・著者索引　高橋繼男編　（日本・東洋大學）アジア・アフリカ文化研究所研究年報28　1994年3月。重印　（臺灣）新文豐出版公司　1995年6月。（本書に改題・增訂して附錄する）

0003a.　**北京圖書館藏中國歷代石刻拓本彙編**　全9部分100册　北京圖書館金石組編　中州古籍出版社　1989年5月～1991年6月

0003b.　**北京圖書館藏中國歷代石刻拓本彙編索引**　吳樹平・吳寧歐編　中州古籍出版社　1992年4月

北京圖書館（現中國國家圖書館）所藏の石刻拓本の影印集。［1］戰國秦漢1册、［2］三國兩晉南北朝7册、［3］隋唐五代十國28册、［4］兩宋8册、［5］遼金西夏3册、［6］元3册、［7］明10册、［8］清30册、［9］中華民國10册。現在、石刻拓本の影印集として最大。［3］隋唐五代十國に、隋（附高昌・鄭）347（墓誌236）、唐（附燕・南詔）4193（墓誌3146）、五代十國（附大理）159（墓誌57）、合計4699（墓誌3439）點を收錄。

北京圖書館所藏唐代墓誌拓本管見　吉岡眞『アジア史における地域自治の基礎的研究』（平成3年度科學研究費補助金〈總合研究（A）〉研究成果報告書）今永淸二編　1992年3月

北京圖書館藏元代石刻拓本目錄：『北京圖書館藏中國歷代石刻拓本滙編』未收錄部分　池内功編『（四國學院大學）創立四十五周年記念論文集』（日本）四國學院大學文化學會　1995年2月

《北京圖書館藏中國歷代石刻拓本彙編》北朝造像記部分補證　侯旭東　北朝研究1997-2

0004. **中國石刻大觀**　全37卷　秦公主編　福本雅一翻譯監修　（日本）同朋舍出版　1991年7月〜1993年3月

資料篇7卷、精粹篇28卷、書法篇1卷、研究篇1卷からなる。

0005. **中國金石集萃**　全10函　文物出版社編輯　文物出版社　1992年5月〜1994年1月

［1・2］商周秦漢の金文200點、［3］戰國〜明の銅鏡拓本200點、［4］秦漢瓦當、［5］漢畫像磚、［6］秦漢石刻と南北朝造像記の拓本合計約100種、［7・8］六朝墓誌拓本200點、［9・10］隋墓誌拓本20點・唐墓誌拓本180點を原寸大で影印。

0006a. **臺灣地區現存碑碣圖誌**　全16册　何培夫主編　（臺灣）國立中央圖書館（國家圖書館）臺灣分館　1992年6月〜1999年6月

［1・2］臺南市篇、［3］澎湖縣篇、［4］嘉義縣市篇、［5］臺南縣篇、［6］高雄市縣篇、［7］屏東縣・臺東縣篇、［8］雲林縣・南投縣篇、［9］彰化縣篇、［10］臺中縣市・花蓮縣篇、［11］新竹縣市篇、［12］苗栗縣篇、［13］臺北市・桃園縣篇、［14］臺北縣篇、［15］宜蘭縣・基隆市篇、［16］補遺篇

0006b. **金門・馬祖地區現存碑碣圖誌**　何培夫主編　（臺灣）國家圖書館臺灣分館　1999年6月

a・bともに各地區の碑刻拓本寫眞に釋文を附し、卷末に「今已遺失碑碣之錄文」などを收める。

0007. **大理叢書・金石篇**　全10册　楊世鈺・張樹芳主編　中國社會科學出版社　1993年12月

漢〜民國の碑刻、摩崖、器物銘文、墓碑、磚瓦銘文、官印など合計1200餘點の拓本影印集。

0008a. 新中國出土墓誌・河南〔壹〕 全2冊 中國文物研究所・河南省文物研究所編 文物出版社 1994年10月

  1949年以後に河南省の北部・中部12市29縣で出土した墓誌、晉1、北魏1、東魏2、北齊5、隋4、唐83、五代3、宋119、金1、元6、明124、清92、民國19、合計460點の拓本寫眞と釋文を收錄。

  《新中國出土墓誌・河南〔壹〕》評介 任昉・王昕 中國文物報1995年7月16日

  書評：中國文物研究所等編《新中國出土墓誌・河南》壹 榮新江 唐研究1 1995年12月

0008b. 新中國出土墓誌・河南〔貳〕 全2冊 中國文物研究所・河南省文物考古研究所編 文物出版社 2002年12月

  1949年以後に河南省の鄭州、商丘、開封、周口、信陽、駐馬店、漯河、南陽、洛陽、三門峽など61市縣で出土した墓誌（含墓磚・墓誌蓋・買地券）、北魏2、隋1、唐54、五代1、宋11、金1、元1、明209、清79、民國7、合計366點の拓本寫眞と釋文を收錄。

0008c. 新中國出土墓誌・河南〔參〕千唐誌齋〔壹〕 全2冊 中國文物研究所・千唐誌齋博物館編 文物出版社 2008年1月

  千唐誌齋博物館が1990年代半ばから新たに蒐集した洛陽地域出土の墓誌、北魏2、東魏1、隋5、唐333、五代3、北宋4、明2、合計350點の拓本寫眞と釋文を收錄。

0008d. 新中國出土墓誌・陝西〔壹〕 全2冊 中國文物研究所・陝西省古籍整理辦公室編 文物出版社 2000年11月

  1949年以後に陝西省の咸陽・渭南・榆林・安康・漢中各地區で出土した墓誌（含墓瓦文・墓磚銘・墓誌蓋）、秦1（18片）、前漢1、後漢17、魏1、北魏5、西魏2、北周1、隋6、唐120、五代1、宋12、金3、元5、明101、清160、民國12、合計448點の拓本寫眞と釋文を收錄。

  《新中國出土墓誌・陝西》壹（上下冊）評介 榮新江 古籍整理出版情況簡報2001-11

  書評：《〈新中國出土墓誌・陝西〉（壹）》 蒙曼 唐研究7 2001年12月

0008e. 新中國出土墓誌・陝西〔貳〕 全2冊 中國文物研究所・陝西省古籍整理辦公室編 文物出版社 2003年10月

  1949年以後に陝西省で出土した西安碑林博物館所藏の墓誌・塔銘・鎭墓石など、北魏2、西魏2、北周2、隋11、唐342、五代1、宋4、元10、明84、清7、民國1、合計468點の拓本寫眞と釋文（うち30點は釋文のみ）を收錄する。

0008f. **新中國出土墓誌・重慶**　中國文物研究所・重慶市博物館編　文物出版社 2002年3月

　　1949年以後に重慶地區で出土した墓碑誌、隋2、唐4、五代2、宋39、西夏1、明61、明末清初1、清50、民國以降14、合計174點の拓本寫眞と釋文を收錄する。

0008g. **新中國出土墓誌・北京〔壹〕**　全2冊　中國文物研究所・北京石刻藝術博物館編　文物出版社　2003年12月

　　1949年以後に出土・徵集した北京石刻藝術博物館、北京古代建築博物館及び朝陽、海淀、豐臺、順義、昌平、門頭溝、通州、房山、大興、懷柔、平谷、密雲等の區縣文物管理單位に收藏の墓誌・買地券など、隋2、唐43、遼9、金12、元11、明281、清42、民國8、年代不詳3、合計411點の拓本寫眞と釋文を收錄する。

0008h. **新中國出土墓誌・河北〔壹〕**　全2冊　中國文物研究所・河北省文物研究所編　文物出版社　2004年12月

　　1949年以後に河北省で出土した正定、磁縣、邯鄲、涿州、宣化、その他收藏單位所藏の墓誌、後漢1、北魏6、東魏7、北齊21、北周1、隋13、唐104、五代2、宋1、遼4、金4、元3、明206、清73、民國5、合計450點の拓本寫眞と釋文を收錄する。

　　集新出墓誌之大成、展傳統文化之精華：《新中國出土墓誌》整理工作的回顧與前瞻　任昉　中國文物報2005年7月13日　［新出土墓誌の集大成、傳統文化の精華：『新中國出土墓誌』編纂の回顧と展望　東アジア石刻研究創刊號　（日本）明治大學東アジア石刻文物研究所（準）　2005年12月］

0008i. **新中國出土墓誌・江蘇〔壹〕常熟**　全2冊　中國文物研究所・常熟博物館編　文物出版社　2006年11月

　　常熟博物館・常熟市石刻博物館所藏品を主とする江蘇常熟地區出土の墓誌、唐29、五代十國5、宋8、元1、明232、清34、民國13、年代不詳1點、合計323點の拓本寫眞と釋文を收錄する。

0009. **歷代碑誌叢書**　全25冊　中國東方文化研究會歷史文化分會編　張忱石主編　江蘇古籍出版社　1998年4月

　　宋～近代の代表的な石刻書85種を精選し影印する。

0010. **中國西南地區歷代石刻彙編**　全7卷20冊　重慶市博物館［等］編　天津古籍出版社　1998年12月

　　［1］四川重慶卷　2冊　重慶市博物館編（含隋2・唐6・五代十國3點）、［2］四川凉

山卷　1冊　四川省涼山州博物館編、［3］廣西省博物館卷　5冊　廣西壯族自治區博物館編（含唐5・南漢4點）、［4］廣西桂林卷　5冊　桂林博物館・桂林石刻博物館編（含唐19點）、［5］雲南省博物館卷　1冊　李昆聲主編（含唐2・南詔2點）、［6］雲南大理卷　4冊　楊世鈺主編、［7］貴州卷　2冊　潘成義主編、合計石刻4000餘種の拓本影印集。

0011. **西安碑林全集**　全25函200卷　高峽主編　廣東經濟出版社・海天出版社　1999年12月
西安碑林博物館の漢代～近代の全藏石(?)を、總册1卷、碑刻58卷(約450點、含唐110餘)、墓誌43卷(約800點、含北朝160餘・隋120餘・唐350餘)、石刻綫畫3卷(約100種)、造像題記2卷(約70點)、開成石經82卷、陝西碑石精粹10卷(270餘點、含唐150餘)、補遺1卷(19點、含唐墓誌9)に分け、拓本を影印する。
『西安碑林全集』所收「唐代墓誌目錄」　（明治大學）大學院氣賀澤ゼミ編　（日本）明大アジア史論集7　2002年2月
西安碑林博物館藏碑刻總目提要　陳忠凱・王其禕・李舉綱・岳紹輝編著　綫裝書局　2006年5月

0012. **中國歷代墓誌選編**　全10册　于平編輯　天津古籍出版社　2000年1月
後漢～民國の墓誌約2000點の拓本を影印。その中、隋（含高昌）80餘、唐約940、五代十國30餘で過半を占める。

0013. **歷代石刻史料彙編**　全5編16册　國家圖書館善本金石組編　北京圖書館出版社　2000年8月。**中國歷代石刻史料彙編：全文檢索版**　CD-ROM8枚　北京書同文數字化技術有限公司製作　萬方數據電子出版社　2004年11月
［1］先秦秦漢魏晉南北朝編2册、［2］隋唐五代編4册、［3］兩宋編4册、［4］遼金元編3册、［5］明清編3册。民國以前に編纂された160餘種の歷代金石書（地方志中の金石志を含む）から、［1］に1700餘篇、［2］に約2800篇、［3］に約4500篇、［4］に3100餘篇、［5］に3700餘篇、合計15800餘篇の石刻史料を精選、影印するという。本書は分編・改題し、**先秦秦漢魏晉南北朝石刻文獻全編**2册　2003年3月、**隋唐五代石刻文獻全編**4册　2003年6月、**宋代石刻文獻全編**4册　2003年3月、**遼金元石刻文獻全編**3册　2003年3月、**明清石刻文獻全編**3册　2003年3月、として北京圖書館出版社から再刊された。

0014. **中國西北地區歷代石刻彙編**　全10册　趙平編輯　天津古籍出版社　2000年8月
陝西、寧夏、甘肅、青海、新疆各省・自治區の傳世品・新出土の墓誌、碑石、摩崖、造像

碑、石雕など、1600餘種の拓本を影印收錄。

附錄1　碑帖・書道(書法)關係圖書

0015.　**書道全集**　全28卷（本卷26、別卷2）　神田喜一郎・田中親美監修　(日本)平凡社　1954年5月～1968年12月

　　　中國を對象とするもの16卷（殷周秦・漢・三國西晉十六國・東晉各1卷、南北朝2卷、隋唐五代3卷、宋2卷、元明清3卷、補遺・印譜各1卷）、日本を對象とするもの12卷。各卷に書道史關係論文、圖版（局部のものあり）・釋文に解説などを附す。

0016.　**定本書道全集**　全19卷（本卷18、別卷1）　尾上八郎[等]監修　(日本)河出書房新社　1954年6月～1957年2月。覆刻版　(日本)名著普及會　1980年10月～1981年3月

　　　中國を對象とするもの10卷（殷周秦・漢・西域出土木簡その他の書蹟・三國東晉・六朝隋各1卷、唐2卷、宋元・明清・印譜各1卷）、日本を對象とするもの9卷。各卷に圖版、書き下し文、解説文を收める。

0017.　**書跡名品叢刊**　全208册・總索引1册　西川寧・神田喜一郎監修　(日本)二玄社　1958年10月～1981年1月。合訂版　全28卷　同　2001年1月

　　　合訂版は殷周秦1卷、漢三國4卷、六朝5卷、隋唐8卷、宋元3卷、明2卷、清（日本、總索引を含む）5卷からなり、合計505點の圖版・釋文に解説を附す。

0018.　**書學大系**　全85卷（碑法帖篇50卷　研究篇15卷　碑法帖篇第Ⅱ期20卷）　(日本)同朋舍出版　1984年4月～1987年11月

0019.　**中國美術全集**　全60册　中國美術全集編輯委員會編　文物出版社・人民美術出版社・上海人民美術出版社・中國建築工業出版社　1984年9月～1989年

　　　繪畫編　全21册、雕塑編　全13册、工藝美術編　全12册、書法篆刻編　全7册、建築藝術編　全6册、總目錄・索引・年表　1册からなる。

0020.　**中國書道全集**　全9卷（本卷8、別卷1）　中田勇次郎責任編集　(日本)平凡社　1986年5月～1989年2月

　　　殷周秦漢・魏晉南北朝各1卷、隋唐五代・宋金元各2卷、明1卷、清2卷からなる。

0021.　**中國書法全集**　全100餘卷（豫定）　劉正成[等]主編　榮寶齋出版社　1991年10月～（刊行中）

既刊、第2～16、18～20、22～23、25～27、30、32～38、40、43～47、49～52、54～67、70～71、74～78、82～83、86、92卷、合計66卷？ ［4］に春秋戰國刻石簡牘帛書、［7～9］に秦漢刻石・秦漢金文陶文、［10～11］に三國兩晉南北朝碑刻摩崖、［12］に北朝摩崖刻經、［13～16］に三國兩晉南北朝墓誌、［18～19］に王羲之・王獻之、［22］に褚遂良：附初唐名家、［25～26］に顏眞卿、［27］に柳公權、［30］に隋唐五代墓誌、［92］に先秦璽印篆刻などを收める。

0022. **中國歷史博物館藏法書大觀**　全15卷・附錄1卷　中國歷史博物館編　史樹靑主編（日本版）西林昭一監修　（日本）柳原書店　1994年11月～1999年7月。上海教育出版社　2000年5月～（刊行中）

［1～2］甲骨文・金文、［3］陶文・塼文・瓦文、［4］璽印篆刻、［5～6］碑刻拓本、［7～9］法帖、［10］墓誌拓本、［11］晉唐寫經・晉唐文書、［12］戰國秦漢唐宋元墨跡、［13～14］明淸代法書、［15］明淸扇面墨跡・明淸書札墨跡、［附錄］宋拓大觀帖第七、からなる。

0023. **中國歷代碑刻書法全集**　全16函69卷108冊　鮑樸主編　（北京）九州出版社　2001年5月

甲骨金文・漢簡帛書・敦煌寫本・秦漢碑刻・魏晉南北朝碑誌・唐碑宋帖・明淸墨跡などに分類し、精品4000餘種を收錄するという。

0024. **中國國家圖書館碑帖精華**　全8冊　任繼愈主編　王麗燕［等］撰稿　北京圖書館出版社　2001年12月

中國國家圖書館（北京圖書館）が所藏する秦漢から唐代までの碑誌刻（兩宋刻帖を主とする善本碑帖）41種80餘件のカラー寫眞を收錄。

0025. **中國法帖全集**　全17卷18冊　（中國美術分類全集）　中國法帖全集編輯委員會編　啓功主編・王靖憲副主編　湖北美術出版社　2002年3月

［1］(宋)淳化閣帖、［2］(宋)絳帖（上・下）、［3］(宋)大觀帖、［4］(宋)汝帖・(宋)雁塔題名帖・(宋)鼎帖、［5］(宋)蘭亭續帖・(宋)紹興米帖、［6］(宋)東坡蘇公帖、［7］(宋)群玉堂帖・(宋)鬱孤臺法帖、［8］(宋)鳳墅帖、［9］(宋)忠義堂帖、［10］(宋)澄淸堂帖・(宋)英光堂帖、［11］(宋)寶晉齋法帖、［12］(宋)姑孰帖・(宋)松桂堂帖・(元)樂善堂帖、［13］(明)眞賞齋帖・(明)停雲館帖(選)、(明)餘淸齋法帖・續帖(選)・(明)戲鴻堂法書(選)、［14］(明)鬱岡齋墨妙帖(選)・(淸)快雪堂法書(選)・(淸)秋碧堂法書(選)・(淸)筠淸館法帖

(選)、[15](清)三希堂石渠寶笈法帖(選)、[16](宋・明拓)單册帖、[17]總目錄・索引・中國歷代法帖敘錄を收錄。

附錄2　石窟・造像(雕塑)關係圖書

0026. **中國石窟**　全17卷　中國石窟編集委員會（夏鼐・長廣敏雄[等]）編　（日本）平凡社 1980年11月〜1990年10月。文物出版社　1982年10月〜1998年6月

敦煌莫高窟5卷　敦煌文物研究所編、**鞏縣石窟寺**1卷　河南省文物研究所編、**キジル(克孜爾)石窟**3卷　新疆ウイグル自治區文物管理委員會・拜城縣キジル千佛洞文物保管所・北京大學考古系編、**クムトラ(庫木吐喇)石窟**1卷　新疆ウイグル自治區文物管理委員會・庫車縣文物保管所編、**炳靈寺石窟**(永靖炳靈寺)1卷　甘肅省文物工作隊・炳靈寺文物保管所編、**麥積山石窟**(天水麥積山)1卷　天水麥積山石窟藝術研究所編、**龍門石窟**2卷　龍門文物保管所・北京大學考古系編、**雲岡石窟**2卷　雲岡石窟文物保管所編、**安西榆林窟**1卷　敦煌研究院編、からなり、各集卷末に「石窟總錄（總敘）」を附す。全卷合わせて圖版3649點（カラー3423點、黑白226點）を揭載する。

石窟考古の新成果：評《中國石窟》新疆和龍門卷　徐蘋芳　考古1989-1

0027. **中國石窟雕塑精華**　全30册　重慶出版社編　重慶出版社　1996年12月〜1999年7月

0028. **龍門石窟總錄**　全12卷36册　劉景龍・楊超傑編著　中國大百科全書出版社　1999年9月

各卷、實測圖・圖版・文字著錄の3册からなり、合わせて寫眞7608點、實測圖5762點を收める。

0029. **敦煌石窟全集**　全26卷　敦煌研究院主編　（香港）商務印書館　1999年9月〜2005年4月。上海人民出版社　2000年6月〜（刊行中）

［1］再現敦煌卷　段文傑・樊錦詩主編、［2］尊像畫卷　羅華慶主編、［3］本生因緣故事畫卷　李永寧主編、［4］佛傳故事畫卷　樊錦詩主編、［5］阿彌陀經畫卷　施萍婷主編、［6］彌勒經畫卷　王惠民主編、［7］法華經畫卷　賀世哲主編、［8］塑像卷　劉永增主編、［9］報恩經畫卷　殷光明主編、［10］密教畫卷　彭金章主編、［11］楞伽經畫卷　賀世哲主編、［12］佛教東傳故事畫卷　孫修身主編、［13-14］圖案卷　關友惠主編、［15］飛天畫卷　鄭汝中・臺建群主編、［16］音樂畫卷　鄭汝中主編、［17］舞蹈畫卷　王克芬主編、［18］山水畫卷　趙聲良主編、［19］動物畫卷　劉玉權主編、［20］藏經洞珍品卷　樊錦詩

主編・羅華慶副主編、［21］建築畫卷　孫儒僩・孫毅華主編、［22］石窟建築卷　孫毅華・孫儒僩主編、［23］科學技術畫卷　王進玉主編、［24］服飾畫卷　譚蟬雪主編、［25］民俗畫卷　譚蟬雪主編、［26］交通畫卷　馬德主編からなる。

0030. **中國石窟雕塑全集**　（中國美術分類全集）全10卷　中國石窟雕塑全集編輯委員會編　重慶出版社　2000年8月～2001年3月

［1］敦煌　段文傑主編、［2］甘肅　孫紀元主編、［3］雲岡　李治國主編、［4］龍門　溫玉成主編、［5］陝西・寧夏　韓偉主編、［6］北方六省　丁明夷主編、［7］大足　李巳生主編、［8］四川・重慶　劉長久主編、［9］雲南・貴州・廣西・西藏　劉長久主編、［10］南方八省　丁明夷主編

0031. **龍門石窟造像全集**　全10冊　劉景龍主編　文物出版社　2002年10月～2003年12月

0032. **中國寺觀雕塑全集**　（中國美術分類全集）全5卷　中國寺觀雕塑全集編輯委員會編　黑龍江美術出版社　2003年1月～2006年8月

［1］早期寺觀造像　金維諾主編、［2］五代宋寺觀造像　李松主編、［3］遼金元寺觀造像　金維諾主編、［4］明清寺觀造像　金維諾主編、［5］金銅佛教造像　楊伯達主編

0033. **中國流失海外佛教造像總合圖目**　全8冊　孫迪編著　外文出版社　2005年6月

第1～7卷に佛像1100餘を1500枚の寫眞に收め、第8卷は索引という。

佛寶薈萃、禹域國光：《中國流失海外佛教造像總合圖目》讀后　栗全興　中國文物報2005年7月27日

附錄3　佛寺志・道觀志・祠墓志關係叢書

0034a. **中國佛寺志叢刊**　全120冊　白化文・劉永明・張健主編　廣陵古籍刻印社　1996年8月

0034b. **中國佛寺志叢刊續編**　全10冊　白化文・劉永明・張健主編　江蘇古籍出版社　2001年9月

佛教寺院志に關する文獻、aに166種、bに26種、合計192種を收める。

0035a. **中國道觀志叢刊**　全36冊　高小健主編　江蘇古籍出版社　2000年4月

0035b. **中國道觀志叢刊續編**　全28冊　張智・張健主編　廣陵書社　2004年9月

道教廟觀志に關する文獻、aに52種、bに45種、合計97種を收める。

0036. **中國祠墓志叢刊**　全61冊　吳平・張智主編　廣陵書社　2004年9月

祠堂・文武廟・陵墓志に關する文獻106種を收める。

B 南北朝以前を主とする圖書

0037. 益部漢隸集錄（國立四川大學歷史學系史學叢書1）全1函2冊　鄧少琴輯　四川大學　1950年

0038. 漢魏南北朝墓誌集釋（考古學專刊乙種第2號）全1函6冊　趙萬里著　中國科學院考古研究所編輯　科學出版社　1956年1月。（『石刻史料新編：第三輯』第3～4冊　影印）
　　　後漢4、魏2、晉14、宋1、齊1、梁1、北魏312、北齊44、北周12、隋221、總計612（重複を除いて609）點の墓誌の考釋と拓本寫眞を收錄。

0039. 漢石經集存（考古學專刊乙種第3號之1）全1函2冊　馬衡著　中國科學院考古研究所編輯　科學出版社　1957年12月
　　　書評：馬衡先生遺著《漢石經集存》　邵友誠　考古通訊1958-4

0040. 中國金石陶瓷圖鑑：竹石山房　三杉隆敏編集　（日本）中國金石陶瓷圖鑑刊行會　1961年12月

0041. 碑刻畫像石：中華人民共和國河南省　日比野丈夫[等]監修　成田安賢[等]編　（日本）共同通信社開發局　1974年2月
　　　碑（後漢6、魏2、北魏2、東魏1、北齊3、唐10、宋6、金1、元2）、龍門造像題記（北魏6、北齊1）、墓誌（西晉3、北魏7、北齊1、隋1、唐4、宋4）、密縣畫像石（漢10）、南陽畫像石（漢40）の精拓寫眞と解說文を收錄。

0042. 龍門造像題記　全1函2冊　中田勇次郎編　（日本）中央公論社　1974年6月
　　　龍門造像題記二十品・同五十品、合計70點の拓本寫眞と1點ごとの釋文・訓讀文・解題を收錄。

0043. 秦始皇金石刻辭注　《秦始皇金石刻辭注》注釋組編　上海人民出版社　1975年8月

0044. 魏三字石經集錄　孫海波編輯　（臺灣）藝文印書館　1975年

0045. 梁蕭敷及王氏墓誌銘　（梁）徐勉撰　文物出版社　1975年12月
　　　上海博物館現藏古拓の永陽昭王蕭敷墓誌銘とその妻永陽敬太妃王氏墓誌銘（ともに徐勉奉敕撰、梁普通元年11月28日葬）を影印する。

0046. 中國墓誌精華　全1函2冊　中田勇次郎編　（日本）中央公論社　1975年12月

　　　　西晉7、東晉6、宋1、北魏42、東魏5、北齊5、北周2、隋13、唐19、合計100點の優
　　　　品墓誌拓本寫眞と1點ごとの釋文・訓讀文・解題を收錄。

0047. 北魏墓誌精華　全2冊　名實出版社編輯部編　(臺灣)名實出版社　1977年8月
　　　　西晉3、北魏51、東魏14、北齊2、合計70點の墓誌拓本寫眞を收錄。

0048. 東漢碑刻的隸書　(中國古代美術作品介紹叢書)　王靖憲編著　人民美術出版社　1980年5月

0049. 南京出土六朝墓誌　南京市博物館收藏　文物出版社　1980年8月

0050. 六朝造像記五十種　(玄美名品選別集)　(日本)玄美社　1980年10月

0051. 六朝藝術　姚遷・古兵編著　文物出版社　1981年5月
　　　　南朝陵墓石刻寫眞140點、六朝墓室磚畫寫眞93點、六朝碑誌寫眞74點（墓誌19、碣1、碑3、墓磚19）收錄。

0052. 鄭道昭：雲峰山全套拓本集　金石拓本研究會編　(日本)毎日コミュニケーションズ　1981年11月

0053. 增訂　寰宇貞石圖：圖版篇・解說篇　全2冊　藤原楚水纂輯・河井荃蘆監修　(日本)國書刊行會　1982年7月　(興文社　1939年9月版の重印)

0054. 秦漢石刻的篆書　(中國古代美術作品介紹叢書)　崇善・周志高編著　人民美術出版社　1982年9月

0055. 遼寧省博物館藏墓誌原拓本　遼寧省博物館　(發賣・日本)學習研究社　1982年

0056. 鄭道昭の世界：雲峰山全套　金石拓本研究會編　(日本)ユーカリ社　1983年2月

0057. 山東秦漢碑刻　山東省文物總店編　齊魯書社　1984年1月

0058. 漢魏石經殘字　屈萬里校錄　『屈萬里先生全集』15　(臺灣)聯經出版事業公司　1985年2月

0059. 漢碑集釋　高文著　河南大學出版社　1985年8月。修訂版　同　1997年11月

0060. 漢中褒斜道石門摩崖石刻　牛丸好一編著　(日本)毎日コミュニケーションズ　1986年4月

0061. 北魏宗室墓誌選　宇野雪村編　(日本)西東書房　1986年10月

0062. 漢王舍人碑　齊魯書社編輯　齊魯書社　1986年12月

0063. 寰宇貞石圖　全1函2冊　楊守敬輯・魯迅重訂　北京魯迅博物館藏　上海書畫出版

社　1986年

0064. 北魏墓誌百種　全1函10輯　戚叔玉・許寶馴・王壯弘編　上海書畫出版社　1987年1月

　　　　北魏墓誌100點の優品拓本を原寸大で影印。

0065. 魯迅輯校石刻手稿　全3函18冊　北京魯迅博物館・上海魯迅紀念館編　上海書畫出版社　1987年7月

　　　　［1］碑銘、［2］造像、［3］墓誌・校文に分け、漢～五代の石刻合計790餘點（隋・附鄭144、唐3、五代1を含む）の魯迅による釋文手稿を影印。

　　　　北京魯迅博物館・上海魯迅紀念館編輯出版《魯迅輯校石刻手稿》　金門　圖書館雜誌1986-3

0066. 石門漢魏十三品　陝西漢中市褒斜石門研究會・陝西漢中市博物館編　陝西人民美術出版社　1988年5月

0067. 北朝墓誌英華　陝西省古籍整理辦公室編　張伯齡編著　三秦出版社　1988年6月

　　　　西安碑林所藏の北朝墓誌180餘點から選出した、北魏116、東魏6、西魏2、北齊6、北周7、合計137點の墓誌拓本影印集。

0068. 雲峰刻石全集　山東石刻藝術博物館・萊州市博物館（王思禮・焦德森・賴非・萬良）編　齊魯書社　1989年7月

0069. 龍門石窟藥方　賈志宏・任邦定校注　河南科學技術出版社　1989年9月

0070. 魏碑集粹　全1函8冊　木德高・周鳴琦・張劉［等］編　雲南教育出版社　1989年12月

0071. 雲峰・天柱諸山北朝刻石　于書亭編著　人民美術出版社　1990年4月

0072. 尊古齋金石集拓　全6冊　黃濬編　上海古籍出版社　1990年6月

　　　　瓦當文字、金石集、古鏡集景、古玉圖錄、古兵精拓、造像集拓・陶佛留眞からなる。

0073. 北魏墓誌二十品　遼寧省博物館編　文物出版社　1990年6月

0074. 四山摩崖刻經　（書藝精粹叢書）　王鈞・阿濤編　知識出版社　1990年10月

　　　　山東省鄒縣の尖山・鐵山・葛山・岡山の摩崖刻經資料を收錄。

0075. 濟寧全漢碑　宮衍興編著　齊魯書社　1990年12月

0076. 四山摩崖選集　（書法珍品集粹叢書）　安旗選編　陝西人民美術出版社　1991年8月

0077. 山東新出土漢碑石五種　坂田玄翔・王思禮・賴非編　（日本）天來書院　1991年12月

0078. 漢代碑刻隸書選粹　葛慕森［等］編選　北京出版社　1992年3月

0079. 漢魏南北朝墓誌彙編　趙超著　天津古籍出版社　1992年6月。修訂本　同　2008年7月

　　　漢6、三國(魏)2、西晉21、東晉14、宋3、齊1、梁6、陳1、後燕1、北魏294、東魏58、西魏3、北齊82、北周18、高昌34、無年月及び殘誌20、合計565點の釋文を收錄。現在この時代の墓誌釋文集としては最大。

　　《漢魏南北朝墓誌彙編》校理　毛遠明　漳州師範學院學報(哲社版) 18-3　2004年

0080. 漢代刻石隸書　(書藝精粹叢書)　唐吟方・夏冰編　知識出版社　1992年7月

0081. 山東北朝摩崖刻經全集　山東石刻藝術博物館・中國書法家協會山東分會編　齊魯書社　1992年10月

　　　泰山經石峪刻經、徂徠山刻經、水牛山刻經、鐵山刻經、岡山刻經、葛山刻經、尖山大佛嶺刻經、嶧山刻經の拓本影印集。

0082. 宋拓晉唐小楷：寧樂美術館藏　折本1冊　中田勇次郎解說　(日本)寧樂美術館　1992年11月

0083. 三代吉金漢唐樂石拓存　蔣一安珍藏　(臺灣)文史哲出版社　1993年1月

0084. 漢三頌專輯　郭榮章主編　漢中市蜀道及石門石刻研究會・漢中市博物館合編　陝西人民美術出版社　1993年8月

0085. 龍門石刻藥方　(北齊?)師道興撰　張金鼎・孔靖校注　山東科學技術出版社　1993年11月

　　　洛陽龍門石窟藥方洞內の石刻藥方に注釋をする。

0086. 漢代石刻集成　圖版・釋文篇　本文篇　全2册　永田英正編　(日本)同朋舍出版　1994年2月

　　　前漢8、新5、後漢121、年代不明42、合計176種を收錄。拓本寫眞と釋文、訓讀文と詳細な附注からなる。

0087. 漢碑集成　金石拓本研究會編　(日本)同朋舍出版　1994年3月

　　　漢碑223種の拓本寫眞と解說を收む。

0088. 魏刻龍門造像記一百品　全10輯　時經訓・吳葆謙輯　上海書畫出版社　1994年7月

0089. 法書・碑帖・銘刻：故宮文物大典2　楊伯達主編　福建人民出版社・浙江教育出版社・江西教育出版社・紫禁城出版社　1994年12月

0090. 漢魏碑刻集聯大觀　全2輯　吳瑾・周澍堅編　嶺南美術出版社　1995年1月～1998年

0091. 龍門二十品：碑刻與造像藝術＝*Twenty stone inscriptions of the Longmen grottoes*（中英對照）　劉景龍編著　中國世界語出版社　1995年8月

0092. 中國古代銘文選　王建編　貴州教育出版社　1995年8月

0093. 館藏漢代碑拓精品選輯　國立歷史博物館編輯委員會編輯　林淑心主編　（臺灣）國立歷史博物館　1995年10月

0094. 鴛鴦七誌齋藏石　（陝西金石文獻彙集）　西安碑林博物館・趙力光編　三秦出版社　1995年12月

　　于右任の「鴛鴦七誌齋」舊藏、西安碑林博物館現藏の石刻、漢6、晉4、北魏136、東魏7、北齊8、北周5、隋113、唐34、後梁1、宋3、合計317（墓誌307）點の拓本影印集。《鴛鴦七誌齋藏石》評介　石興邦　碑林集刊5　陝西人民美術出版社　1999年8月

0095. 古代名家哀祭文・墓碑文選注　劉細雲選著　海南出版社　1996年7月

0096. 山東石刻藝術精粹　全5函（各函10輯）　山東石刻藝術博物館編　浙江文藝出版社　1996年8月

　　［1］漢畫像石故事卷　楊愛國主編、［2］漢畫像石卷、［3］秦漢碑刻卷　賴非主編、［4］歷代墓誌卷　焦德森主編、［5］鐵山北朝刻經卷　萬良・胡新立主編からなり、［3］に山東省遺存の秦漢碑刻23點、［4］に山東省出土の墓誌52點（北魏11、東魏6、北齊10、梁1、隋9、唐14、元1）の拓本を1點ごとに原寸大で影印。

0097. 齊魯碑刻　包備五編著　齊魯書社　1996年11月

　　山東地方の碑刻、秦2、漢51、魏晉5、北魏26、東魏11、北齊19、北周2、隋21、唐5、宋12、金8、元1、明7、清5、合計175點を蒐錄。多くは局部拓影を附す。

0098. 北朝佛道造像碑精選　陝西省耀縣藥王山博物館・陝西省臨潼市博物館・北京遼金城垣博物館合編　天津古籍出版社　1996年

　　北朝佛教道教造像碑18件の圖版・拓本寫眞・碑文注錄を收む。

0099. 龍門二十品　劉景龍著　（日本）中教出版　1997年4月

0100. 龍門二十品：北魏碑刻造像聚珍　劉景龍主編　中國大百科全書出版社　1997年8月

0101. 中國魏碑名帖精華（中國書法名帖精華叢書）　歐陽中石主編　北京出版社　1997年9月

0102. 山東平陰三山北朝摩崖　柳文金編　榮寶齋出版社　1997年12月

0103. 北京大學圖書館藏歷代金石拓本菁華　胡海帆・湯燕編　文物出版社　1998年4月
　　　戰國～元の石刻201種（隋碑3、隋墓誌8、唐碑21、唐墓誌25を含む）、金器42種、磚瓦30種、合計273種の拓本寫眞を收む。

0104. 漢任城王墓刻石精選　山東省濟寧市文物局編　山東美術出版社　1998年4月
　　　山東省濟寧發見、後漢前期蕭王莊の任城王墓黃腸石約800石中から精選した拓本寫眞を收錄。

0105. 四山摩崖　全2冊　（大字本歷代摩崖碑帖選萃）　葉耀才編　嶺南美術出版社　1999年7月～2000年3月

0106. 中國碑刻書法叢書　第一卷　全6冊　劉均・魏廣君主編　西泠印社　1999年11月
　　　殷代～漢代の刻石文字資料を影印、收錄。大多數は漢代のもの。

0107. 北魏墓誌：珍稀拓片系列叢帖　全10冊　（21世紀書法系列叢書）　盧林編　遼寧美術出版社　1999年12月

0108. 漢碑經典　蔣文光・楊再春編著　北京體育大學出版社　2000年9月
　　　漢代の著名碑刻21種の拓本寫眞を收錄するという。

0109. 中山國石刻：初拓本　（李苦禪藏帖選粹）　徐中敏選編　湖南美術出版社　2000年11月

0110. 古碑精拓十種　張錢光編　中國工人出版社　2001年2月

0111. 北魏墓誌選粹　全2冊　上海圖書館歷史文獻研究所（孫啓治・仲威）編　湖北美術出版社　2001年2月
　　　上海圖書館所藏の北魏墓誌の精拓45種を影印。

0112. 洛陽出土北魏墓誌選編　（洛陽文物與考古）　洛陽市文物局編　朱亮主編・何留根副主編　科學出版社　2001年6月
　　　洛陽出土北朝墓誌270點（北魏262、東魏2、北周6）・僞誌73點の釋文と、238點の拓本寫眞を收錄する。

0113. 漢魏石刻文字繫年　（香港敦煌吐魯番研究中心研究叢刊・補資治通鑑史料長編稿系列叢書）　劉昭瑞著　（臺灣）新文豐出版公司　2001年9月
　　　前漢から三國までの石刻769點（前漢21、新4、後漢581、魏67、蜀8、吳14、漢魏鎭墓文74）を王朝ごとに年代順に收錄。ただし、1948年以前に出土し歷代の金石書に著錄するものは釋文を收めず、1949年以後に出土し各種書刊に散見するものは釋文を收錄し、漢魏鎭墓文は釋文に圖版を附す。

0114. 連島境界刻石二種　西林昭一責任編集　連雲港市博物館・(日本)毎日新聞社・毎日書道會編集、發行　2002年4月

0115. 嘎仙洞西壁摩崖刻石　王立民編　黒龍江美術出版社　2003年3月
   1980年、内蒙古自治區呼倫貝爾市鄂倫春自治旗の大興安嶺嘎仙洞で發見された、北魏太平眞君四年（443）祝文刻石の拓本寫眞、雙鉤摹寫、釋文を收錄する。

0116. 響堂山北朝刻經書法　全3冊　趙立春編著　重慶出版社　2003年3月
   維摩詰經、滏山石窟之碑、妙法蓮花經、唐邕寫經碑など7點の拓本寫眞を收める。

0117. 北魏皇家墓誌二十品　天津人民美術出版社編　天津人民美術出版社　2003年6月

0118. 木雞室金石選集　第1～3卷　伊藤滋編著　(日本)日本習字普及協會　2003年7月～2004年7月
   ［1］開通褒斜道刻石　［2］論經書詩題字四種：鄭道昭　［3］唐太宗晉祠銘：附飛白書二種

0119. 古代銘刻書法　（南京博物院珍藏系列叢書）　莊天明・凌波主編　天津人民美術出版社　2003年10月
   南京博物院所藏の陶文、甲骨文、靑銅器、磚、造像記、墓誌など100點の圖版を掲載する。

0120. 北魏皇家墓誌選編　全12冊　天津人民美術出版社編　天津人民美術出版社　2004年6月

0121. 兩漢刻石碑額　張伯濤著　中國靑年出版社　2005年2月

0122. 雅安新出漢碑二種：何君閣道碑・趙儀碑　四川省文物考古研究院・雅安文物管理所・滎經嚴道古城遺址博物館・蘆山縣博物館編　巴蜀書社　2005年3月
   2001年出土の「趙儀碑」と2004年出土の「何君閣道碑」の原石・拓本寫眞、考釋等を收錄。

0123. 新出魏晉南北朝墓誌疏證　羅新・葉煒著　中華書局　2005年3月
   0038『漢魏南北朝墓誌集釋』、0079『漢魏南北朝墓誌彙編』に未收錄の新出墓誌、魏晉十六國南朝21、北魏43、東魏北齊23、西魏北周28、隋116、合計231點の釋文（簡體字）を收錄し、1點ごとに「疏證」を附す。
   從墓誌的史料分析走向墓誌的史學分析：以《新出魏晉南北朝墓誌疏證》爲中心　陸揚　中華文史論叢2006-4
   讀《新出魏晉南北朝墓誌疏證》札記　宋聞兵　書品2006-4

0124. 魏晉石刻資料選注　（京都大學人文科學研究所研究報告）　三國時代の出土文字資料班編　（日本）京都大學人文科學研究所　2005年3月

　　　三國魏7、吳3、晉8、不明8、合計26點の碑誌の拓本寫眞、釋文、注釋、書き下し文を收錄。

0125. 馬衡：捐獻卷　故宮博物院編　王碩主編　紫禁城出版社　2005年4月

　　　「碑帖拓片」に漢～唐の碑誌22種の拓本寫眞を收錄する。

0126. 雅安漢代石刻精品　雅安市文物管理所・四川省文物考古研究院編　四川人民出版社　2005年8月

0127. 中華瑰寶：泰山碑刻經典　全9冊　沈維進主編　江蘇美術出版社　2005年10月

　　　秦1、漢2、晉1、北齊1、唐2、宋1、金1、合計9種の著名碑刻の拓本寫眞を收錄し解說する。

0128. 漢碑全集　全6冊　徐玉立主編　河南美術出版社　2006年8月

　　　兩漢の碑碣・題記など各種石刻、合計285種・360點の拓本寫眞・釋文・解說を收錄する。
　　　大漢雄風　千古流芳：《漢碑全集》編后感言　劉燦章　中原文物2006-5
　　　《漢碑全集》的意義和價值　止水　中國文物報2006年12月6日

0129. 漢碑集粹　全2函10冊　人民美術出版社編著　人民美術出版社　2006年12月

0130. 漢碑品珍　全1函8冊　上海書畫出版社編　上海書畫出版社　2007年1月

0131. 響堂山石窟碑刻題記總錄　全2冊　張林堂主編　外文出版社　2007年1月

　　　刻經・紋飾・造像題記・碑刻、合計230餘點の拓本寫眞と錄文を收錄するという。
　　　堂皇之作　鏗鏘之聲：評《響堂山石窟碑刻題記總錄》　唐仲明　中國文物報2007年8月29日

0132. 漢碑殘石五十品　徐玉立・李强主編　河南美術出版社　2007年2月

0133. 《石鼓文》釋文詳注　（中國古代書法作品選粹）　人民美術出版社編　人民美術出版社　2007年6月

0134. 洛陽碑誌十八品　全1函2冊　史家珍・黃吉博・黃吉軍編著　河南美術出版社　2007年7月

　　　後漢3、魏1、西晉3、北魏2、唐6、宋1、淸2、合計18點の拓本、釋文、解說を收める。

0135a. 四部文明：秦漢文明卷（第22冊）　文懷沙主編　陝西震旦漢唐研究院編纂　陝西人民出版社　2007年9月

0135b. 四部文明：魏晉南北朝文明卷（第30冊）　文懷沙主編　陝西震旦漢唐研究院編纂　陝西人民出版社　2007年9月
　　　　ａに秦漢金石文彙、ｂに魏晉南北朝金石書彙を收めるという。
0136. 秦漢碑刻校勘圖鑒　李志賢編著　文物出版社　2007年11月
＊001. 簠齋藏金石拓片三種　（回風宦過眼錄　第1輯）　黃苗子主編　榮寶齋出版社　2008年4月
＊002. 中國北朝石刻拓片精品集　全2冊　李仁清編　大象出版社　2008年4月
　　　　碑刻・墓誌20點、高浮雕造像22點、佛教造像碑35點の拓本寫眞と說明文を收める。
＊003. 北朝佛教石刻拓片百品　（中央研究院歷史語言研究所珍藏史料暨典籍系列3）　顏娟英主編　（臺灣）中央研究院歷史語言研究所　2008年5月
　　　　中央研究院歷史語言研究所傅斯年圖書館館藏拓本から、北魏33種、東魏13種、西魏8種、北齊38種、北周8種、合計100種の石刻造像の題記を精選收錄。釋文と拓本の說明を揭げ、歷代著錄題名對照表を附す。
＊004. 全北齊北周文補遺　（周秦漢唐文化工程・文獻整理文庫）　韓理洲［等］輯校編年　三秦出版社　2008年6月？
＊005. 漢魏六朝碑刻校注：附總目提要　全11冊　（中國石刻文獻研究叢刊4）　毛遠明校注　綫裝書局（近刊豫告）
　　　　2006年以前に公表された碑刻約1400點の圖版に、釋文と校注を附すという。
＊006. 陝西藥王山佛道教碑刻　全10冊　張燕編著　陝西省考古研究所・陝西省燿縣藥王山文物管理局主編　上海辭書出版社（近刊豫告）
　　　　藥王山歷代佛道教碑刻を中心に碑刻310件（測繪圖500餘幅、拓本などの寫眞1000餘點と釋文）、研究論文を收錄する豫定という。

附錄1　陶磚銘文・瓦當關係圖書

0137. 俟堂專文雜集　魯迅遺編　文物出版社　1960年3月
0138. 匋文編　全2冊(14卷・附錄1卷)　金祥恆輯　（臺灣）藝文印書館　1964年。『金祥恆先生全集』5・6　（臺灣）藝文印書館　1990年　再錄
0139. 秦漢瓦當　陝西省博物館編　文物出版社　1965年2月

0140. 秦漢瓦當文字　（明清未刊稿彙編初輯第 8 種第 1 冊）　（清）汪鋆撰　（臺灣）聯經出版事業公司　1976年

0141. 陶齋藏甎五十選　（玄美名品選別集）　（日本）玄美社　1982年 9 月

0142. 摹廬藏陶捃存　陳直著　齊魯書社　1983年 3 月

0143. 中國古代瓦當　（中國古代美術作品介紹叢書）　華非編著　人民美術出版社　1983年10月

0144. 秦漢瓦當　（陝西古代美術巡禮叢書 5 ）　西安市文物管理委員會編　陝西人民美術出版社　1985年 7 月

0145. 中國古代瓦當藝術　楊力民編著　上海人民美術出版社　1986年 2 月

　　燦爛的中國古代瓦當藝術　一明　美術之友1986-2

　　《中國古代瓦當藝術》小議：兼論西周瓦的形制特徵　戴彤心　西北大學學報(哲社版)1988-1

0146. 舊藏陳介祺文字瓦當百選　全 2 冊　小木太法編著　（日本）同朋舍出版　1986年 5 月

0147. 新編秦漢瓦當圖錄　陝西省考古研究所秦漢研究室編　三秦出版社　1986年12月

　　秦漢瓦當源流瑣談：兼評《新編秦漢瓦當圖錄》　馮慧福　考古與文物1988-1

0148. 秦代陶文　（陝西金石文獻彙集）　陝西省古籍整理辦公室編　袁仲一編著　三秦出版社　1987年 5 月

0149. 西北大學藏瓦選集　劉士莪編　西北大學出版社　1987年12月

0150. 秦漢瓦當　河南省博物館編　中原文物1987年特刊（ 8 ）　1987年

0151. 瓦當彙編　錢君匋・張星逸・許明農編　上海人民美術出版社　1988年 6 月。(臺灣)文史哲出版社　1991年

0152. 周秦漢瓦當　徐錫臺・樓宇棟・魏效祖編　文物出版社　1988年10月

0153. 中華五千年文物集刊：磚瓦篇　蘇瑩輝主編　（臺灣）中華五千年文物集刊編輯委員會　1989年 6 月

0154. 敦煌出土四～五世紀陶罐・陶鉢銘集成Ⅰ～Ⅲ　關尾史郎・町田隆吉編　（日本）吐魯番出土文物研究會會報28・29・105號　1990年 1 月～1995年 7 月

0155. 古陶文彙編　高明編著　中華書局　1990年 3 月。同　北川博邦譯　（日本）東方書店　1989年 5 月

　　殷～秦代の陶文の拓本寫眞2622點を收錄。

　　書評：古代陶文資料的總集：《古陶文彙編》　天戈　中國文物報1991年 5 月26日

0156. 中國古代磚文　王鏞・李淼編撰　知識出版社　1990年12月
　　　戰國晚期から南北朝時期に至る477點の磚文拓本寫眞・釋文を收錄。

0157. 阿英舊藏金石拓片：瓦當集　凡一編　古吳軒出版社　1993年9月

0158. 中國古代瓦當　（文物斷代與鑑賞叢書）　昭明・利群・利清編著　西北大學出版社　1993年9月

0159. 首都博物館藏古代瓦當選　魏三綱編輯　首都博物館　1993年11月

0160. 關中秦漢陶錄　全2函8冊　陳直著　天津古籍出版社　1994年6月。全2冊　中華書局　2005年5月
　　　［1］陶器類、［2・3］瓦當瓦片類、［4］磚文類、［5］錢範類、［6］補篇、［7］雲紋瓦圖錄、［8］摹廬藏瓦・附陳直先生其他藏瓦、からなる。

0161. 東京大學東洋文化研究所藏秦漢瓦當文字　松丸道雄整理　笠井俊人採拓　（日本）東京大學東洋文化研究所　1994年

0162. 秦漢瓦當文　伊藤滋編著　（日本）日本習字普及協會　1995年10月

0163. 無爲室藏瓦當存　黃鋭輯　（北京）皇辰古籍（製本）　1996年

0164. 中國古代瓦當圖典　趙力光著　文物出版社　1998年1月

0165. 燕下都新出土文物集拓：原器拓本　全1帙2冊　梁章凱編集　（日本）藝友齋　1998年9月

0166. 中國磚銘　全3冊　殷蓀編著　江蘇美術出版社　1998年10月
　　　先秦・東周代から清代まで歷代磚銘3226幅（隋23、唐64、五代4を含む）の寫眞または拓本寫眞を收錄。

0167. 新編全本季木藏陶　周進集藏　周紹良整理　李零分類考釋　中華書局　1998年10月
　　　戰國時代以降の陶文拓本を收錄。山東地區出土のものを主とする。

0168a. 新中國出土瓦當集錄・甘泉宮卷　張文彬主編　西北大學出版社　1998年10月

0168b. 新中國出土瓦當集錄・齊臨淄卷　張文彬主編　西北大學出版社　1999年3月
　　　燕下都卷、秦雍城卷、漢長安卷、漢陵卷、漢魏故城卷、唐兩京卷なども豫定するという。

0169. 秦漢瓦當　傅嘉儀編著　陝西旅游出版社　1999年1月

0170. 鎭墓文・衣物疏集成(初篇)：鎭墓文・墓券に現われた古代中國人の死生觀・資料篇
　　　（1998年度學部研究教育補助金研究報告書）　渡部武編　（日本）東海大學文學部東洋史

研究室　1999年3月

0171. 中國古代瓦當：拓本集撰：西周・秦・漢：村上和夫コレクション　稲垣晋也監修　瀧澤純子・倉澤正幸調査執筆　（別冊「中國古代瓦當に魅せられて」村上和夫著）（日本）村上通（自家版）　1999年6月

0172. 鄴城古陶文五十品　梁章凱編　西泠印社　1999年7月

0173. 鄭城古陶文五十品　梁章凱編　西泠印社　1999年9月

0174. 齊國古陶文五十品　梁章凱編　西泠印社　1999年9月

0175. 中國陶瓦泥磚銘文選萃：原器拓本　（日本）曼齋　1999年12月

0176. 中國齊燕陶文選萃：原器拓本　（日本）柚香齋　1999年12月

0177. 戰國陶銘　高明編著　上海書畫出版社　2000年7月
　　　戰國時代陶銘120件の拓本寫眞を收錄。

0178. 齊瓦當拓本輯　（齊國瓦當拓本）　全2冊　王也選　齊國瓦當藝術館　2000年

0179. 後漢刑徒磚銘　（金石文字叢刊）　（北京）文雅堂　2001年9月

0180. 戰國燕齊陶文　（金石文字叢刊）　（北京）文雅堂　2001年12月

0181. 瓦當封泥文字卷：原器拓本　（金石叢編）　路東之主編　（北京）文雅堂　2002年2月

0182. 古韻雅集：瓦當卷　趙力光編　香港明石文化國際出版公司　2002年3月。綫裝書局　2003年8月

0183. 古瓦當集珍　全1函6冊　趙力光編　香港明石文化國際出版公司　2002年3月

0184. 秦漢珍遺：眉縣秦漢瓦當圖錄　劉懷君・王力軍著　三秦出版社　2002年5月

0185. 中國瓦當藝術　全2冊　傅嘉儀編著　上海書店出版社　2002年8月

0186. 古陶文明博物館藏甄(原拓)　全1函2冊　路東之編　古陶文明博物館　2002年9月

0187. 秦漢磚銘百種　全1函10輯　殷蓀・馮宏偉編著　上海書畫出版社　2002年12月

0188. 陳介祺舊藏古陶拓片　（日本）篆社書法篆刻研究會　2003年1月

0189. 雞肋廬藏古代磚銘　（北京）文雅堂　2003年7月

0190. 寶璧齋集磚銘　童衍方編著　上海書店出版社　2003年7月

0191. 古陶瓦器拓本十二種：童衍方所藏　吳湖帆識　（日本）藝文書院　2003年11月

0192. 內蒙古出土瓦當　內蒙古自治區文物考古研究所・陳永志主編　文物出版社　2003年12月

0193. 陝西古代磚瓦圖典　王世昌主編　三秦出版社　2004年1月

　　　昔日殷先人有册有典、今日古磚瓦蔚爲大觀：寫在《陝西古代磚瓦圖典》出版之后　賈雲　考古與文物2004-5

0194. 南越陶文錄　(廣東歷代書法展覽叢書)　林雅傑・陳偉武・亞興編　天津人民美術出版社　2004年1月

0195. 秦漢瓦當精品真拓　全2册　李靖・陳林林編　陝西旅游出版社　2004年3月

0196. 昆明本土瓦當圖錄　馬志榮編著　國際炎黃文化出版社　2005年2月

0197. 中國西方地域出土鎮墓文集成(稿)　(新潟大學大域プロジェクト研究資料叢刊Ⅶ)　關尾史郎編　(日本)新潟大學大學院現代社會文化研究所　2005年3月

0198a. 歷代陶文研究資料選刊　全3册　賈貴榮・張愛芳選編　北京圖書館出版社　2005年9月

　　　清代・民國學者による歷代陶文(含磚文・瓦當文等)の研究資料16種を影印するという。

0198b. 歷代陶文研究資料選刊續編　全3册　賈貴榮[等]選編　北京圖書館出版社(近刊豫告)

0199. 中國古代磚銘文化考證輯成　(中國歷代館藏古籍文獻叢刊)　全2册　國家圖書館分館編　全國圖書館文獻縮微複製中心　2005年9月

　　　陸心源『千甓亭古磚圖釋』20卷と李玄伯『漢晉時期珍稀古磚拓片圖』を影印・收錄。

0200. 陶文圖錄　全6册10卷　王恩田編著　齊魯書社　2006年6月

　　　［1］戰國以前、［2］齊國、［3］鄒國（附滕・薛・魯）、［4］燕國（附中山）、［5］三晉與兩周（附楚）、［6］秦國與秦代、［7］國別・待考、［8］漢代及其以後、［9］參考、［10］偽品及可疑、からなる。

　　　《陶文圖錄》：陶文的集大成之作　李興斌　古籍整理出版情況簡報2006-11

0201. 平遙瓦當　(平遙古城文化叢書)　成乃凡編　山西經濟出版社　2006年7月

0202. 金源瓦當藝術　(黑龍江流域民族民間藝術研究系列叢書)　聶保昌編著　黑龍江美術出版社　2006年8月

0203. 簠齋藏古陶文選：陳介祺舊藏古陶文拓本　今井凌雪監修　中村伸夫編著　(日本)アートライフ社　2006年10月

0204. 洛陽出土瓦當　洛陽市文物工作隊　程永建編著　科學出版社　2007年12月

＊007. 國家圖書館藏陳介祺藏古拓本選品：瓦當卷　袁玉紅編撰　浙江古籍出版社　2008年6月

＊008. 國家圖書館藏陳介祺藏古拓本選品：古磚卷　盧芳玉編撰　浙江古籍出版社　2008年6月

＊009. 中國古代磚刻銘文集　全2冊　胡海帆・湯燕編著　文物出版社　2008年8月
　　　戰國～清代の磚文2005種（乾刻1338種、濕刻667種）を收錄。［上］は圖版、［下］は圖版說明。

＊010. 雍城秦漢瓦當集粹　全1函4冊　（陝西省考古研究院文物精品圖錄叢書）　焦南峰・田亞岐・王保平・景宏偉編著　三秦出版社　2008年10月

＊011. 戰國文字文獻集成：陶文卷　全3冊　香港明石文化國際出版公司　（近刊豫告）

附錄2　畫像石磚關係圖書
① 廣域

0205. 漢代畫象全集 初編・二編　全2冊　（巴黎大學北京漢學研究所圖譜叢刊）　傅惜華編　巴黎大學北京漢學研究所　1950年・1951年

0206. 摸印磚畫　郭若愚著　（上海）藝苑眞賞社　1954年

0207. 漢代繪畫選集　常任俠編　朝花美術出版社　1955年2月

0208. 中國古代石刻畫選集　王子雲編　中國古典藝術出版社　1957年7月

0209. 江浙磚刻選集　陳從周編　朝花美術出版社　1957年12月

0210. 漢畫　段拭編　中國古典藝術出版社　1958年4月

0211. *Verzeichnis und Motivindex der Han-Darstellungen* 漢畫圖錄及主題索引．(Bd.1.-Bd.3.) Finsterbusch, Kate. Wiesbaden: Otto Harrassowitz, 1966.-

0212. 中國古代の塼（資料案内シリーズ2）天理大學附屬天理參考館編　（日本）天理大學出版部　1968年1月

0213. 漢晉磚圖錄　李玄伯收藏　（臺灣）藝文印書館　1974年

0214. 漢專圖象錄　台靜農編輯　（臺灣）藝文印書館　1976年

0215. 漢拓　趙無極・羅依(Roy, Claude)同撰　金恆杰譯　（臺灣）雄獅圖書公司　1976年

0216. 漢畫選　張萬夫編　天津人民美術出版社　1982年3月

0217. 畫像塼　（ひとものこころ：天理大學附屬天理參考館所藏　第1期第3卷）　天理大學・天理敎道友社共編　（日本)天理敎道友社　1986年7月

0218. 魯迅藏漢畫象　全2册　北京魯迅博物館・上海魯迅紀念館編　上海人民美術出版社　1986年9月〜1991年6月

0219a. 中國美術全集・繪畫編（18）：畫像石畫像磚　中國美術全集編輯委員會編　常任俠主編　上海人民美術出版社　1988年4月

0219b. 中國美術全集・繪畫編（19）：石刻綫畫　中國美術全集編輯委員會編　王樹村主編　上海人民美術出版社　1988年10月

0220. 漢代圖案選　王磊義編繪　文物出版社　1989年11月

　　　摹拓不等于創作：評《漢代圖案選》　梁野　中國圖書評論1991-5

0221. 魏晉墓磚畫　王天一臨摹　新世界出版社編　新世界出版社　1989年

0222. 中華五千年文物集刊：漢畫像磚　簡松村主編　(臺灣)中華五千年文物集刊編輯委員會　1990年6月

0223. 歷史博物館珍藏的漢代磚畫　李麗芳編著　(臺灣)歷史博物館　1991年

0224. 北京圖書館藏畫像拓本彙編　全10册　北京圖書館善本部金石組編　冀亞平[等]主編　書目文獻出版社　1993年7月

　　　［1〜6］歷史人物部分、［7〜9］佛・菩薩・羅漢・鬼神・諸天部分、［10］綜合類・索引からなる。

0225. 中國漢代畫像舞姿　劉恩伯・孫景琛著　上海音樂出版社　1994年9月

0226. 中國龍鳳圖案全集　鄭軍編著　山東教育出版社　1995年12月

0227. 漢代農業畫像磚石　中國農業博物館編　夏亨廉・林正同主編　中國農業出版社　1996年5月

0228. 中國畫像石棺藝術　高文・高成剛編著　山西人民出版社　1996年10月

0229. 中國漢畫圖典　顧森編著　浙江攝影出版社　1997年8月

0230. 楚漢裝飾藝術集：畫像石・畫像磚・帛畫　李正光主編　湖南美術出版社　2000年3月

0231. 中國畫像石全集　(中國美術分類全集）全8卷　中國畫像石全集編輯委員會編　俞偉超主編　河南美術出版社・山東美術出版社　2000年6月

　　　［1〜3］山東漢畫像石　蔣英炬・賴非・焦德森主編(694件)、［4］江蘇・安徽・浙江漢

畫像石　湯池主編（238件）、［5］陝西・山西漢畫像石　湯池主編（312件）、［6］河南漢畫像石　王建中主編（222件）、［7］四川漢畫像石　高文主編（210件）、［8］石刻綫畫　周到主編（魏晉～清末の各地242件）を收錄するという。

0232. 中國傳統藝術續集：鳳紋裝飾　濮安國編著　中國輕工業出版社　2000年8月
0233. 漢畫像石選：漢風樓藏　江繼甚編著　上海書店出版社　2000年11月
0234. 漢唐動物雕刻藝術　王倩編著　湖南美術出版社　2000年11月
0235. 漢代人物雕刻藝術　李淞編著　湖南美術出版社　2001年10月
0236. 中央研究院歷史語言研究所藏漢代石刻畫象拓本精選集　文物圖象研究室漢代拓本整理小組編　（臺灣)中央研究院歷史語言研究所　2004年11月
　　〔參考〕中央研究院歷史語言研究所藏漢代石刻畫象拓本目錄　文物圖象研究室漢代拓本整理小組編　（臺灣)中央研究院歷史語言研究所　2002年12月
0237. 魯迅珍藏漢代畫像精品集　北京魯迅博物館編　百花文藝出版社　2005年6月
0238. 中國畫像磚全集　（中國美術分類全集）　全3卷《中國畫像磚全集》編輯委員會編　俞偉超・信立祥主編　四川美術出版社　2006年1月
　　［1］四川漢畫像磚　魏學峰主編、［2］河南畫像磚　張文軍主編、［3］全國其他地區畫像磚　徐湖平主編、からなる。
　　綿延不絶的歷史畫卷：評《中國美術分類全集・中國畫像磚全集》　趙啓斌　中國文物報2007年3月7日
0239. 中國漢畫像拓片精品集　顧森主編　西北大學出版社　2007年5月

② 山西省・江蘇省・安徽省

0240. 江蘇徐州漢畫象石　（考古學專刊乙種第10號）　江蘇省文物管理委員會編著　中國科學院考古研究所編輯　科學出版社　1959年8月
0241. 山西石雕藝術　山西省博物館編　朝花美術出版社　1962年6月
0242. 蘇州磚刻　郭翰編　上海人民美術出版社　1963年6月
0243. 竹林七賢畫像磚　1軸　（南京博物院收藏）　人民美術出版社　1984年
0244. 徐州漢畫象石　徐州市博物館編　江蘇美術出版社　1985年6月
0245. 徐州漢畫象石　徐毅英主編　中國世界語出版社　1995年12月
0246. 睢寧漢畫像石　田忠恩・陳劍彤・武利華・仝澤榮編著　山東美術出版社　1998年12月

0247. 徐州漢畫像石　全1函2册　徐州漢畫像石藝術館・武利華主編　綫裝書局　2001年11月

0248. 淮北漢畫像石　（淮北市政協漢文化叢書）　高書林編著　天津人民美術出版社　2002年10月

　　　　漢畫淵藪心血成：記高書林和《淮北漢畫像石》　張宏明　中國文物報2003年10月8日

③　山東省

0249. 山東漢畫像石選集　山東省博物館・山東省文物考古研究所編　齊魯書社1982年3月

　　　　評介《山東漢畫像石選集》　甌燕　考古1984-11

0250. 武氏祠漢畫像石　朱錫祿編著　山東美術出版社　1986年12月

0251. 嘉祥漢畫像石　朱錫祿編著　山東美術出版社　1992年6月

0252. 山東漢畫像石精萃　全3函28輯　山東石刻藝術博物館編　焦德森・賴非主編　齊魯書社　1994年5月～1996年5月

　　　　［1］鄒城卷　全10輯　夏廣泰主編、［2］滕州卷　全10輯・附錄1册　萬樹瀛主編、［3］沂南卷　全8輯　嚴茜子主編、からなる。

0253. 微山縣漢畫像石精選　馬漢國主編　中原出版社　1994年7月

0254. 岱廟漢畫像石　（岱廟文化叢書）　劉慧・張玉勝著　山東畫報出版社　1998年8月

0255. 山東沂南漢墓畫像石　山東省沂南漢墓博物館編　崔忠清主編　齊魯書社　2001年1月

0256. 山東長清孝堂山漢石祠畫像　全1函7袋　山東石刻藝術博物館・長清縣文物局編　王家雲・王傅昌主編　齊魯書社　2001年2月

0257. 臨沂漢畫像石　臨沂市博物館(馮沂[等])編　山東美術出版社　2002年12月

0258. 山東沂南漢墓畫像石　全1函10輯　山東省沂南漢墓博物館編　崔忠清主編　西泠印社(華寶齋書社)　2003年4月

0259. 微山漢畫像石選集 = Selection of Han painting sculpture in Weishan （中英日文對照）馬漢國主編　文物出版社　2003年7月

0260. 滕州漢畫像石選萃　全1函30枚　滕州市博物館編　西泠印社　2004年1月

0261. 嘉祥漢代武氏墓群石刻　孫青松・賀福順主編　（香港）唯美出版公司　2004年9月

＊012. 鄒城漢畫像石　胡新立編著　文物出版社　2008年2月

＊013. 漢代畫像石上的人文與體育：漢緣閣藏漢代畫像石拓片賞析　陳海華著　河北教育出

版社　2008年7月
④　河南省

0262.　河南出土空心磚拓片集　河南省文化局文物工作隊第一・二隊編　人民美術出版社
　　　1963年4月
0263.　河南鄧縣彩色畫像磚　河南省文化局工作隊編　上海人民美術出版社　1963年10月
0264a.　南陽漢代畫像石刻　閃修山・陳繼海・王儒林編　上海人民美術出版社　1981年2月
0264b.　南陽漢代畫像石刻(續編)　南陽漢畫館閃修山・李陳廣編著　上海人民美術出版社
　　　1988年12月
0265.　洛陽西漢畫象空心磚　(中國古代美術作品介紹叢書)　黃明蘭編著　人民美術出版社
　　　1982年5月
0266.　密縣漢畫像磚　密縣文管會・河南古代藝術研究會編輯　中州書畫社　1983年12月
0267.　河南漢代畫像磚　周到・呂品・湯文興編　上海人民美術出版社　1985年4月
0268.　北魏孝子棺綫刻畫　(中國古代美術作品介紹叢書)　黃明蘭編著　人民美術出版社
　　　1985年4月
0269.　南陽漢代畫像石　《南陽漢代畫象石》編輯委員會編　文物出版社　1985年10月
0270.　河南古代圖案　李紹翰編繪　河南美術出版社　1986年3月
0271.　洛陽漢畫像磚　(河南漢畫叢書)　洛陽博物館黃明蘭撰　河南美術出版社　1986年10月
0272.　洛陽北魏世俗石刻綫畫集　黃明蘭編著　人民美術出版社　1987年2月
0273.　北魏寧懋石室綫刻畫　(中國古代美術作品介紹叢書)　郭建邦編著　人民美術出版社
　　　1987年10月
0274.　鄭州漢畫像磚　(河南漢畫叢書)　張秀清・張松林・周到編著　河南美術出版社　1988
　　　年9月
0275.　南陽漢畫像石　(河南漢畫叢書)　閃修山・王儒林・李陳廣編著　河南美術出版社
　　　1989年6月
0276.　南陽漢代畫像石磚　南陽市博物館・方城縣博物館(張曉軍・魏仁華・劉玉生)編　陝
　　　西人民美術出版社　1989年10月
0277.　南陽漢代墓門畫藝術　劉興懷・閃修山編著　(上海)百家出版社　1989年11月
0278.　南陽漢代畫像磚　南陽文物研究所趙成甫主編　趙成甫・柴中慶・陳峰著　文物出版

社　1990年5月

0279. 南陽兩漢畫像石　王建中・閃修山編著　文物出版社　1990年6月

0280. 商丘漢畫像石　（河南漢畫叢書）　閻根齊・米景周[等]編著　河南美術出版社　1992年7月

0281. 南陽漢畫早期拓片選集　南陽地區文物研究所張新強・南陽漢畫館李陳廣編　中州古籍出版社　1993年4月

0282. 河南新鄭漢代畫像磚　薛文燦・劉松根編　上海書畫出版社　1993年10月

0283. 密縣打虎亭漢墓　河南省文物研究所編　文物出版社　1993年12月

0284. 南陽漢畫像石精萃　全1函2冊　韓玉祥・曹新洲主編　河南美術出版社　2005年1月

0285. 鄭州新通橋漢畫像磚藝術　張霆主編　大象出版社　2007年

⑤　四川省

0286. *Han tomb art of West China; a collection of first-and second-century reliefs* 益州漢畫集. Rudolph, Richard C. Berkeley, University of California Press, 1951.

0287. 四川漢代畫象選集　聞宥集撰　上海群聯出版社　1955年4月。中國古典藝術出版社　1956年12月

0288. 重慶市博物館藏四川漢畫像磚選集　重慶市博物館編　文物出版社　1957年12月

0289. 四川漢代畫象磚藝術：四川省博物館研究圖錄　劉志遠編　中國古典藝術出版社　1958年7月

0290. 四川漢代畫象磚拓片　四川省博物館編　上海人民美術出版社　1961年6月

0291. 四川漢代畫像磚　高文編　上海人民美術出版社　1987年2月

0292. 四川漢代畫像石　高文編　巴蜀書社　1987年2月

　　《四川漢代畫像磚》・《四川漢代畫像石》評介　繆永舒　四川文物1990-6

0293. 四川漢代畫象藝術選　呂林編　四川美術出版社　1988年3月

0294. 成都漢代畫像石資料選集　成都市博物館編・印　1990年10月

0295. 四川漢代石棺畫像集　高文編著　人民美術出版社　1998年4月

0296. 巴蜀漢代畫像集　龔廷萬・龔玉・戴嘉陵編著　文物出版社　1998年12月

0297. 漢代畫像石棺　（巴蜀文化研究叢書）　羅二虎編　巴蜀書社　2002年5月

0298. 中國巴蜀漢代畫像磚大全　高文・王錦生編著　（澳門）國際港澳出版社　2002年9月

積沙成塔嘉惠士林：薦《中國巴蜀漢代畫像磚大全》 袁庭棟 中國文物報2003年10月29日

⑥ 陝西省

0299. 陝北東漢畫象石刻選集　陝西省博物館・陝西省文物管理委員會合編　文物出版社　1959年4月

0300. 陝西唐墓壁畫石椁綫刻畫東漢畫象石選集　陝西省博物館編　陝西人民出版社　1981年12月

0301. 陝北東漢畫像石＝Eastern Han stone relieves in Northern Shanxi （陝西古代美術巡禮叢書2）　陝西省博物館編　盧桂蘭撰文　羅忠民攝影　周式中譯　陝西人民美術出版社　1985年7月

0302. 中國漢代畫像石・陝北卷　李林・康蘭英［等］編　三秦出版社　1993年12月

0303. 陝西漢畫　張鴻修編著　三秦出版社　1994年4月

0304. 陝北漢代畫像石　（陝西文物精華叢書）李林・康蘭英・趙力光編著　陝西人民出版社　1995年3月

0305. 陝西神木大保當漢彩繪畫像石　陝西省考古研究所編　韓偉主編　重慶出版社　2000年1月

0306. 綏德漢代畫像石　（陝西古代美術經典）綏德漢代畫像石展覽館編　李貴龍・王建勤主編　陝西人民美術出版社　2001年1月

⑦ 甘肅省

0307. 嘉峪關畫像磚：魏一晉　甘肅省博物館編　文物出版社　1976年9月

0308. 敦煌畫像磚（中國古代美術作品介紹叢書）殷光明編著　人民美術出版社　1990年10月

0309. 甘肅宋元畫象磚　陳履生・陸志宏編著　人民美術出版社　1996年2月

附錄3　岩畫關係圖書

0310. 花山崖壁畫資料集　廣西少數民族社會歷史調查組編　廣西民族出版社　1963年7月

0311. 新疆天山生殖崇拜巖畫＝Tianshan petroglyp: a testimony of fertility worship　新疆維吾爾自治區文物考古研究所主編　王炳華編著　文物出版社　1980年8月序

0312. 花山：周氏兄弟岩畫藝術　周少立・周少寧繪　漓江出版社　1985年3月

0313. 中國岩畫的發現：古代少數民族岩畫資料選編（上）　陳兆復・蔣振明主編　中央民

族學院少數民族文學藝術研究所　油印本　1985年

0314. **中國阿爾泰山岩畫** = Aertai Mountain rock paintings of China　新疆維吾爾自治區阿勒泰地區文化處文管所編　趙養鋒編著　時萬錄臨圖　陝西人民美術出版社　1987年7月

0315. **花山岩畫**　漓江出版社編選　（日本）贊交社　1987年12月

0316. **中國岩畫** = The rock arts of China　中央民族學院少數民族文學藝術研究所編　陳兆復主編　蔣振明・範生平編輯　浙江攝影出版社　1989年6月

　　　中國岩畫研究史上的貢獻：評《中國岩畫》的出版　孫新周　中國文物報1990年2月8日

0317. **西藏石刻**　孫振華播　安徽美術出版社　1989年8月

0318. **賀蘭山巖畫：搨本**　王系松・許成[等]編著　寧夏人民出版社　1990年7月

0319. **中國岩畫藝術圖式** = Image patterns of China's rock art　寧克平編著　包青林繪圖　湖南美術出版社　1990年11月

　　　關于岩畫藝術：寫在《中國岩畫藝術圖式》出版之際　王子雲　美術之友1991-3

0320. **中國寧夏賀蘭山岩畫拓片精萃**　許成編著　寧夏人民出版社　1990年

0321. **青銅峽岩畫**　青銅峽市文管所　1990年12月

0322. **蘇尼特岩畫**　（蒙文）達.查干著　內蒙古大學出版社　1991年6月

0323. **中衛岩畫**　周興華編著　寧夏人民出版社　1991年

0324. **阿拉善右旗岩畫**　阿拉善右旗文管所編・印　1992年1月

0325. **新疆呼圖壁生殖崇拜岩畫**　王炳華編著　北京燕山出版社　1992年

0326. **中國岩畫** = The rock arts of China　文物出版社編　文物出版社　1993年5月

0327. **賀蘭山岩畫拓本萃編**　寧夏回族自治區文物考古研究所編輯　許成・衛忠著　文物出版社　1993年10月

0328. **西藏岩畫藝術** = Art of Tibetan rock paintings　西藏自治區文物管理委員會編　四川人民出版社　1994年8月

0329. **中國岩畫**（中國旅游文化書系）蓋山林文　蓋志浩繪　廣東旅游出版社　1996年8月

0330. **中國岩畫圖案**　蓋山林・蓋志浩搜集　生活・讀書・新知上海三聯書店　1997年1月

0331. **中國岩畫：岩石上的歷史圖卷**　蓋山林著　生活・讀書・新知上海三聯書店　1997年1月。同　臺灣商務印書館　1997年

0332. **巴丹吉林沙漠岩畫**　蓋山林文　蓋志浩描圖　北京圖書館出版社　1998年7月

0333. 內蒙古岩畫藝術＝Inner Mongolia's art of rock carvings　納.達楞古日布著　內蒙古文化出版社　2000年5月

0334. 中國岩畫　陳兆復編　中國現代美術出版社　2000年6月

0335. 嘉峪關黑山岩畫　楊惠福・張軍武著　甘肅人民出版社　2001年1月

0336. 大麥地岩畫　全4冊　西北第二民族學院編纂　謝玉傑主編　上海古籍出版社　2004年9月

0337. 海州石刻　蘇中保主編　新疆人民出版社　2004年12月

0338. 雲南岩畫藝術　（雲南民族美術全集）　鄧啓耀主編　雲南美術出版社　2004年12月

0339. 曼德拉山岩畫集：內蒙古・阿拉善右旗　王雅生主編　甘肅人民出版社　2005年1月

0340. 阿爾泰山岩畫圖錄　鮑幸君摹繪　新疆人民出版社　2006年5月

0341. 桌子山岩畫拓片精粹　梁振華編　亞洲聯合報業出版社　2006年6月

0342. 崖畫部落的陽光：世界佤鄉圖片集粹　中共臨滄市委宣傳部・臨滄市文化產業辦公室編　楊軍主編　雲南民族出版社　2006年

0343. 賀蘭山岩畫　全3冊　西北第二民族學院編纂　李偉・張春雨主編　上海古籍出版社　2007年8月

0344. 中國岩畫全集　（中國美術分類全集）　全5冊　《中國岩畫全集》編輯委員會編　遼寧美術出版社　2007年10月

　　［1］北部岩畫卷（黑龍江・遼寧・內蒙古・山西）、［2］西部岩畫卷1（寧夏・甘肅・青海）、［3］西部岩畫卷2（新疆・西藏）、［4］南部岩畫卷1（廣西・貴州・江蘇・安徽・福建・臺灣・香港・廣東・澳門）、［5］南部岩畫卷2（雲南・四川）からなるという。

＊014. 寧夏岩畫　喬華主編　寧夏人民出版社　2008年1月

附錄4　高句麗廣開土王(好太王)碑

0345. 水谷藏原石整拓本　水谷悌二郎「好太王碑考」（『書品』100號〈特集：高句麗・好太王〉〈日本〉東洋書道協會　1959年6月）に收錄。のちに、水谷悌二郎著『好太王碑考』（〈日本〉開明書院　1977年9月）に附別冊「原石拓本」として收錄。

0346. 晉好大王碑　（碑帖名品錄）　中華書局香港分局　1985年10月

0347. 廣開土王碑原石拓本集成　武田幸男編著　（日本）東京大學出版會　1988年3月

書評：武田幸男編著『廣開土王碑原石拓本集成』 池田溫 （日本)書道研究88-6 1988年6月

書評：同上 山尾幸久 （日本)朝鮮學報130 1989年1月

書評：同上 佐伯有淸 （日本)日本歷史490 1989年3月

0348. 廣開土王碑・古墳編 （朝鮮遺跡遺物圖鑑4 高句麗編2） 「朝鮮遺跡遺物圖鑑」編纂委員會編 （朝)朝鮮遺跡遺物圖鑑編纂委員會 1990年3月

0349. 好太王碑古今集聯 葉爾愷・抱瓮齋撰句 秦文錦・鍥齋編集 嶺南美術出版社 1990年4月

0350. 高句麗廣開土王碑拓本寫眞集：目黑區所藏 東京都目黑區守屋教育會館鄕土資料室編 （日本)東京都目黑區守屋教育會館鄕土資料室 1990年11月

0351. 好大王碑 舒雲編 福建美術出版社 1991年7月

0352. 高句麗好大王碑 四川美術出版社 1992年8月

0353. 廣開土大王碑 篆刻學研究會編 （韓)美術文化院 1992年11月

0354. 廣開土王碑原石初期拓本集成 林基中編著 （韓)東國大學校出版部 1995年11月

0355. 高句麗廣開土王碑拓本 東京國立博物館編 （日本)東京國立博物館 1996年2月

0356. 廣開土王陵碑拓本圖錄：國內所藏 遺蹟調查研究室編輯 （韓)國立文化財研究所 1996年8月

0357. 好太王碑 （中國著名碑帖選集第2集27） 孫寶文編輯 吉林文史出版社 1999年2月
北京大學圖書館所藏の「好太王碑」C本を底本として影印するという。

0358. 好大王碑 （古今書法精粹叢書） 全2冊 古吳軒出版社 1999年6月

0359. 高句麗好大王碑 （中國歷代碑帖放大選字本） 天津人民美術出版社 1999年

0360. 廣開土王碑：解說篇・圖錄篇 （韓國金石文集成1 高句麗1） 任世權・李宇泰編著 （韓)韓國國學振興院 2002年9月

0361. 晉高麗好大王碑集聯 （歷代碑刻集聯選粹叢書） 劉運峰編 天津人民美術出版社 2002年9月

0362. 好太王碑 （中國名碑系列叢書） 曲德敬[等]編 吉林文史出版社 2004年10月

0363. 好太王碑 （中國古代書法作品選粹） 人民美術出版社 2007年6月

0364. 廣開土王碑 （知られざる名品シリーズ第2期4） 武田幸男編 （日本)天來書院 2007年10月

*015. 好太王碑　張福有［等］編　吉林文史出版社　2008年1月

附錄5　　王羲之・王獻之全集

0365. **王羲之書蹟大系**　全3帙17冊　（晉）王羲之［筆］　宇野雪村編集代表　（日本）東京美術　1982年6月

　　　　［1］墨蹟、［2］小楷、［3］蘭亭序、［4］集王書諸碑、［5］十七帖、［6～8］淳化閣帖卷6～8、［9］宋拓王右軍書帖、［10～11］澄清堂帖、［12］大觀帖卷6～7、［13］諸集帖收載尺牘帖、［14］臨王書名蹟、［15］鑑賞篇、［16］解題篇、［17］研究篇、に分ける。

0366. **王羲之全書翰**　（晉）王羲之［原著］　森野繁夫・佐藤利行著　（日本）白帝社　1987年1月。增補改訂　同　1996年10月

0367. **王羲之王獻之書法集成**　（晉）王羲之・王獻之書　王宏編　天津古籍出版社　1989年12月

0368. **王獻之書法全集**　戴山青編　北京廣播學院出版社　1992年6月

0369. **王羲之書法全集**　曾蓓・君如編　北京廣播學院出版社　1992年7月

0370. **王羲之書法全集**　（中國歷代書法名家全集系列叢書）　群言出版社　1994年5月

0371. **王獻之書法全集**　（中國歷代書法名家全集系列叢書）　群言出版社　1994年5月

0372. **王羲之・王獻之全集**　李錦堂編　上海書畫出版社　1994年12月

0373. **蘭亭全編**　全2冊　張志清・吳龍輝編　花山文藝出版社　1995年5月

0374. **王羲之書法全集**　（中國歷代書法名家名品全集）　張速編　天津古籍出版社　1998年

0375. **王羲之書法全集**　全4冊　楊璐主編　中國書店　1999年3月

0376. **王羲之王獻之全集箋證**　劉茂辰・劉洪・劉杏編撰　山東文藝出版社　1999年

0377. **王羲之書法集**　全2冊　北京工藝美術出版社　2005年6月

0378. **王羲之・王獻之**　（中國書法家全集）　李廷華著　河北教育出版社　2006年10月

0379. **王羲之書法全集**　全10冊　西泠印社出版社　2007年1月？

C　隋唐五代を主とする圖書

0380. **西安碑林**　西川寧編　（日本）講談社　1966年8月

　　　　西安碑林所藏の石刻、秦1、前漢2、後漢4、魏1、晉1、前秦1、北魏14、東魏1、北

齊1、北周3、隋5、唐42、後梁1、宋6、金1、元1、合計85種の精拓寫眞と1種ごとの解説を收錄する。

0381. 敦煌唐碑三種　石門圖書公司編輯部主編　(臺灣)石門圖書公司　1976年

温泉銘、化度寺邕禪師塔銘、金剛般若經の拓本を影印。

0382. 陝西歷代碑石選輯　陝西省博物館供稿　陝西人民出版社　1979年7月

陝西地區の書法史上著名な歷代の碑刻150種の拓本寫眞を收錄。

0383. 南詔德化碑 (雲南史料叢刊第16輯)　雲南大學歷史系民族歷史研究室　油印本　1979年

0384. 中國書法　全8冊　中國書法編輯組編　文物出版社　1980年5月～1985年7月

龍門二十品 (1冊)、顔眞卿 (5冊)、柳公權 (2冊) からなる。

0385. 揚州出土唐人墓誌選輯　南京博物院集刊3　1981年3月

唐後半期～南唐の墓誌12、佛殿誌1、合計13點の釋文を收錄。

0386. 唐宋墓誌：遠東學院藏拓片圖錄 = Inscriptions tombales des dynasties T'ang et Song: d'après le fonds d'inscriptions possédées par l'École française d'Extrême-Orient (Publications de l'École française d'Extrême-Orient; v.127, 香港中文大學中國文化研究所史料叢刊2)　饒宗頤編著　Paris: École française d'Extrême-Orient, (香港)中文大學出版社　1981年

フランス極東學院(パリ)所藏の墓誌拓本、唐370、五代5、宋13、合計388點の影印集。
フランス極東學院藏墓誌拓本紹介　吉岡眞　(日本)廣島大學文學部紀要43　1983年12月

0387. 吐蕃金石錄　王堯編著　文物出版社　1982年10月

「唐蕃會盟碑」など8～9世紀の碑刻10點、鐘銘3點の寫眞・拓本寫眞・釋文・解題・譯文・考釋を收錄。

0388. 拓本 (敦煌書法叢刊第1卷)　饒宗頤編集・解説　(日本)二玄社　1983年5月

0389. 千唐誌齋藏墓誌五十選 (玄美名品選別集)　(日本)玄美社　1983年8月

0390. 千唐誌齋藏誌　全2冊　河南省文物研究所・河南省洛陽地區文管處編　文物出版社　1984年1月。〈中國歷代墓誌大觀　全4冊　(臺灣)大通書局　1985年　として影印〉

張鈁の「千唐誌齋」(河南省新安縣鐵門鎮)所藏の墓誌、西晉1、北魏3、隋2、唐1209、五代22、北宋85、明31、清1、民國6、合計1360點の拓本影印集。

『千唐誌齋藏誌』墓主人名索引稿　吉岡眞　（日本)廣島大學東洋史研究室報告7　1985年9月

　　　批評・紹介：千唐誌齋藏誌　池田溫　（日本)東洋史研究44-3　1985年12月

　　　千唐誌齋唐誌年號紀年考　郭文鎬　文博1987-5

　　　『千唐誌齋藏誌』關係文獻調查概要　吉岡眞『中國社會史の諸相』横山英・寺地遵編　（日本)勁草書房　1988年3月　所收

　　　《千唐誌齋藏誌》中隋唐科舉制度史料輯釋　楊希義　中原文物1992-1

　　　《千唐誌齋藏誌》圖版說明地名糾誤　王其緯・李志凡　中國歷史地理論叢1992-3

　　　《千唐誌齋藏誌》紀年未詳墓誌考辨　王七一　陝西師範大學學報（哲社版）1992-4

　　　《千唐誌・孫瑝妻李夫人墓誌》圖版說明辨證　魯才全　魏晉南北朝隋唐史資料15　1997年6月

0391.　吐蕃碑刻鐘銘選（bod kyi rdo ring yi ge dang dril buvi kha byang）（藏文）　陳踐(bsod nams skyid) 注釋　工布吉村（mgon po rgyal mtshan）編輯　民族出版社　1984年2月

0392.　唐代墓誌銘彙編附考　（中央研究院歷史語言研究所專刊81）　第1～18册　毛漢光撰　盧建榮・耿慧玲・郭長城助理　（臺灣)中央研究院歷史語言研究所　1984年6月～1994年7月

　　　中央研究院歷史語言研究所傅斯年圖書館と國立中央圖書館所藏の墓誌拓本を中心に、『全唐文』や石刻書・考古學關係雜誌なども博搜し、唐初から埋葬年月日順に釋文と拓本寫眞を各册に100點ずつ收錄。［4］から0390『千唐誌齋藏誌』、［11］から0003a『北京圖書館藏中國歷代石刻拓本彙編』、［14］から0407『隋唐五代墓誌彙編』、［15］から0412a『唐代墓誌彙編』も利用。1點ごとに既收書・附記を揭げ、人名・地名・官爵・人名典故の索引を附すなど、同類の書の中では最も編集の體例が整っていたが、［18］の吉渾墓誌（開元15年11月28日葬）で出版が中斷した。

　　　中國の墓誌：唐代を中心に　高橋繼男　（日本・東洋大學)アジア・アフリカ文化研究所研究年報21　1987年3月

0393.　顔眞卿書蹟集成　全5册　中田勇次郎編　（日本)東京美術　1985年3月

　　　［1］・［2］に帖、［3］～［5］に碑を收錄。

0394.　*A Corpus of early Tibetan inscriptions.* [compiled and translated by] Richardson, Hugh Edward. [Eng.]; Royal Asiatic Society, (James G. Forlong series; no. 29) 1985.

0395. **高昌墓磚拾遺**　新疆吐魯番地區文管所編（柳洪亮執筆）『敦煌吐魯番文獻研究論集』第3輯　北京大學中國中古史研究中心編　北京大學出版社　1986年2月

　　吐魯番地區文管所が1983年當時に所藏する墓誌16點（麴氏高昌10、唐6）の釋文・注釋を收錄する。

0396. **曲石精廬藏唐墓誌**　李希泌編　齊魯書社　1986年5月

　　李根源の「曲石精廬」舊藏の唐墓誌93、附錄1、合計94點の拓本影印集。

　　『曲石精廬藏唐墓誌』敍錄　吉岡眞　（日本）福大史學46・47　1989年2月

　　《曲石唐志目》校補　魯才全　魏晉南北朝隋唐史資料13　1994年12月

0397. **西安碑林名碑**　全6函30册　陝西省博物館編　陝西人民美術出版社　1986年10月〜1995年6月

0398. **敦煌莫高窟供養人題記**　敦煌研究院編　文物出版社　1986年12月

0399. **唐代石刻篆文**　施安昌編著　紫禁城出版社　1987年4月

　　故宮博物院藏の傳世拓本15種の寫眞と釋文・解說を收錄。

0400. **房山石經題記彙編**　北京圖書館金石組・中國佛教圖書文物館石經組編　書目文獻出版社　1987年8月

　　［1］碑と題記（唐〜民國）、［2］大部經題記（唐〜遼）、［3］諸經題記（唐）、［4］諸經題記（遼金）、［5］諸經題記（元明）からなり、各々釋文を收錄。

　　《房山石經題記彙編》遺誤舉例　王麗華　文獻1996-2

0401. **南詔德化碑**　周祜校注　大理市文物保護管理所編・印　1988年8月

0402. **西安碑林書法藝術**　陝西省博物館・李域錚・趙敏生・雷冰編著　陝西人民美術出版社　1983年10月。增訂本　同　1989年7月

　　西安碑林所藏の書法上で著名な各種石刻約100點の簡介と圖版（多くは局部）を收め、「西安碑林藏石細目（碑石）（墓誌）（石雕造像）（碑石綫刻畫）」を附錄する。

0403. **解放後新出吐魯番墓誌錄**　侯燦編　『敦煌吐魯番文獻研究論集』第5輯　北京大學中國中古史研究中心編　北京大學出版社　1990年5月

　　吐魯番地區で解放後に出土した墓誌、北涼2、高昌77、唐78、合計157點の釋文を收錄。

0404. **唐顏眞卿書 干祿字書**　（唐）顏眞卿書　施安昌編　紫禁城出版社　1990年7月

0405. **敦煌祕籍留眞新編：敦煌唐碑三種**　陸志鴻輯　（『中國西北文獻叢書』第8輯『敦煌學

文獻』第 7 卷　蘭州古籍書店　1990年10月　所收)

0406.　洛陽出土歷代墓誌輯繩　洛陽市文物工作隊編　中國社會科學出版社　1991年 6 月

　　　　洛陽地區出土の墓誌、晉13、北魏41、隋14、唐646、五代21、北宋20、元 6 、明66、清 9 、合計836點の拓本影印集。

0407.　隋唐五代墓誌彙編　全 9 卷29冊・索引 1 冊　《隋唐五代墓誌彙編》總編輯委員會(吳樹平[等])編　天津古籍出版社　1991年12月～1992年 4 月

　　　　全國各地各機關所藏の當該時代の墓誌（塔誌・買地券などを含む）を、［1］洛陽卷　全15冊　陳長安主編、［2］陝西卷　全 4 冊　王仁波主編、［3］北京卷（附遼寧卷）全 3 冊　張寧[等]主編、［4］北京大學卷　全 2 冊　孫蘭風[等]主編、［5］河北卷　孟繁峰[等]主編、［6］山西卷　張希舜主編、［7］江蘇山東卷　王思禮[等]主編、［8］河南卷　郝本性主編、［9］新疆卷　穆舜英[等]主編、各 1 冊に收め、先隋（高昌）56、隋337、唐4550餘、五代103、合計約5050點（重複と墓誌蓋を除く）の拓本を影印。現在この時代の墓誌拓本影印集として最大。

　　　　《隋唐五代墓誌彙編・新疆卷》評介　孟憲實　中國敦煌吐魯番學會研究通訊1993-1〈新疆師範大學學報(哲社版)15-1　1994年〉

　　　　《隋唐五代墓誌彙編・陝西卷》第一・二冊"圖版說明"補正　宋英　人文雜誌1995-2

　　　　《隋唐五代墓誌彙編》舉正　張忱石　出土文獻研究 3 　1998年10月

　　　　唐代墓誌叢考・《隋唐五代墓誌彙編・洛陽卷》著錄訂補　程章燦　『石學論叢』同著　(臺北)大安出版社　1999年 2 月　收錄

0408a.　藥王山醫碑錄釋：海上方　張世英編注　三秦出版社　1992年 4 月

0408b.　藥王山醫碑錄釋：千金寶要　張世英編注　三秦出版社　1993年12月

0409.　唐代碑刻正書選粹　葛慕森[等]編選　北京出版社　1992年 6 月

0410.　敦煌碑銘贊輯釋　鄭炳林著　甘肅教育出版社　1992年 7 月

　　　　敦煌文獻中の碑文32（重出 5 ）、墓誌 8 、別傳 1 、邈眞贊94（重出 3 ）、合計135點の釋文を收錄。

　　　　《敦煌碑銘贊輯釋》評介　周丕顯　敦煌研究1995-1

　　　　［參考］敦煌邈眞讚校錄幷研究　（香港敦煌吐魯番研究中心叢刊 3 ）　姜伯勤・項楚・榮新江著
　　　　　　　(臺灣)新文豐出版公司　1994年 7 月

　　　　　　敦煌文獻中の邈眞讚92點の釋文を年代順に收錄。

0411. **渤海史料全編**　孫玉良編著　吉林文史出版社　1992年10月

　　　渤海に關連する碑誌9點の釋文を含む。

0412a. **唐代墓誌彙編**　全2冊　周紹良主編　趙超副主編　上海古籍出版社　1992年11月
0412b. **唐代墓誌彙編續集**　周紹良・趙超主編　上海古籍出版社　2001年12月

　　　唐代墓誌、aに3607點、bに1576點（aとの重複を含む）、合計5183點の釋文を收錄。誌主名・撰者名のみならず誌文中に出現する人物の姓名も採錄した人名索引は極めて有用。

　　　讀《唐代墓誌彙編》札記　魯才全　魏晉南北朝隋唐史資料13　1994年12月

　　　唐代墓誌彙編殘誌考　胡可先　文獻1996-1

　　　《唐代墓誌彙編》重收墓誌舉證　吳玉貴　原學5　1996年

　　　《唐代墓誌彙編》殘誌辨證（上）（中）（下）　曹汛　文史46～48　1998年12月～1999年7月

　　　讀《唐代墓誌彙編》札記　葉樹仁　首都師範大學學報（社會科學版）2002-4

　　　批評と紹介：周紹良・趙超主編『唐代墓誌彙編續集』　齋藤勝　（日本）東洋學報85-1　2003年6月

　　　《唐代墓誌彙編》及《唐代墓誌彙編續集》重收墓誌釋例　萬軍傑　魏晉南北朝隋唐史資料22　2005年6月

0413. **歐陽詢書法全集**　（中國歷代書法名家全集系列叢書）　（唐）歐陽詢書　群言出版社　1993年6月

0414. **昭陵碑石**　（陝西金石文獻彙集）　陝西省古籍整理辦公室編　（昭陵博物館）張沛編著　三秦出版社　1993年12月

　　　唐太宗昭陵と陪葬墓の、唐墓碑43、唐墓誌46、唐詔書刻石2、唐塔銘・經幢4、唐鎭墓石1、唐石像座題銘7、宋碑2、金碑1、明碑4、清碑5、合計115點の拓本寫眞と釋文を收錄。

　　　對唐史研究的重要貢獻：《昭陵碑石》評介　牛致功　史學月刊1995-5

　　　書評：張沛《昭陵碑石》　陳尙君・黃清發　唐研究6　2000年12月

0415. **隋唐墓誌百種**　全1函10輯　許寶馴責任編輯　上海書畫出版社　1994年3月

　　　隋16、唐84、合計100點の優品墓誌拓本を原寸大で影印。

0416a. **全唐文補遺**　全10輯（豫定）　陝西省古籍整理辦公室・（第8輯）洛陽市第二文物工作隊編　吳鋼主編　三秦出版社　1994年5月～（刊行中）

　　　既刊、第1～9輯（2007年7月）。『全唐文』『唐文拾遺』『唐文續拾遺』に未收の唐・五代

の石刻資料の釋文を、［１］に597、［２］に942、［３］に679、［４］に772、［５］に739、［６］に750、［７］に1223、［８］に546、［９］に敦煌文獻493、「附錄・新出土墓誌銘」131、合計6872點（重出を含む）を收錄し、その大多数を墓誌が占める。しかし、資料の配列年次が全册を通してのものとなっておらず、また第８輯までは資料の出所も注記していないなど、利用に不便な點がある。

書評：吳鋼主編《全唐文補遺》第一・二輯　陳尚君　唐研究３　1997年12月

書評：《全唐文補遺》第三至六輯　蒙曼　唐研究６　2000年12月

0416b. 全唐文補遺・千唐誌齋新藏專輯　吳鋼主編　王京陽・趙跟喜・張建華本輯副主編　三秦出版社　2006年６月

千唐誌齋博物館が1990年代初めから新たに收集した、洛陽及びその周邊地域出土の墓誌、唐518、五代９、合計527點の釋文を收錄し、附錄に北朝21、隋14、宋14、明６、清２、合計57點の釋文を收錄する。

唐代石刻文獻的重要收穫：評《全唐文補遺・千唐誌齋新藏專輯》　陳尚君　碑林集刊12　2006年12月

彌足珍貴　可圈可點：評《全唐文補遺・千唐誌齋新藏專輯》　劉思怡　陝西歷史博物館館刊14　2007年10月

0417. 隋墓誌人物傳　洛陽古代藝術館編　馮吾現主編　中州古籍出版社　1994年９月

隋162、高昌10、鄭２、合計174點の墓誌釋文（ただし誌文中の一部を省略）を收錄。陳長安著「洛陽隋誌史料淺釋」、同著「隋代洛陽政區改革與墓誌中洛陽鄉里初探」を附載。

0418. 揚州唐・五代人物墓誌錄文資料　吳煒編　揚州博物館　油印本　1994年

0419. 新編補正　房山石經題記彙編　陳燕珠著　（臺灣）覺苑出版社　1995年６月

上記0400.『房山石經題記彙編』を補正し、新たに編纂したもの。

0420. 房山隋唐石刻：妙法蓮華經　全２册　中國佛教圖書文物館編　（日本）隆文館　1995年６月

0421. 三秦碑刻英華　陳根遠・羅小幸編著　陝西師範大學出版社　1996年３月

陝西省の著名碑石、摩崖、造像、墓誌、經幢など、秦～前秦18、北魏17、西魏５、北周５、隋８、唐82、宋～民國５、合計140點の解説と拓本局部寫真を收錄。

0422a. 洛陽新獲墓誌　李獻奇・郭引强編　文物出版社　1996年10月

0422b. 洛陽新獲墓誌續編　洛陽市第二文物工作隊　喬棟・李獻奇・史家珍編著　科學出版

社　2008年3月

> 洛陽地區で新出の墓誌、aに合計183點〔後漢2（含墓碑1）、北魏7、北齊1、隋2、唐113（含墓碑4）、五代後唐4、宋20（含墓碑2）、金1（墓碑）、元2、明22、清8、民國1、附錄唐宋墓誌蓋8〕、bに合計304點〔後漢1、西晉1、北魏8、隋9、鄭1、唐258、五代後梁1、宋16、元1、明8〕の拓本寫眞と釋文、1點ごとに詳細な解說文を收錄する。
> 讀《洛陽新獲墓誌》　許順湛　中原文物1998-1
> 《洛陽新獲墓誌》釋文補正　任昉　故宮博物院院刊2001-5
> 洛陽新獲墓誌專輯　書法叢刊2005-6（刊行前の0422bから、北魏8、隋1、唐22、宋2、合計33點の拓本寫眞と簡介を摘錄）

0423. **晉祠華嚴石經：石刻選**　黃徵・宋富盛主編　山西人民出版社　1996年10月

> 武則天の晚期刻、武則天の序文あり。現存石經130通の中、57通？（局部のものあり）を收錄。

0424. **碧落碑文點譯注**　王子正點譯注　山西新絳縣博物館　1996年12月

0425. **景刊唐開成石經：附賈刻孟子嚴氏校文**　全4冊　中華書局編集部編　中華書局　1997年10月

> 民國15年張氏皕忍堂景刊唐開成石經校刻本附清賈氏補刻孟子七卷嚴氏唐石經校文十卷の縮印本。

0426. **佛教新出碑志集粹**　（佛光經典叢書1211、中國佛教經典寶藏精選白話版111）　丁明夷釋譯　（臺灣）佛光文化事業公司　1998年2月

> 近年出土發見の佛教關係碑志、北齊3、隋4、唐7、五代1、南宋2、金1、元2、清1、合計21點の現代語譯を收錄。

0427. **唐代釋敎文選譯注**　滋賀高義編　（日本）大谷大學眞宗總合研究所三朝高僧傳の比較研究班　（發賣）朋友書店　1998年3月

> 主として盛唐期に活躍した禪僧の塔銘・碑文15篇の譯注。

0428. **龍門石窟碑刻題記彙錄**　全2冊　（龍門石窟研究所）劉景龍・李玉昆主編　中國大百科全書出版社　1998年4月

> 北魏～清の碑刻題記2881點の釋文・拓本寫眞を收錄（拓影ないものあり）。その中で唐が最多。

0429. **隋唐石刻藝術**　張鴻修編著　三秦出版社　1998年7月

> 碑碣、墓誌、造像、石棺、石槨、石門など200餘點の圖版（主として圖案）と解說を收錄する。

0430. 中華國寶：陝西珍貴文物集成：碑刻・書法卷　高峽主編　陝西人民教育出版社　1999年8月

　　　陝西から出土或いは現存する一級文物碑刻作品105點、書法墨跡作品39點を收錄。

0431. 藥王孫思邈醫藥方集　張世英編著　世界圖書出版西安公司　1999年

　　　「碑刻藥方」「海上方碑」「著作碑刻」などを含むという。

0432. 全唐文新編　全22冊（1000卷）　周紹良總主編　張錫厚・欒貴明・葉樹林・馮惠民・田奕主編　吉林文史出版社　1999年12月～2000年12月

　　　『全唐文』（所收作品20025篇）を全面的に修訂・補充し、『唐文拾遺』・『唐文續拾遺』（所收作品合計3000餘篇）も含めて改編・排印する。「序」によれば、主として『册府元龜』、墓誌、敦煌文獻などから補充し、總計34742篇（墓誌6000餘點？を含む）の唐・五代の散文を收錄するという。

0433. 西安碑林博物館　西安碑林博物館編　成建正主編　陝西人民出版社　2000年1月

0434. 北京圖書館藏龍門石窟造像題記拓本全編　全10冊　吳元眞主編　廣西師範大學出版社　2000年12月

　　　北魏～明代の龍門石窟の造像記・造像題名の拓本約2000件を影印・收錄するという。

0435. 古突厥碑文選（コサック文）　阿里木＝朱瑪什編　新疆人民出版社　2000年12月

0436. 隋唐名碑　全15冊　中國書店　2001年1月

0437. 隋墓誌選粹　上海圖書館歷史文獻研究所（仲威・孫啓治）編　湖北美術出版社　2001年2月

　　　上海圖書館所藏の隋代墓誌の精拓32種を影印。

0438. 唐碑百選　施蟄存編著　上海教育出版社　2001年5月

　　　書法史上、代表的な唐代の碑刻100種を精選し、その拓本寫眞に解題・集評（諸家の評論を集錄）を附す。

0439. 墓誌精華三十八種　全1函2冊　北京圖書館出版社編著　北京圖書館出版社　2001年6月

　　　近代以降出土した墓碑誌優品、後漢2、晉4、北魏7、北齊1、隋8、鄭1、唐15、合計38種の拓本寫眞を原寸大圖版で收錄する。

0440. 隋・碑誌系列叢書　全20册　蔣文光主編　遼寧美術出版社　2001年6月
　　　隋代の碑誌28種の拓本寫眞を收錄するという。

0441. 顏眞卿書郭虛己墓誌銘　(唐)顏眞卿撰并書　北京圖書館出版社　2001年7月
　　　1997年10月に河南省偃師市で出土した顏眞卿撰・書「郭虛己墓誌銘」(天寶9載5月15日葬)の拓本を原寸大で影印。

0442. 吐魯番墓磚書法　侯燦主編　重慶出版社　2002年5月
　　　墓誌・墓磚・墓表など111點の寫眞を收錄する。

0443. 隋代碑誌百品　隋代碑誌編選組編　新時代出版社　2002年6月
　　　隋代の碑碣・墓誌・塔銘・造像題記などの拓本寫眞、合計104點を收錄する。

0444. 洛陽出土墓誌卒葬地資料彙編　余扶危・張劍主編　北京圖書館出版社　2002年12月
　　　1998年以前の著錄に見える洛陽出土墓誌約3000點に基づき、後漢〜明の卒葬地名4347條を收錄し、あわせて誌石題首・墓主諱字・籍貫、卒葬と誌石出土の時期・地點などを記述。

0445. 唐名碑補遺碑拓本　全1函6册　任步武編撰　華寶齋書社(西泠印社)　2003年3月
　　　「九成宮醴泉銘」「化度寺碑」「皇甫誕碑」「孔子廟堂碑」「孟法師碑」「神策軍碑」の缺字・殘損字を考證補遺する。

0446. 吐魯番出土磚誌集注　全2册　侯燦・吳美琳著　巴蜀書社　2003年4月
　　　吐魯番出土の磚誌、大涼政權期4、麴氏高昌國期206、唐西州期118、合計328點の寫眞・釋文に注釋・說明を附す。
　　　《吐魯番出土磚誌集注》評介　陳國燦　吐魯番學研究2003-2
　　　書評：《吐魯番出土磚誌集注》　孟憲實　敦煌吐魯番研究7　2003年
　　　集資料性與學術性之大成的一部力作：讀《吐魯番出土磚誌集注》　施新榮　新疆師範大學學報(哲社版) 26-1　2005年

0447. 唐代墓誌　袁道俊編著　上海人民美術出版社　2003年8月
　　　李根源「曲石精廬」舊藏の唐墓誌91點を主とする南京博物院現藏の唐墓誌100點の拓本寫眞・釋文・注釋を收める。

0448. 全隋文補遺　(周秦漢唐文化工程・文獻整理文庫)　韓理洲輯校編年　三秦出版社　2004年3月
　　　(清)嚴可均撰「全隋文」(所收散文670篇、存目13篇)に未收の隋代散文760篇の釋文、存目131篇を出典を記して收錄。多くは碑刻・墓誌・造像題記等の石刻や吐魯番出土文書による。

0449. 影印初公刊　羅振玉(選輯)『芒洛冢墓遺文』五編（全）六卷一（1）：卷1・2　吉岡眞(編・校訂)　(日本)福大史學76・77　2004年3月

　　　中國國家圖書館所藏曬印版の複寫本全6卷中の2卷（漢3、晉1、北魏24、北周2、隋50、唐56、合計136點の錄文を收める）を影印。漢～隋の80點に關する石刻・文獻學的データ一覽を附す。

0450. 偃師碑誌精選　周劍曙・郭宏濤編著　湖北美術出版社　2004年4月

　　　偃師商城博物館所藏の歷代碑誌300餘點の中から書法資料として、後漢5、西晉1、北魏7、北齊5、唐19、北宋1、合計38點の拓本寫眞・錄文を收錄する。

0451. 邙洛碑誌三百種　趙君平編　中華書局　2004年7月

　　　近年出土の墓誌を中心に、漢魏晉（無紀年を含む）8、北魏19、東魏1、隋17、唐234、五代7、宋6、元1、明5、清7、無紀年3、合計308點の拓本寫眞を收錄する。

0452. 洛陽新出土墓誌釋錄　（洛陽師範學院河洛文化研究所系叢書）　楊作龍・趙水森［等］編著　北京圖書館出版社　2004年10月

　　　［1］墓誌研究與考釋、［2］新出土部分墓誌敍錄、［3］新出土墓誌目錄からなり、洛陽師範學院圖書館藏の近年收集の北魏～清の墓誌170餘點中、［1］に唐墓誌15點、［2］に唐墓誌32點、合計47點の釋文と拓本寫眞を收錄する。

0453. 隋唐金石文彙　（隋唐文明第33～36卷）　全4冊　文懷沙主編　古吳軒出版社　2005年3月。また、四部文明：隋唐文明卷（第33～36冊）隋唐金石文彙　全4冊　文懷沙主編　陝西震旦漢唐研究院編纂　陝西人民出版社　2007年9月

0454. 洛陽出土石刻時地記　郭玉堂原著　郭培育・郭培智主編　大象出版社　2005年4月

　　　上部・下部からなり、上部に郭玉堂著『洛陽出土石刻時地記』（大華書報供應社、1941年）を、下部に『同』下冊未刊稿本を、ともに整理・修改・校補して收め、漢代～明代の墓誌を主とする合計2818點の石刻（隋175點、唐2128點を含む）についての情報を記錄する。

　　　舊中國洛陽の墓誌石刻の保存整理にかけた一市井人の記錄：『洛陽出土石刻時地記』　氣賀澤保規　(日本)東方311　東方書店　2007年1月

0455. 房山石經妙法蓮華經：附解說　1帙77枚　桐谷征一編　(日本)本納寺　2005年6月

0456. 顏眞卿書王琳墓誌銘　（歷代碑帖法書選）　《歷代碑帖法書選》編輯組編　文物出版社　2005年8月

　　　2003年秋、洛陽龍門鎭張溝村から出土したといわれる(唐)徐嶠撰・顏眞卿書「徐嶠妻王琳

墓誌銘」(開元29年11月2日葬)の拓本を影印。

0457. **全唐文補編**　全3冊　陳尚君輯校　中華書局　2005年9月

『全唐文』『唐文拾遺』『唐文續拾遺』に未收の唐・五代の散文を、本書「前言」の「附記」によれば「全唐文補編」160卷に5850篇、「全唐文再補」8卷に209篇、「全唐文又再補」10卷に約460篇、合計6500餘篇を收めるという。0412a『唐代墓誌彙編』に收錄濟みの墓誌は除外するが、多數の碑誌石刻の釋文を收める。

《全唐文補編》出版感言　陳尚君　書品2006-1

書評：陳尚君輯『全唐文補編』『舊五代史新修會證』　齋藤茂　(日本)中國學志21號　大阪市立大學中國學會　2006年12月

0458. **陝西碑石精華**　陝西省社會科學院・陝西省文物局編　余華青・張廷皓主編　三秦出版社　2006年6月

主として新中國成立後に陝西地區で出土蒐集した碑誌、後漢4、北朝18、隋10（碑3・墓誌7）、唐150（碑38・墓誌112）、宋18、金3、元30、明22、清18、民國8、合計281點の拓本寫眞を收錄する。

0459. **西安碑林名碑**　全1函8冊　趙力光主編　三秦出版社　2006年6月

唐代のものを主に碑12種と墓誌10種の拓本を原寸大で影印する。

0460. **刺史行事錄**　洛陽市文物事業管理局・洛陽市文物工作隊編　北京圖書館出版社　2006年10月

墓誌や碑碣から漢代～宋遼代の刺史就任者507人（559州に涉る）を選出し、その碑誌釋文を節錄する。その中、北魏142人、唐236人で大多數を占める。

0461. **何弘敬墓誌銘點注曁有關資料薈集**　任乃宏・李忠義著　中國文史出版社　2006年12月

0462. **大秦景敎流行中國碑翻譯資料**　(大東文化大學人文科學研究所研究報告書)　貴田晃・山口謠司執筆編集　(日本)大東文化大學人文科學研究所　2007年3月

1901年發表のフランス人神父アヴレのラテン語譯・フランス語譯とその日本語譯などを收め、碑拓寫眞を附す。

0463. **洛陽古代官吏事約**　楊作龍主編　余不危・張劍執行主編　朝華出版社　2007年6月

北魏・隋唐を中心に洛陽に關係がある官僚の墓碑誌資料を、中央・地方の官職ごとに分類整理する。

0464. **河洛墓刻拾零**　全2冊　趙君平・趙文成編　北京圖書館出版社　2007年7月

近年洛陽出土の墓誌を中心に、漢 3、晉10、北魏25、陳 1、齊 2、隋13、唐424、五代 9、宋13、明 8、清 1、合計509點の拓本寫眞を收錄する。上記0451.「邙洛碑誌三百種」の姉妹篇。

0465. **隋代墓誌銘彙考** （中國石刻文獻研究叢刊 2） 全 6 冊　王其禕・周曉薇編著　綫裝書局　2007年10月

隋代墓誌521點（誌蓋のみ 4 點を含む）の圖版・釋文・解說を收め、［ 1 ］存疑（ 4 點）、［ 2 ］買地券（ 1 點）、［ 3 ］存目（117點）、［ 4 ］僞刻（11點）、［ 5 ］與隋並行時期之高昌國磚墓表目錄（92點）、［ 6 ］卒於隋而葬於唐者墓誌目錄（67點）を附し、人名索引・地名索引を附錄する。

0466. **西安碑林博物館新藏墓誌彙編** （中國石刻文獻研究叢刊 3） 全 3 冊　西安碑林博物館編　趙力光主編　綫裝書局　2007年10月

1980年から2006年に西安碑林博物館に收藏された墓誌、後秦 1、北魏 4、西魏 2、北周 1、隋 7、唐346（含武周時期26）、後唐 3、後晉 1、後周 3、宋10、元 3、合計381點の圖版・釋文を收錄。

＊016. **新獲吐魯番出土文獻** （吐魯番學研究叢書甲種 2） 全 2 冊　榮新江・李肖・孟憲實編　中華書局　2008年 4 月

新出土の墓表墓誌、麴氏高昌11、唐 4、合計15點の寫眞・釋文を含む。

＊017. **陝西新出土墓誌彙編** （中國石刻文獻研究叢刊 5） 全 3 冊　趙力光［等］編　綫裝書局（近刊豫告）

D　宋以後を主とする圖書

① 廣域

0467. **遼文彙** 全 4 冊（10卷補遺 1 卷又 1 卷類目 1 卷作者索引及事蹟考 1 卷）　陳述輯　中國科學院　1953年10月

0468. **元代白話碑集錄**　蔡美彪編著　中國科學院語言研究所編　科學出版社　1955年 2 月
（『石刻史料新編：第三輯』第 4 冊　影印）

蔡美彪氏編『元代白話碑集錄』を讀む　入矢義高　（日本）東方學報・京都26　1956年

0469. **八思巴字與元代漢語：資料彙編**　羅常培・蔡美彪合編　科學出版社　1959年11月。

八思巴字與元代漢語　增訂本　羅常培・蔡美彪編著　中國社會科學出版社　2004年5月

　　《八思巴字與元代漢語》增訂本評介　尙朴齋　考古2005-6

0470. 寶岱閣金石叢刊　全5冊　林鈞（石廬）輯　自家版（？）　油印本　1962年3月～1963年

　　記琅瑘臺秦刻石東面釋文1冊、閩中古物集粹1冊、篋書剩影錄3冊を收めるという。

0471. 槐安居樂事：宋元明淸の繪畫法書法帖碑拓　高島菊次郎鑑纂　杉村勇造解說　高島泰二編次　（日本）求龍堂　1964年5月

0472. 明淸歷科進士題名碑錄：明洪武四年至淸光緖三十年　全4冊　華文書局編輯部編　（臺灣）華文書局　1969年12月

0473. 碑傳集三編　（中國名人傳記叢編1）　全6冊(50卷)　汪兆鏞纂輯　（香港）大東圖書公司　1978年12月

　　（淸）錢儀吉纂『碑傳集』164卷、（淸）繆荃孫纂『續碑傳集』86卷、（淸）閔爾昌錄『碑傳集補』60卷の續編。

0474. *Catalogue of Chinese rubbings from Field Museum* 拓本聚瑛. Tchen, Hoshien, and Starr, M.Kenneth. Walravens, Hartmut, ed. Chicago, Ill.: Field Museum of Natural History, (Fieldiana. Anthropology; new ser., no. 3) 1981.

0475. 全遼文　陳述輯校　中華書局　1982年3月

　　上記0467『遼文彙』に『遼文彙續編』を合わせて增訂。碑誌拓本圖版19點を附錄。
　　《全遼文》中部分碑刻校勘　劉鳳翥　黑龍江文物叢刊1983-2
　　《全遼文》所收遼寧館藏碑誌校錄・同（補）　薛景平・易難　遼海文物學刊1986-2、同1987-1
　　《全遼文》中兩篇石刻文撰寫年代的考訂　向南　遼金契丹女眞史研究1987-1

0476. 佛敎碑帖集成　（現代佛學大系11）　藍吉富主編　（臺灣）彌勒出版社　1983年1月

　　佛敎關係碑帖、晉2、北齊1、唐4、宋2、遼金1、元1、民國3、合計14點を收錄。

0477. 淸代喇嘛敎碑文　（西藏學漢文文獻彙刻第2輯）　全1函4冊　張羽新輯注　西藏社會科學院西藏學漢文文獻編輯室編輯　天津古籍出版社　1987年7月序。同（西藏學漢文文獻叢書第2輯）　全國圖書館文獻縮微複制中心　1991年10月。同（中國少數民族古籍集成99）　四川民族出版社　2002年

0478. 中國歷代皇帝書迹選　王化成主編　(北京)國際文化出版公司　1988年1月。修訂本
　　　同　1995年2月

0479. 道家金石略　陳垣編纂　陳智超・曾慶瑛校補　文物出版社　1988年6月
　　　漢魏六朝60（隋7）、唐167、五代13、宋297、金元882、明119、合計1538點の碑刻釋文を收錄。
　　　書評：陳垣編『道家金石略』　森田明　(日本)奈良史學7　1989年
　　　讀陳垣編《道家金石略》書后　蔡美彪　歷史研究1991-3

0480a. 全宋文　全50册　四川大學古籍整理研究所編　曾棗莊・劉琳主編　巴蜀書社　1988年6月～1994年10月
　　　石刻史料も利用。全180册の豫定であったが、第50册までで中斷。
　　　《全宋文》編纂紀事　曾棗莊　古籍整理與研究5　1991年
　　　《全宋文》中有關官制編校問題的商榷　龔延明　杭州大學學報(哲學社會科學)　1993-1
　　　專訪曾棗莊先生談《全宋文》的編纂與出版　衣若芬　中國文史哲研究通訊8-1　1998年
　　　淺議《全宋文》編纂的得失　李文澤　文獻1999-1

0480b. 全宋文　全360册　四川大學古籍整理研究所編　曾棗莊・劉琳主編　上海辭書出版社・安徽教育出版社　2006年8月
　　　中斷したaも含め編集しなおして新たに出版。9千人餘の文章10萬餘篇を收め、大量の石刻史料を含むという。
　　　《全宋文》的編纂難度和學術成就　陳尙君　文學遺產2007-1
　　　文獻淵藪　詞翰寶庫：《全宋文》出版感言　王水照　古籍整理出版情況簡報2007-2（總第432期）

0481. 清政府與喇嘛敎：附清代喇嘛敎碑刻錄　(西藏學漢文文獻叢書第2輯之4)　張羽新著　西藏社會科學院漢文文獻編輯室編輯　西藏人民出版社　1988年9月

0482. 中國古瓷銘文　李正中・朱裕平著　天津人民出版社　1989年10月。修訂本　同　1991年3月。同　山東美術出版社　2006年1月
　　　「中國古瓷銘文概論」「中國古瓷銘文實錄」「中國古瓷銘文索引」の3編からなる。

0483a. 西北石刻集錄　戴春陽編　『中國西北文獻叢書第7輯　西北考古文獻』第10卷　蘭州古籍書店　1990年10月　所收
　　　陝西省・甘肅省・寧夏回族自治區の漢～清の石刻150點の釋文を收錄。

0483b. 西北石刻集録續編　全4册　張俊民編　『中國西北文獻叢書續編　西北考古文獻卷』第3～6册　甘肅文化出版社　1999年　所收

0484. 續碑傳集補　(北京大學圖書館館藏稿本叢書)　(清)繆荃孫著　北京大學圖書館館藏稿本叢書編委會編　天津古籍出版社　1991年5月

0485. 辛亥人物碑傳集　卞孝萱・唐文權編　團結出版社　1991年10月

0486. 瑤族石刻録　(雲南民族古籍叢書・瑤族文庫1)　雲南民族古籍叢書編纂委員會編　黃鈺輯點　雲南民族出版社　1993年4月

　　　瑤族地區(雲南を中心に廣西、湖南、廣東、貴州各省・自治區)の唐～民國に至る石刻256點の釋文を收録。明清のものが大多數を占める。

0487a. 碑傳選集　(臺灣歷史文獻叢刊)　全2册　臺灣銀行經濟研究室編　(臺灣)臺灣省文獻委員會　1994年12月

0487b. 續碑傳選集　(臺灣歷史文獻叢刊)　臺灣銀行經濟研究室編　(臺灣)臺灣省文獻委員會　1994年12月

0488. 中國歷代禪師傳記資料彙編　(中國佛學文獻叢刊)　全3册　徐自強主編　全國圖書館文獻縮微複製中心　1994年12月

　　　石刻拓本、歷代佛寺志、大藏經、その他から關係資料約600餘種を影印・收録するという。

0489. 民國人物碑傳集　卞孝萱・唐文權編　團結出版社　1995年2月

0490. 遼代石刻文編　向南(楊森)編　河北教育出版社　1995年4月

　　　廟碑、塔銘、幢記、哀册、墓誌、題記など、300餘篇の釋文を收録。
　　　論遼代石刻在疏證《遼史》中的作用：兼評向南先生《遼代石刻文編》　張國慶　社會科學輯刊　1995-5

0491. 絲綢之路交通碑銘　吳景山編　民族出版社　1995年9月

　　　後漢1、唐1、宋1、元1、明9、清46、民國16、現代1、合計76幅の拓本寫眞と釋文收録。

0492. 民國人物碑傳集　中國社會科學院「近代史資料」編輯部主編　鍾碧容・孫彩霞編　四川人民出版社　1997年3月

　　　1912年～1949年去世の473人の碑傳を收めるという。

0493. 清代工商行業碑文集粹　彭澤益選編　中州古籍出版社　1997年6月

0494. 全元文　全60冊・索引１冊　李修生主編　江蘇古籍出版社・鳳凰出版社　1997年11月～2006年３月

　　　石刻史料も利用する。

　　　元代文獻輯佚中的問題：評《全元文》1-10冊　周清澍　蒙古史研究６　2000年

　　　《全元文》整理質疑　劉曉　文獻2002-1

　　　《全元文》疏失舉例　張如安　書品2006-2

0495. 武侯祠碑刻與匾聯　（武侯祠歷史文化叢書）　成都武侯祠博物館・成都諸葛亮研究會編　楊代欣編著　四川人民出版社　1998年５月

　　　四川成都・陝西勉縣・湖北隆中・河南南陽の武侯祠、及び浙江蘭溪諸葛鎮の大公堂の匾額・楹聯・碑刻の釋文、注釋、簡析を收錄。

0496. 中華英烈碑文選　遼寧省中共黨史人物研究會編　遼寧人民出版社　1998年５月

0497. 廣清碑傳集　錢仲聯主編　蘇州大學出版社　1999年２月

　　　1100餘人の碑傳1200餘編を收錄する。

0798. 中國歷代陶瓷題記　孫彥・張健・萬金麗著　北京圖書館出版社　1999年６月

　　　秦漢代～清代の陶瓷の題記（銘刻）を收錄し解說する。

0499. 中國地震碑刻文圖精選　齊書勤・蔣克訓主編　地震出版社　1999年９月

　　　古今の地震に關する碑刻圖文資料約1000幅（條）を收錄。宋代から現代までの金・石・磚・木などの地震題刻396點を含む。

0500. 黃河金石錄　左慧元編　黃河水利出版社　1999年11月

　　　黃河流域の水利・治水に關する碑刻（碑文）、前漢１、唐１、宋６、金３、元２、明47、清121、民國31、合計212通の釋文・注釋を收錄。

0501. 中國南方回族碑刻匾聯選編　（中國南方回族古籍叢書）　答振益・安永漢主編　寧夏人民出版社　1999年11月

0502. 中國回族金石錄　（中國回族古籍叢書）　余振貴・雷曉靜主編　寧夏人民出版社　2001年11月

　　　元代～民國の回族碑記440篇の釋文を收錄し、卷末に中國回族匾額楹聯選輯を附錄する。

0503. 碑銘聯雅藏　（中華對聯叢書４：別類對聯系列）　張俊・鄭奇騰・李萍選編　中州古籍出版社　2002年２月

0504. 全遼金文　全3冊　閻鳳梧主編　賈培俊・牛貴琥副主編　山西古籍出版社　2002年8月

  陳述輯校『全遼文』(前掲、0475)と(清)張金吾輯『金文最』を主要な史料源として、遼代作者228人・作品810篇、金代作者558人・作品2546篇、合計作者786人・作品3356篇を収録。石刻史料も大量に利用する。

0505. 八思巴字碑刻文物集釋　蔡美彪著　民族出版社　2003年6月

0506. 中國歷代帝王翰墨選　(安徽圖書館藏古籍珍本叢書3)　全3冊　安徽圖書館編　西泠印社　2005年1月

0507. 中華佛教人物傳記文獻全書　全60冊　國家圖書館分館編　綫裝書局　2005年1月

0508. 儒林碑傳　(儒藏：史部　第37～50冊)　全14冊　四川大學古籍整理研究所編　楊世文・舒大剛主編　四川大學出版社　2005年5月

  兩漢魏晉南北朝儒林碑傳集(v.37)、隋唐五代儒林碑傳集(v.37-38)、宋儒林碑傳集(v.38-43)、遼金儒林碑傳集(v.44)、元儒林碑傳集(v.44-45)、明儒林碑傳集(v.46-47)、清儒林碑傳集(v.48-50)、の7部からなり、碑傳4000餘篇、傳主3400餘人にわたるという。

0509. 金元全眞教石刻新編　(博雅文淵閣)　王宗昱編　北京大學出版社　2005年7月

0510. 廉政韻文碑刻(中國廉政文化叢書第2輯)　壽永年主編　中國方正出版社　2006年1月

0511. 中國名人名聯三百副書法碑刻　中國楹聯學會・南昌市人民政府編　王喬林主編　曹海通[等]編寫　上海辭書出版社　2006年6月

0512. 清朝進士題名錄　全3冊　江慶柏編著　中華書局　2007年6月

  [1]清朝進士題名碑錄、[2]人名索引から成る。

0513. 北京大學圖書館藏徐國衛捐贈石刻拓本選編　胡海帆・湯燕編　上海人民出版社　2007年6月

  後漢～民國の石刻189種(うち目録のみ19種)の拓本、主に江蘇・浙江・上海・雲南などの近代碑誌を收錄する。

0514. 中國藏西夏文獻　第五編(第18～20卷)：金石編(碑石・題記卷、西夏陵殘碑卷、印章・符牌・錢幣卷)　全3冊　寧夏大學西夏學研究中心・國家圖書館・甘肅省古籍文獻整理編譯中心編　史金波・陳育寧主編　甘肅人民出版社・敦煌文藝出版社　2007年7月

0515. 媽祖文獻史料彙編　第一輯：碑記卷　中華媽祖文化交流協會・莆田學院媽祖文化研

究所・福建省社科十五規劃重點項目組・湄洲媽祖祖廟董事會編　中國檔案出版社
2007年10月

0516. 江南道教碑記資料集　（上海欽賜仰殿道觀道教文化叢書）　吳亞魁編　上海辭書出版社
2007年12月

　　　文獻から搜集した江南六府一州の南朝～民國に至る關係碑記358件の釋文を收錄する。

② 　北京市・天津市

0517. 首都人民英雄紀念碑設計資料　首都人民英雄紀念碑興建委員會編・印　1953年

0518. 人民英雄紀念碑　北京出版社編　北京出版社　1958年

0519. 人民英雄紀念碑　中國圖片社供稿　上海人民出版社　1974年5月

0520. 仁井田陞博士輯北京工商ギルド資料集（東洋學文獻センター叢刊23・25・28・30・33・39）全6冊　佐伯有一・田仲一成[等]編註　（日本）東京大學東洋文化研究所附屬東洋學文獻センター刊行委員會　1975年3月～1983年3月

　　　1942年～1944年に北京の50餘ヵ所の會館・公所の碑文・章程類を蒐集。その多數の碑刻・匾額類などの釋文と注釋を收める。

　　　北京のギルドの調查：仁井田陞博士輯『北京工商ギルド資料集』によせて　今堀誠二　同『中國封建社會の構造』（日本）勁草書房　1991年2月

0521. 明清以來北京工商會館碑刻選編　李華編　文物出版社　1980年6月

0522. *Die Unbearbeiteten Peking-Inschriften der Franke-Lauferschen Sammlung.* Franz, Rainer von. Wiesbaden: O. Harrassowitz,（Asiatische Forschungen: Monographie-nreihe zur Geschichte, Kultur und Sprache der Volker Ost-und Zentral-asiens Bd. 86）1984.

0523a. 房山石經・遼金刻經　全22冊　中國佛教協會編　中國佛教圖書文物館　1986年10月
～1993年5月

0523b. 房山石經・明代刻經　中國佛教協會編　中國佛教圖書文物館　1993年12月

0524. 萬壽山昆明湖記　（燕山書法叢書）　頤和園管理處編　北京燕山出版社　1989年10月

0525. 八寶山革命公墓碑文錄　張承平輯錄　改革出版社　1990年3月

0526a. 百將碑林　方放主編　天津楊柳青畫社　1992年7月

0526b. 百家碑林　方放主編　天津楊柳青畫社　1992年7月

　　　a. b. 合わせて天津薊縣黃崖關長城の題詞碑刻拓片集。

0527. 通州革命史迹碑記　王興相[等]主編　中共通州市委宣傳部　1993年

0528. 歷史遺痕：利瑪竇及明清西方傳教士墓地　林華[等]編　中國人民大學出版社　1994年3月

0529a. 綠染神州："首都綠色文化碑林"墨迹選　李莉主編"首都綠色文化碑林"編委會編　北京出版社　1995年

0529b. 綠染神州："首都綠色文化碑林"墨迹選續集"首都綠色文化碑林"編委會編　北京出版社　2000年

0530. 北京寺廟歷史資料　北京市檔案館編　中國檔案出版社　1997年

0531. 北京市志稿：金石志（吳廷燮[等]原纂、《北京市志稿》編輯出版委員會編『北京市志稿』9）　夏仁虎纂　北京燕山出版社　1998年6月

0532. 房山石經　全30冊　中國佛教協會・中國佛教圖書文物館編　華夏出版社　2000年5月
　　　北京房山雲居寺石刻佛教大藏經を影印收錄。隋唐刻經（第1～5冊）、遼金刻經（第6～28冊）、明代刻經（第29冊）、目錄索引（第30冊）からなる。

0533. 燕丹碑林拓片集　北京城建集團編　杜廣成主編　紅旗出版社　2000年11月

0534. 北京遼金史跡圖志　全2冊　北京市文物局編　梅寧華主編　北京燕山出版社　2003年9月～2004年7月
　　　墓葬、橋、塔、舍利石函、建筑遺迹、遺址、摩崖石刻、碑、經幢、墓幢、墓誌の11部分に分け、北京の遼金城垣博物館が所藏する遼金時期の碑文・墓誌等の拓本500餘幅を收錄し、卷末に《北京地區出土遼金墓葬表》を附す。

0535. 北京市文物研究所藏墓誌拓片　（北京市文物研究所文物與考古系列叢書）　北京市文物研究所編　王鑫・程利主編　北京燕山出版社　2003年11月
　　　墓誌拓本寫眞、西晉1、北齊1、唐42、遼15、金11、元6、明184、清12、合計272點を收錄。

0536. 北京市石景山區歷代碑誌選　中共石景山區委宣傳部・石景山區檔案局・石景山區檔案館・石景山區文化委員會・石景山區旅游局編輯　馬剛主編　同心出版社　2003年12月
　　　漢代～現代の墓碑25點、墓誌44點、寺廟碑刻41點、石經など6點の拓本寫眞を收めるという。

0537. 京西碑石紀事　政協北京市門頭溝區文史資料委員會編　何建忠主編　香港銀河出版

社　2003年12月

0538. 北京文物精粹大系・石刻卷　《北京文物精粹大系》編委會・北京市文物局編　吳夢麟主編　北京出版社　2004年1月

　　　摩崖・刻石・碑碣・墓誌・刻經・法帖に分け、後漢～民國の石刻257種の圖版369點を收める。『北京文物精粹大系・石刻卷』細目　森田憲司　（日本)13・14世紀東アジア史料通信第3號　2005年3月

0539. 北京東嶽廟與北京泰山信仰碑刻輯錄　東嶽廟北京民俗博物館編　趙世瑜主持編錄并審訂　中國書店　2004年1月

　　　元代～民國の碑刻275點を收錄するという。

0540. 運河古韻翰墨集　通州區檔案館編　蘇光興主編　文物出版社　2004年6月

0541. 武清碑刻集　王毅主編　天津市武清區文物管理保護委員會編・印（内部發行）　2004年12月

0542. 范曾所書摩崖碑銘集　范曾書　劉建超主編　天津楊柳青畫社　2006年6月

0543. 房山墓誌　陳亞洲著　北京市房山區文物管理所　2006年7月

0544. 法源寺貞石圖錄　一誠主編　五洲傳播出版社　2006年10月

0545. 石景山寺廟碑文選編專輯　（石景山文史第14集）　政協北京市石景山區委員會編・印　2006年10月

0546. 北京戒臺寺石刻　張雲濤編　北京燕山出版社　2007年1月

　　　戒臺寺に關連する碑文70餘點の釋文・注釋・譯文などを收めるという。

0547. 懷柔碑刻選　政協北京市懷柔區文史資料委員會編・印（内部資料）　2007年1月

0548. 北京會館資料集成　全3冊　北京市宣武區圖書館・北京市宣武區檔案館・首都圖書館宣南文化資料分館編　李金龍・孫興亞主編　學苑出版社　2007年4月

　　　碑文拓本資料を含むという。

0549. 北海區聯石刻　北海公園管理處編著　中國旅游出版社　2007年8月

③　河北省

0550. 遼代多寶千佛石幢　編集・解說：井上正　（日本）京都國立博物館　1973年3月

　　　昭和47年度京都國立博物館館藏品圖錄。圖版多數を收錄。

0551. 避暑山莊和外八廟碑文輯　承德避暑山莊管理處編・印　1975年

0552. 蓮池書院法帖　河北省博物館編　河北美術出版社　1982年2月

0553. 避暑山莊碑文釋譯　楊天在・承德避暑山莊研究會編　紫禁城出版社　1985年8月

0554. 外八廟碑文注釋　齊敬之編著　紫禁城出版社　1985年8月

0555. 行唐縣紀念碑文錄　中共河北行唐縣委黨史辦公室・行唐縣政府民政局・共青團委員會編、印（内部資料）　1985年12月

0556. 保定地區革命烈士碑文錄　中共保定地委黨史辦公室・保定地區行署民政局編、印　1986年9月

0557. 鎮州龍興寺鑄像修閣碑　河北省正定縣文物保管所編　河北美術出版社　1988年6月

0558a. 康熙御製碑文：承德避暑山莊碑文精選　何鳳臣整理編選　中國文聯出版公司　1991年2月

0558b. 乾隆御製碑文：承德避暑山莊碑文精選　何鳳臣整理編選　中國文聯出版公司　1991年2月

0559. 涿州碑銘墓誌　楊少山主編　河北教育出版社　1991年12月

0560. 河北金石輯錄（河北出版史志文獻叢書）　石永士・王素芳・裴淑蘭編　河北人民出版社　1993年12月

　　　河北省内の殷代以來の金文・碑誌を種別・市區別に、［1］河北金石擧要、［2］河北金石目錄（3595條）に分け、［1］に金文・碑誌182點の1點ごとの紹介文・考證、釋文、拓本寫眞を收める。

0561. 古蓮池碑刻選解　郭錚・孫待林・張媛著　方志出版社　1997年4月

0562. 乾隆御製避暑山莊碑詩　張淑敏著　新華出版社　1998年7月

0563. 董仲舒藝術碑廊作品集　張希敏・王桓編　（發行所未詳）　1998年10月

0564. 木蘭圍場碑文釋譯　袁麗坪・韓利編著　天津大學出版社　1998年

0565. 古蓮池碑刻萃集　孫待林編　花山文藝出版社　1999年11月

0566. 西柏坡石刻園題詞書法徵選　史桂梅主編　西柏坡紀念館委員會　2000年1月

0567. 保定名碑　侯璐主編　河北美術出版社　2002年1月

　　　保定市の著名な碑刻、北魏1、北齊2、唐8、五代1、宋4、金2、元3、合計21點の簡介、原石寫眞、釋文を收錄。

0568. 宣化出土古代墓誌錄　（紅草莓文叢）　劉海文編著　遠方出版社　2002年6月

宣化市出土の墓誌、唐3、遼金11、明34、清2、合計50點を收錄。

0569. 邯鄲碑刻　吳光田・李强編　天津人民出版社　2002年6月
漢代～現代の墓碑・墓誌・碑石・造像題記・摩崖刻經など拓本寫眞60點を收錄するという。

0570. 北嶽廟碑刻選注　韓成武・王麗敏編著　中國文聯出版社　2003年3月
曲陽北嶽廟に現存する碑刻、北魏1、唐4、宋4、元3、明4、清4、合計20點の釋文を收錄。

0571. 保定出土墓誌選注　侯璐主編　河北美術出版社　2003年4月
保定市現存の墓誌70餘點から、北魏3、東魏2、隋1、唐15（燕1を含む）、合計21點の簡介、原石・拓本寫眞、釋文、注釋を收錄。

0572. 唐山碑刻選介　第一輯・第二輯　（編者未詳）　唐山市政協　2003年～2004年？

0573. 景州金石　（景縣文叢3）　鄧文華編著　中國文史出版社　2004年9月

0574. 涿州貞石錄　（涿州歷史文化叢書）　涿州市文物保管所編　楊衞東・黃涿生主編　北京燕山出版社　2005年10月
南北朝～民國の碑刻37點、墓誌21點の拓本寫眞と釋文を收錄するという。

0575. 河北柏鄉金石錄　柏鄉縣人民政府編著　史雲徵・史磊主編　文物出版社　2006年10月
元明の碑刻5點の拓本寫眞と釋文、卷末に「河北柏鄉縣古代碑石名錄」を附す。

0576. 河北滿族蒙古族碑刻選編　（河北少數民族古籍叢書）　尹利民主編　作家出版社　2007年3月

0577. 古涿州佛敎刻石　楊衞東著　河北敎育出版社　2007年5月
造像・石塔などを含む佛敎刻石、北魏4、北齊1、隋3、唐23、遼65、金31、元5、明21、清24、時代未詳1、合計178點を收錄するという。

0578. 遷西石刻　遷西縣政協文史委員會・遷西縣文體局編　王書珍主編　百花文藝出版社　2007年5月

0579. 滄州出土墓誌　（滄州歷史文化叢書）　滄州市文物局編　王玉芳・孟繁峰・劉超英主編　科學出版社　2007年8月
滄州市區の墓誌、北魏5、東魏2、北齊3、隋4、唐14、金1、明44、清34、民國1、合計108點の拓本寫眞と釋文を收錄する。

＊018. 河間金石遺錄　田國福主編　河北敎育出版社　2008年1月

　　　　　[1]璽印89點、[2]漢～清の磚瓦文18點、[3]東魏～民國の碑刻53點、[4]北魏～民
　　　　　國の墓誌75點（隋6、唐35）の拓本寫眞・釋文を收錄する。

＊019. 雲居寺貞石錄　雲居寺文物管理處編　北京燕山出版社　2008年11月

④　山西省

0580. 山西石刻藝術　山西省博物館編　朝花美術出版社　1962年

0581. 運城地區碑刻資料匯編　運城地區博物館編・印　1980年8月

0582. 浮山老君洞：太上八十一顯化圖　浮山縣人民政府編　黃登高主編　浮山縣人民政府
　　　　　1990年9月

0583. 介休碑刻資料　第一輯　介休市博物館彙集　1991年12月

0584. 山西遺存：七帝王書法石刻　劉舒俠編　山西人民出版社　1993年8月

0585. 河東出土墓誌錄　李百勤執筆　陳繼瑜[等]編　山西人民出版社　1994年4月
　　　　　運城地區で解放以來出土の墓誌、北魏1、唐11、宋1、金1、明57、清46、民國3、合計
　　　　　119點の釋文を收錄。

0586. 五臺山碑文選注　崔正森・王志超編著　北嶽文藝出版社　1995年9月

0587. 應縣木塔匾聯碑刻集成　杜福主編　山西教育出版社　1995年10月

0588. 晉城金石志　（晉城市地方志叢書3）　晉城市地方志叢書編委會編著　李拴紂[等]主編
　　　　　(北京)海潮出版社　1995年12月

0589. 山西碑碣　山西省考古研究所編　山西人民出版社　1997年2月
　　　　　山西省內の各種碑碣（墓誌を含む）、後漢2、北朝11、隋3、唐35、五代3、宋25、金8、
　　　　　元21、清5（複製、題跋、題記）、合計112點の簡介、拓本寫眞、釋文を收錄。

0590. 薛瑄塋祠碑文錄　運城地區河東文化研究中心・運城地區石刻研究會編　運城地區河
　　　　　東文化研究中心　1997年3月

0591. 介休碑碣專輯　（介休文史資料第7輯）　中國人民政治協商會議山西省介休市文史資料
　　　　　委員會編・印　1997年10月

0592. 皇帝吊殷比干文　劉舒俠釋注　北嶽文藝出版社　1998年4月

0593. 五臺山碑文・匾額・楹聯・詩賦選　（佛教聖地五臺山叢書）　王學斌・鄭志忠・呂更美
　　　　　編　山西教育出版社　1998年4月

0594. 皇城石刻文編　（皇城歷史文化叢書）　栗守田編注　皇城歷史文化叢書編委會　1998

年9月

0595. 山西省博物館館藏文物精華　山西省博物館編　夏路・劉永生主編　山西人民出版社　1999年10月

0596. 傅山書法碑刻集　太原市碑林公園編　山西人民出版社　2000年8月
　　　明末清初の傅山の書法作品を摹勒・複製した傅山書法碑林から碑刻拓本を集錄するという。

0597. 河東鹽池碑彙　南風化工集團股份有限公司編　山西古籍出版社　2000年11月
　　　運城地區「河東鹽池」關係の碑刻、北周1、唐2、宋6、元11、明27、清17、近代9、合計73點の釋文を收錄し、「諸家金石輯錄河東鹽池碑刻目錄」などを附錄する。

0598. 平遙古城現存歷代碑記輯錄　（平遙文史資料第2輯）　中國人民政治協商會議平遙縣委員會文史資料委員會編・印　2000年

0599. 皇城石刻精選　（皇城歷史文化叢書）　樊書堂主編　（陽城）　皇城景區歷史文化研究中心　2000年

0600. 平定碑刻文選　（平定文史資料第14輯）　李銘魁主編　中國人民政治協商會議平定縣委員會文史資料委員會編・印　2001年1月

0601. 山西碑碣精華叢書　全6册　劉文哲編　山西人民出版社　2001年4月

0602. 晉中碑刻選粹　（三晉文化研究叢書）　張晉平編著　山西古籍出版社　2001年6月

0603. 鳴條舜陵古碑錄　運城市鹽湖區虞舜文化研究會編　當代世界出版社　2001年10月。同　（虞舜文化研究叢書）　山西古籍出版社　2003年10月

0604. 英魂著千秋：黃坡烈士陵園碑廊墨寶　郝曉偉・張炳忠編　（太原）發行所未詳　2001年

0605. 晉祠碑碣　太原晉祠博物館編注　李鋼主編　山西人民出版社　2001年12月
　　　晉祠博物館藏・晉祠景區現存の碑刻を彙集し、碑文204篇（詩類98、文類106）を收むという。

0606. 山西戲曲碑刻輯考　馮俊傑・王福才・延保全・車文明・曹飛編著　中華書局　2002年1月
　　　山西省に現存する宋～清代の戲曲關係の碑刻100點の釋文を收錄。

0607. 平・祁・太經濟社會史料與研究　史若民・牛白琳編著　山西古籍出版社　2002年5月
　　　「平・祁・太碑文叢錄」に山西省の平遙縣・祁縣・太谷縣で收集された碑刻104點を收める。

0608. 雁門碑鈔　（雁門文叢）　程培甫・馮湘編輯　遠方出版社　2002年6月
　　　代縣各地の石刻碑銘70餘點（唐3、五代2を含む）の釋文を收錄。

0609. 定林寺景區碑刻詩文集　中共米山鎮委員會・米山鎮人民政府編、印　2002年7月

0610. 朱辨碑帖　大同市古建築文物保管所編　大同報社　2002年8月

0611. 海會寺碑碣詩文選　（海會寺歷史文化叢書）　王小聖編注　山西人民出版社　2002年

0612. 司馬公神道碑釋注　劉舒俠釋注　山西人民出版社　2003年1月

　　　（宋）蘇軾撰書の司馬光墓碑の釋注。

0613. 洪洞介休水利碑刻輯錄 = *La gestion de l'eau dans l'épigraphie du Shanxi*（陝山地區水資源與民間社會調查資料集第3集）　黃竹三・馮俊傑［等］編著　中華書局（École française d'Extrême-Orient centre de Pekin）　2003年7月

　　　「第一輯　洪洞水神廟霍泉水利碑刻彙編」（金1、元5、明5、清19、無紀年6）、「第二輯　介休源神廟水利碑刻注釋」（北宋1、元1、明7、清23）からなり、碑刻合計68點の各々を原碑格式・解題・碑文整理（釋文）・注釋で收める。

0614. 晉陽古刻選　全1函5冊　《晉陽古刻選》編輯委員會編　上海人民美術出版社　2003年8月

　　　李世民、蘇軾、黃山谷、傅山などの書による碑刻5種を收める。

0615. 沁州碑銘集　梁曉光編　（太原）發行所不詳　2003年10月

0616. 山西地震碑文集　王汝鵬編著　北嶽文藝出版社　2003年11月

0617. 不灌而治：山西四社五村水利文獻與民俗 = *Gestion de l'eau et hierarchies rurales*（陝山地區水資源與民間社會調查資料集第4集）　董曉萍・（佛）藍克利（Lamouroux, Christian）編著　中華書局（École française d'Extrême-Orient centre de Pekin）　2003年11月

　　　山西省の洪洞、趙城、霍縣の境界にある四社五村の「不灌而治」という特殊な水利制度に關する、清代から現代の水利簿8種と碑刻21點（金1、明4、清13、民國3）を收錄する。

0618. 三晉地震圖文大觀　齊書勤編著　山西科學技術出版社　2004年1月

0619. 司馬光塋祠碑誌：圖錄與校釋　楊明珠編　文物出版社　2004年3月

　　　山西省夏縣の司馬光塋祠、原"溫公祠"に現存または散佚した北宋～民國期の碑誌51點の拓本寫眞、簡介、釋文、校勘記、注釋を收錄し、卷末に關係文獻、解說論文を附す。

0620. 河東水利石刻：石刻精華版　張學會主編　山西人民出版社　2004年8月

　　　禹功篇、德政篇、河水篇、泉湖篇、井池篇、堤橋篇、水規篇、災異篇など12篇に分け、後漢～民國の石刻200通（存碑131、佚碑69）の釋文を收錄する。

0621. 太原黃坡革命烈士陵園碑刻集萃　劉鳳眞主編　發行所未詳　2004年9月

0622. 高平金石志　《高平金石志》編纂委員會編　王樹新主編　中華書局　2004年10月

0623. 炎帝故里　山西高平市政府編・印　2005年3月

0624a. 明淸山西碑刻資料選　張正明・科大衛主編　山西人民出版社　2005年3月
　　　　碑刻文獻的新收穫：《明淸山西碑刻資料選》評介　景灝　晉陽學刊2005-6

0624b. 明淸山西碑刻資料選：續一　張正明・科大衛・王勇紅主編　山西古籍出版社　2007年5月

0625. 古村郭峪碑文集　《古村郭峪碑文集》編輯委員會編　王小聖・盧家儉主編　中華書局　2005年2月

0626. 臨汾歷代碑文選　（平陽文化研究論叢）　王汝雕・牛文山編　延邊大學出版社　2005年12月

0627. 運城抗日戰爭碑彙　趙參軍主編　（運城)發行所不詳　2005年

0628. 長治金石萃編　全2冊　常福江名譽主編　郭生竑執行主編　山西春秋電子音像出版社　2006年8月

0629. 傅山書法碑刻精選　太原市碑林公園・傅山書畫院編　薛俊明・張波主編　山西人民出版社　2007年5月？

0630. 壽陽碑碣　史景怡主編　山西古籍出版社　2007年12月

0631. 懷仁石碑石刻集萃　懷仁縣文物管理所編　張永濤・安孝文編著　遠方出版社　2007年

＊020. 洪洞金石錄　李國富・王汝雕・張寶年主編　山西古籍出版社　2008年1月
　　　　現存金石銘刻535篇、唐代以後的佚碑碑文303篇の釋文を收めるという。

＊021. 中國・古縣牡丹碑林作品集　張成梁主編　山西人民出版社　2008年

＊022. 沁水碑刻蒐編　賈志軍主編　山西人民出版社　2008年8月

⑤　內蒙古自治區・遼寧省

0632. 遼陽碑誌選　全2冊　遼陽市文物管理所編・印　1976年8月〜1978年
　　　　主として近年遼陽市出土の碑誌、[1]に遼1、金3、元1、明14、後金1、淸2、[2]に明24、淸15、民國2、合計63點の釋文・拓本寫眞を收錄。

0633. 蓋縣碑誌　第1輯　高永編　蓋縣文物管理所　（內部資料）　1982年11月

0634. 赤峰市地方志：金石志　赤峰市地方志辦公室編・印　1984年8月

0635. 東溝縣革命烈士紀念碑專輯 （東溝文史資料第3輯） 政協東溝縣委員會文史資料研究委員會編　內部發行　1990年2月

0636. 千山楹聯匾額摩崖注釋：千山志續編　陳國山・馬連明編著　遼寧人民出版社　1991年5月

0637. 遼寧省博物館藏金石文字精萃：館慶五十周年特輯　全1函2册　楊仁愷・劉寧主編　劉寧撰稿　（北京）文雅堂・（日本）藝友齋　1999年5月

0638. 遼寧省博物館藏墓誌精粹　本册1册・別册（初拓本）3册　片山智士・王海濱監修　王綿厚・王海萍主編　（日本）中敎出版　2000年1月。遼寧省博物館藏碑誌精粹　同主編　文物出版社　2000年1月

　　館藏碑誌、東漢2、魏2、北魏21、東魏8、北齊6、北周1、隋6、唐15、遼26、金3、元1、明9、清8、民國1、合計109點の拓本寫眞・釋文・解説を收錄する。

0639. 遼寧碑誌　王晶辰主編　王菊耳副主編　遼寧人民出版社　2002年12月

　　遼寧省各市縣に現存する各種石刻碑誌、東晉1、後燕1、北魏4、北齊1、隋2、唐15、遼62、金19、元42、明174、後金2、清173、民國以後24、合計502點の釋文を收錄する。そのうち墓誌が189點で、多くは1949年以後の出土という。

0640. 遼上京文物擷英　唐彩蘭編著　遠方出版社　2005年7月

0641. 遼南碑刻　崔世浩編著　大連出版社　2007年1月

⑥　吉林省・黑龍江省

0642. 金碑彙釋 （長白叢書第2集）　李澍田主編　陳相偉［等］校注　吉林文史出版社　1989年7月

　　完顏婁室神道碑など金代碑刻8點他の釋文と校注を收錄。

0643. 黑龍江碑刻考錄　王竸・滕瑞雲編著　黑龍江教育出版社　1996年12月

　　黑龍江省内の前近代碑刻265通を收錄するという。

0644. 尚志碑林作品選集　中共尚志市委員會宣傳部　內部發行　2005年8月

0645. 對聯・碑碣　宮晶・周廣德編著　吉林人民出版社　發行年未詳

0646. 吉林碑刻考錄　皮福生編著　吉林文史出版社　2006年12月

　　各種碑誌刻384通の釋文を收錄するという。

0647. 北國風光：通化長白山碑苑碑帖集　閻平編　吉林攝影出版社　2006年12月？

0648. 東北解放紀念碑資料輯錄　（碾子山史志叢書）　戴志軍編　齊齊哈爾碾子山區地方志辦公室　2007年6月

⑦　上海市・江蘇省

0649. 鳳翅園石刻錄・槃阿摩岩集（曲石叢書）李根源輯　騰衝李氏鳳翅園　石印本　1949年
0650. 重修常昭合志金石志　（重修常昭合志卷19）　丁祖蔭・徐兆瑋纂　1949年
0651. 江蘇省明清以來碑刻資料選集　江蘇省博物館編　生活・讀書・新知三聯書店　1959年5月。（日本）大安　影印　1967年8月

　　書評：江蘇省博物館編『江蘇省明清以來碑刻資料選集』　山根幸夫　（日本）東洋學報43-4　1961年3月

0652. 上海碑刻資料選輯　（上海史資料叢刊）　上海博物館圖書資料室編　上海人民出版社　1980年6月
0653. 明清蘇州工商業碑刻集　蘇州歷史博物館・江蘇師範學院歷史系・南京大學明清史研究室編　江蘇人民出版社　1981年2月
0654. 吳縣小王山摩崖石刻選編　（吳縣文史資料增刊）　中國人民政治協商會議江蘇省吳縣委員會文史資料徵集整理委員會編・印　1985年6月
0655. 揚州革命烈士傳　中共揚州市委員會黨史辦公室・揚州市民政局編、印　1991年1月
0656. 焦山碑刻　劉昆・楊奎・袁道俊・楊瑞彬編　古吳軒出版社　1992年7月

　　鎭江市の「焦山碑林」藏碑刻から、六朝3、唐4（碑1、摩崖碑1、石函題記1、墓誌1）、宋11、元3、明15、清29、合計65點の拓本寫眞（局部拓影のものあり）を收錄。

0657. 通州革命史迹碑記　王興相［等］主編　中共通州市委宣傳部　1993年5月
0658. 三民主義碑刻　孫中山紀念館編　高斯・潘永年・陳光輝主編　江蘇人民出版社　1993年8月
0659. 常熟碑刻　常熟市碑刻博物館編・印　（內部發行）　1993年11月
0660. 于右任草書碑刻　孫中山紀念館編　高斯［等］主編　江蘇人民出版社　1993年12月
0661. 泰興市碑刻集　高濬源書　江蘇古籍出版社　1994年9月
0662. 翰墨慰忠魂　（江蘇文史資料第88輯）　江蘇省政協文史資料委員會・泗洪縣政協文史委員會・中共泗洪縣委黨史工委編　《江蘇文史資料》編輯部　1995年
0663. 晴山堂法帖　薛仲良・呂錫生策畫《晴山堂法帖》出版委員會整理　上海古籍出版社

1995年12月

0664. 晴山堂石刻選　徐霞客紀念館編・印　内部發行　（刊行年未詳）

0665. 孫中山手書碑刻　（國民政府建國大綱）　孫中山書　孫中山紀念館編　江蘇人民出版社　1996年5月

0666. 雨花臺紀念碑廊墨跡　雨花臺烈士陵園管理局編　江蘇人民出版社　1996年9月

0667. 第一山題刻選　（盱眙文史資料第12輯）　秦士芝・陳琳主編　政協江蘇省盱眙縣文史資料委員會編・印？　1997年1月

0668. 龍華碑苑　李永貴編　紅旗出版社　1997年4月

0669. 不了齋碑文集萃　（吳文化藝術叢書）　高燮初著　上海畫報出版社　1997年8月

0670. 明淸以來蘇州社會史碑刻集　王國平・唐力行主編　蘇州大學出版社　1998年8月

0671. 靑浦碑刻　靑浦碑刻編纂委員會編　上海靑浦博物館　1998年8月

0672. 浦東碑刻資料選輯　華偉東主編　浦東新區檔案館　1998年10月

0673. 明南京城墻磚文圖釋　1函1册（5卷）　王克昌・韋立平・楊獻文編著　南京出版社　1999年7月

　　　磚刻249點の拓本寫眞と釋文を收錄。

　　　爲城墻立傳讓歷史顯影：評《明南京城墻磚文圖釋》一書　蔡健　南京社會科學2000-10

0674. 御製弘仁普濟天妃宮之碑帖　俞明主編　南京出版社　1999年10月

0675. 茅山道院歷代碑銘錄　（茅山文化叢書1）　楊世華主編　上海科學技術文獻出版社　2000年12月

　　　六朝11、唐18、宋24、金元7、明26、淸13、近代4、現代8、合計111點の釋文（一部寫眞あり）を收錄。

0676. 寒山寺碑刻集　（釋)性空主編　古吳軒出版社　2000年12月

0677. 高淳磚雕石刻篇　（瀨渚旅游文化叢書）　高淳縣旅游局[等]編　藏正金[等]主編　湖南地圖出版社　2002年9月

0678. 淮海戰役碑林精品集　申桂書主編　北京圖書館出版社　2002年8月

0679. 城垣滄桑：南京城墻歷史圖錄　南京市明城垣史博物館編　魏正瑾・葛維成主編　文物出版社　2003年5月

0680. 上海佛敎碑刻文獻集　柴志光・潘明權主編　上海古籍出版社　2004年4月

　　　　　上海地區の佛教關係碑記、南朝梁1、唐5、五代1、宋48、元34、明59、清76、民國以後
　　　　　21、合計245篇を文獻や碑石から採錄し釋文を收める。

0681. 淮陰金石錄　（淮陰區政協文史資料第14輯）　淮安市淮陰區政協文史資料委員會編　毛
　　　　立發主編　香港天馬出版公司　2004年12月

0682. 曹志桂書法碑林園：石刻手稿拓本集　蔣羲海主編　南京大學出版社　2005年3月

0683. 晴山堂法帖　呂錫生・薛促良編　中央文獻出版社　2006年5月

0684. 明孝陵碑刻　孝陵博物館編　王鵬善主編　廣陵書社　2006年6月

0685. 曹志桂書法碑林園石刻手稿集　曹志桂書　江蘇美術出版社　2006年7月

0686. 徐州抗日英雄碑廊　王繼庭編　中國文聯出版社　2006年8月

0687. 蘇州博物館藏虎丘雲岩寺塔・瑞光寺塔文物　（蘇州博物館館藏文物系列叢書）　蘇州博
　　　　物館編著　文物出版社　2006年10月

0688. 嘉興歷代碑刻集　（中華藝術文化叢書）　嘉興市文化廠電新聞出版局編　群言出版社
　　　　2007年1月
　　　　　嘉興市區・秀城(南湖)區・秀州區の南宋〜民國の碑刻255點の釋文を收錄。

0689. 常熟碑刻集　常熟市碑刻博物館編　上海辭書出版社　2007年11月
　　　　　唐代〜清代の碑文・墓誌、合計262點を收錄するという。

0690. 南湖烟雨樓碑刻　（南湖碑刻叢書）　嘉興南湖革命紀念館編　上海辭書出版社　2007
　　　　年12月

0691. 淮安楚州金石錄　趙洪權［等］主編　淮安市楚州區歷史文化研究會・淮安市楚州區文
　　　　化局編、印　2007年12月

＊023. 南京城墙磚文　楊國慶編　南京師範大學出版社　2008年5月

⑧　浙江省

0692. 文天祥詩詞碑刻楹聯注釋　溫州博物館編・印？　油印本　1981年12月

0693a. 紹興縣志資料第一輯金石志　（紹興縣志資料第一輯第2冊）　紹興縣修志委員會輯　杭
　　　　州古籍書店　掃描油印本　1985年

0693b. 紹興縣志資料第一輯碑刻　全2冊　（紹興縣志資料第一輯第5-6冊）　紹興縣修志委員
　　　　會輯　杭州古籍書店　掃描油印本　1985年

0694. 碧浪園：碧浪碑廊墨跡影印・湖州歷代詩詞選注　湖州市碧浪碑廊籌建委員會（王宗

浚[等])編・印　1986年3月

0695. 雁蕩山摩崖石刻　周守華編輯　浙江省樂清縣文化局　1987年10月

0696. 台州墓誌集録　台州地區文物管理委員會・台州地區文化局編、印　内部發行　1988年10月

0697. 雁蕩山摩崖碑刻　吳良志主編　溫州市雁蕩山風景旅游管理局　1992年12月

> 摩崖碑刻、唐4、宋49、元2、明43、清34、現代148、待考51、合計331所の寫眞・録文を収録。

0698. 桐廬嚴子陵釣臺碑園拓片集　殷茂芝主編　桐廬嚴子陵釣臺風景旅游管理處　1997年10月

0699. 文天祥祠詩詞楹聯碑記　溫州文天祥紀念館編・印　1997年

0700. 岳飛墓廟碑刻　岳飛研究會・岳飛墓廟文物保管所主編　丁亞政・沈立新編著　當代中國出版社　1999年8月

0701. 楹聯碑刻集萃（走進西泠印社中國印學博物館叢書）　王佩智・陳墨編著　西泠印社　2000年10月

0702. 順溪陳氏宗祠碑林集　陳聖駒編　發行所未詳　2001年7月

0703. 保國寺磚雕與石刻　（寧波歷史文化名城叢書210）　余如龍主編　文物出版社　2001年11月

> 寧波の保國寺に保存される清の磚雕と唐～民國の石刻碑碣を収録する。

0704. 臨海墓誌集録　馬曙明・任林豪主編　丁伋點校　宗教文化出版社　2002年1月

> 1949年以後、臨海市で出土した墓誌、宋54、元6、明53、清1、合計114點の釋文を収録する。

> 系譜史料としての新出土墓誌：臨海出土墓誌群を材料として　森田憲司　（日本)奈良史學24　2007年1月

0705. 碑帖選　（南潯文叢）　許金海編　當代中國出版社　2002年

0706a. 溫州歷代碑刻集　（溫州文獻叢書第1輯）　金柏東主編　上海社會科學院出版社　2002年12月

> 溫州舊城區の碑刻（墓碑誌などは除外）、宋15、元14、明93、清69、民國19、合計210點の釋文を収録する。

0706b. 溫州歷代碑刻二集　全2冊　（溫州文獻叢書第3輯）　吳明哲編　上海社會科學院出版社　2006年4月

　　　溫州の永嘉・樂清・洞頭・玉環廳・瑞安・文成・平陽・泰順地區の碑刻（墓碑誌などは除外）、唐3、宋66、元27、明284、清437、民國100、合計919點の釋文を收錄する。

0707. 蒼南碑誌　（蒼南文史資料第18輯）　政協蒼南縣文史資料委員會・蒼南縣文物館編、印　2003年3月

0708. 碑銘擷英：鄞州碑碣精品集　馬兆祥主編　人民美術出版社　2003年4月

　　　鄞州（寧波）區域の碑碣・墓誌、唐4、宋35、元3、明16、清31、近現代22、合計111點の拓本寫眞を收錄する。

0709. 樂清歷代碑誌選　（東海岸叢書）　陳緯編　中國民族攝影藝術出版社　2004年6月

　　　樂清市區內の宋代～民國の碑誌237篇を收錄するという。

0710. 天童禪寺：楹聯匾額碑刻集　寧波龍馬形象策劃有限公司　2004年

0711. 共和國百位將軍書畫碑林帖　朱水雄主編　國際統一出版社　2005年9月

0712. 紹興摩崖碑版集成　全1函6冊　紹興縣文物管理所編　中華書局　2005年12月

　　　紹興縣及び越城區域の摩崖、碑版、墓誌、合計235點の拓本寫眞を收錄するという。

0713. 普陀山摩崖石刻　（普陀山文化叢書）　蔣寶華主編　中國文史出版社　2006年4月

0714. 衢州墓誌碑刻集錄　衢州市博物館編著　柴福有・潘三古主編　占劍・程勤編撰　浙江人民美術出版社　2006年6月

　　　衢州市區內の墓誌39（唐3、宋20、元3、明12、民國1）、碑刻56（唐1、宋2、明10、清43）、及び衢州に關連する碑志11（墓誌2、碑刻9）、合計106點の釋文と拓本寫眞を收錄する。

0715. 碑帖　（天一閣珍藏系列叢書）　虞浩旭主編　賀宇紅編撰　寧波出版社　2006年11月

0716. 浦江碑匾楹聯輯要　浦江縣政協文史委會員編輯　香港文匯出版社　2006年

0717. 紹興圖書館館藏地方碑拓選　全1函3冊　余苗榮・龔天力主編　西泠印社出版社　2007年1月

　　　秦漢～民國の各種石刻600餘點の拓本寫眞・釋文を收錄するという。

0718. 古縣城慈城碑文集遺　慈城鎮文學藝術界聯合會編・印　2007年5月

0719. 西泠印社摩崖石刻　（品位西泠叢書）　王佩智主編　劉江・楊身源［等］編　西泠印社出版社　2007年12月

0720. 西湖碑刻 （西湖全書） 杭州出版社　2007年12月？

＊024. 天一閣明州碑林集錄　章國慶編著　上海古籍出版社　2008年4月

　　　　天一閣の明州碑林の碑碣、唐1、宋20、元17、明64、清66、民國5、合計173種の釋文を收錄する。

＊025. 處州摩崖石刻　全6冊　（麗水綠谷文化叢書）　徐文平著　浙江古籍出版社　2008年

⑨　安徽省

0721. 潛山石牛洞石刻選注　潛山縣文物管理所編・印　1979年12月

0722. 齊雲山明代碑刻選　（安徽墨寶選輯）　吳敏編　安徽人民出版社　1984年10月

0723. 寶晉齋碑帖撰　（安徽墨寶選輯）　安徽美術出版社　1986年6月

0724. 瑯琊山石刻選　滁州市文化局編　王甫［等］主編　安徽人民出版社　1989年10月

0725. 李鴻章家族碑碣　張昌柱・丁德照・奚治泉編　黃山書社　1994年11月

0726. 天柱山摩崖石刻集注　（潛山文史資料第6輯）　朱康寧責任編輯　安徽省潛山縣政協文史委員會　2003年1月

0727. 阜陽・亳州：出土文物文字篇　韓自強主編　阜陽市博物館　2004年

0728. 黃山摩崖石刻　黃山風景區管理委員會編　李金水主編　學林出版社　2006年8月

　　　　黃山に分布する唐代～現代の摩崖石刻280餘處（うち碑刻30點）の寫眞を收錄するという。

⑩　福建省

0729. 福建省石刻資料彙編　福建省文物管理委員會　油印本　1959年

0730. 泉州九日山宋摩崖石刻　吳文良編　泉州海外交通博物館　1964年

0731. 詩碑　《詩碑》編輯小組編　福建人民出版社　1978年

0732. 集美鰲園題刻拓本　陳禮義・陳振群拓編　福建人民出版社　1981年2月

0733. 鼓浪嶼石刻　福建省廈門市政協文史資料編委會編寫　福建省廈門市政協文史資料編委會　1984年4月

0734. 泉州伊斯蘭教石刻　福建省泉州海外交通史博物館編　陳達生主編　寧夏人民出版社・福建人民出版社　1984年11月

　　　　《泉州伊斯蘭教石刻》書評　（澳）唐納德＝丹尼爾＝萊斯利（Leslie, Donald Daniel）、艾哈馬德＝尤素福（Youssef, Ahmad）著　曉正翻譯　海交史研究16（1989-12）

0735. 雲洞題刻錄　王作人輯　發行所不詳　油印本　1985年

0736. 東峰碑林書法作品選　陳雨辰編　東峰碑林詩書畫影研究會　1988年？

0737. 廈門碑銘　（廈門博物館資料叢編）　廈門博物館・廈門市文物管理委員會辦公室編、印　1990年11月

0738. 泉州摩崖詩刻　莊炳章編　福建人民出版社　1991年11月

0739. 摩崖薈萃（武夷文化叢書）梁繼武・徐少明・丁麟徵編　福建人民出版社　1993年1月

0740. 鄭成功碑林：徵集"墨寶"彙編　福建南安鄭成功碑林籌建委員會編　梁奕川・顏波・施友義主編　海風出版社　1993年3月

0741. 武夷山摩崖石刻彙編　周茂森主編　中國人民政治協商會議福建省武夷山市委員會編　新華出版社　1993年10月

0742. 漳浦歷代碑刻　王文徑主編　漳浦縣博物館　1994年12月

0743a. 福建宗教碑銘彙編：興化府分冊 = Epigraphical materials on the history of religion in Hujian: Xinghua region　鄭振滿・（米）丁荷生（Dean, Kenneth）編纂　福建人民出版社　1995年6月

0743b. 福建宗教碑銘彙編：泉州府分冊 = Epigraphical materials on the history of religion in Hujian: Quanzhou Region　全3冊　鄭振滿・（米）丁荷生（Dean, Kenneth）編纂　福建人民出版社　2003年12月

0744. 泉州名匾錄：附崖刻　陳允敦著　紫禁城出版社　1995年

0745. 舫山碑苑作品集　蔡鶴影主編　鷺江出版社　1997年

0746. 案頭摩崖石刻　游嘉瑞著　福建美術出版社　1997年12月

0747. 長樂金石志　全6冊　張善貴撰輯　編者自家版　1998年

0748. 南禪室集　（莆田市文史資料增刊）　宋湖民著　莆田市政協文史委員會　1999年1月

0749. 忠惠風範：蔡襄陵園碑林　（蔡襄研究叢書）　蔡慶發・蔡建華編著　海潮攝影藝術出版社　1999年8月

0750. 福州摩崖石刻　黃榮春編著　福建美術出版社　1999年12月

0751. 廈門摩崖石刻　廈門市政協文史和學習宣傳委員會編　福建美術出版社　2001年6月

0752. 虎文山碑拓　（漳州地方文獻叢刊　歷代碑帖選）　漳州市圖書館編・印　2001年。增訂本　同　2003年10月

0753. 重興三平寺碑記　（漳州地方文獻叢刊　歷代碑帖選）　漳州市圖書館編・印　2001年

0754. **晉江碑刻選** （晉江文化叢書第2輯）　范清靖主編　粘良圖選注　廈門大學出版社　2002年5月

0755. **鼓山題刻** （鼓山文叢）　林和［等］編　海風出版社　2002年10月

0756. **九日山摩崖石刻詮釋**　黃柏齡輯錄　黃威廉編注　編者自家版　2002年

0757. **南安碑刻** （南安文化叢書）　呂榮哲・潘英南編　作家出版社　2003年9月

0758. **福建杉洋村落碑銘** （香港科技大學華南研究中心華南研究文獻叢刊5）　張小軍・余理民編著　（香港）華南研究出版社　2003年

0759. **廈門碑誌彙編**　何丙仲編纂　廈門市文物管理委員會・廈門市文化局主編　中國廣播電視出版社　2004年

0760. **湄洲媽祖祖廟碑林**　林金榜主編　湄洲媽祖祖廟董事會　2004年？

0761. **清源山摩崖選粹**　泉州清源山風景名勝區管理委員會編　許添源主編　中華書局　2004年12月

0762. **三明摩崖石刻** （三明文史資料第19輯）　福建省三明市政協文史資料委員會編　福建美術出版社　2005年9月

0763. **莆仙摩崖題刻**　莆田市政協文教衛體文史資料委員會編　蔣維錟・朱合浦主編　中國文史出版社　2005年

0764. **長樂金石志** （長樂文史資料第11輯）　政協福建長樂市文史工作委員會編　張善貴主編　香港文學報社出版公司　2005年

0765. **福建摩崖石刻精品**　福建省政協文史資料委員會編　福建人民出版社　2005年12月

0766. **廈門佛教志**　廈門佛教協會編　廈門大學出版社　2006年5月

0767. **集美文物：石刻**　廈門市集美區文物管理委員會辦公室編・印　（刊行年未詳）

0768. **武夷山摩崖石刻**　武夷山市地方志編纂委員會編著　李崇英・黃勝科主編　大衆文藝出版社　2007年4月

　　晉唐～現代の石刻438點の寫眞、錄文、解說を收め、卷末に「已佚題刻」を附錄するという。

0769. **南靖石刻集**　南靖縣地方志編纂委員會編　江清溪主編　海潮攝影藝術出版社　2007年8月

　　南靖縣に現存する宋～民國時期の碑刻305、古土樓門額石刻48、古石柱楹聯270、古墓碑20、石筆石刻24、岩畫3、合計670點の拓本寫眞・釋文を收錄するという。

⑪　江西省

0770. 廬山金石考　（星子文史資料1）　徐新傑選注　中國人民政治協商會議星子縣委員會文史資料研究委員會編・印　（內部發行）　1985年1月序

0771. 三淸山古詩文匾聯石刻集注　鍾國珍注　德興縣志編纂辦公室編・印　1986年8月

0772. 江西出土墓誌選編　陳白泉編　江西敎育出版社　1991年4月

　　　江西省出土の墓誌（唐4、宋93、元11、明106、淸6）、地券（唐2、宋28、元7、明3）、合計260點の釋文を收錄。

　　　《江西出土墓志選編》評介　秦光傑　東南文化1991-2

0773. 白鹿洞書院碑刻摩崖選集　（白鹿洞書院叢書4）　孫家驊・李科友主編　北京燕山出版社　1994年8月

0774. 白鹿洞書院碑記集　（白鹿洞書院研究叢書2）　李才棟・熊慶年編纂　江西敎育出版社　1995年8月

　　　北宋～淸の碑記116篇の釋文を收錄する。

0775. 廬山名勝石刻　徐新傑編　江西人民出版社　1996年5月

0776. 江西古文精華叢書・碑記卷　周鑾書・王偉民選注　江西人民出版社　1996年11月

0777. 井岡山碑林：老一輩無產階級革命家・名人墨跡　發行所不詳　內部發行　1998年5月

0778. 井岡山墨寶　中共井岡山市委宣傳部編・印　內部發行　1998年8月

0779. 中國葛仙山碑林墨跡薈萃　汪華光主編　黃永勇執行主編　（香港）世界華人藝術出版社　1998年

0780. 葛仙山碑林書法作品集　江西鉛山縣縣委統戰部編　上海書畫出版社　2001年7月

0781. 丹崖悠悠：贛州市通天岩摩崖石刻集錦　（贛州文史1）　贛州市政協學習文史委員會編　中國文史出版社　2001年9月

　　　通天岩石窟の北宋～民國に至る摩崖題刻（一部拓本寫眞あり）の釋文・注釋を收錄。

0782. 廬山石刻　歐陽泉華主編　中國社會出版社　2003年8月

0783. 毛澤東詩詞碑拓本字帖　張志和書　中國社會科學出版社　2003年12月

0784. 石鐘山金石錄　秦華南・王奔春編著　江西高校出版社　2005年11月

0785. 井岡山碑文　全3冊　鐘健華主編　江西美術出版社　2007年8月

0786. 廬陵古碑錄　（廬陵文化叢書）　高立人主編　江西人民出版社　2007年12月

⑫　山東省

0787.　魯西南烈士陵園碑文集　安琪［等］編　山東省曹縣烈士事迹編輯室　1980年

0788.　馮玉祥先生在泰山刻石選　泰安市泰山文物風景管理局編・印　1984年9月

0789.　臨沂歷代碑帖法書選　山東省出版總社臨沂辦事處編　山東美術出版社　1985年12月

0790.　泰山刻石選　山東省出版總社泰安分社編　馬銘初［等］注釋　山東人民出版社　1986年6月

0791.　徂徠山抗日武裝起義紀念碑碑文　武中奇編　中共山東省委徂徠山抗日武裝起義籌備領導小組辦公室　1988年1月

0792.　蓬萊閣碑刻掇英　蓬萊閣管理處文物管理所編？・印　1988年9月

0793.　王漁洋紀念館藏碑帖選　邱少華主編　王漁洋紀念館編　淄博新聞出版局　1992年8月。改題して、王士禛紀念館碑帖選　王士禛紀念館編・印　2004年12月

0794.　孔孟之鄉石刻碑文選　濟寧市政協文史資料委員會編　山東友誼書社　1992年12月

0795.　碑文石刻專輯　（汶上文史資料第6輯）　中國人民政治協商會議山東省汶上縣委員會文史資料委員會編　山東出版總社濟寧分社　1993年1月

0796.　泰山石刻大全　全1函5冊　泰安市文物局編　李正明・戴有奎主編　齊魯書社　1993年5月

　　　　泰山石刻620處の釋文と拓本寫眞を時代順に收錄。

0797.　泰山歷代石刻選注　（泰山文化叢書・文獻資料編）　姜豐榮編注　青島海洋大學出版社　1993年10月

　　　　泰山地區の石刻、秦1、後漢2、西晉1、北魏2、東魏1、北齊2、隋1、唐5、五代1、北宋12、金7、元8、明10、清22、民國8、現代2、合計85點の解說・釋文・注釋、73點の拓本局部寫眞を收錄。

0798.　曹州碑林作品集　李榮海編　新世界出版社　1995年9月

0799.　金山及秦王洞石刻　呂復倫輯　（發行所未詳）　1995年10月

0800.　齊魯百年名碑集　山東省政協文史資料委員會編　王傳華主編　山東美術出版社　1998年3月

0801.　大澤山詩文石刻輯注　高瑞吾［等］編著　青島出版社　1998年6月

0802.　岱廟碑刻　（岱廟文化叢書）　張玉勝著　山東畫報出版社　1998年8月

0803. 邢侗碑廊作品集　中國華僑文學藝術家協會・山東省臨邑縣人民政府編、印　1998年9月

0804. 淄博石刻　淄博市政協文史資料委員會・博山區政協文史資料委員會編　淄博市新聞出版局　1998年12月

0805. 嶗山碑碣與刻石　（琴島春秋書系）　王集欽主編　青島出版社　1999年10月
　　青島市嶗山の西晉～現代の摩崖刻石・碑刻200餘件（含西晉2・唐1）の寫眞と釋文を收錄。

0806. 昌邑歷代名碑法書選　王蔚成編　山東濰坊市新聞出版局　2000年

0807. 石頭上的儒家文獻：曲阜碑文錄　（中國孔子基金會文庫）　全2册　駱承烈彙編　齊魯書社　2001年4月
　　曲阜市内の代表的な碑文、漢魏38、隋唐15、宋金69、元129、明385、清316、民國以來73、合計1025點の釋文を收める。

0808. 榴園碑林　王延亮編　中國文聯出版社　2001年5月

0809. 孟子林廟歷代題咏集　（中國孔子基金會文庫）　劉培桂編　齊魯書社　2001年8月
　　漢代～清末の題咏371篇の釋文を、孟廟刻石や史籍などから採錄する。

0810. 泰山石刻大觀　全4函24册　泰山風景名勝區管理委員會・泰安市文物事業管理局・泰安市旅游局編　綫裝書局　2002年11月
　　代表的な泰山石刻458點の原拓寫眞（全體と局部）を收錄し、銘文に釋文と詳細な注解、說明を加える。

0811. 濟南歷代墓誌銘　（可愛的濟南叢書第2輯）　濟南市政協文史資料委員會編　韓明祥編著　黃河出版社　2002年12月
　　濟南市區から多くは近50年間に出土した墓誌・塔銘・壙誌など、東魏1、北齊3、隋6、唐11、五代2、宋10、金1、元6、明46、清12、民國2、合計100點の釋文を收錄する。

0812. 曲阜孔廟孔府碑帖寶藏　唐福玉編　山東電子音像出版社　2003年9月

0813. 中華百家姓氏始祖碑林精品集　鄧國慶[等]編　民族出版社　2004年4月
　　山東省桓臺縣にある現代書法家105名の百家姓氏に關する碑刻書法作品集。

0814. 濟南伊斯蘭教碑刻箋注　伊牧之箋注　濟南伊斯蘭教協會　2004年6月

0815. 微山湖國際書法碑林　（香港)天馬圖書有限公司　2004年6月

0816. 曲阜歷代名碑刻石選　全2函　陳傳平主編　廣陵書社　2004年9月

— 73 —

0817. 曲阜碑林 （孔子故里文化叢書） 中國社會出版社 2004年9月

0818. 莘縣碑文大觀 （莘縣文史資料第19輯） 莘縣政協學習宣傳文史委員會編 杜言青主編 山東省新聞出版局 2004年9月

0819. 孔廟玉虹樓法帖 （孔子故里文化叢書） 全2册 唐福玉編 中國社會出版社 2004年

0820. 孔廟十三碑亭 朱福平編著 中國檔案出版社 2004年10月

0821. 山東省博物館藏珍：石刻卷 魯文生主編 山東文化音像出版社 2004年12月

0822. 歷代名家書畫石刻 全1函6册 劉涼濤主編 上海書畫出版社 2005年1月
　　　　山東省桓臺縣の王漁洋紀念館收藏の石刻作品240餘種を收錄するという。

0823. 孟子林廟歷代石刻集 （孟子研究文庫第1輯） 劉培桂編著 齊魯書社 2005年9月

0824. 趵突泉碑刻 朱傳東主編 濟南出版社 2006年1月

0825. 歷代帝王泰山刻石 全1函4册 中共泰安市委員會宣傳部・泰山文化藝術交流中心［等］編 中國檔案出版社 2006年1月

0826. 濟南園林碑刻 全3册 濟南市園林管理局編 孫培森主編 濟南出版社 2006年2月

0827. 趵突流長之碑刻楹聯 （趵突流長叢書） 朱傳東主編 山東省地圖出版社 2006年7月

0828. 書法之旅：碑刻・摩崖石刻精選 孫樹娥主編 山東旅游開發中心出版社 2006年11月

0829. 金元代石刻史料集：靈巖寺石刻 桂華淳祥編 （日本）大谷大學眞宗總合研究所研究紀要32 2006年

0830. 章丘歷代碑刻選粹 沈月春主編 中國文史出版社 2006年12月

0831. 泰山石刻 全10册 袁明英主編 中華書局 2007年1月
　　　　泰山とその周邊の古代～現代の石刻6000餘種の寫眞・拓本寫眞・釋文を收錄するという。

＊026. 金石精萃 鄒衡平主編 濟南出版社 2008年1月
　　　　濟南市圖書館藏の金石碑刻拓本から精選された96點を收錄するという。

＊027. 魯南歷代書畫碑刻選集 顏景濤編著 中國文聯出版社 2008年1月

⑬ 河南省

0832. 少林寺碑刻選 河南省開封地區文物管理委員會・河南省登封縣文物保管所編選印 1978年6月

0833. 開封地區碑刻資料（上編）　河南省開封地區文物管理委員會選編・印　油印本　1980年8月

0834. 少林寺日本兩禪師撰書三碑　河南省開封地區文物管理委員會・河南省登封縣文物保管所・中國佛教協會編　文物出版社　1981年10月

0835a. 少林寺資料集　（文獻百科知識叢書）　无谷・劉志學編　書目文獻出版社　1982年7月

0835b. 少林寺資料集續編　（文獻百科知識叢書）　无谷・姚遠編　書目文獻出版社　1984年

0836. 安陽修定寺塔　河南省文物研究所・安陽地區文物管理委員會・安陽縣文物管理委員會合編　文物出版社　1983年5月

　　　石刻、碑銘、題記などの圖版を含むという。

0837. 南陽縣碑碣拓片選集　南陽縣文化館文物組編？　南陽縣文化館　1984年10月

0838. 少林寺石刻藝術選　蘇思義・楊曉捷・劉笠靑編　文物出版社　1985年6月

0839. 三蘇墳資料彙編　郟縣檔案館編　河南大學出版社　1986年8月

0840. 黃河碑林書法選　黃河碑林評委會供稿　河南美術出版社　1987年9月

0841. 古碑文專輯　（社旗文史資料第2輯）　中國人民政治協商會議社旗縣委員會文史資料研究委員會編・印　1988年7月

0842. 中國翰園碑林詩詞集萃　李允久・陸健・田原編選　百花文藝出版社　1992年6月

0843. 嵩山少林寺碑刻選　河南省登封縣文物局編　王雪寶主編　中國廣播電視出版社　1992年8月

0844. 關林　洛陽古代藝術館編　陳長安主編　中州古籍出版社　1994年9月

　　　明淸の關林詩抄18點、明代～現代の關林碑刻の釋文81點を收める。

0845. 洛陽古代藝術館：石刻・碑志　洛陽古代藝術館編・印　刊行年不詳

0846. 洛陽市志（第14卷）文物志　洛陽市地方史志編纂委員會編　中州古籍出版社　1995年4月

　　　［4］墓葬、［6］石窟寺、［7］碑碣・墓志・石刻に、洛陽地區の周～民國の資料解說を收める。

0847. 大伾山志　濬縣《大伾山志》編纂委員會編　中州古籍出版社　1995年

0848. 林州現存古今碑刻集　王宏民主編　（香港）文茂出版社　1996年7月

0849. 湯陰岳廟明淸碑刻選　殷時學・關寶英［等］編輯　湯陰岳飛紀念館　1996年12月

0850. 千唐誌齋書畫石刻集　千唐誌齋博物館編・印　1998年1月

0851. 青龍山慈雲寺　趙玉安・席彥昭主編　鞏義市文物保護管理所・大峪溝鎭民權村民委員會編・印？　1998年10月

0852. 洛陽呂氏金石列傳　黃文翰・呂明月編　偃師相公庄呂氏文化研究組・洛陽呂氏宗親會　1998年

0853. 社旗山陝會館　(中國古代建築)　河南省古代建築保護研究所・社旗縣文化局編著　文物出版社　1999年10月

　　　墨書題記・對聯・匾額・雕刻銘文・石刻碑記の錄文を附錄する。

0854. 鄭州歷代碑刻選　全1函2册　(鄭州歷史文化叢書)　鄭州歷史文化叢書編纂委員會選編　河南人民出版社　1999年12月

　　　漢4、北魏1、北齊1、唐8、宋7、金1、元4、明3、清3、合計碑刻32點の拓本寫眞を收錄。

0855. 鄭州歷代碑刻彙考　全2册　鄭州歷史文化叢書編纂委員會編　丁彬・牛偉著　香港國際出版社　1999年12月

0856. 中國翰園碑林碑帖集萃　王順興主編　(香港)天馬圖書公司　2000年4月

0857. 香嚴寺碑志輯錄　全1函3册　淅川縣史志研究室編・印　2001年1月

0858. 大伾山名勝區石刻選　濬縣文物旅游局編　中州古籍出版社　2001年3月

0859. 鬼谷子張海書法字帖：河南省淇縣雲夢山摩崖石刻　河南省淇縣文物旅游局　2001年3月

0860. 豫西水碑鈎沉　范天平・張宗子・杜建成編注　陝西人民出版社　2001年9月

0861. 陳州羲陵碑林作品選　(淮陽文史資料第6輯)　中國人民政治協商會議淮陽縣委員會文史資料研究委員會編　天津人民美術出版社　2001年10月

0862. 中國翰園碑林碑帖集　王順興主編　作家出版社　2002年7月

0863. 洛陽名碑集釋　黃明蘭・朱亮編著　朝華出版社　2003年1月

　　　洛陽の歷代名碑、後漢7、魏1、西晉8、北魏1、東魏1、唐31、五代1、北宋15、金3、元10、明4、清2、合計84種の拓本寫眞と釋文・注釋を收錄する。

0864. 千古風流：東坡碑林拓片選集　易行・王盤根主編　長城出版社　2003年1月

0865. 殷太師比干廟碑刻選集　衛輝市紀念比干誕辰三〇八五周年籌委會編　傅世光主編

亞太國際出版有限公司　2003年3月

0866. 翰墨石影：河南省文史研究館館藏搨片精選　全2函8册　李源河主編　宮大中執行主編　廣陵書社　2003年4月

　　河南省文史研究館所藏の拓本、漢18、魏3、晉5、北魏13、東魏7、西魏6、北齊27、北周1、隋58、唐171、五代3、北宋68、金24、元80、明61、清55、合計600點の拓影と釋文を收錄。

0867. 顓頊帝嚳陵　喬書起編著　中國文聯出版社　2003年4月

0868. 濮陽碑刻墓誌　（濮陽歷史文化叢書）　王義印編著　中州古籍出版社　2003年5月

　　碑刻30（宋～民國）、墓誌32（東魏1、唐9、元2、明20）、合計62點を收錄するという。

0869. 山陽石刻藝術　郭建設・索全星著　河南美術出版社　2004年9月

　　焦作市博物館石刻藝術苑所藏品を中心に焦作地區の後漢～民國の佛教造像・石幢、石刻畫像、墓誌、碑刻など約100件を收錄するという。

　　金石傳諸不朽：《山陽石刻藝術》介紹　杭侃　中國文物報2005年5月25日

0870. 新鄭碑刻文集　新鄭市文物管理局編　寇玉海主編　香港國際出版社　2004年9月

　　南北朝～民國の碑誌を［1］墓誌銘 神道碑銘、［2］祠堂碑刻 廟宇碑刻 學宮碑刻、［3］石造像碑石造像、［4］後周世宗慶陵 御製祭(祝)文碑、［5］散碑、［6］詩文石刻に分け、合計123點の釋文・注釋（一部拓影あり）を收錄する。

0871. 安陽縣古碑刻集萃　鄧葉君・李長生・孫景風主編　安陽縣老年書畫研究會？　2004年10月

　　後趙1、北齊4、隋7、唐13、五代1、宋金5、元4、明16、清35、合計86點の碑誌刻の拓本寫眞と解説を收錄。

0872. 嵩山少林寺石刻藝術大全　全10册　（傳世藏苑）　王雪寶編著　光明日報出版社　2004年12月

0873. 太昊陵　李乃慶編著　中州古籍出版社　2005年5月

　　保護搶救太昊陵廟文化遺產的好書　羅哲文　中國文物報2005年8月8日

0874. 溫縣金石錄　（溫縣文史資料）　政協溫縣委員會　2006年3月

0875. 天書地字　（國家歷史文化名城浚縣・大伾文化叢書2）　浚縣文物旅遊局編　班朝忠主編　文物出版社　2006年11月

　　　　　浚縣の漢～民國の摩崖・碑碣・題記など500餘點の拓本寫眞、釋文を收錄するという。

0876. 韓愈碑林書作集　張世興主編　河南美術出版社　2007年10月

＊028. 中國少林寺：塔林・碑刻・建築　（釋）永信主編　中華書局　（近刊豫告）

　　　　　建築卷には少林寺の建築環境及び常住院・初祖庵・達磨洞の資料が、塔林卷には唐代以來
　　　　の佛塔・僧塔246の資料が、碑刻卷には北魏以來の碑刻拓本540種が收錄される豫定という。

⑭　湖北省

0877. 武當山金石錄　第一冊　張華鵬・張富淸[等]編　丹江文化局　1990年9月

0878. 元極碑林：元極碑林刻石專輯１　中國元極學研究會・鄂州市元極碑林委員會編、印？
　　　　1997年8月

0879. 荊州碑苑書法石刻作品集　第一集　王全主編　（發行所未詳）　1997年

0880. 米公祠及其石刻　鄒演存編撰　襄樊市文物管理處　1999年8月

0881. 荊州城文字磚　張世春編著　武漢出版社　1999年

0882. 民間石雕藝術：中國利川墓碑　張興文撰文攝影　湖北美術出版社　2000年9月

　　　　　利川市の明代中晚期～民國初年の墓碑建築約300基から132基を選び740枚の圖版で紹介す
　　　　るという。

0883. 黃鶴樓碑廊詩注　俞汝捷編　湖北美術出版社　2003年9月

0884. 荊州萬壽碑林拓片集　荊楚書畫院編・印　2003年

0885. 恩施自治州碑刻大觀　（恩施州民族研究叢書）　王曉寧編著　新華出版社　2004年

0886. 監利泛鵝碑廊書法集　吳克計編　香港天馬出版公司　2004年

0887. 民間墓聯墓誌續錄　（湖北省楹聯叢書）　嚴伯玉編著　湖北省楹聯學會　2006年5月

0888. 武當山碑刻鑑賞　（世界文化遺產）　姚天國主編　北京美術攝影出版社　2007年3月

0889. 白水碑廊刻石選　全2冊　胡久明主編　長城出版社　2007年8月

⑮　湖南省

0890. 碑刻墓誌譜序選輯　（永順縣民族古籍叢書3）　永順縣民族古籍整理領導小組編　丁仕
　　　　俊主編　永順縣民族印刷廠　1989年11月

0891. 浯溪碑林　湖南省文物事業管理局・祁陽縣浯溪文物管理處編　湖南美術出版社
　　　　1992年10月

　　　　　唐7、宋20、元2、明12、淸26、民國4、合計碑刻71點の拓本寫眞を收錄。

[參考] 浯溪詩文選　蔣煉・蔣民主注釋　（香港)天馬圖書公司　2001年
0892. 岳陽樓楹聯碑刻書法選　湖南岳陽市岳陽樓管理處編・印　1996年10月
0893. 桃花源新增楹聯石刻輯覽　湖南省桃花源風景名勝區管理處編・印　1997年1月
0894. 屈原碑林　《屈原碑林》編委會編　湖南美術出版社　1997年6月
0895. 岳陽樓墨迹精華　一方主編　湖南美術出版社　2005年1月
0896. 永州石刻拾萃　永州市文化局・永州市文物管理處編　王一冰・趙榮學主編　湖南人民出版社　2006年10月
0897. 烏江流域民族地區歷代碑刻選輯　傅小彪・李良品・彭福榮編　重慶出版社　2007年11月

⑯　廣東省・海南省

0898. 澄廬詩集：廣州辛亥三月二十九日革命記碑文　（鄒魯全集10）　鄒魯著　國立中山大學校友會編　（臺灣)三民書局　1976年10月
0899. 肇慶星湖摩巖石刻存錄　肇慶星湖管理處編・印　油印本　1981年9月
0900. 肇慶星湖石室巖摩崖石刻存錄　肇慶星湖管理處編・印　油印本　1982年1月
0901. 肇慶星湖石刻全錄　劉偉鏗校注　廣東省肇慶星湖風景名勝區管理委員會編・印　1986年10月。廣東人民出版社　1994年
0902. 明清佛山碑刻文獻經濟資料　廣東省社會科學院歷史研究所中國古代史研究室［等］編　廣東人民出版社　1987年4月
0903. 肇慶七星巖石刻詩文選　黃柏權注析　廣東省肇慶星湖風景名勝區管理局編　廣東旅游出版社　1989年1月
0904. 七星巖鼎湖山書法石刻選　歐廣勇・劉偉鏗編　廣東旅游出版社　1989年11月
0905. 書法碑林　廣東廣寧萬竹園當代書法碑林領導小組編・印　1990年1月
0906. 鼎湖山石刻精華　黃柏權注析　廣東省肇慶市鼎湖區旅游局編　廣東旅游出版社　1990年5月
0907. 新會市改革開放以來碑文選輯1　新會市檔案館編　新會市印刷廠　1993年10月
0908. 珠海市文物志　珠海市文物管理委員會編　廣東人民出版社　1994年12月
0909. 崖山詩碑選釋　彭陵編注　新會市旅游局　1996年2月
0910. 龍山碑林大觀　黃爾崇編注　廣東省新興縣龍山碑林建設委員會　1997年8月

0911. 廣東摩崖石刻　廣東省文物管理委員會辦公室編　曹騰騑・黃道欽主編　廣東人民出版社　1998年9月

　　　廣東省各地の摩崖石刻、靑銅時代1、唐12、宋65、元4、明73、清88、民國10、現代10、合計263題の寫眞または拓本寫眞と釋文・說明文を收錄する。

0912. 潮汕金石文徵：宋元卷　（潮汕文庫）　黃挺・馬明達著　廣東人民出版社　1999年9月

0913. 中國歷代書法碑林碑帖選　林雅傑編　廣東人民出版社　1999年9月

0914. 五房山革命烈士碑落成慶典資料輯錄　五房村村民委員會編　中共五房村總支委員會　1999年12月

0915. 三洲巖詩文全錄　（星湖文化叢書）　歐清煜・林瑞球編　中國文聯出版社　2000年

　　　北宋～民國の三洲巖摩崖石刻181幅・未刻石題詩散文60篇を收錄するという。

0916. 冼夫人禮贊：歷代歌頌冼夫人詩詞歌賦楹聯碑記選　（茂名市文史資料17）　茂名市政協學習文史資料研究委員會編　廣東省茂名市政協委員會　2000年11月

0917. 廣東碑刻集　（廣東省博物館叢書）　譚棣華・曹騰騑・冼劍民編著　廣東高等教育出版社　2001年1月

　　　廣東全省の市縣ごとに隋唐代～清代を主とする碑刻・鐘鼎銘文、合計965種（本書「后記」による）の釋文を收錄する。

0918. 海南古今佛敎寺塔碑像大觀（修訂本）　陳峰主編　中華出版社　2001年2月

0919. 羅浮山摩崖石刻　（羅浮山文化系列叢書2）　鄔榕添著　香港銀河出版社　2001年8月

0920. 咏荷碑廊作品集　賴桂芳主編　花城出版社　2001年

0921. 深圳碑刻集　（顯朝書室叢書）　蕭國健・沈思合編　（香港）顯朝書室　2003年

0922. 中國歷代書法碑林碑帖集　（廣東歷代書法展覽叢書）全1函3冊　林雅傑・宇清選編　廣東人民出版社　2004年1月

　　　廣東省潮州市硯峰山の淡浮文物院所藏の碑刻や名家の眞迹330餘點の圖錄という。

0923. 肇慶星湖石刻　劉偉鏗・顧作義・孫德主編　紅旗出版社　2005年

0924. 儷語文言：張文勛碑文序跋楹聯選集　張文勛著　海南出版社　2005年

0925. 廣州碑刻集　冼劍民・陳鴻鈞編　廣東高等教育出版社　2006年12月

　　　廣州市區內の隋唐代～清代を主とする碑刻、合計1165點（本書「后記」による）の釋文を收錄する。

0926. 南海神廟的碑刻・匾額拓片集　（南海神廟歷史文化叢書）　廣州出版社　2007年4月？

⑰　廣西壯族自治區

0927. 桂林石刻　桂林市文物管理委員會編・印　1979年9月

0928. 桂林石刻選　桂林市文物管理委員會編　廣西人民出版社　1980年12月

0929. 桂林石刻　全3冊　桂林市文物管理委員會編　林半覺・張益桂主編　桂林市文物管理委員會（内部發行）（編者序）1977年・（編者後記）1981年8月
　　　1911年以前の石刻、南朝2、隋1、唐42、五代2、宋489、元31、明361、清503、無年代138、合計1569點の釋文と按語を收録。香港影印版もある。

0930. 廣西少數民族地區石刻碑文集　廣西民族研究所編　廣西人民出版社　1982年9月
　　　唐〜近現代の碑刻150點(唐2)の釋文を收録。

0931. 靈渠文獻粹編　唐兆民編　中華書局　1982年10月
　　　靈渠に關係する約30點の碑刻史料の釋文を含む。

0932. 柳侯祠石刻選注　柳州市石刻研究組編　柳州日報　1983年11月

0933. 桂林墓碑誌選集　全2冊？　桂林市文物工作隊編・印　油印本　1986年

0934. 廣西少數民族地區碑文・契約資料集　（民族問題五種叢書・中國少數民族社會歷史調查資料叢刊）　廣西壯族自治區編輯組編　廣西民族出版社　1987年12月

0935. 靈陽石刻選注　（靈山文史資料 總4輯）　陳秀南・蘇馨注　靈山縣政協文史資料委員會・靈山縣縣志編寫委員會辦公室　1989年11月

0936. 南山石刻　貴洪市紀念南山寺建寺一千周年暨修葺活動組織委員會編・印　1990年

0937. 桂林石墨菁華　桂海碑林編　譚發勝・林京海主編　漓江出版社　1993年5月

0938. 柳侯祠石刻注釋　柳州市柳宗元學術研究會編　謝漢強[等]主編　廣西人民出版社　1993年7月

0939. 廣西名區與摩崖碑額　中國人民政治協商會議廣西壯族自治區委員會辦公廳編　黨丁文撰文　廣西美術出版社　2000年3月

0940. 宜州碑刻集　李楚英主編　廣西美術出版社　2000年3月

0941. 陳寶書書法石刻詩文選　陽朔縣辦公室？編・印　2001年5月

＊029. 廣西石刻人名錄　張益桂編　漓江出版社　2008年9月
　　　廣西の石刻に刻された人名、「前言」によれば隋以前4、唐88、五代9、宋1519、元187、

明986、淸1228、合計約4000餘人を簡介を附して時代ごとに收錄。卷末に「廣西石刻目錄」などを附す。

半世紀に及ぶ廣西石刻研究の集大成：廣西石刻人名錄　戶崎哲彥　（日本）東方335　2009年1月

＊030. 永福石刻　黃南津［等］主編　廣西人民出版社　2008年9月

⑱　重慶市・四川省

0942. 川陝革命根據地石刻標語：第一・第二集　川陝革命根據地博物館編・印（內部發行）1979年6月～1980年3月

0943. 川陝革命根據地石刻標語選編　四川省博物館編・印　1979年7月

0944. 增訂爨文叢刻　全3冊　馬學良主編　羅國義審訂　四川民族出版社　1986年3月～1988年2月

0945. 四川歷代碑刻　高文・高成剛編著　四川大學出版社　1990年12月

四川省の著名な碑刻、漢53、六朝17（隋4）、唐17、五代3、宋元35、明24、淸37、近現代15、合計201點の釋文と拓本寫眞（一部拓影のないものあり）を收錄。

0946. 蒲江縣飛仙閣摩崖造像與石刻文字專輯　（蒲江文史資料選輯第8輯）　政協蒲江縣委員會文史資料委員會編・印？　1994年

0947. 水下碑林：白鶴梁　陳曦震主編　四川人民出版社　1995年3月

長江中流四川省涪陵市白鶴梁の題刻、宋103、元5、明17、淸24、民國11、新中國3、不詳11、合計174段の拓本寫眞と釋文を收錄。

［參考］鶴風魚韻：白鶴梁詩萃　陳曦震主編　四川人民出版社　1996年

0948. 川陝蘇區將帥碑林碑文集　全3冊　川陝蘇區將帥碑林辦公室・川陝蘇區將帥碑林管理處編、印（內部發行）　1995年5月～1999年5月

0949. 白帝城竹枝詞碑園　魏靖宇主編　巴蜀書社　1995年6月

0950. 世界第一古代水文站：白鶴梁＝ White Crane Ridge the No.1 ancient hydrometric station in the world（中英文）　中國人民政治協商會議四川省委員會涪陵地區工作委員會編　中國三峽出版社　1995年9月

0951. 什邡鎣園碑刻　四川省什邡市建設委員會編・印？　1995年12月

0952. 白帝城歷代碑刻選　魏靖宇編　中國三峽出版社　1996年9月

0953. 巴蜀道教碑文集成　龍顯昭・黃海德主編　四川大學出版社　1997年12月

後漢から民國まで四川地域の道教に關する碑記・像記・塔記・幢記・洞記・閣樓記・宮觀記・墓誌銘など、歷代の文獻より採集した457點（含隋2・唐27）の釋文を收錄。

龍顯昭・黃海德主編《巴蜀道教碑文集成》簡評　王純五　四川文物1998-5

0954. 天寶寨摩崖石刻・三十六計淺釋　蜀南竹海風景區管理局編・印　1997年6月

0955. 三台金石文物　左啓編著　民盟三台藝術院・森林公園管理所・中共三台黨史辦編、印　（内部發行）　1998年4月

0956. 大足石刻銘文錄　重慶大足石刻藝術博物館・重慶市社會科學院大足石刻藝術研究所編　郭相穎主編　重慶出版社　1999年8月

［1］尖山子・聖水寺・北山石窟、［2］寶頂山石窟、［3］南山・石篆山・石門山三教寺石窟（27所）、［4］千佛岩・大石佛寺・雷打岩・雙山寺等石窟（26所）、［5］多寶塔（含白塔寺）・文寶塔の5編に分け、唐から民國まで591種（唐18、五代19）の釋文、一部拓本寫眞を收錄。

一部開掘豐厚文化底蘊的力作：讀《大足石刻銘文錄》　胡昭曦　重慶歷史與文化2000-2（同『巴蜀歷史文化論集』巴蜀書社　2002年5月　所收）

0957. 都江堰市金石錄　都江堰市地方志編纂委員會編纂　四川人民出版社　1999年12月

秦～現代の石刻・金銘520點（唐12を含む）の釋文を收錄。

0958. 白鶴梁題刻：中國長江水下博物館　李書敏・陳曦震主編　重慶出版社　2003年6月

0959. 三峽文物珍存　全2冊　重慶市文物局編　北京燕山出版社　2003年7月

［1］地面文物卷、［2］地下文物卷からなり、［1］に石刻・題記、摩崖造像などを含む。

0960. 川陝蘇區將帥碑林碑文集紀念冊　張崇魚主編　巴中市巴州區人大將帥碑林辦公室　2003年

0961. 川陝蘇區將帥碑林續集　張崇魚編　川陝蘇區將帥碑林辦公室　2003年12月

0962. 巴蜀佛教碑文集成　（四川師範大學巴蜀文化研究中心學術叢書）　龍顯昭主編　蔡東洲・楊超・查中林・榮遠大副主編　巴蜀書社　2004年5月

西涼から民國まで四川地域の佛教に關する寺記・塔記・幢記・樓閣記・殿堂記・塔墓銘など、歷代の文獻より採集した碑文1100餘點（西涼1、南朝9、北周1、隋2、唐80、五代8を含む）の釋文・題記を收錄する。

0963. 四川文物志　全3冊　四川省文物管理局編　巴蜀書社　2005年11月
　　　　上册に「石刻碑誌卷」、中册に「石窟摩崖造像卷」「畫像磚・畫像石卷」を收錄する。
0964. 西昌地震碑林　四川凉山彝族自治州博物館編　劉弘主編　文物出版社　2006年5月
　　　　明清代におきた3回の地震關係碑刻91點を收錄するという。

⑲　貴州省

0965. 思南縣志稿金石志　（思南縣志稿卷9）　陳文燻輯　貴州省圖書館　油印本　1965年
0966. 金石彝文選：生字剝析册　（彝族歷史文獻選集）　中央民族學院少數民族語言研究所
　　　　彝族歷史文獻編譯組編　陳英編注　羅國義翻譯　中央民族學院少數民族語言研究所
　　　　彝族歷史文獻編譯組　油印本　（內部發行）　1982年
0967. 黔西南布依族苗族鄉規民約碑文選　黔西南布依族苗族自治州史志辦公室編・印
　　　　1986年
0968. 貴州省墓誌選集　貴州省博物館編・印　（內部發行）　1986年12月
0969. 侗族部份地區碑文選輯　吳江編錄　（黎平縣）縣志辦公室　1988年
0970a. 彝文金石圖錄　第一輯　貴州省畢節地區民委・六盤水市民委・大方縣民委編　貴州
　　　　省畢節地區彝文翻譯組・大方縣彝文編譯組譯　四川民族出版社　1989年11月
0970b. 彝文金石圖錄　第二輯　貴州省畢節地區民委・六盤水市民委・大方縣民委編　貴州
　　　　省畢節地區彝文翻譯組・大方縣彝文編譯組譯　四川民族出版社　1994年10月
0970c. 彝文金石圖錄　第三輯　貴州省畢節地區民族宗教事務委員會［等］編　王繼超・王世
　　　　忠・龍正清主編　四川民族出版社　2005年
0971. 明清彝文書法彙輯　丁詩建編　貴州教育出版社　1998年10月
0972. 梵淨山碑林書法作品集　貴州梵淨山碑林書法作品集編集委員會編・印　1999年1月
0973. 貴陽　陽明祠・陽明洞碑刻拓片集　貴陽市文物保護委員會・貴陽市文化局編　孫鳳
　　　　岐主編　貴州人民出版社　2002年3月

⑳　雲南省

0974. 新纂雲南通志金石考　（『新纂雲南通志』卷81～100）　全20卷　周鐘岳輯　1949年
0975. 雲南各族古代史略　《雲南各族古代史略》編寫組編寫　雲南人民出版社（內部發行）
　　　　1978年9月
　　　　卷末に參考資料として「雲南古代史書目簡介」と「雲南重要碑刻錄文」初稿を附すという。

0976. 祿勸鐫字崖鳳氏世氏摩崖　（雲南史料叢刊22）　雲南大學歷史系民族歷史研究室編・印油印本　1979年

0977. 昆明名勝楹聯碑刻箋注　趙浩如編　雲南省旅游局　1980年1月

0978. 大理五華樓新發現宋元碑刻選錄　方齡貴・王雲選錄　昆明師範學院出版社　油印本　1980年8月

0979. 巍山碑刻楹聯資料輯　薛琳搜集編注　巍山彝族回族自治縣縣志編委會辦公室編・印　1987年9月

0980. 元世祖平雲南碑　周祜譯注　大理市文物保管所　複印　1988年8月

0981. 白文《山花碑》譯釋　（雲南少數民族古籍譯叢第3輯）　雲南省少數民族古籍整理出版規劃辦公室編　雲南民族出版社　1988年11月

0982a. 西山區聯碑刻輯注　（春城旅游叢書）　趙浩如撰　雲南人民出版社　1989年10月

0982b. 大觀樓區聯碑刻輯注　（春城旅游叢書）　趙浩如撰　雲南人民出版社　1989年10月

0982c. 筇竹寺區聯碑刻輯注　（春城旅游叢書）　趙浩如撰　雲南人民出版社　1989年10月

0983. 鐫字巖彝文摩崖釋譯　祿勸縣民族事務委員會古籍辦・楚雄彝族文化研究所編　雲南民族出版社　1990年12月

0984. 爨寶子碑書畫碑林作品選集　雲南省曲靖市人民政府爨碑書畫碑林籌建委員會編　張如皋主編　國際文化出版公司　1991年

0985. 三碑點校注譯　曲靖行署文化局新聞出版科編　楊蒓編著　雲南教育出版社　1992年12月

0986. 巍山風景名勝碑刻區聯輯注　巍山彝族回族自治縣地方志編纂委員會辦公室編　薛琳輯注　雲南人民出版社　1995年10月

0987. 大理古碑存文錄　（大理市文化叢書）　大理市文化叢書編輯委員會編　雲南民族出版社　1996年8月

0988. 雲南先賢碑廊　發行所不詳　1997年

0989. 中國彝文書法選　中國彝文書法選編撰委員會編　雲南美術出版社　1998年3月

0990. 彝文石刻譯選　朱璩元編　雲南民族出版社　1998年12月

0991. 雲南百年歷史名碑　（雲南文史資料選輯55）　雲南省政協文史委員會編　黃恩德主編　雲南人民出版社　1999年10月

0992. 曲靖石刻　徐發蒼主編　雲南民族出版社　1999年12月

0993. 大理歷代名碑　(雲南民族古籍叢書・白族文庫)　段金錄・張錫祿主編　雲南民族出版社　2000年3月
　　　雲南省大理に散在する歴代碑文188點の拓本寫眞と釋文・解説を收錄。

0994. 大理五華樓新出元碑選錄并考釋　方齡貴・王雲選錄　方齡貴考釋　雲南大學出版社　2000年3月

0995. 鶴慶碑刻輯錄　張了・張錫祿編　大理白族自治州南詔史研究會　2001年10月

0996. 毓秀碑廊：文山文化長廊石刻(上卷)　文山三鑫有限公司・文山縣書法協會編印　2004年8月

0997. 雲南回族人物碑傳精選　(雲南民族古籍叢書・回族文庫)　全2冊　雲南省少數民族古籍整理出版規劃辦公室編　王子華・姚繼德主編　雲南民族出版社　2004年11月
　　　傳記資料165篇（元代13、明代26、清代61、近現代65）、碑銘墓誌85篇（元代13、明代17、清代49、近現代6）、合計250篇の碑傳資料を收錄し、人物200人餘にわたるという。

0998. 雲南林業文化碑刻　曹善壽主編　李榮高編注　德宏民族出版社　2005年6月
　　　雲南省内の林業に關する南宋～民國の碑刻198通を收錄するという。

0999. 隆陽碑銘石刻　(保山市隆陽區政協文史資料第14輯)　徐鴻芹點校　中國人民政治協商會議保山市隆陽區委員會編　雲南美術出版社　2005年7月
　　　元代～現代の碑銘石刻資料300篇近くを收錄するという。

1000. 楚雄歷代碑刻　楚雄彝族自治州檔案局編　張方玉主編　雲南民族出版社　2005年

1001. 昆明詩詞楹聯碑文集粹　中國人民政治協商會議昆明市委員會編　莊毓紋主編　雲南人民出版社　2006年

1002. 宜良碑刻　(宜良文化叢書)　鄭祖英・周恩福主編　雲南民族出版社　2006年

1003. 江川歷史碑刻　中共江川縣委宣傳部・江川縣文化產業辦公室編　北方文藝出版社　2006年12月

1004. 雲南古碑精選　雲南省博物館編　牛霖・任治忠・周文林主編　雲南美術出版社・晨光出版社　2007年8月

＊031. 中國雲南少數民族生態關連碑文集　唐立(クリスチャン・ダニエルス)編　(日本)總合地球環境學研究所研究プロジェクト4-2「アジア・熱帶モンスーン地域における地

域生態史の統合的研究：1945—2005」 2008年3月

　　　雲南省東南部の元江（紅河）流域に現存する清代〜民國の碑刻51點の拓本寫眞、錄文（邦譯35點）を收錄し、文書30點の寫眞、錄文を附錄する。

＊032. 保山碑刻　趙家華主編　保山市文化廣電新聞出版局編　雲南美術出版社　2008年

㉑　西藏自治區

1005. *Ch'ing dynasty inscriptions at Lhasa*. Richardson, Hugh Edward. Roma: Istituto italiano per il Medio ed Estremo Oriente,（Rome Oriental series; 47）1974.

1006. 西藏奏疏：附西藏碑文　（西藏學漢文文獻彙刻1）　全1函6册　（清）孟保著　西藏社會科學院西藏學漢文文獻編輯室編　中央民族學院出版社　1985年7月

㉒　陝西省

1007. 劉志丹烈士陵園碑刻　（革命文物叢書）　段明軒編　文物出版社　1979年5月

1008. 于右任書墓誌墓表選輯　全1函22册　于右任書　陝西省地方志編纂委員會編　三秦出版社　1985年9月

　　　1919年〜1947年の作品21種を影印するという。

1009. 渭南地區水利碑碣集注　吉敬斌主編　渭南地區水利志編纂辦公室編・印（內部發行）1988年6月

1010. 咸陽碑石　（陝西金石文獻彙集）　張鴻傑主編　三秦出版社　1990年12月

　　　咸陽地區の碑誌刻石、西魏2、北周4、隋3（墓誌2、塔記1）、唐30（墓碑5、墓誌17、鎭墓石2、塔記1、經幢5）、宋2、金2、元1、明9、清12、民國3、合計68點の釋文と拓本寫眞を收錄。

1011. 安康碑石　（陝西金石文獻彙集）　張沛編著　三秦出版社　1991年5月

　　　安康市地區の碑刻、約三國以前7、魏南北朝8（磚銘）、唐4（摩崖刻記3、墓誌蓋1）、宋4、元1、明26、清157、民國18、合計225點の釋文と拓本寫眞（一部拓影ないものあり）を收錄。

1012. 歷代引涇碑文集　王智民主編　陝西旅游出版社　1992年

1013. 高陵碑石　（陝西金石文獻彙集）　董國柱編著　三秦出版社　1993年12月

　　　高陵縣地區の碑刻、北周2（造像石）、隋1（墓誌蓋）、唐11（碑5、記1、墓誌2、刻石2、經幢1）、宋2、金3、元4、明34、清26、民國14、合計97點の拓本寫眞と釋文を收錄。

1014. 紅石峽摩崖石刻　（榆林名勝叢書第1集）　賀菊芳編著　中共榆林地委宣傳部・榆林地

區文化局・楡林地區民族宗教局・陝北文化委員會　1995年

1015. **華山碑石**　（陝西金石文獻彙集）　張江濤編著　三秦出版社　1995年12月

　　　華山及び華陰地區の碑石、春秋戰國1、漢13、南北朝17、隋1（墓誌）、唐7（碑5、墓誌1、石柱1）、宋3、元4、明58、清167、民國30、無紀年3、合計306點の拓本寫眞と釋文を收錄。

1016. **樓觀臺道敎碑石**　（陝西金石文獻彙集）　吳鋼主編　王忠信編　三秦出版社　1995年12月

　　　周至縣内終南山北麓にある樓觀臺の碑刻、唐4、宋6、元24、明27、清34、民國4、不明5、合計84通（100餘編）の拓本寫眞と釋文を收錄。

1017. **西安碑林古刻集粹：書法繪畫卷**　武天合編著　西安地圖出版社　1996年1月

1018. **漢中碑石**　（陝西金石文獻彙集）　陳顯遠編著　三秦出版社　1996年9月

　　　漢中盆地に點在する碑刻、傳說夏禹王碑1、漢3、南北朝造像1、唐6、北宋8、南宋109、元1、明42、清195、民國71、合計437件の拓本寫眞と釋文を收錄。

1019. **重陽宮道敎碑石**　（陝西金石文獻彙集）　劉兆鶴・王西平編　三秦出版社　1998年4月

　　　周至縣にある重陽宮の、金～清時期道敎碑石51種の拓本寫眞と釋文を收錄。

1020. **安康碑版鈎沉**　李啓良［等］搜集整理校注　陝西人民出版社　1998年

1021. **潼關碑石**　（陝西金石文獻彙集）　劉蘭芳・張江濤編著　三秦出版社　1999年1月

　　　潼關地區に現存する碑刻、北魏1、隋3、唐4、明15、清77、民國6、合計106點の釋文と拓本寫眞（91點）、清の佚碑存文7點を收錄。

1022. **褒谷摩崖校釋**　薛鳳飛校釋　湖北人民出版社　1999年3月

　　　(清)羅秀書撰『褒谷古迹輯略』を整理・增補し、校注を加える。

1023. **館藏陝西碑石拓片選**　陝西省圖書館編　馬民玉主編　三秦出版社　1999年9月

1024. **張良廟楹聯石刻**　楊虎山・王曉春［等］編　張良廟文物管理所　2000年8月

1025. **澄城碑石**　（陝西金石文獻彙集）　王西平主編　張進忠編著　三秦出版社　2000年12月

　　　澄城縣内の北魏～民國の碑碣・墓誌・石柱題刻・瓦當などの拓本寫眞・釋文112點、佚碑存文29點、合計141點（含唐4）を收錄。明清代のものが大多數を占める。

1026. **石門石刻大全**　郭榮章編著　漢中蜀道暨石門石刻研究會・漢中石門書畫院・漢中博物館協編　三秦出版社　2001年9月

漢中襃谷石門の石刻、漢8、魏晉南北朝5、唐4、宋48、元1、明7、清～民國初104、合計177點の釋文、147點の圖版を收錄するという。

石門石刻研究之集大成者：讀郭榮章先生新作《石門石刻大全》　羅歲平　文博2002-3

1027. 堯山聖母廟與神社＝*Le culte de la dame du Yaoshan*　（陝山地區水資源與民間社會調查資料集第2集）　秦建明・(佛)呂敏（Bujard, Marianne）編著　中華書局（École française d'Extrême-Orient centre de Pekin）　2003年1月

陝西省浦城縣堯山聖母廟と11社の來歷・沿革・內容を詳述した後、關係する碑刻と摩崖題刻（一部圖版あり）、唐9、宋8、金2、元1、明4、清47、民國5、年代、不明11、現代10、合計97點の簡介・釋文・碑刻原形式を收錄する。

1028. 溝洫佚聞雜錄＝*Gestion locale et modernisation hydraulique: Jingyang et Sanyuan*（陝山地區水資源與民間社會調查資料集第1集）　白爾恆・(佛)藍克利（Lamouroux, Christian）・(佛)魏丕信（Will, Pierre-Étienne）編著　中華書局（École française d'Extrême-Orient centre de Pekin）　2003年4月

第一輯に陝西省の涇陽縣と三原縣の水利に關する清末～1950年代の册・簿・公牘など、第二輯に明代～民國の涇陽縣涇惠渠碑刻8通を收める。

1029. 咸陽碑刻　（陝西金石文獻彙集）　全2册　陝西省古籍整理辦公室・咸陽市文物考古研究所合編　王友懷主編　李慧・曹發展注考　三秦出版社　2003年7月

咸陽地區の碑刻、碑173、墓誌139、碣8、雜刻3、墓券・牒各1、合計325點（西漢2、東漢1、後秦1、北魏3、北周5、隋3、唐49（碑7、墓誌42）、五代1、宋4、金1、元7、明70、清158、民國18、不明2）の拓本寫眞と釋文（注釋・考跋を附す）を收錄する。上記0414『昭陵碑石』と1010『咸陽碑石』とは重複しない。

1030. 楡林碑石　（陝西金石文獻彙集）　康蘭英主編　張仲權・宋英副主編　三秦出版社　2003年10月

楡林地區の碑碣、墓誌、摩崖、畫像文字刻石など、合計203種（後漢17、隋1、唐55、五代5、北宋14、金4、明43、清56、民國8）の拓本寫眞と釋文を收錄する。

1031. 碑文專集　（商洛文史第2輯）　唐慶華編　中國人民政治協商會議商洛市委員會學習文史委員會　2003年11月

1032. 宮里石刻　劉興漢主編　（香港）香港天馬圖書公司　2003年

1033. 戸縣碑刻 （陝西金石文獻彙集） 吳敏霞主編 劉兆鶴・吳敏霞編著 三秦出版社 2005年1月

  戸(鄠)縣內の碑碣、墓誌、摩崖、塔銘など、合計257點（西晉・前秦・北魏・西魏・北周各1、唐11、宋19、金7、元12、明54、清109、民國40）の拓本寫眞と釋文を收錄する。

1034. 臨潼碑石 （臨潼文史資料第15輯） （中國人民政治協商會議西安市臨潼區委員會文史委員會） 趙康民・李小萍編著 三秦出版社 2006年12月

  金文・碑石・陶文の3部に分け、碑石合計79點（秦3、北魏7、西魏1、北周5、隋1、唐12、宋5、金5、元1、明14、清14、民國11）の釋文と拓本寫眞若干を收錄する。

1035. 古樓觀石刻道德經 全3冊 古樓觀臺文物管理所編 西安出版社 2007年1月

＊033. 中國佳縣白雲山白雲觀碑刻 王富春・張飛榮編 陝西旅游出版社 2008年9月

㉓ 甘肅省

1036. 慶陽金石記 熊楊景編著 發行所不詳 油印本 1963年

1037. 甘肅金石志 全3冊 甘肅省圖書館選編 甘肅省圖書館 1964年

1038. 積石錄 （甘肅省少數民族古籍叢書） 張思溫編著 甘肅民族出版社 1989年12月

  臨夏回族自治州域內の石刻と磚埴の研究。

  金石放異彩、史料貴如金：《積石錄》評介 孫德仁 甘肅民族研究1990-2

1039. 吳挺碑校注 樊軍著 蘭州大學出版社 1993年6月

1040. 中國西王母萬碑林入刻作品大典 張懷群編 甘肅人民美術出版社 1996年

1041. 崆峒山道教歷代碑銘錄 潘延川著 甘肅平凉崆峒山天仙宮 1998年9月

1042. 甘南藏族自治州金石錄 吳景山著 甘肅人民出版社 2001年1月

1043. 武威金石錄 （武威市地方志叢書） 武威市市志撰纂委員會・武威市人民政府辦公室編 王其英主編 蘭州大學出版社 2001年8月

1044. 西北民族碑文 吳景山著 甘肅人民出版社 2001年10月

  主として甘肅省の碑誌（青海省の6點を含む）、西夏2、宋3、元32、明4、清10、民國4、合計55點の釋文と解說を收錄。

1045. 禮縣金石集錦 魏禮・金作礪主編 禮縣老年書畫協會・禮縣博物館 2001年

1046. 天水碑文選 （天水文史資料第9輯） 中國人民政治協商會議天水市委員會文史資料委員會編・印 2002年3月

1047. 蘭州古今碑刻 （蘭州文史資料選輯第21輯） 中國人民政治協商會議蘭州市委員會文史資料和學習委員會編　薛仰敬主編　蘭州大學出版社　2002年7月

＊034. 西北民族大學圖書館于右任舊藏金石拓片精選　郭郁烈主編　上海古籍出版社　2008年4月

　　　于右任が蒐集した周秦〜民國の銘文碑誌刻200餘種の拓本寫眞を收錄するという。

㉔　青海省・寧夏回族自治區

1048. 青海藏傳佛教碑文集釋　陳慶英・馬林編著　『中國西北文獻叢書』第5輯『西北少數民族文字文獻』第12卷　蘭州古籍書店　1990年10月　所收

1049. 青海金石錄　謝佐・格桑本・袁復堂編著　青海人民出版社　1993年7月

　　　青海地區の上古〜現代の岩畫14（唐2）、摩岩石刻18（唐3）、金銘10（唐1）、碑文115（唐1）、墓誌30（唐2）、印鑑6、合計193點の釋文（一部拓影あり）を收錄する。

1050. 寧夏歷代碑刻集　銀川美術館編著　寧夏人民出版社　2007年6月

　　　墓誌を主とする各種碑誌刻、前秦・北魏・西魏各1、北周3、隋2、唐9、宋5、西夏・金・元各1、明34、清37、民國10、合計106點の拓本寫眞・釋文を收錄する。

㉕　香港・澳門

1051. 香港碑銘彙編　全3冊　科大衛・陸鴻基・吳倫霓編　香港市政局　1986年3月

　　　第1・2冊に香港地區の碑刻306點（宋1、清122、民國103、1951年以降61、不明19）の釋文を收錄。

1052. *Historical inscriptions of Hong Kong* ＝ 香港歷史碑銘文物　Hong Kong: Hong Kong Museum of History（香港博物館）, Urban Council, 1986.

1053. 澳門碑刻錄・初集　蕭國健編　（香港）顯朝書室　1989年

1054. 葡佔番仔・路環碑銘楹匾匯編　（加略山房研究叢書1）　鄭煒明編　（香港）加略山房公司　1993年7月

1055. 香港華文碑刻集：新界編　全2冊　蕭國健・沈思合編　（香港）顯朝書室　1993年10月〜1995年

㉖　臺灣

1056. 臺南縣志附錄之一：古碑志　（南瀛文獻特輯）　高文瑞修　吳新榮［等］纂　（臺灣）臺南縣文獻委員會　1957年。（『石刻史料新編：第三輯』第20册に「臺南縣古碑志」として

影印)

1057. 臺灣教育碑記 （臺灣文獻叢刊54） 臺灣銀行經濟研究室編 （臺灣)臺灣銀行 1959年7月。(『石刻史料新編：第三輯』第19冊 影印)

1058. 臺灣中部碑文集成 （臺灣文獻叢刊151） 劉枝萬著 臺灣銀行經濟研究室編 （臺灣)臺灣銀行 1962年9月

1059. 臺灣南部碑文集成 全6冊 （臺灣文獻叢刊218） 黃典權輯 臺灣銀行經濟研究室編 （臺灣)臺灣銀行 1966年3月。(『石刻史料新編：第三輯』第18〜19冊 影印)

1060. 臺南市古石碑精選集 臺南市政府編 （臺灣)臺南市政府 1978年

1061. 臺南市南門碑林圖志 黃典權・游醒民編 （臺灣)臺南市政府 1979年。(『石刻史料新編：第三輯』第20冊 影印)

1062. 屏東縣古碑拓帖文集 李芳廉編撰 （臺灣)屏東縣政府 1979年。(『石刻史料新編：第三輯』第20冊 影印)

1063. 明清臺灣碑碣選集 黃耀東編輯 （臺灣)臺灣省文獻委員會 1980年1月。(『石刻史料新編：第三輯』第17〜18冊 影印)

1064. 在臺灣孔子廟碑文集成 寺田剛著 （日本)野人會事務局 1983年7月

1065. 臺南市寺廟石刻圖集 （文物叢書2） 何培夫撰文攝影 （臺灣)臺南市政府 1985年

1066. 臺灣北部碑文集成 邱秀堂編著 （臺灣)臺北市文獻委員會 1986年6月

1067. 光復以前臺灣匾額輯錄 鄭喜夫・莊世宗輯錄 劉寧顏主編 （臺灣)臺灣省文獻委員會 1988年

1068. 日月潭教師會館碑 溥心畬書 （臺灣)臺灣書店 1993年

1069. 臺灣省立美術館園區碑林專輯 臺灣省立美術館編輯委員會編輯 （臺灣)臺灣省立美術館 1994年3月

1070. 抗日戰爭勝利暨臺灣光復紀念碑設計作品專輯 （臺灣)行政院抗日戰爭勝利暨臺灣光復紀念碑建碑委員會編・印 1997年

1071. 佛光山百人碑牆專輯 星雲大師[等]著 （臺灣)法眼實業 1998年6月

1072. 金門寺廟楹聯碑文 楊天厚・林麗寬著 （臺灣)稻田出版公司 1998年11月

1073. 南瀛古碑誌 （南瀛文化研究叢書26 南瀛大地風土專輯） 何培夫著 （臺灣)臺南縣文化局 2001年5月

1074. 赤崁樓與雙面碑　（府城文化資產叢書12）　謝碧連著　（臺灣)臺南市政府　2003年7月

1075. 國立臺灣大學典藏古碑拓本：臺灣篇　（臺灣大學典藏圖錄１）　項潔主編　吳密察審訂　邱婉容[等]執行編輯　（臺灣)國立臺灣大學圖書館　2005年8月

　　　日本統治時代の1932～1937年に臺北帝國大學が收集した1693（康熙32）～1929年までの臺灣古碑拓本合計204件の寫眞と釋文を收錄する。

1076. 草屯鎮碑誌專輯　許錫專編輯　（臺灣)南投縣草屯鎮公所　2005年9月

1077. 臺灣碑誌集　（全臺文第42冊）　黃哲永・吳福助主編　（臺灣)文聽閣圖書有限公司　2007年7月

㉗　その他

1078. 星馬華文碑刻繫年（紀略）　饒宗頤編　（シンガポール)新加坡大學中文學會學報10期　1969年

1079. 新加坡華文碑銘集錄　陳荊和・陳育崧編著　香港中文大學出版部　1970年引言

1080. 馬來西亞華文銘刻萃編＝*Chinese epigraphic materials in Malaysia.*　全3卷　傅吾康（Franke, Wolfgang）・陳鐵凡合編　（マレーシア)馬來西亞大學出版部＝Kuala Lumpur: University of Malaya Press　1982年～1987年

1081a. 長崎墓所一覽：風頭山麓編　宮田安著　（日本)長崎文獻社　1982年6月

1081b. 長崎墓所一覽：悟眞寺國際墓地編　宮田安監修　竹內光美・城田征義著　（日本)長崎文獻社　1990年8月

　　　ａの卷末に中國人墓碑をふくむ「諸家墓碑摘要」を收め、ｂに中國人墓碑の寫眞と刻銘の錄文多數を收錄する。

1082. 新嘉坡華文銘刻集錄（初編)・《新嘉坡華文碑銘集錄》校讎記　莊欽永著『新加坡華人史論叢＝*Collected essays on Chinese in nineteenth century Singapore*』（南洋學會叢書第26種)　同著　（シンガポール)南洋學會　1986年　所收

1083. 印度尼西亞華文銘刻彙編＝*Chinese epigraphic materials in Indonesia.*　全3卷4冊　傅吾康（Franke, Wolfgang）主編　蘇爾夢・蕭國健合編　（シンガポール)南洋學會　1988年～1997年

1084. 譯註韓國古代金石文　全3冊　（韓國古代社會研究所史料叢書)　韓國古代社會研究所編　（韓)駕洛國史蹟開發研究院　1992年10月

1085. 韓國古代金石文資料集　全3冊　國史編纂委員會編　(韓)國史編纂委員會　1995年
　　　～1996年

　　　　　[1]高句麗・百濟・樂浪篇、[2]新羅・伽耶篇、[3]統一新羅・渤海篇からなる。

1086. 檳榔嶼福建公冢暨家冢碑銘集＝ Epigraphic inscriptions of Penang Hokkien cemeteries.
　　　(東南亞史料叢刊5)　張少寛編著　(シンガポール)新加坡亞洲研究學會　1997年

1087. 泰國華文銘刻彙編＝ Chinese epigraphic materials in Thailand. 傅吾康（Franke, Wolfgang）
　　　主編　劉麗芳合編　(臺灣)新文豐出版公司　1998年2月

1088a. 越南漢喃銘文匯編第一集：北屬時期至李朝＝ Épigraphie en chinois du Viêt Nam vol.
　　　1: de l'occupation chinoise à la dynastie des Lý. 潘文閣・蘇爾夢主編　(巴黎)遠東學
　　　院・(河内)漢喃研究院　1998年

　　　　　a. にヴェトナムの7世紀初めから12・13世紀に至る碑文・金銘27點（隋時期1、唐時期2、
　　　　　五代時期1を含む）の釋文、拓本寫眞、注釋を收錄。

1088b. 越南漢喃銘文匯編第二集：陳朝　全2冊　黃文樓・耿慧玲主編　(嘉義)中正大學文
　　　學院・(河内)漢喃研究院　2002年5月

1089. *Bia chữ Hán trong hội quán người Hoa tại Thành Phố Hồ Chi Minh*＝在胡志明市華人
　　　會館漢字碑文集. Li Tana（李塔娜）; Nguyễn Cẩm Thúy（阮錦翠）chù biên（主編）. Nhà
　　　xuất bản Khoa hội Xã hội（河内越南社會科學出版社）, 1999.10.

1090. *Tổng tập thác bản văn khắc Hán Nôm*＝Corpus des inscriptions anciennes du Viêt-Nam＝
　　　Corpus of ancient Vietnamese inscriptions＝越南漢喃銘文拓片總集　Ban chỉ đạo công
　　　trình, Trịnh Khắc Mạnh（鄭克孟）; Nguyễn Văn Nguyên（阮文元）, Philippe Papin（フィ
　　　リップ・パパン）工程指導班. Nhà xuất bản Văn hóa thông tin（河内越南文化通信出版
　　　社）, 2005.

（B～D）附錄1　石窟・造像・雕刻關係圖書

① 廣域

1091. 唐代彫塑選集　王子雲編　朝花美術出版社　1955年1月

1092. 中國古代彫塑集　劉開渠編　人民美術出版社　1955年6月

1093. 北魏石窟浮雕拓片選　于希寧・羅叔子編　中國古典藝術出版社　1958年6月

1094. 彫塑　（中國美術　第3卷）　長廣敏雄責任編集　（日本）講談社　1972年

1095. 中國古代雕塑百圖　王子雲編著　人民美術出版社　1981年3月

1096. 中華五千年文物集刊：石雕篇　全2册　蘇瑩輝主編　（臺灣）中華五千年文物集刊編輯委員會　1983年～1984年

1097. 中國雕塑史圖錄　（中國美術史圖錄叢書）　全4册　史岩編　上海人民美術出版社　1983年～1990年10月

1098. 宋陵石雕　（中國古代美術作品介紹叢書）　林樹中・王魯豫編著　人民美術出版社　1984年

1099. 古建築磚木雕刻圖案　葉平安編繪　人民美術出版社　1985年5月

1100. 中國古代石刻紋様　張廣立編繪　人民美術出版社　1988年7月

1101. 漢晉南北朝墓前石雕藝術　（中國雕塑史册第3卷）　王魯豫編著　北京廣播學院出版社　1992年12月

1102. 北朝石刻藝術：刻石造像・石槨墓誌・書法　陝西歷史博物館編　張鴻修編著　陝西人民美術出版社　1993年3月

　　　北朝の刻石造像、石槨、墓誌紋飾の拓本などの寫眞を收錄。

1103. 中國門樓牌坊　（華夏建築精粹圖書系列叢書）　陳澤泓・陳若子編繪　廣東人民出版社　1993年3月

1104. 中國歷代紀年佛像圖典　金申編　文物出版社　1994年6月

　　　紀年がある石刻・金銅などの佛像、南北朝以前227、隋唐67、遼宋以後40、合計334件の圖版と説明・發願刻銘の釋文を收める。

1105. 石佛選粹＝Essnce of buddhistic statues　李靜傑編著　中國世界語出版社　1995年1月

1106. 佛教雕塑名品圖錄：外國博物館藏品・中國博物館藏品・中外收藏家藏品　金申編著　北京工藝美術出版社　1995年5月

1107. 中國藏族石刻藝術　張超音著　中國藏學出版社　1995年8月

1108. 上海博物館中國古代雕塑館　上海博物館編　上海古籍出版社　1996年5月

1109. 中國五百羅漢圖典　（中國傳統吉祥文化圖系叢書）　黃全信主編　北京燕山出版社　1997年2月

1110. 佛雕之美．北朝佛敎石雕藝術　國立歷史博物館編輯委員會編輯　黃永川主編　（臺

灣)國立歷史博物館　1997年

1111. 觀音寶相　徐建融編著　上海人民美術出版社　1998年3月

1112. 菩薩造像　徐建融編著　上海人民美術出版社　1998年3月

1113. 中國傳統建築藝術大觀：石雕卷　魯傑・魯輝・魯寧編　四川人民出版社　2000年2月

1114. 保利藏珍：石刻佛教造像精品選　《保利藏珍》編輯委員會編著　嶺南美術出版社　2000年12月

1115. 石雕　(中國美術分類全集：中國藏傳佛教雕塑全集5)　中國藏傳佛教雕塑全集編輯委員會編　金維諾・李翎・廖暘主編　北京美術攝影出版社　2002年1月

1116. 隋唐人物雕刻藝術　李淞編著　湖南美術出版社　2002年12月

1117. 宋陵石雕紋飾　張廣立著　高明生・張小立繪　人民美術出版社　2003年1月

1118. 中國古代佛像　(中國收藏鑑賞叢書)　草千里編著　浙江大學出版社　2003年12月

1119. 古風：中國古代建築藝術　全8冊　馮麒才主編　人民美術出版社　2003年12月
　　　[1] 老會館、[2] 老戲臺、[3] 老牌坊、[4] 老書院、[5] 老門樓、[6] 老宅第、[7] 老樓閣、[8] 老祠堂からなる。

1120. 佛家造像　(識佛叢書)　莫振良編著　天津人民出版社　2004年10月

1121. 中國南北朝佛造像藝術　趙培生・劉雁琳編著　人民美術出版社　2005年1月

1122. 中國牌坊門樓　王效海著　天津人民美術出版社　2005年1月

1123. 中國古代地圖集：城市地圖＝An atlas of ancient maps in China：city maps　鄭錫煌主編　西安地圖出版社　2005年3月

1124. 雕塑　(中國傳統工藝全集)　湯兆基主編　大象出版社　2005年6月

1125. 石刻水滸人物圖譜　李龍奇刻　中國青年出版社　2005年8月

1126. 中國古代雕塑圖典　劉興珍・鄭經文主編　文物出版社　2006年1月

1127. 石雕　(中國藏傳佛教藝術)　中國藏傳佛教藝術編委會編　北京美術攝影出版社　2006年1月

1128a. 中國古代建築石雕　(《中國古代建築雕刻》系列叢書)　唐家路・王欣著文　卞志武[等]攝影　江蘇美術出版社　2006年1月

1128b. 中國古代建築磚雕　(《中國古代建築雕刻》系列叢書)　唐家路・張愛紅著文　卞志武[等]攝影　江蘇美術出版社　2006年1月

1129. 中國傳統石雕 （中國傳統手工藝文化叢書） 人民美術出版社 2006年6月

1130. 再現輝煌：風砂岩雕塑環境藝術 馮軍・何旭光主編 湖南美術出版社 2006年

1131. 海外藏中國歷代雕塑 全3冊 林樹中主編 江西美術出版社 2006年12月

1132. 中華門墩石藝術 鶴坪著 百花文藝出版社 2007年

1133. 海外及港臺藏歷代佛像：珍品紀年圖鑑 金申編著 山西人民出版社 2007年9月
     上記1104『中國歷代紀年佛像圖典』を擴充し、佛像約1000點を石質・金屬・瓷木などの材質で分類收錄。發願文のあるものは全文を著錄する。

1134. 中國古代建築裝飾・雕刻 （《老房子》書系叢書） 莊裕光・胡石主編 江蘇美術出版社 2007年9月

1135. 中國陵墓雕塑全集 （中國美術分類全集） 全8冊 陝西人民美術出版社 2007年12月～（刊行中）

     ［1］史前到秦代、［2］西漢 湯池・林通雁主編、［3］東漢三國 湯池・林通雁主編、［4］兩晉南北朝 張道一・李星明主編、［5］隋唐1、［6］隋唐2、［7］五代兩宋 李星明主編、［8］元明清 李星明主編、からなる豫定という。

＊035. 觀音與中國佛像巡禮 馬元浩編撰・攝影 上海古籍出版社 2008年1月

② 北京市・河北省

1136. 首都人民英雄紀念碑雕塑集 人民美術出版社編輯 人民美術出版社 1959年12月

1137. 故宮石刻紋樣選 北京市地毯研究所 1980年12月

1138. 故宮磚刻圖案集 李學英編繪 山西人民出版社 1987年11月

1139. 人民英雄紀念碑浮雕藝術 馬丁・馬剛編 科學普及出版社 1988年5月

1140. 北京文物精粹大系・石雕卷 《北京文物精粹大系》編委會・北京市文物局編 韓永主編 北京出版社 2000年1月

1141. 北京的牌樓 （老北京史地民俗叢書） 韓昌凱著 學苑出版社 2003年2月

1142. 北京的牌樓牌坊 （名城古韻叢書） 馬欣・曹立君著 北京美術攝影出版社 2005年4月

1143. 北京古獅 梁欣立著 北京圖書館出版社 2007年4月

1144. 邯鄲古代雕塑精粹 邯鄲市文物研究所編 文物出版社 2007年8月

③ 山西省

1145. 雲岡石窟　山西雲岡古蹟保管所編　文物出版社　1957年9月

1146. 雲岡石窟：中國文化史蹟（1）圖版篇・（2）解說篇　全2冊　長廣敏雄著　（日本）世界文化社　1976年5月

1147. 雲岡石窟　山西省文物工作委員會・山西雲岡石窟文物保管所編　文物出版社　1977年12月

1148. 雲岡石窟の旅　ＮＨＫ取材班著　（日本)日本放送協會　1979年9月

1149. 華嚴寺　山西雲岡石窟文物保管所編　文物出版社　1980年12月

1150. 雲岡石窟裝飾　蘇州絲綢工學院美術系編繪　天津人民美術出版社　1986年2月

1151. 平陽金墓磚雕　山西省考古研究所編　山西人民出版社　1999年6月

1152. 山西石刻造像藝術集萃＝A collection of Shanxi stone statues　張明遠主編　張曉玲英文翻譯　山西科學技術出版社　2005年4月

1153. 名人與雲岡　雲岡石窟文物研究所編　李治國主編　文物出版社　2005年6月

＊036. 雲岡石窟＝Yungang grottoes　大同雲岡石窟研究院編　張焯主編　文物出版社　2008年4月

④　遼寧省

1154. 中國海棠山普安寺摩崖造像　包曙光［等］編　發行所未詳（遼阜內部發行）　1998年

＊037. 朝陽遼代畫像石刻　（文物考古收藏）　宋曉珂編　學苑出版社　2008年3月

⑤　江蘇省

1155. 天寧寺石刻五百羅漢拓像(天寧寺石刻五百羅漢記)　鳳亭圖書館編　（臺灣)讀者書店　1975年

1156. 六朝陵墓石刻　姚遷・古兵編著　文物出版社　1981年4月

1157. 南朝陵墓雕刻（中國古代美術作品介紹叢書）　林樹中著　人民美術出版社　1984年8月

1158. 古拓五百羅漢圖　齊元直編　紅旗出版社　1993年6月

1159. 吳中名賢傳贊　邵忠・李瑾編著　江蘇古籍出版社　1997年11月

1160. 清拓五百羅漢像　（老資料叢書）　全2冊　來新夏主編　天津人民美術出版社編・印　2004年3月

1161. 蘇州古城地圖＝The atlas of ancient Suzhou　張英霖主編　蘇州市地方志編纂委員會辦公室・蘇州博物館・蘇州碑刻博物館・古吳軒出版社編　古吳軒出版社　2004年6月

平江圖など21幅を収録するという。

1162. 西園寺五百羅漢　戒幢佛學研究所編　岳麓書社　2004年10月
1163. 滄浪亭五百名賢像贊　全１函10冊　黃鎮偉撰文　古吳軒出版社　2005年
1164. 清刻佛教五百羅漢像　全２冊　袁子耀供稿　浙江古籍出版社　2006年6月
＊038. 五百羅漢圖像贊　全５冊　綫裝書局　近刊豫告

⑥　浙江省

1165. 西湖石窟藝術　浙江省文物管理委員會編　浙江人民出版社　1956年7月
1166. 杭州元代石窟藝術　黃湧泉編　中國古典藝術出版社　1958年5月
1167. 李公麟聖賢圖石刻　(宋)李公麟繪　黃涌泉編　人民美術出版社　1963年2月
1168. 西湖石窟　浙江省文物考古研究所編　王士倫主編　浙江人民出版社　1986年10月
1169. 飛來峰造像　杭州市歷史博物館・杭州市文物保護管理所・杭州市文物考古所編　高念華主編　文物出版社　2002年9月
1170. 五代貫休十六羅漢圖：杭州歷史名碑　(五代)貫休繪　張學舒[等]編　杭州出版社　2003年1月
1171. 南宋石雕　楊古城・龔國榮著　寧波出版社　2006年12月

⑦　安徽省

1172. 徽州石雕藝術　陳樂生[等]編　安徽美術出版社　1988年
1173. 徽州磚雕藝術　宋子龍・馬世雲編　安徽美術出版社　1990年
1174. 徽州牌坊藝術　宋子龍編　晉元靠撰文攝影　安徽美術出版社　1993年1月
1175. 徽州民間雕刻藝術　（中國古代美術作品介紹叢書）　俞宏理編著　人民美術出版社　1994年5月
1176. 徽州石雕　（中華民俗藝術精粹叢書）　張國標編著　黑龍江美術出版社　1999年2月
1177. 徽州磚雕　（中華民俗藝術精粹叢書）　張國標編著　黑龍江美術出版社　1999年2月
1178. 徽州古牌坊　（中國歷史文化名城歙縣叢書）　楊燁著　黃山書社　2001年

⑧　福建省・江西省

1179. 福建石刻　中國輕工業品進出口公司福建省分公司編・印　1980年
1180. 江南石窟通天岩　（江西旅游叢書）　韓振飛主編　江西美術出版社　1993年10月

⑨　山東省

1181. 青州龍興寺佛教造象藝術　青州市博物館編　王華慶主編　山東美術出版社　1999年11月

1182. 青州北朝佛教造像　（世界文明系列叢書）　中華世紀壇藝術館・青州市博物館編　王建琪・王華慶主編　北京出版社　2002年10月

1183. 曲阜・鄒城石刻孔孟聖迹圖　孫雲波編　綫裝書局　2005年6月

　　　曲阜孔廟「聖迹之圖」、鄒城亞聖廟「孟氏宗傳祖圖」、杭州孔廟「宣聖及七十二弟子像贊」の石刻拓本圖版からなる。

⑩　河南省

1184. 龍門石窟　龍門保管所編　文物出版社　1958年4月

1185. 龍門石窟　龍門保管所編　文物出版社　1961年11月

1186. 龍門石窟　龍門文物保管所編　文物出版社　1980年3月

1187. 龍門・鞏縣石窟　久野健・杉山二郎文　石井久雄・渡邊俊文寫眞　（日本）六興出版　1982年5月

1188. 龍門石窟造像選萃　郭丙均・龍門文物保管所編著　河南美術出版社　1989年

1189. 中嶽漢三闕　河南省博物館・河南省文物研究所・河南省古代建築研究所主編　呂品編著　文物出版社　1990年8月

1190. 龍門石窟裝飾雕刻　李文生編著　上海人民美術出版社　1991年12月

1191. 龍門流散雕像集　龍門石窟研究所編　上海人民美術出版社　1993年8月

1192. 龍門石窟窟龕編號圖冊　龍門石窟研究所・中央美術學院美術史系編　人民美術出版社　1994年8月

1193a. 龍門石窟雕刻粹編：佛　龍門石窟研究所　劉景龍・常青・王振國著　文物出版社　1995年9月

1193b. 龍門石窟雕刻粹編：佛塔　楊超傑・嚴輝著　中國大百科全書出版社　2002年8月

1194a. 古陽洞：龍門石窟第1443窟　全3冊　劉景龍編著　科學出版社　2001年10月

1194b. 蓮花洞：龍門石窟第712窟　劉景龍編著　科學出版社　2002年9月

　　　a・bともに全龕像のカラー寫眞・拓本寫眞と題記の釋文を收録する。

　　　龍門石窟藝術研究的新成果：評《古陽洞：龍門石窟第1443窟》　廖高群　中國文物報2003年1月3日

1195. 鄭州古代石刻藝術　鄭州博物館編　香港國際出版社　2001年12月

1196. 醫聖祠石刻歷代名醫畫像　張仲景博物館編・印　2002年3月

1197. 龍門石窟紋飾拓片集　全3冊　劉景龍主編　文物出版社　2003年3月

1198. 龍門博物館藏品：佛教藝術卷＝Longmen museum　李振剛主編　龍門博物館・龍門石窟研究院編著　大象出版社　2005年9月

1199. 龍門石窟＝Longmen grottoes　李振剛主編　河南人民出版社　2006年5月

1200. 偃師水泉石窟　劉景龍・趙會軍編著　文物出版社　2006年6月

1201. 鄭州滎陽大海寺石刻造像　張巍編　河南美術出版社　2006年8月

1202. 龍門石窟佛典畫像精品　劉景龍・賀玉萍編著　文物出版社　2007年3月

1203. 龍門石窟綫描集　宮萬瑜著　人民美術出版社　2007年

＊039. 鞏縣石窟北朝造像全揚　河南省鞏義市文物局　周國卿編著　北京圖書館出版社　2008年11月

　　　代表的な造像題記49品に考釋と校注を加えるという。

⑪　湖北省・湖南省

1204. 靜江府城池圖　桂林市地名委員會辦公室縮繪　桂林市地名委員會　1983年

1205. 世界華人畫家三峽刻石＝Three gorges stone engravings by world Chinese painters.《世界華人畫家三峽刻石》編委員會編　湖北人民出版社　1998年4月

1206. 石刻畫集（中國常德詩墻叢書書畫系列）　盛和鈞總主編　中國文聯出版社　1999年7月

1207. 民間美術．湖北石雕・磚雕　湖北美術出版社編　湖北美術出版社　1999年

⑫　重慶市・四川省

1208. 四川邛崍唐代龍興寺石刻　馮國定・周樂欽・胡伯祥編　中國古典藝術出版社　1958年11月

1209. 成都萬佛寺石刻藝術：四川省博物館藏品專集　劉志遠・劉廷壁編　中國古典藝術出版社　1958年11月

1210. 大足石刻　中國美術家協會四川石刻考察團編　文物出版社　1959年1月

1211. 大足石刻　四川美術學院雕塑系編　朝花美術出版社　1962年5月

1212. 中華民國三十四年大足唐宋石刻：六千二百十六軀的發見　楊家駱撰　（臺灣）中華學術院中國學術史研究所(中國學典館)　1968年8月

1213. 大足石刻藝術　中國外文出版社編集　（日本）美乃美　1981年6月
1214. 大足石刻　永川地區文化局［等］編　四川人民出版社　1981年8月
1215. 安岳石刻　安岳文物保管所編　四川省社會科學院出版社　1984年11月
1216. 王建墓石刻藝術　溫廷寬編著　鄒毅・盛明攝影　四川人民出版社　1985年8月
　　　　五代前蜀皇帝王建墓の石刻雕塑の圖版を收める。
1217. 大足石刻　西南師範大學・大足縣文物保管所編　文物出版社　1987年8月
1218. 大足石刻藝術（英文版）　鍾德望・陳明光編文　曾仲謚譯文　吳印咸［等］攝影　四川人民出版社　1987年12月
1219. 廣元石刻藝術畫册　丁立鎮繪　四川廣元市文物管理所編　四川人民出版社　1988年8月
1220. 中國大足石刻　重慶大足石刻藝術博物館編　王慶瑜主編　（香港）萬里書店　1991年5月
1221. 中國大足石刻薈萃　王慶瑜主編　《重慶與世界》雜志社　1992年1月
1222. 四川漢代石闕　重慶市文化局・重慶市博物館・徐文彬・譚遙・龔廷萬・王新南編　文物出版社　1992年10月
1223. 中國大足石刻　郭興健主編　四川美術出版社　1993年7月
1224. 德陽石刻藝術墻：遊覽介紹　黃崇祥編著　發行所不詳　1993年10月
1225. 大足石刻：攝影集　（中國旅游名勝系列叢書）　張嘉齊・范雲興主編　中國旅游出版社　1993年10月
1226. 安岳石窟藝術　劉長久主編　四川人民出版社　1997年4月
　　　　唐代～清代の石刻佛像の寫眞を收錄。
1227. 名人與大足石刻　童登金・李傳授主編　四川美術出版社　1999年8月
1228. 大足石刻雕塑全集　全4卷　重慶大足石刻藝術博物館・重慶出版社編　郭相穎・李書敏主編　重慶出版社　1999年12月
　　　　［1］北山石窟卷、［2・3］寶頂石窟卷、［4］南山・石篆山・石門山等石窟卷からなる。
1229. 大足石刻畫册　全2册　童登金編　四川美術出版社　2001年7月
1230. 中國民間藝術之鄉：安岳石刻　安岳縣文物管理所編　四川人民出版社　2001年9月
1231. 中國大足石刻精萃　（世界文化遺產叢書）　郭相穎・李書敏主編　重慶出版社　2001

年9月

1232. 大足石刻精品　童登金主編　李代才攝影　中國攝影出版社　2001年
1233. 四川民間戲曲雕刻選　四川省文物管理局・四川省川劇藝術研究院編　梁旭仲・張在德主編　巴蜀書社　2002年7月
1234. 隆昌石牌坊文史資料專輯　政協隆昌縣委員會文史資料委員會編・印　2003年12月
1235. 隆昌石牌坊　鄭論[等]編寫　重慶出版社　2006年9月？
1236. 昨日佛光：四川佛教美術雕塑技法研究：青神中岩寺摩崖造像白描集　肖衛東・蔡光潔編　四川美術出版社　2007年3月
＊040. 安岳石窟　王達軍攝影　四川美術出版社　2008年9月

⑬　雲南省

1237. 劍川石窟　宋伯胤編著　文物出版社　1958年3月
1238. 劍川石窟　陳兆復編著　雲南人民出版社　1980年7月

⑭　西藏自治區

1239. 藥王山摩崖石刻　張虎生・翟躍飛編著　西藏人民出版社　1996年12月
1240. 瑪尼石刻　（西藏民間藝術叢書）　韓書力主編　重慶出版社　2001年8月
＊041. 西藏的雕塑　（西藏曼陀羅書系叢書）　楊輝麟編著　青海人民出版社　2008年2月

⑮　陝西省

1241. 陝西省博物館藏石刻選集　陝西省博物館編　文物出版社　1957年12月
1242. 茂陵：霍去病墓石刻介紹　陝西省博物館・陝西省文物管理委員會編　長安美術出版社　1959年8月
1243. 唐陵石刻　陝西省博物館編　長安美術出版社　1963年
1244. 延安石窟藝術　（中國古代美術作品介紹叢書）　靳之林編著　人民美術出版社　1982年5月
1245. 陝西古代石雕刻　第一集　王子雲編　陝西人民美術出版社　1985年5月
　　　宮苑陵墓雕刻と宗教雕刻に分け、漢代～宋代の圓雕と浮雕の佳作の寫眞を收錄する。
1246. 延安宋代石窟藝術　延安地區群衆藝術館編　陝西人民美術出版社　1985年6月
1247. 霍去病墓石刻　（陝西古代美術巡禮叢書3）　陝西省博物館編　陝西人民美術出版社　1985年7月

1248. 永泰公主石椁綫刻畫 （陝西古代美術巡禮叢書4） 陝西省博物館編 陝西人民美術出版社 1985年7月
　　　　唐代石刻藝術的瑰寶：讀《永泰公主石椁綫刻畫》 方之 美術之友1986-2
1249. 唐十八陵石刻 三百里雕刻藝術館 程徵・李惠編 陝西人民美術出版社 1988年4月。修訂版 1994年6月
　　　　唐高祖の祖父李虎から僖宗に至る十八陵の雕刻の寫眞を收める。
1250. 唐陵石雕藝術 （中國雕塑史冊第5卷） 王魯豫編著 學苑出版社 1989年11月
1251. 唐代墓誌紋飾選編 陝西歷史博物館編 張鴻修主編 陝西人民美術出版社 1992年4月
　　　　陝西出土の唐・五代墓誌53種の邊飾紋樣の拓本寫眞（墓誌蓋、一部墓誌銘あり）とそのトレース123點を收錄。
1252. 西安碑林古刻集粹：石刻造像卷 武天合編著 西安地圖出版社 1996年1月
1253. 綏德文庫：石雕藝術卷 曹世玉編 中國文史出版社 2004年4月
1254. 關中古建築彫刻藝術 宋艷剛主編 陝西人民出版社 2004年6月

⑯　甘肅省

1255. 炳靈寺石窟 中央人民政府文化部社會文化事業管理局編・印 1953年9月
1256. 麥積山石窟 鄭振鐸主編 中央人民政府文化部社會文化事業管理局 1954年9月
1257. 炳靈寺石窟 甘肅省博物館・炳靈寺石窟文物保管所編 文物出版社 1982年8月
1258. 慶陽北石窟・涇川南石窟 （中國文物小叢書） 甘肅省博物館・慶陽北石窟文物保管所編 文物出版社 1984年1月
1259. 中華五千年文物集刊：麥積山石窟 陳萬鼐主編 （臺灣）中華五千年文物集刊編輯委員會 1984年1月
1260. 慶陽北石窟寺 甘肅省文物工作隊・慶陽北石窟寺文管所編 文物出版社 1985年12月
　　　　慶陽北石窟寺內容總錄を附す。
1261. 隴東石窟 甘肅省文物工作隊・慶陽北石窟文物保管所編 文物出版社 1987年11月
　　　　北魏・唐・宋の碑刻・題記、合計11點の寫眞・釋文を含む。
1262. 甘肅石窟藝術：雕塑編 張寶璽主編 甘肅人民美術出版社 1994年7月
　　　　甘肅石窟藝術圖錄的又一成果：簡評張寶璽《甘肅石窟藝術雕塑編・壁畫編》 盧秀文 敦

煌研究1988-3

1263. 安西榆林窟　張伯元編　四川教育出版社　1995年10月
　　　石窟內容、供養人題記、發願文等の資料を含む。

1264. 合水石刻 第1輯：石造像　寇正勤・賈延廉編　隴東古石刻藝術博物館　2000年

1265. 甘肅佛教石刻造像　張寶璽編著　甘肅人民美術出版社　2001年3月
　　　北涼～明の佛教石塔・造像碑等の圖版290點を收錄し、卷末の圖版說明に題刻の釋文を收める。

1266. 昔日炳靈寺　甘肅省炳靈寺文物保護研究所編　張寶璽・王亨通主編　科學出版社　2004年5月

1267. 北涼石塔藝術　張寶璽主編　上海辭書出版社　2006年9月
　　　塔形13、龕像30、刻經17、神王10、碑文3の圖版を收錄するという。

1268. 炳靈寺石窟藝術　甘肅省炳靈寺文物保護研究所編　石勁松主編　甘肅人民美術出版社　2006年9月

⑰　新疆維吾爾自治區

1269a. 吐魯番伯孜克里克石窟：新疆石窟　新疆維吾爾自治區博物館編　新疆人民出版社・上海人民美術出版社　1984年

1269b. 庫車庫木吐拉石窟：新疆石窟　新疆維吾爾自治區博物館編　新疆人民出版社・上海人民美術出版社　1990年

⑱　臺灣

1270. 中國古佛雕：哲敬堂珍藏選輯　王朝聞［等］編　（臺灣）覺風佛教藝術文化基金會　1989年10月

1271. 新竹市的牌坊　（竹塹文化資產叢書259）　張德南撰文　（臺灣）新竹市文化局　2004年

（B〜D）附錄2　石窟志・石窟內容總錄

1272. 麥積山石窟資料彙編 初集　天水麥積山文物保管所・麥積山藝術研究會編　（內部發行）　1980年3月

1273. 敦煌莫高窟內容總錄　敦煌文物研究所整理　文物出版社　1982年11月

1274. 大足石刻內容總錄　四川省社會科學院［等］（劉長久・胡文和・李永翹）編　四川省社

會科學院出版社　1985年5月

1275. 克孜爾石窟志　龜茲石窟研究所［等］編　華發號主編　上海人民美術出版社　1993年12月

1276. 雲南劍川石鍾山石窟內容總錄　劉長久著　敦煌研究1995-1

1277. 靖遠法泉寺石窟志　靖原縣文化局　1995年5月

1278. 龍門石窟志　龍門石窟研究所編　李文生主編・劉景龍副主編　中國大百科全書出版社　1996年5月

1279. 白馬寺・龍門石窟志　（洛陽市志第15卷）　洛陽市地方史志編纂委員會編　中州古籍出版社　1996年6月

1280. 敦煌石窟內容總錄　敦煌研究院編　文物出版社　1996年12月

　　上記、1273『敦煌莫高窟内容總錄』の修訂版。敦煌西千佛洞・安西榆林窟・安西東千佛洞・蕭北五個廟石窟の内容總錄を増補。

1281. 安岳臥佛院窟群總目　李良・鄧之金著　四川文物1997-4

1282. 須彌山石窟內容總錄　寧夏回族自治區文物管理委員會・北京大學考古系編　文物出版社　1997年12月

1283. 南詔和大理國石窟內容總錄　劉長久著『中國西南石窟藝術』（西南人文書系）同著　四川人民出版社　1998年10月　所收

1284. 莊浪雲崖寺石窟內容總錄　程曉鍾著　敦煌研究1998-1

1285. 克孜爾石窟內容總錄　新疆龜茲石窟研究所編著　新疆美術攝影出版社　2000年6月

1286. 麥積山石窟志　麥積山石窟志編撰委員會編　張錦秀編撰　甘肅人民出版社　2002年4月

1287. 中國石窟圖文志　全3冊　敦煌研究院編　盧秀文編著　敦煌文藝出版社　2002年9月

　　［上卷］圖錄編、［中卷］石窟志編、［下卷］論著目錄編。［中卷］に中國大陸全土の石窟・摩崖造像400餘カ所を收め、［下卷］に中國大陸・香港・澳門・臺灣で1802〜2000年に發表された關係著書・論文名1萬餘點を收錄する。

1288. 炳靈寺石窟內容總錄　甘肅炳靈寺文物保護研究所・蘭州大學敦煌學研究所編　杜斗城・王亨通主編　蘭州大學出版社　2006年7月

　　「炳靈寺石窟摩崖碑刻題記考釋」などを附す。

1289a. 巴中石窟內容總錄　（四川石窟內容總錄系列叢書）　成都文物考古研究所・北京大學中國考古學研究中心・巴州區文物管理所編　巴蜀書社　2006年12月

1289b. 廣元石窟內容總錄：黃澤寺卷　（四川石窟內容總錄系列叢書）　四川省文物管理局［等］編　巴蜀書社　（近刊豫告）

＊042. 庫木吐喇石窟內容總錄　新疆龜茲石窟研究所編　文物出版社　2008年1月

＊043. 森木塞姆石窟內容總錄　新疆龜茲石窟研究所編　文物出版社　2008年1月

＊044. 克孜爾尕哈石窟內容總錄　新疆龜茲石窟研究所編　文物出版社　（近刊豫告）

Ⅱ　考古調査發掘報告書・新出土文物圖錄

①　北京市

2001.　居庸關　村田治郎・藤枝晃編著　全2卷　（日本）京都大學工學部　1955年3月～1957年3月

　　　元代に建設の過街塔に刻されたダラニ建立緣起讚歌などの寫眞・拓本寫眞と釋文を收錄。

2002.　北京工商大學明代太監墓　北京市文物研究所著　知識產權出版社　2005年5月

　　　2002年に北京工商大學內で發見された明代太監墓3基の發掘報告。「趙芬墓誌」「賣地券」の拓本寫眞・釋文、卷末に「趙西漳（趙芬）墓誌考」を收める。

2003.　北京金代皇陵　北京市文物研究所編　文物出版社　2006年11月

　　　北京房山區にある金朝皇帝陵の考古報告書。睿宗墓碑、諡册殘片、石椁瓦當などの寫眞を收める。

2004.　北京奧運場館考古發掘報告　（北京文物與考古系列叢書）　全2册　北京市文物局・北京市文物研究所編著　科學出版社　2007年11月

　　　宦官などの明代墓誌5點の拓本寫眞・釋文・考釋を收める。

②　河北省

2005.　河北省出土文物選集　河北省博物館・文物管理所編　文物出版社　1980年5月

　　　東魏司馬興隆墓誌、北魏佛教造像碑、北魏大和5年石函、隋仁壽3年石函などの拓本寫眞を收錄。

2006.　燕下都　河北省文物研究所編　全2册　文物出版社　1996年8月

2007.　五代王處直墓　河北省文物研究所・保定市文物管理所編　文物出版社　1998年7月

　　　五代初めに沒した王處直墓誌1點の釋文・拓本寫眞を收錄。

2008.　宣化遼墓：1974－1993年考古發掘報告　全2册　河北省文物研究所編著　文物出版社　2001年12月

　　　河北省張家口市宣化城遼代墓出土の墓誌8點の拓本寫眞と釋文を收錄。

③　山西省

2009.　雲岡石窟：西曆五世紀における中國北部佛教窟院の考古學的調査報告・東方文化研究所調査（昭和13－20年）（京都大學人文科學研究所研究報告）　全16卷32册・續補1册　水野清一・長廣敏雄著　（日本）雲岡刊行會　1951年3月～1956年3月（續補）

1975年

　　第 2 巻の巻末に「雲岡金石録」を附録す。

2010. 山西古蹟志　（京都大學人文科學研究所研究報告）　水野清一・日比野丈夫著　（日本）中村印刷出版部　1956年 6 月。（山西古跡志　孫安邦・李廣洁・謝紅喜譯　山西古籍出版社　1993年 5 月）

　　1935～1936年における汾水流域南部の古蹟調査報告。各地の碑誌刻にも言及し、圖版を收錄する。

2011. 太原壙坡北齊張肅墓文物圖錄　山西省博物館編　中國古典藝術出版社　1958年 6 月
　　評《太原壙坡北齊張肅墓文物圖錄》　楊泓　考古1959-1

2012. 唐代薛儆墓發掘報告　山西省考古研究所編著　科學出版社　2000年 9 月
　　唐睿宗女婿の薛儆墓誌 1 點の釋文・拓本寫眞を收め、隱國長公主神道碑、萬泉縣主薛氏神道碑・墓誌の釋文を附錄する。
　　書評：《唐代薛儆墓發掘報告》　齊東方　唐研究 8　2002年12月

2013. 天龍山石窟　李裕群・李鋼編著　科學出版社　2003年 3 月

2014. 黃河漕運遺迹(山西段)　山西省考古研究所・山西大學考古專業・運城市文物工作站著　科學技術文獻出版社　2004年12月
　　山西省平陸縣、夏縣、垣曲縣にわたる黃河沿岸の漕運遺迹の調查報告。棧道上の歷代摩崖題記の寫眞・拓本・釋文を含む。

2015. 太原隋虞弘墓　山西省考古研究所・太原市文物考古研究所・太原市晉源區文物旅游局編著　文物出版社　2005年 8 月
　　虞弘墓誌と虞弘夫人殘墓誌の拓本・寫眞・釋文・考釋のほか、石槨・石俑等の圖版多數を收める。
　　讀《太原隋虞弘墓》　齊東方　中國文物報2006年 5 月 3 日

2016. 隋代虞弘墓　（晉陽重大考古發現叢書）　太原市文物考古研究所編　文物出版社　2005年 9 月

2017. 晉陽古城　（晉陽重大考古發現叢書）　太原市文物考古研究所編　文物出版社　2005年 9 月
　　東魏～唐の石刻佛像、北齊の狄湛墓誌拓本寫眞などを含む。

2018. 雲岡石窟：遺物篇：山西省北部における新石器・秦漢・北魏・遼金時代の考古學的研究（京都大學人文科學研究所研究報告）　岡村秀典編　（日本）朋友書店　2006年2月
　　　　上記、2009の調査報告を補完する。

2019. 北齊東安王婁睿墓　山西省考古研究所・太原市文物考古研究所編著　文物出版社　2006年9月
　　　　1979年～1981年に發掘された婁叡墓の發掘報告書。婁叡墓誌の拓本寫眞・釋文・注釋を收める。

＊201. 大同雁北師院北魏墓群　大同市考古研究所編　劉俊喜主編　文物出版社　2008年1月
　　　　「北魏宋紹祖墓出土磚銘題記考釋」を附錄する。

④　內蒙古自治區

2020. 慶陵：東モンゴリアにおける遼代帝王陵とその壁畫に關する考古學的調查報告　全2巻　田村實造・小林行雄著　（日本）座右寶刊行會・京都大學文學部　1952年6月～1953年8月
　　　　遼朝皇帝第6代聖宗・第7代興宗・第8代道宗の陵墓から出土した哀冊碑石8種の寫眞・拓本寫眞と釋文を收める。

2021. 遼陳國公主墓　內蒙古文物考古研究所・哲里木盟博物館著　文物出版社　1993年4月
　　　　遼代陳國公主耶律氏墓誌1點の釋文・拓本寫眞を收錄。

2022. 契丹王朝：內蒙古遼代文物精華　中國歷史博物館・內蒙古自治區文化廳編　中國藏學出版社　2002年
　　　　陳國公主耶律氏墓誌、北大王契丹大字墓誌、耶律氏契丹小字墓誌の拓本寫眞を含む。

2023. 遼文化・慶陵一帶調查報告書：京都大學大學院文學研究科21世紀ＣＯＥプログラム「グローバル化時代の多元的人文學の據點形成」2005　（日本）京都大學大學院文學研究科　2005年3月

2024. 草原の王朝・契丹國〈遼朝〉の遺跡と文物：內蒙古自治區赤峰市域の契丹遺跡・文物の調查槪要報告書2004～2005　武田和哉編　前川要・臼杵勳監修　武田和哉・前川要・臼杵勳・高橋學而・澤本光弘・藤原崇人執筆　（日本）勉誠出版　2006年10月
　　　　契丹國時代遺跡のフィールドワークの記錄や資料を收錄し、第4章「赤峰市域所在契丹國（遼朝）時代墓誌・哀冊の槪要」を收める。

今、契丹研究がおもしろい！：『草原の王朝・契丹國（遼朝）の遺跡と文物』　森部豐　（日本)東方313號　東方書店　2007年3月

⑤　遼寧省・吉林省・黒龍江省

2025. 中國文化史蹟：增補　東北篇　竹島卓一・島田正郎著　（日本)法藏館　1976年1月
　　　常磐大定・關野貞著『支那文化史蹟』圖版全12輯・解說全12卷、法藏館、1939年5月～1941年7月、を改題復刊した『中國文化史蹟』全15冊、同、1975年4月～1976年4月の中の增補卷。原則として昭和初年撮影の寫眞（碑誌刻も數點あり）とその解說を收める。

2026. 集安高句麗王陵：1990—2003年集安高句麗王陵調查報告　吉林省文物考古研究所・集安市博物館編著　傅佳欣主編　文物出版社　2004年6月

2027. 遼文化・遼寧省調查報告書：京都大學大學院文學研究科21世紀ＣＯＥプログラム「グローバル化時代の多元的人文學の據點形成」2006　（日本)京都大學大學院文學研究科　2006年3月

2028. 朝陽北塔：考古發掘與維修工程報告　遼寧省文物考古研究所・朝陽市北塔博物館編　文物出版社　2007年8月

2029. 西古城：2000～2005年度渤海國中京顯德府故址田野考古報告　吉林省文物考古研究所・延邊朝鮮族自治州文化局・延邊朝鮮族自治州博物館・和龍市博物館編著　宋玉彬主編　文物出版社　2007年9月
　　　出土した瓦當・文字瓦の拓本寫眞を多數收める。

⑥　江蘇省

2030. 南唐二陵發掘報告　南京博物院編　文物出版社　1957年7月
　　　玉謐册・玉哀册殘簡各2、石哀(謐)册1、合計5點の寫眞・拓本寫眞と釋文を收錄。
　　　書評：南京博物院著《南唐二陵》　饒惠元　考古通訊1958-7
　　　論南唐二陵中的玉册　馮漢驥　考古通訊1958-9

2031. 蘇州虎丘塔出土文物　蘇州市文物保管委員會編　文物出版社　1958年7月

2032. 南朝石刻(圖錄：中國南朝陵墓の石造物)（社團法人橿原考古學協會調查研究成果6）奈良縣立橿原考古學研究所編　（日本)橿原考古學協會　2002年5月

2033. 六朝風采　南京市博物館編　魏正瑾・白寧主編　文物出版社　2004年12月
　　　南京及びその附近地區から近年出土した南京市博物館藏品を主とする六朝文物の圖錄。墓

誌、石刻造像、瓦當等を含む。
　　　　讀《六朝風釆》有感　徐蘋芳　中國文物報2005年7月27日

⑦　浙江省・安徽省

2034. 寧波文物集粹　董貽安主編　華夏出版社　1996年11月
　　　唐墓誌罐2點の寫眞を含む。

2035. 雷峰遺珍　浙江省文物考古研究所編著　文物出版社　2002年9月
　　　五代・宋の石刻殘片、銘文磚、瓦當など10餘點の寫眞・拓本寫眞を含む。

2036. 義烏文物精華　吳高彬主編　文物出版社　2003年8月
　　　浙江省義烏市出土の碑刻・墓誌、宋1、元1、明2、合計4點の拓本寫眞と釋文を含む。

2037. 雷峰塔遺址　浙江省文物考古研究所編著　文物出版社　2005年12月
　　　1924年に倒壞した五代十國時期吳越國建造の佛塔遺跡（杭州市）の發掘報告書。佛經殘石・
　　　殘碑拓片、石造像、塔磚銘文拓片、瓦當などの寫眞を收錄する。

＊202. 馬鞍山六朝墓葬發掘與研究　王俊主編　科學出版社　2008年9月

⑧　福建省・江西省

2038. 泉州宗敎石刻　（考古學專刊乙種第7號）　吳文良編著　中國科學院考古研究所編輯
　　　科學出版社　1957年8月。增訂本　吳文良原著　吳幼雄增訂　同　2005年5月
　　　宋元時代泉州のイスラム・キリスト・バラモン・マニ教など宗教建築遺物と墳墓石刻の寫
　　　眞・拓本寫眞を收錄。
　　　書評：吳文良編著《泉州宗敎石刻》　黃展嶽　考古通訊1958-1
　　　書評：吳文良編著《泉州宗敎石刻》　弘禮　考古通訊1958-10
　　　アラビア人碑石考：中國科學院編『泉州宗敎石刻』を讀む　東庄平　（日本）立命館文學181
　　　　1960年7月
　　　吳文良先生遺著《泉州宗敎石刻》的重要貢獻　廖淵泉　泉州港與海上絲綢之路2　中國社
　　　會科學出版社　2003年

2039. 福州南宋黃昇墓　福建省博物館編　文物出版社　1982年3月
　　　南宋黃昇墓誌・買地券磚各1の釋文と寫眞を收錄。

2040. 德安南宋周氏墓　周迪人・周暘・楊明編　江西人民出版社　1999年12月
　　　南宋の吳疇妻周氏墓誌1點の釋文・拓本寫眞を收錄。

⑨　山東省

2041. 沂南古畫像石墓發掘報告　曾昭燏・蔣寶庚・黎忠義合著　南京博物院・山東省文物
　　　管理所合編　國家文化部文物管理局　1956年3月
　　　　　評"沂南古畫像石墓發掘報告"：兼論漢人的主要迷信思想　孫作雲　考古通訊1957-6

2042. 安丘董家莊漢畫像石墓　安丘縣文化局・安丘縣博物館編(鄭岩・賈德民・王秀德執筆)
　　　　濟南出版社　1992年10月
　　　　1959年發見。畫像石の寫眞・拓本寫眞を收錄。

2043. 北齊崔芬壁畫墓　臨朐縣博物館編　文物出版社　2002年12月
　　　　崔芬墓誌1點の拓本寫眞と釋文を收める。

⑩　河南省

2044. 白沙宋墓　宿白著　文物出版社　1957年9月。第2版（増補）　同　2002年4月
　　　　北宋買地券2點の釋文、1點の拓本寫眞を收む。
　　　　　書評：宿白著《白沙宋墓》　饒惠元　考古通訊1958-1
　　　　　重讀《白沙宋墓》　徐蘋芳　文物2002-8

2045. 鄧縣彩色畫象磚墓　河南省文化局文物工作隊編　文物出版社　1958年12月

2046. 三門峽漕運遺迹(黃河水庫考古報告之一)　(中國田野考古報告集　考古學專刊丁種第8號)
　　　　中國科學院考古研究所編著　科學出版社　1959年9月
　　　　後漢～清代の摩崖題刻・碑記の拓本寫眞と釋文を收錄。
　　　　　關于三門峽石刻的幾點補充　邵友誠　考古1961-10

2047. 隋唐東都含嘉倉　余扶危・賀官保編　文物出版社　1982年5月
　　　　隋唐時代洛陽の含嘉倉城内の倉窖址から發見された唐代の刻銘磚13點中2點の拓本寫眞・
　　　　釋文を收錄。刻銘磚13點の拓本寫眞・釋文は次の報告に收錄。
　　　　　洛陽隋唐含嘉倉的發掘　河南省博物館・洛陽市博物館　文物1972-3
　　　　　洛陽含嘉倉1988年發掘簡報　洛陽市文物工作隊　文物1992-3

2048. 北宋皇陵　河南省文物考古研究所編　中州古籍出版社　1997年8月
　　　　北宋碑誌4、北宋墓誌・墓記46、誌蓋6、合計56點の釋文・拓本寫眞を收錄。
　　　　　《北宋皇陵》評介　秦大樹　文物1998-7
　　　　　讀《北宋皇陵》　段鵬琦　考古1998-12

2049. 黃河小浪底水庫文物考古報告集　河南省文物管理局・水利部小浪底水利紐組建設管理局移民局編　黃河水利出版社　1998年4月

　　新安縣西沃石窟の北魏佛教造像題記、八里胡同峽棧道の曹魏・北宋題記、新安縣呂氏家藏の清代碑誌などの釋文・寫眞を收む。

2050. 中國社會科學院考古研究所考古博物館洛陽分館　(考古學專刊乙種第32號)　中國社會科學院考古研究所編著　文化藝術出版社　1998年9月

　　後漢(石經殘片1、刑徒磚4)、唐(哀帝卽位玉册殘片)、宋(刻字磚殘片)の石刻寫眞を含む。

2051. 北宋陝州漏澤園　三門峽市文物工作隊編　文物出版社　1999年6月

　　北宋の磚墓誌275、碑誌1、合計276點の釋文・拓本寫眞を收錄。

2052. 漢魏洛陽故城研究　(洛陽文物與考古)　洛陽市文物局・洛陽白馬寺漢魏故城文物保管所編　科學出版社　2000年9月

　　墓碑誌など漢魏北朝時代の新出石刻の紹介・研究を含む。

　　巍巍京華是縱是橫：《漢魏洛陽故城研究》評介　楊育彬　華夏考古2001-4

　　明珠在廢墟中閃爍：讀《漢魏洛陽故城研究》　許順湛　中原文物2003-1

2053. 偃師杏園唐墓　(中國田野考古報告集　考古學專刊丁種第64號)　中國社會科學院考古研究所編著　科學出版社　2001年10月

　　唐墓誌46點(磚誌5、石誌41)の釋文、41點の拓本寫眞を收錄。

　　唐墓發掘報告中的精品：《偃師杏園唐墓》　唐烽　中國文物報2003年7月23日

　　讀《偃師杏園唐墓》　齊東方　考古2004-4

2054. 安陽文物精華　安陽市文物管理局編　段振美主編　文物出版社　2004年4月

　　全8章からなり、[2]石窟寺、[4]碑刻・墓誌に漢代～明代の石刻10點の寫眞・拓本を收める。

2055. 漢魏洛陽故城南郊東漢刑徒墓地　(中國田野考古報告集　考古學專刊丁種第75號)　中國社會科學院考古研究所編著　文物出版社　2007年8月

　　1964年に發掘された後漢刑徒墓500餘基出土の墓誌磚銘文多數の寫眞・拓本寫眞を收錄する。

＊203. 南陽麒麟崗漢畫像石墓　黃雅峰[等]編著　三秦出版社　(近刊豫告)

⑪　湖北省

2056. 梁莊王墓　全2册　湖北省文物考古研究所・鍾祥市博物館編著　文物出版社　2007年3月

　　　2000年湖北省鍾祥市出土、明の仁宗第九子梁莊王と繼妃の合葬墓の發掘報告。壙誌2點の拓本、寫眞、釋文を收める。

　　　金相玉質履厚席豐：《梁莊王墓》評介　任昉・王素　中國文物報2008年3月26日

2057. 張懋夫婦合葬墓　湖北省文物考古研究所編著　王善才主編　科學出版社　2007年7月

　　　1983年湖北省廣濟縣（現武穴市）出土、明代義宰張懋夫婦合葬墓の發掘報告。張懋夫婦墓誌（正德15年葬）の拓本寫眞、釋文を收める。

2058. 梁莊王墓：鄭和時代的瑰寶　（長江中遊文明之旅叢書）　湖北省博物館編　文物出版社　2007年9月

　　　梁莊王と繼妃の墓誌原石寫眞を收める。

⑫　重慶市・四川省

2059. 前蜀王建墓發掘報告　（中國田野考古報告集　考古學專刊丁種第15號）　馮漢驥撰　文物出版社　1964年6月。第2版（修訂）　同　2002年10月

　　　玉諡册・玉哀册各1、合計2點の寫眞・拓本寫眞と釋文を收錄。

2060. 四川彭山漢代崖墓　南京博物院編　文物出版社　1991年7月

2061. 長江三峽工程水庫水文題刻文物圖集　水利部長江水利委員會編著　國務院三峽工程建築委員會移民開發局主持　郭一兵主編　科學出版社　1996年6月

　　　唐～現代の洪水・枯水題刻など397幅（唐1、五代1を含む）の寫眞・拓本寫眞・釋文を收錄。

2062. 成都考古發現(1999)　成都市文物考古研究所編著　科學出版社　2001年7月

　　　唐墓志1點の拓本寫眞と釋文を含む。

2063. 瞿塘峽壁題刻搬遷保護工程報告　（長江三峽工程文物保護項目報告丁種第2號）　重慶市文物局・重慶市移民局・西安文物保護修復中心編　侯衞東主編　文物出版社　2003年11月

2064. 瀘縣宋墓　四川省文物考古研究所・成都市文物考古研究所・瀘州市博物館・瀘縣文物管理所編著　文物出版社　2004年10月

　　　四川省瀘縣で發掘した宋墓6座と徵集した宋墓浮雕石刻154幅の報告。南宋墓誌2點・南宋石刻族譜殘片1點の拓本寫眞・釋文を收める。

2065. 三峽古棧道：(上)瞿塘峽棧道・(下)大寧河棧道 （長江三峽工程文物保護項目報告丁種第3號） 全2册 重慶市文物局・重慶市移民局・西安文物保護修復中心編著 文物出版社 2006年5月

  碑や摩崖石刻の寫眞・釋文を多數收錄する。

2066. 三臺郪江崖墓 四川省文物考古研究院・綿陽市博物館・三臺縣文物管理所編著 文物出版社 2007年9月

  崖墓の側壁に彫刻された各種畫像の寫眞・拓本寫眞を多數收める。

＊204. 華鎣安丙墓 四川省文物考古研究院・廣安市文物管理所[等]編著 文物出版社 2008年1月

  四川省華鎣市出土、南宋の安丙家族墓地の發掘報告。安丙墓誌拓本寫眞・釋文を收錄する。

⑬ 雲南省・西藏自治區

2067. 大理崇聖寺三塔 雲南省文化廳文物處・中國文物研究所編 文物出版社 1998年5月

  「重修大理三塔記」碑文を附錄。

2068. 藏王陵 （考古學專刊乙種第38號） 中國社會科學院考古研究所編著 文物出版社 2006年5月

  チベットの吐蕃贊普墓葬群の調査報告書。主要陵墓、石碑などの資料を附錄する。

⑭ 陝西省

2069. 唐長安大明宮 （中國田野考古報告集 考古學專刊丁種第11號） 中國科學院考古研究所編著 科學出版社 1959年11月

  唐代の含光殿石誌1點、封泥45點、磚瓦印文13點などの寫眞、拓本寫眞を收む。

  書評：讀《唐長安大明宮》后 陳明達 考古1960-3

2070. 西安郊區隋唐墓 （中國田野考古報告集 考古學專刊丁種第18號） 中國科學院考古研究所編著 科學出版社 1966年6月

  隋1、唐17、合計18點の墓誌釋文・拓本寫眞を收錄。

2071. 唐長安城郊隋唐墓（中國田野考古報告集 考古學專刊丁種第22號） 中國社會科學院考古研究所編著 文物出版社 1980年9月

  隋1、唐6、合計7點の墓誌釋文・拓本寫眞を收錄。

  書評：讀《唐長安城郊隋唐墓》 唐晨 考古1981-5

2072. 西漢京師倉　陝西省考古研究所　文物出版社　1990年12月

陝西省華陰縣の前漢京師倉遺址から出土した文字瓦當の寫眞・拓本寫眞を收錄。

2073. 昭陵文物精華　陝西歷史博物館・昭陵博物館合編　陝西人民美術出版社　1991年7月

唐太宗昭陵陪葬墓出土の文物80點の寫眞、うち碑(部分)3點、墓誌4點、墓誌蓋4點を含む。

2074. 唐惠昭太子陵發掘報告　陝西省考古研究所・臨潼縣文物園林局編　三秦出版社　1992年8月

唐憲宗の長子李寧(宙)墓(憲宗景陵の陪葬墓)の發掘報告。「册鄧王爲皇太子文」「惠昭太子哀册」の2點の寫眞(部分)・釋文・拓本寫眞を收錄。

唐代玉册的重要發現：《唐惠昭太子陵發掘報告》評介　鞏啓明・王輝　考古與文物1993-4

2075. 秦陵徭役刑徒墓　程學華・董虎利著　陝西省考古研究所・臨潼縣文物工作隊合編　陝西旅游出版社　1992年

2076. 中國北周珍貴文物：北周墓葬發掘報告　（中華珍貴文物叢書）（陝西省考古研究所）員安志編著　陝西人民美術出版社　1993年9月

1988～1990年に調査された咸陽市の北周墓の發掘報告。北周7、隋3、合計10點の墓誌釋文・拓本寫眞を收錄。

《中國北周珍貴文物：北周墓葬發掘報告》在墓誌考釋中的疏失　王興邦　貴州文史叢刊1995-1

2077. 陝西新出土文物選粹　陝西省考古研究所編　重慶出版社　1998年5月

北周（武帝孝陵誌）、唐（節愍太子哀册・謚册、馬璘墓誌）、合計4點の寫眞・拓本寫眞を含む。

2078. 神木大保當：漢代城址與墓葬考古報告　陝西省考古研究所・榆林市文物管理委員會辦公室編著　科學出版社　2001年6月

發掘・報告された漢墓26座の中の14座に畫像石があり、その圖版と研究を收める。

2079. 尋覓散落的瑰寶：陝西歷史博物館徵集文物精粹　陝西歷史博物館編　周天游主編　三秦出版社　2001年6月

西魏(馮景之墓誌)、唐(刻字石函)、五代(任景述墓誌)の拓本寫眞を含む。

2080. 五代馮暉墓　咸陽市文物考古研究所編著　重慶出版社　2001年9月

五代後周末に埋葬された馮暉墓誌1點の釋文、拓本寫眞を收錄。

2081. 慈善寺與麟溪橋：佛教造像窟龕調查研究報告　西北大學考古專業・日本赴陝西佛教遺迹考察團・麟游縣博物館編著　科學出版社　2002年7月

北魏～明代の佛教道教造像碑・石窟題記銘刻の拓本寫眞と釋文を收録。

淺談石窟考古斷代方法與樣式研究：《慈善寺與麟溪橋》讀后　常青　考古與文物2003-5

2082. 唐金鄉縣主墓　西安市文物保護考古所・王自力・孫福喜編著　文物出版社　2002年11月

唐高祖孫女・滕王元嬰第三女の金鄉縣主墓誌と、その夫于隱墓誌の釋文・拓本寫眞を收める。

書評：《唐金鄉縣主墓》　齊東方　唐研究9　2003年12月

2083. 唐睿宗橋陵：唐睿宗橋陵考古鉆探測繪報告 = Das Qiaoling. 美茵茲羅馬-日耳曼中央博物館・陝西省考古研究所編（Romisch-Germanisches Zentralmuseum, For-schungsinstitut fur Vor-und Fruhgeschichte in Verbindung mit dem Archaologischen Institut der Provinz Shaanxi）（獨）達爾馬斯德特＝Damstadt　2002年

書評：《唐睿宗橋陵》　沈睿文　唐研究9　2003年12月

2084. 西安北周安伽墓　（陝西省考古研究所田野考古報告第21號）　陝西省考古研究所編著　文物出版社　2003年8月

安伽墓誌1點の拓本寫眞と釋文、また石門石刻・圍屏石榻の寫眞と摹本を收める。

2085. 大荔李氏家族墓地　（陝西省考古研究所田野考古報告第22號）　陝西省考古研究所編著（田亞岐・金憲鏞・王李娜編寫）　三秦出版社　2003年8月

陝西省大荔縣の清代李氏墓11座の發掘報告。清代墓誌12點の拓本寫眞と釋文を收める。

清代考古學的新啓示：讀《大荔李氏家族墓地》　馮小妮・高蒙河　中國文物報2005年6月15日

2086. 秦都咸陽考古報告　（陝西省考古研究所田野考古報告第25號）　陝西省考古研究所編著　科學出版社　2004年3月

1959～1989年に發掘された方磚・空心磚・瓦當・壁畫・陶文などの報告を含む。

2087. 唐惠莊太子李撝墓發掘報告　（陝西省考古研究所田野考古報告第26號）　陝西省考古研究所編著　科學出版社　2004年4月

唐睿宗の第二子李撝墓（橋陵の陪葬墓）の發掘報告。玉質哀冊殘簡の拓本、釋文、寫眞を收録。

2088. 唐新城長公主墓發掘報告　（陝西省考古研究所田野考古報告第27號）　陝西省考古研究所・陝西歷史博物館・禮泉縣昭陵博物館編著　科學出版社　2004年4月

唐太宗の女、新城長公主墓（昭陵の陪葬墓）の發掘報告。墓誌の拓本寫眞・釋文を收める。

2089. 唐節愍太子墓發掘報告 （陝西省考古研究所田野考古報告第28號） 陝西省考古研究所・富平縣文物管理委員會編著　科學出版社　2004年6月

　　唐中宗の第三子李重俊墓(定陵の陪葬墓)の發掘報告。漢白玉の謚册と哀册殘簡の寫眞（一部）・拓本寫眞・釋文を收める。

　　書評：《唐節愍太子墓發掘報告》　齊東方　唐研究10　2004年12月

2090. 漢鍾官鑄錢遺址　西安文物保護修復中心編著　姜寶蓮・秦建明主編　科學出版社　2004年7月

　　多數の錢範、瓦當の圖版を收錄。卷末に墓誌4點（西魏1、唐3）の釋文を附錄する。

2091. 唐李憲墓發掘報告 （陝西省考古研究所田野考古報告第29號）　陝西省考古研究所編著　科學出版社　2005年1月

　　唐睿宗の長子李賢夫婦(讓皇帝・恭皇后)墓(惠陵)の發掘報告。哀册殘簡2種・副册文2種の拓本・釋文・寫眞を收める。

2092. 咸陽十六國墓 （咸陽市文物考古研究所田野考古報告第4號）　咸陽市文物考古研究所編著　文物出版社　2006年10月

　　五胡十六國時期の墓葬24座の發掘報告。銘文磚10點の寫眞、拓本寫眞を含む。

2093. 漢長安城桂宮：1996—2001年考古發掘報告 （中國田野考古報告集 考古學專刊丁種第74號）　中國社會科學院考古研究所・日本奈良國立文化財研究所編著　文物出版社　2007年1月

　　大量の瓦當、玉牒などの寫眞を收める。

2094. 法門寺考古發掘報告 （陝西省考古研究院田野考古報告第45號）　全2册　陝西省考古研究院・法門寺博物館・寶雞市文物局・扶風縣博物館編著　文物出版社　2007年4月

　　1982～1988年に調査された扶風縣の法門寺の發掘報告。北周～民國の石刻（題刻・刻銘磚・碑碣・石函・造像など）多數の寫眞、拓影、釋文を收める。

　　《法門寺考古發掘報告》讀后　李志榮　文物2008-2

2095. 唐大明宮遺址考古發現與研究 （唐大明宮國家遺址公園系列叢書1）　中國社會科學院考古研究所・西安市大明宮遺址區改造保護領導小組編　文物出版社　2007年10月

　　1958～2006年に發表された唐の大明宮遺址の發掘報告と研究論文の萃集。出土した磚瓦銘文資料を含む。また前揭の2069『唐長安大明宮』も收める。

2096. **西嶽廟**（陝西省考古研究院田野考古報告第46號）　陝西省考古研究院・西嶽廟文物管理處編著　三秦出版社　2007年12月

　　　陝西省華陰市の西嶽廟の發掘報告書。卷末に歷代修廟碑文と修廟記などを附錄する。

＊205. **隋仁壽宮・唐九成宮：考古發掘報告**　（中國田野考古報告集　考古學專刊丁種第79號）中國社會科學院考古研究所編著　科學出版社　2008年1月

　　　1978〜1994年の考古調査報告。九成宮醴泉銘碑・萬年宮銘碑の拓本寫眞・釋文、磚・瓦當の寫眞などを收める。

＊206. **五代李茂貞夫婦墓**　寶鷄市考古研究所編著　科學出版社　2008年6月

　　　唐末五代の秦王(岐王)李茂貞夫婦の墓誌の拓本寫眞を收め墓誌考釋を附錄する他、磚雕・經幢・石造像などの寫眞を含む。

⑮　　甘肅省・寧夏回族自治區

2097. **西夏陵墓出土殘碑粹編**　寧夏博物館發掘整理・李范文編釋　文物出版社　1984年11月。『中國西北文獻叢書續編　西北考古文獻卷』第17册　甘肅文化出版社　1999年再錄

2098. **西夏陵：中國田野考古報告**　寧夏文物考古研究所・許成・杜玉冰編著　東方出版社　1995年8月

　　　西夏陵出土殘碑拓本の寫眞・錄文・譯文を收錄。

2099. **固原南郊隋唐墓地**　羅豐編著　文物出版社　1996年8月

　　　隋1、唐6、合計7點の墓誌釋文・拓本寫眞を收錄。
　　　書評：羅豐編著《固原南郊隋唐墓地》　榮新江　唐研究2　1996年12月
　　　ソグド人の東方植民地に關する最新の考古學的成果：羅豐編著『固原南郊隋唐墓地』　森部豐　(日本)東方193　東方書店　1997年4月

2100. **敦煌佛爺廟灣：西晉畫像磚墓**　甘肅省文物研究所編　戴春陽主編　文物出版社　1998年3月

　　　西晉畫像磚墓6座の發掘報告。

2101a. **唐史道洛墓：原州聯合考古隊發掘調查報告1**　原州聯合考古隊編　(日本)勉誠出版　1999年3月

　　　唐の史道洛墓誌1點の釋文・拓本寫眞を收錄。

2101b. 北周田弘墓：原州聯合考古隊發掘調查報告2　原州聯合考古隊編　（日本）勉誠出版
2000年3月

　　　北周の田弘墓誌1點の釋文・拓本寫眞を收錄。

2102. 原州古墓集成　寧夏回族自治區固原博物館・中日原州聯合考古隊編　文物出版社
1999年4月

　　　西魏1、北周1、隋1、唐6、合計9點の墓誌拓本寫眞を收錄。

2103. 固原歷史文物　寧夏固原博物館編著　科學出版社　2004年8月

　　　碑誌7點(前秦、北魏、隋、唐各1、明2、清1)、北魏造像碑8點などの寫眞を含む。

2104. 寧夏歷史文物　許成・董宏征著　寧夏人民出版社　2006年6月

　　　各時期遺址出土の石刻、賀蘭山岩畫などの資料を含むという。

2105. 吳忠西郊唐墓　（寧夏文物考古研究所叢刊5）　寧夏文物考古研究所・吳忠市文物保管所編著　文物出版社　2006年9月

　　　唐墓誌1點の拓本寫眞、釋文を含む。

2106. 固原開城墓地（寧夏文物考古研究所叢刊8）　寧夏文物考古研究所編著　科學出版社
2006年9月

　　　元代の地券2點の寫眞、釋文を含む。

2107. 山嘴溝西夏石窟　（寧夏文物考古研究所叢刊10）　全2册　寧夏文物考古研究所編著
文物出版社　2007年10月

⑯　新疆維吾爾自治區

2108. 高昌塼集（增訂本）（考古學特刊第2號）黃文弼著　中國科學院　1951年12月。〈トルファン考古記(黃文弼著作集第2卷)　土居淑子譯　（日本）恆文社　1994年10月、の第3部に收錄〉

　　　高昌95、唐27、合計122點の墓塼釋文と寫眞を收錄。

2109. 新疆出土文物　新疆維吾爾自治區博物館編　文物出版社　1975年10月

　　　墓表3點（北涼・高昌・唐各1）、唐墓誌1點の寫眞を收錄。

2110. 新疆克孜爾石窟考古報告　第1卷　北京大學考古學系・克孜爾千佛洞文物保管所編著　文物出版社　1997年12月

⑰　その他

2111. モンゴル國現存遺蹟・碑文調査研究報告　森安孝夫・オチル責任編集　（日本）中央ユーラシア學研究會　1999年3月

　　　突厥期、ウイグル期、モンゴル期の碑文・銘文10數點の調査研究を含む。

2112. モンゴル國所在の金代碑文遺跡の研究　（平成16年度～平成17年度科學研究費補助金〈基盤研究Ｃ〉研究成果報告書）　白石典之編　（日本）新潟大學人文學部　2006年3月

附錄　展覽會圖錄・目錄

2113. 中國古代金石拓本展　（日本）神奈川縣立近代美術館　1953年10月

2114. 神田金石拓本コレクション展觀目錄　大谷大學史學會・大谷大學圖書館編　（日本）大谷大學圖書館　1962年6月

2115. 桂林石刻展覽目錄：初稿：爲紀念十五周年國慶節　桂林市文物管理委員會　1964年

2116. 中國二千年の美：古陶磁と西安碑林拓本展　每日新聞社編　（日本）每日新聞社　1965年9月

2117. 中國古代の塼と畫像石（天理ギャラリー：第13回展）　（日本）天理ギャラリー　1965年10月

2118. 畫像石・碑刻拓本展：中華人民共和國河南省　共同通信社編　（日本）共同通信社　1973年4月

2119. 中國古代書法展覽展品選輯　上海博物館編　上海書畫社　1973年9月

2120. 河南省畫像石拓本：圖版目錄　北九州市立美術館編　（日本）北九州市立美術館　1975年7月

2121. 全拓本中國書道史展：目錄　（日本）書藝文化院　1975年8月

2122. 吉田苞竹記念會館圖錄　第7～66號　（日本）財團法人書壇院　1977年2月～2004年12月

　　　上記のうち、7・22・55鄭道昭(拓本)、9漢碑拓本、12・13・27唐墓誌銘特集、15泰山經石峪・金剛經、19・20西安碑林拓本特集、24龍門造像特集、28六朝墓誌銘特集、31中國摩崖拓本展、38・42・46中國古代の書、52洛陽存古閣舊藏石の拓本展、55陝西省耀縣碑林拓本展、59漢畫像石拓本展、60開通褒斜道刻石拓本展、66（開設30周年記念）魏晉南北朝石刻拓本展

2123. 中國書蹟名品展 圖錄 中國書蹟名品展實行委員會編 （日本）每日新聞社・五島美術館 1978年11月

2124. 葉公超先生謝承炳先生捐贈石刻拓片特展目錄 （臺灣）國立故宮博物院 1979年

2125. 中華人民共和國西安古代金石拓本と壁畫展：日本の書と繪畫の源流 圖錄 每日新聞社編 （日本）每日新聞社 1980年1月

2126. 漢碑拓本展 早稻田大學東洋美術陳列室編 （日本）早稻田大學會津博士記念東洋美術陳列室 1980年6月

2127. 院藏碑帖特展目錄 國立故宮博物院編輯委員會編輯 （臺灣）國立故宮博物院 1982年11月

2128. 唐代古墳壁畫と西安碑林拓本展（開館五周年記念） 飯塚市歷史資料館編 （日本）飯塚市歷史資料館 1986年

2129. 中國房山石經拓本展 （日本）佛教大學 1987年

2130. *Stories from China's past: Han dynasty pictorial tomb reliefs and archaeological objects from Sichuan Province, People's Republic of China: an exhibition*=中華人民共和國四川漢代畫像磚與考古文物展覽 organized by Lim, Lucy in cooperation with the Sichuan Cultural Department, People's Republic of China; foreword by Soper, Alexander C.; introduction by Rudolph, Richard C.; contributors, DeWoskin, Kenneth J. ... [et al.]. San Francisco: Chinese Culture Foundation of San Francisco, 1987.

2131. 唐代の碑刻 （觀峰コレクション圖錄第2號） 文字文化研究所編集 日本習字教育財團 1988年5月

　　　74點の拓本寫眞（部分のものあり）を收める。

2132. 石鼓と秦漢の碑刻 （觀峰コレクション圖錄第4號） 文字文化研究所編 （日本）文字文化研究所 1989年4月

2133. 中國石刻拓本展 出品圖錄 竺沙雅章監修 吉本道雅編集 （日本）京都大學文學部博物館 1990年4月

　　　京都大學所藏の石刻拓本から精選した30點（秦1、漢7、北魏3、唐9、宋1、遼2、金1、元3、明1、清2）の拓本寫眞、簡介を收める。

2134. 館藏古中國拓本展：三井家聽冰閣舊藏の碑法帖 （日本）三井文庫 1991年1月

2135. 中國麥積山石窟展：シルクロードに榮えた佛たち：日中國交正常化20周年記念　日本經濟新聞社編集　曾根三枝子・八木春生・山崎淑子翻譯　（日本）日本經濟新聞社　1992年

2136. 木鷄室藏歷代金石名拓展覽（紀念中日邦交正常化20周年）　陝西省博物館編　陝西旅游出版社　1992年7月
　　　陝西省博物館で開催された日本の伊藤滋氏所藏中國金石拓本の展覽圖錄。

2137. *Rubbings of Chinese inscriptions（Zhong-guo tuo pian xuan）: notes on the collection in the East Asian Library at the University of California, Berkeley.* Keng, Hui-ling... [et al.]. Berkeley: The Library, University of California, 1992.

2138. 東京大學東洋文化研究所藏中國秦漢瓦當展　篆刻美術館編　（日本）篆刻美術館（古河歷史博物館別館）　1994年4月

2139. 拓殖大學圖書館佐藤安之助文庫所藏「龍門石窟造像記」拓本展示ご案內：第1回～第4回　拓殖大學圖書館編　（日本）拓殖大學圖書館　1994年～

2140. 中國の金銅佛・石佛：濱松市美術館所藏小杉惣市コレクション　町田市立博物館編　町田市立博物館　1994年12月

2141. 大阪市立美術館特別展　中國の石佛：莊嚴なる祈り=*Chinese Buddhist stone sculpture: veneration of the sublime.* 大阪市立美術館編集　（日本）大阪市立美術館　1995年10月

2142. よみがえる甍：東アジアの古瓦と塼：第77回展觀　（日本）黑川古文化研究所　1996年［?］

2143. 雕塑別藏：宗教編特展圖錄=*The art of contemplation: religious sculpture from private collections*　國立故宮博物院編輯委員會編　（臺灣）國立故宮博物院　1997年7月

2144. 特別陳列　中國拓本名品展：第21回由源展　（日本）マイドームおおさか・由源社　1997年10月

2145. 歷代雕塑珍藏. 石刻造像篇=*Ancient Chinese sculptural treasures carvings in stone.* 曾芳玲執行編輯　蒲思棠・陳美智翻譯　高雄市立美術館　1998年3月

2146. 書の美・書法の起源から：日中書法名品展：日中平和友好條約締結20周年・讀賣書法會15周年記念　（日本）サントリー美術館　1998年10月

2147. 臺灣省文獻委員會五十週年慶碑碣拓本展覽專輯　臺灣省文獻委員會採集組編校　臺

灣省文獻委員會　1999年5月

2148. 山東青州龍興寺出土佛教造象精品 = *Masterpieces of Buddhist statuary from Qingzhou City*. 編輯委員會編　中國歷史博物館・北京華觀藝術品有限公司・山東青州市博物館　1999年7月

2149. 文字形意象：中國文字的藝術表現特展 = *Forms, meanings, and images in Chinese characters*. 國立歷史博物館研究組編輯　(臺灣)國立歷史博物館　1999年8月

2150. 中國國寶展　東京國立博物館・朝日新聞社編集　(日本)朝日新聞社　2000年10月
　　　　山東青州龍興寺出土などの南北朝〜唐の石刻佛像の寫眞を含む。

2151. 佛教造像展：山東青州龍興寺出土 = *Buddhist sculptures: new discoveries from Qingzhou, Shandong province*. 香港藝術館編製　(香港)康樂及文化事務署　2001年1月

2152. 中國古代碑帖拓本　李志綱責任編輯　北京大學圖書館・香港中文大學文物館　2001年5月
　　　　北京大學圖書館・香港中文大學文物館所藏碑帖拓本148點の展覽圖錄。

2153. 臺灣碑碣與生活特展圖錄　何培夫・曾國棟撰文　(臺灣)臺南市文化資產保護協會　2001年8月

2154. 龍門石窟 = *Longmen caves*　Miho Museum 編集　(日本)Miho Museum　2001年9月

2155. モノクロームの守り神：畫像石と十二支像：平成13年度秋季企畫展　(大阪府立近つ飛鳥博物館圖錄25)　大阪府立近つ飛鳥博物館編集　(日本)大阪府立近つ飛鳥博物館　2001年10月

2156. 石佛篇：來自北京保利博物館：圓明園重現臺灣石佛青銅珍藏展　(臺灣)中華經緯藝術事業公司　2002年1月

2157. *Chinese shadows: stone reliefs, rubbings and related works of art from the Han Dynasty (206 BC-AD 220) in the Royal Ontario Museum*. Ruitenbeek, Klaas. Toronto: Royal Ontario Museum, 2002.

2158. *A Freer stela reconsidered*. Abe, Stanley K. Washington, D.C.: Freer Gallery of Art: Arthur M. Sackler Gallery, Smithsonian Institution, 2002.

2159. *Return of the Buddha: the Qingzhou discoveries*. [catalogue editor, Nickel, Lukas] London: Royal Academy of Arts, 2002.

2160. 寶相莊嚴＝Compassion and Fascination ［中英文本］ 常越編　文物出版社　2003年12月

　　　香港城市大學で2004年1月から開催された常滿義氏所藏の石刻展覽會の解說圖錄。趙超氏の解說による唐墓誌21點、明墓誌2點の拓本寫眞、釋文を含む。

2161. 唐代の書：春の特別展　春日井市道風記念館編　（日本）春日井市道風記念館　2004年4月

2162. 中國國寶展　東京國立博物館・朝日新聞社編集　（日本）朝日新聞社　2004年9月

　　　北魏～唐の石刻佛像の寫眞などを含む。

2163. 遣唐使と唐の美術　東京國立博物館・朝日新聞社編集　（日本）朝日新聞社　2005年7月

　　　2004年に發見された日本遣唐留學生「井眞成墓誌」の寫眞、拓本寫眞を含む。

2164. 石に刻まれた漢代の世界：武氏祠畫像石拓本　下野玲子編　（日本）早稻田大學會津八一記念博物館　2005年9月

2165. *Recarving China's past: art, archaeology, and architecture of the "Wu Family Shrines"*. Liu, Cary A. Nylan, Michael and Barbieri-Low, Anthony; edited by Richard, Naomi Noble; with a keynote essay by Loewe, Michael and contributions by Beningson, Susan L. … ［et al.］. New Haven; London: Yale University Press, 2005.

2166. 書の至寶：日本と中國　東京國立博物館・朝日新聞社編集　（日本）朝日新聞社　2006年1月

2167. 金石家の系譜　（中國書畫名品展）　（日本）謙愼書道會編・印　2006年1月

2168. 法書至尊：中日古代書法珍品集　全2册　上海博物館　2006年3月

2169. 駒澤大學禪文化歷史博物館所藏の古瓦　（考古資料展：1「日本・中國の古瓦」圖錄）　駒澤大學禪文化歷史博物館編集　（日本）駒澤大學禪文化歷史博物館　2006年10月

2170. 中國・山東省の佛像：飛鳥佛の面影　（開館10周年記念特別展）＝*Buddhist Sculptures from SHANDONG Province, CHINA*.　MIHO MUSEUM編集　（日本）MIHO MUSEUM友の會　2007年3月

2171. 未來への贈りもの：中國泰山石經と淨土敎美術・特別展　九州國立博物館編集　讀賣新聞西部本社　2007年4月

＊207. 金石永年：金石拓片精品展圖錄　（西泠印社105周年社慶系列叢書）　西泠印社編　上海書店出版社　2008年1月

Ⅲ　概説・研究圖書

A　總述・通論

3001. 書道金石學　藤原楚水著　(日本)三省堂　1953年6月

　　　[1] 序說、[2] 金文、[3] 石文、[4] 古陶及び瓦磚、[5] 甲骨及び流沙墜簡、[6] 法帖、[7] 金石學と書道、からなる。書道との關係を主とする中國金石學の概說。

3002. 石刻：金石文入門　藪田嘉一郎著　(日本)綜藝舍　1976年11月

3003. 凡將齋金石叢稿　馬衡著　中華書局　1977年10月

　　　[1・2] 中國金石學概要、[5] 石刻、[6] 石經、[8] 序跋雜文など。
　　　書評：讀《凡將齋金石叢稿》　魏連科　中國史研究1979-2

3004. 中國の刻石　中西慶爾著　(日本)木耳社　1981年8月

3005. 金石論叢　岑仲勉著　上海古籍出版社　1981年11月

　　　「四庫提要古器物銘非金石錄辨」「金石證史」「貞石證史」「續貞石證史」など21篇を收錄。

3006. 中國歷代墓券略考　池田溫著　(日本・東京大學)東洋文化研究所紀要86　1981年11月

　　　歷代墓券、後漢16、六朝17、隋唐五代14、宋24、金元7、明13、清・民國各1、合計93點の釋文と13點の拓本寫眞を收錄。

3007. 石刻入門　姜運開著　湖南師大中文系古漢語教研室　1984年12月

3008. 中國古代石刻叢話　(中國文化史知識叢書)　李發林著　山東教育出版社　1988年4月

3009a. 石學蠡探　葉國良著　(臺灣)大安出版社　1989年5月

3009b. 石學續探　葉國良著　(臺灣)大安出版社　1999年5月

　　　aは主として後漢代〜隋代、bは唐代〜清代の石刻に關する論考を收める。

3010. 碑刻學(上)(中)(下)　黃永年著　氣賀澤保規譯・補注　(日本)書論25・27・29　1989年7月〜1995年2月。〈原作は古文獻學四講　(名師講義叢書)　黃永年著　鷺江出版社　2003年9月　收錄〉

3011. 金石叢話　(文史知識文庫)　施蟄存著　中華書局　1991年7月

3012. 中國的石刻與石窟　(中國文化史知識叢書)　徐自強・吳夢麟著　商務印書館　1991年12月

3013. 碑石探幽　(中國民間文化探幽叢書4)　何松山編著　東南大學出版社　1995年12月

3014. 古老的清玩：金石碑刻　(中國風雅文化系列叢書)　黃劍華著　四川人民出版社　1996

年2月

3015. 石版文章：歷代碑刻瑣談　（華夏文明探祕叢書）　路遠・裴建平著　四川教育出版社　1996年10月

3016. 中國石刻概論　（中國傳統文化研究叢書第2輯）　趙超著　文物出版社　1997年6月
［1］中國古代石刻的主要類型及其演變、［2］中國古代石刻的存留狀況、［3］歷代石刻研究概況、［4］石刻銘文的釋讀與常見體例、［5］石刻及其拓本的辨偽鑑定與編目整理、の5章からなる。

3017. 喪葬陵墓誌　（中華文化通志9、宗教與民俗典）　黃景略・吳夢麟・葉學明撰　上海人民出版社　1998年10月

3018. 石刻　（文物鑑賞叢書）　楊新華・董寧寧編著　上海古籍出版社　1998年12月

3019. 石學論叢　程章燦著　（臺灣）大安出版社　1999年2月

3020. 古代石刻通論　（中國考古文物通論叢書）　徐自強・吳夢麟著　紫禁城出版社　1999年10月

3021. 石刻史話　（中華文明史話叢書）　趙超著　中國大百科全書出版社　2000年1月

3022. 中國宗教勝蹟詩文碑聯鑑賞辭典　諸定耕主編　重慶出版社　2000年1月

3023. 二十世紀墓誌整理與研究的成績與問題　任昉著　『中國考古學跨世紀的回顧與前瞻（1999年西陵國際學術研討會論文集）』張忠培・許倬雲主編　科學出版社　2000年10月所收

3024. 特集　石で讀む中國史：石刻・石碑が語る社會と文化『月刊しにか』Vol.12/No.3（日本）大修館書店　2001年3月
中國歷代の各種石刻に關する18篇の文章を收める。

3025. 古代石刻　（20世紀中國文物考古發現與研究叢書）　趙超著　文物出版社　2001年4月

3026. 中國碑文化　（中國歷代人文景觀叢書）　金其楨著　重慶出版社　2002年1月
上篇「碑文化發展史略」、下篇「碑文化專題專論」からなる1400餘頁の大著。
拓展石文化研究的領域：評《中國碑文化》　黃厚明　中國文物報2003年1月3日

3027. 志墓金石源流　王宏理著　中國文史出版社　2002年7月
歷代墓葬的各種石刻を、第1章「志墓之原始」から第7章「明清之志墓金石」まで分けて總述。

3028. 中國奇碑 （中國歷代人文景觀叢書） 金其楨・崔素英著 重慶出版社 2002年9月

3029. 趣談中國摩崖石刻 （趣談中國傳統文化叢書） 姚淦銘著 百花文藝出版社 2003年1月
　　　　全國各地の著名な摩崖石刻を紹介する。

3030. 古代墓誌通論 （中國考古文物通論叢書） 趙超著 紫禁城出版社 2003年6月

3031. 中國道教石刻藝術史 全2册 胡文和著 高等教育出版社 2004年8月
　　　　［1］北朝至隋唐的道教造像碑・石、［2］巴蜀道教石窟、［3］山西太原龍山道教石窟、
　　　　の3卷からなる、北朝・隋唐・宋元の道教石刻の研究書。造像・造像碑などの寫眞圖版や
　　　　題刻の釋文を大量に收錄する。

3032. 千古碑銘 （中華千古詩文叢書） 劉維紅編著 安徽文藝出版社 2004年8月

3033. 歷代石經研究資料輯刊 全8册 賈貴榮輯 北京圖書館出版社 2005年5月
　　　　漢代～清代の石經に關する明清・民國の著名學者の研究文獻54種を影印・收錄するという。

3034. 中國道教考古 全3卷6册 張勛燎・白彬著 綫裝書局 2006年1月
　　　　［上］北方卷、［中］南方卷、［下］綜合卷からなる研究書。後漢～明代の道教に關連する
　　　　大量の碑刻、石刻、墓誌、陶文などの釋讀を含み、圖版500餘を收めるという。
　　　　宗教考古的新篇章：《中國道教考古》 道可道 中國文物報2006年10月25日

3035. 歷代碑銘 （中國文學百科叢書23） 李穆南・郄智毅・劉金玲主編 中國環境科學出版
　　　　社・學苑音像出版社 2006年

3036. 中國石刻文獻研究國際ワークショップ報告書：京都大學21世紀ＣＯＥプログラム：
　　　　東アジア世界の人文情報學研究教育據點：漢字文化の全き繼承と發展のために　代
　　　　表・高田時雄 （日本）京都大學人文科學研究所 2007年3月

3037. 中國碑刻的故事 （故事系列叢書） 包泉萬・王春英著 山東畫報出版社 2007年5月

B　南北朝以前を主とする圖書

3038. 六朝門閥の一研究：太原王氏系譜考 （東洋大學學術叢書） 守屋美都雄著 （日本）
　　　　日本出版協同株式會社 1951年7月
　　　　多くの碑刻・墓誌を利用する。

3039. *Confucius: the Great digest & Unwobbling pivot Stone text from rubbings supplied by*
　　　　William Hawley; a note on the stone editions, by Achilles Fang. Pound, Ezra, ed. and

tr. London: P. Owen, 1952.

3040. 石鼓通考　（中華叢書１）　那志良著　（臺灣）中華叢書委員會　1958年
3041. 石鼓文詮補　全２卷　沈肇年撰　湖北省文史研究館　1961年
3042. 漢石經周易殘字集證　（中央研究院歷史語言研究所專刊46）　屈萬里著　（臺灣）中央研究院歷史語言研究所　1961年12月。『屈萬里先生全集』11　（臺灣）聯經出版事業公司　1984年７月　再錄。
3043. 漢石經尚書殘字集證　（中央研究院歷史語言研究所專刊49）　屈萬里著　（臺灣）中央研究院歷史語言研究所　1963年７月。『屈萬里先生全集』10　（臺灣）聯經出版事業公司　1984年７月　再錄。
3044. 先秦石鼓存詩考　（葫蘆齋寒拾錄１）　張光遠撰　（臺灣）撰者自家版　1966年８月
3045. 石鼓詩之文史論證　（葫蘆齋寒拾錄２）　張光遠撰　（臺灣）撰者自家版　1968年12月
3046. 漢石經儀禮殘字集證　劉文獻著　（臺灣）嘉新水泥公司文化基金會　1969年８月
3047. 中國の石佛と石經　道端良秀著　（日本）法藏館　1972年10月
　　　主として戰時中の實地調査による山東省・山西省の石窟佛・摩崖佛と石經の紹介報告。卷末に「中國の佛教史蹟調査の概要」を附錄する。
3048. 跋石鼓文研究　（馬敍倫學術論文集）　馬敍倫撰　人民出版社　1974年
3049. 漢石經論語殘字集證　呂振端著　（マレーシア）雪蘭莪潮州八邑會館學術出版基金會　1975年２月
3050. 漢石經春秋殘字集證　呂振端著　（シンガポール）華文中學教師會　1976年２月
3051. 石經叢刊・初編　全６冊　許東方主編　（臺灣）信誼書局　1976年
　　　清・近代の學者による漢〜宋石經の研究書21種？を彙集する。
3052. 魏石經古文釋形攷述　（學術研究叢書17）　邱德修撰　（臺灣）學生書局　1977年５月
3053. 高昌墓塼考釋（１）〜（３）　萩信雄・白須淨眞著　（日本）『書論』13・14・19　1978年〜1981年〔（３）は白須氏の單著〕
3054. 魏石經初揮：魏石經古篆字典　邱德修編著　（臺灣）學海出版社　1979年５月
3055. 漢石經詩經殘字集證　黃美瑛著　（臺灣）文史哲出版社　1979年
3056. *Teng-hsien: an important Six Dynasties tomb.* Juliano, Annette L. Ascona: Artibus Asiae Publishers, (Artibus Asiae, Supplementum 37) 1980.

3057. 魏三體石經殘字集證　呂振端著　（臺灣）學海出版社　1981年

3058. 石鼓文の新研究（附圖）　赤塚忠著　（日本）二松學舍大學中國文學研究室　1981年（初出1976年～1980年）。のちに改題して、石鼓文（中國古典新書續編3）　同　（日本）明德出版社　1986年6月

3059. 新出漢魏石經考　吳峻甫撰　（臺灣）廣文書局　1981年12月

3060. 石鼓文研究　詛楚文考釋（考古學專刊甲種第11號）　郭沫若著　中國社會科學院考古研究所編輯　1函6冊　影印本　科學出版社　1982年10月

　　　郭沫若《詛楚文考釋》訂補　史黨社・田靜　文博1998-3

3061. 山東古國考　王獻唐著　齊魯書社　1983年11月

3062. 秦刻十碣考釋　羅君惕著　齊魯書社　1983年12月

3063. 仙字潭古文字探索（華安文史資料第6輯）　福建省華安縣政協文史資料委員會・福建省華安縣文化館合編、印　1984年

3064. 碑銘所見前秦至隋初的關中部族　馬長壽著　中華書局　1985年1月。（碑刻史料からみた前秦隋初期の關中部族　氣賀澤保規譯・序文　梶山智史翻譯協力　平成15年度—平成17年度科學研究費補助金基盤研究（B））研究成果報告書「中國南北朝後期隋唐期の石刻文字資料の集成・データベース構築と地域社會文化の研究」　氣賀澤保規研究代表　（日本）明治大學　2005年3月）

　　　附錄に「關中北魏北周隋初未著錄的羌村十種造像碑銘」の釋文を收める。

3065. 石鼓斠釋　鄧散木編著　中華書局　1985年5月

3066. 石門摩崖刻石研究：《石門漢魏十三品》專輯　郭榮章著　陝西人民美術出版社　1985年10月

3067. 雲峰諸山北朝刻石討論會論文選集　山東石刻藝術博物館・中國書法家協會山東分會編　齊魯書社　1985年10月

3068. 漢石經公羊傳殘字集證　呂振端著　（シンガポール）新加坡文化研究會　1985年12月

3069. 水經注碑錄　施蟄存撰　天津古籍出版社　1987年6月

　　　「水經注」の文中に記載する碑石278點についての1點ごとの考釋。

3070. 中國古代金石文における經書讖緯神仙說攷　內野熊一郎著　（日本）內野熊一郎博士頌壽記念論文刊行會　1987年6月

3071. 中國古代公社組織的考察：論先秦兩漢的"單—僤—彈"　（中國歷史博物館叢書1）
俞偉超著　文物出版社　1988年10月。（中國古代の社會と集團　鈴木敦翻譯　雄山閣出版　1994年11月）

後漢建初2年「侍廷里僤約束石券」、後漢末「正衛彈碑」など、多くの石刻史料の分析を含む。

"單"是公社還是結社：與俞偉超先生商榷　杜正勝　（臺灣）新史學　創刊號　1990年
秦漢時代の様々な「共同體」山田勝芳　（日本）東方115號　東方書店　1990年10月
〈漢侍廷里父老僤買田約束石券〉再議：兼俞偉超先生商榷　邢義田　（臺灣）中央研究院歷史語言研究所集刊61-4　1992年
對於"漢侍廷里父老僤買田約束石券再議"的意見　勞榦　（臺灣）中央研究院歷史語言研究所集刊61-4　1992年
軍制用語「團」の系譜をめぐる一新說について：俞偉超著『中國古代公社組織的考察』の紹介と批評　菊池英夫　（日本）中央大學アジア史研究21　1997年

3072. *The stone drums of Ch'in.* Mattos, Gilbert Louis. Nettetal: Steyler, 1988.

3073. 福建華安仙字潭摩崖石刻研究　福建省考古博物館學會編　中央民族學院出版社　1990年2月

仙字潭岩刻研究的彙集：《福建華安仙字潭摩崖石刻研究》評介　葉茂林　東南文化3-4　1992年

3074. 漢碑研究　中國書法家協會山東分會編　鄒振亞[等]主編　齊魯書社　1990年5月

3075. 秦漢碑述　袁維春述碑　王壯弘增補　北京工藝美術出版社　1990年12月

3076. 北朝摩崖刻經研究　中國書法家協會山東分會・山東石刻藝術博物館編　齊魯書社　1991年12月

1990年開催の「中國北朝摩崖刻經書學討論會」の論文集。

3077. 南碑瑰寶：大小爨碑研究　（雲南爨碑書法藝術叢書）　平建友著　雲南大學出版社　1992年2月

3078. 雲峰刻石研究　山東石刻藝術博物館・中國書法家協會山東分會編　齊魯書社　1992年3月

上記3067『雲峰諸山北朝刻石討論會論文選集』の改題・修訂本。

3079. 雲峰刻石調查與研究　山東石刻藝術博物館・中國書法家協會山東分會（王思禮・焦

　　　　德森・賴非）編著　齊魯書社　1992年6月

　　　　　雲峰現存刻石（漢1、北朝40、宋・金〜清33、合計74所あり）の寫眞、拓本寫眞を收める。

3080. *Arbeitsmaterialien aus chinesischen Ausgrabungsberichten（1988-1991）zu Grabern aus der Han-bis Tang-Zeit.* Kuhn, Dieter, ed. Heidelberg: Wurzburger Sinologische Schriften, Edition Forum, 1992.

3081. 漢郭有道碑考　何寶善著　（北京）文津出版社　1993年2月

3082. 三國碑述　袁維春撰　北京工藝美術出版社　1993年5月

3083. 石鼓新響　李鐵華著　手書影印　三秦出版社　1994年6月

　　　　簡評李鐵華《石鼓新響》　李學勤　漢字文化2006-1

3084. 秦始皇刻石考　（文史哲學集成321）　吳福助著　（臺灣）文史哲出版社　1994年7月

3085. 六朝考古　（六朝叢書）　羅宗眞著　南京大學出版社　1994年12月

3086. 鮮卑史研究　（東亞文庫:東北亞研究1）　米文平著　中州古籍出版社　1994年12月。再刊　2000年11月

　　　　「第一編　鮮卑舊墟石室的發現」を收める。

3087. 石鼓奇緣　沈映冬著　香港文淵閣學術資料供應中心印行　1995年

3088. 陳倉石鼓新探　陝西省寶雞縣政協文史委員會編・印　1995年12月

3089. 爨文化論叢　平建友著　雲南教育出版社　1996年

3090. 貴州紅岩碑初考　吳雪儔著　貴州民族出版社　1997年1月

3091. 漢魏石刻文學考釋　全4冊　（人文社會科學叢書）　葉程義著　（臺灣）新文豐出版公司　1997年4月

　　　　附篇に「重要參考資料目錄」「漢魏石刻題名檢字索引」「石刻資料作者索引」「石刻資料書目檢字索引」收錄。

3092. 山東摩崖書刻藝術　安廷山著　新華出版社　1997年6月

3093. 鮮卑石室尋訪記　（中國邊疆探察叢書）　米文平著　山東畫報出版社　1997年12月

3094. 北魏佛教史論考　（岡山大學文學部研究叢書15）　佐藤智水著　（日本）岡山大學文學部　1998年3月

　　　　第2章に「北朝の造像銘」（原題「北朝造像銘考」初出1977年）を收める。

　　　　書評・新刊紹介：佐藤智水著『北魏佛教史論考』　山下將司　（日本）唐代史研究4　2001

年6月

3095. 金石瓷幣考古論叢　周世榮著　岳麓書社　1998年9月

3096. 南京六朝墓葬的發現與研究　（南京文物叢書）　李蔚然著　四川大學出版社　1998年9月

3097. 五・六世紀北方民衆佛教信仰：以造像記爲中心的考察　（東方歷史學術文庫）　侯旭東著　中國社會科學出版社　1998年10月

3198. 石鼓文を巡る甲論乙駁　（燕都の殘照：地の卷）　上野昭夫著　（日本）ツーワンライフ　1998年11月

3199. 石鼓文全集　楊文明著　雲南人民出版社　1999年4月

3100. 龍門藥方釋疑　張瑞賢主編　河南醫科大學出版社　1999年4月

3101. 東漢三大摩崖頌碑：西狹摩崖石刻群研究　（西狹摩崖石刻研究叢書1）　高天佑著　蘭州大學出版社　1999年6月

3102. 紅崖碑傳奇　戴壯强著　花溪文學會　1999年8月

3103. 藥王山北朝碑石研究　李改・張光溥編　陝西旅游出版社　1999年10月
　　　 北魏16、西魏3、北周5、合計24點の碑石(多くは造像碑)の解說、寫眞、拓本寫眞を收錄。

3104. *Four Sichuan Buddhist steles and the beginnings of Pure Land imagery in China.* Wong, Dorothy C. N.Y.: Asia Society, 1999.

3105. 碑刻與摩崖　（泰山文化之旅叢書）　史欣編著　齊魯書社　2000年9月

3106. 西狹頌研究在日本（西狹摩崖石刻研究叢書2）　高天佑編譯　蘭州大學出版社　2000年

3107. *The stele inscriptions of Ch'in Shih-huang: text and ritual in early Chinese imperial representation.* Kern, Martin. New Haven, Conn.: American Oriental Society, (American oriental series; v.85) 2000.
　　　 REV. Davidson, Steven C. China Review International Vol.9 No.2

3108. 摩崖　牛丸好一著　（日本）神戸新聞社　2001年

3109. 甲骨金石簡帛文學源流　劉奉光著　吉林人民出版社　2001年

3110. 石鼓文新解　趙經都著　紫禁城出版社　2002年6月

3111. 禹貢碣石山　郭雲鷹主編　濟南出版社　2002年8月

3112. 北魏道教造像碑藝術　張澤珣著　香港明石文化國際出版公司　2002年9月

北魏道教造像碑44點の圖錄を附錄する。

3113. 元氏封龍山漢碑群體研究　杜香文著　文物出版社　2002年11月
3114. 蓮坨古文字考釋集　朱大可著　(香港)南島出版社　2002年
　　　「石鼓文集釋」を含む。
3115. 泰山石經　安廷山著　齊魯書社　2003年3月
　　　山東泰山經石峪摩崖刻經の研究書。
3116. 漢碑古字通訓　全2卷（手稿本影印）　張延奐編撰　北京圖書館出版社　2003年5月
3117. 北朝摩崖刻經研究(續)　山東石刻藝術博物館編　焦德森主編　(香港)天馬圖書公司
　　　2003年12月
　　　2002年開催の山東北朝摩崖刻經考察與學術研討會の論文集。
3118. 齊魯碑刻墓誌研究　（齊魯文化學術文庫）　賴非著　齊魯書社　2004年1月
　　　「漢代碑刻」「雲峰刻石」「北朝摩崖刻經」「漢—唐墓誌」の4部分からなる。
3119. *Chinese steles: pre-Buddhist and Buddhist use of a symbolic form.* Wong, Dorothy C. Honolulu: University of Hawaii Press, 2004.
3120. 石鼓詩文復原　劉星著　暨南大學出版社　2004年3月
3121. 中國西部考古記、吐火羅語考　（世界漢學論叢）　(佛)謝閣蘭(Segalen, Victor)著、(佛)伯希和・(佛)列維著　馮承鈞譯　中華書局　2004年3月
3122. 鄭道昭與四山刻石　于書亭著　人民美術出版社　2004年6月
3123. 六朝文物　（六朝文化叢書）　羅宗眞・王志高著　南京出版社　2004年7月
　　　宗教石刻造像、帝王陵墓石刻、瓦當、墓誌、碑刻、畫像磚などについての記述を含む。
　　　六朝考古學研究的力作：《六朝文物》讀后　吳桂兵　考古2005-10
　　　六朝文物的一次大檢閱：讀羅宗眞・王志高先生近著《六朝文物》　賀雲翱　南京曉莊學院學報21-1　2005年。同　南方文物2006-1
3124. 20世紀固原文物考古發現與研究　馬建軍著　寧夏人民出版社　2004年7月
3125. 六朝石刻話風流　許燿華・王志高・王泉編著　文物出版社　2004年8月
3126. 金石簡帛詩經研究　于茀著　北京大學出版社　2004年10月
3127. 齊魯摩崖石刻　（齊魯歷史文化叢書第10輯）　賴非著　山東文藝出版社　2004年10月
3128. 漢魏晉南北朝誄碑文研究　（中國古典文學研究叢書）　黃金明著　人民文學出版社

2005年3月

3129. 4～6世紀における華北石刻史料の調査・研究（平成13～16年度科學研究費補助金〈基盤研究（B）（1）〉研究成果報告書）　佐藤智水編　（日本）龍谷大學　2005年3月

「研究編」に論文5編、「史料編」に佐藤智水編「陝西省燿縣藥王山碑林造像銘集録（初稿）」と、佐川英治編「北齊（河北省定興縣）標異郷義慈惠石柱　全録文」を収める。

3130. 女媧文化與摩崖刻經學術報告會　河北渉縣文物旅游局編・印？　2005年5月

3131. 女媧文化研究　周天游・王子今主編　三秦出版社　2005年

3132. 石鼓史話　丁孟著　中國社會出版社　2005年7月

3133. 石門：漢中文化遺産研究（2005）　漢中市博物館編　三秦出版社　2006年1月

3134. 北朝摩崖刻經研究（三）　山東石刻藝術博物館編　焦德森主編　內蒙古人民出版社　2006年7月

2005年開催の中國北朝摩崖刻經學術研討會の論文集。

3135. 石鼓文解讀　王美盛著　齊魯書社　2006年8月

3136. 魏碑津梁　杜毓成著　三秦出版社　2006年10月

3137. 《瘞鶴銘》石刻考證　劉建國・潘美雲著　江蘇人民出版社　2006年11月

3138. 漢魏洛陽城遺址研究　（中國大遺址研究文庫）　杜金鵬・錢國祥主編　科學出版社　2007年1月

出土した各種石刻の研究論文を含む。

3139. 三老碑彙考　西泠印社編　上海書店出版社　2007年2月

3140. 東漢碑刻複音詞研究　劉志生著　巴蜀書社　2007年5月

3141. 北魏胡族體制論　（北海道大學大學院文學研究科研究叢書）　松下憲一著　（日本）北海道大學出版會　2007年5月

書評・新刊紹介：松下憲一著『北魏胡族體制論』　佐川英治　（日本）唐代史研究11　2008年8月

3142. 漢代陵墓圖考　王子雲著　太白文藝出版社　2007年6月

第5章「漢代陵墓之藝術」で石刻、磚瓦、明器について述べる。

3143. 考古發現與早期道教研究　劉昭瑞著　文物出版社　2007年6月

3144. 「西狹頌」研究　樊軍著　蘭州大學出版社　2007年9月

3145. 魏三體石經古文輯證 （聊城大學博士文庫） 趙立偉著 社會科學文獻出版社 2007年9月

3146. 石鼓箋釋 （無錫市歷史學會档案學會學術研究系列叢書） 鮑漢祖著 鳳凰出版社 2007年11月

3147. 山東北朝佛教摩崖刻經調查與研究 賴非著 科學出版社 2007年12月

　　　山東泰嶧山區の北朝佛教摩崖刻經に對する20年間の全面的な調査と研究の成果を收める。

*301. 石鼓文整理研究 全2冊 徐寶貴著 中華書局 2008年1月

　　　[上]研究篇、[下]資料篇からなる。

*302. 洛陽東漢黃腸石題銘研究 趙振華編著 國家圖書館出版社 2008年7月

附錄1　陶磚銘文・瓦當關係圖書

3148. 半瓦當の研究 關野雄著 （日本）岩波書店 1952年11月

3149. 摹廬叢著七種 陳直著 齊魯書社 1981年1月

　　　「秦漢瓦當概述」「關中秦漢陶錄提要」を收錄。

3150. 齊故城瓦當 李發林著 文物出版社 1990年2月

3151. 中國古代瓦當文樣の研究 附：瓦當文樣の謎を追って 全2冊 村上和夫著 （日本）岩波ブックサービスセンター 1990年6月。（中國古代瓦當紋樣研究 趙叢蒼・曉陸譯 三秦出版社 1996年11月）

　　　瓦當研究的一部新作：介紹《中國古代瓦當紋樣研究》 武青 考古與文物1994-4

3152. 秦前文字之語 （山左名賢遺書） （清）陳介祺著 陳繼揆整理 齊魯書社 1991年4月

3153. 簠齋藏秦漢瓦當略辨 （日本）小木太法著 史宇譯 中國國際廣播出版社 1993年8月

3154. 中國のタイル：悠久の陶・塼史 （INAX BOOKLET タイルシリーズ） 山本正之監修 （日本）INAX 1994年9月

3155. 女書與史前陶文研究 李荊林著 珠海出版社 1995年9月

3156. 古代瓦當 （中國文物序列叢書） 戈父編著 中國書店 1997年9月

3157. 屋檐上的藝術：中國古代瓦當 （華夏文明探祕叢書22） 陳根遠・朱思紅著 四川教育出版社 1998年7月

3158. 齊國瓦當藝術 安立華編著 人民美術出版社 1998年10月

3159. 春秋戰國秦漢時代出土文字資料の研究　（汲古叢書22）　江村治樹著　（日本）汲古書院　2000年2月

　　　陶文資料の研究を含む。

　　　　書評：江村治樹著『春秋戰國秦漢時代出土文字資料の研究』　高津純也　（日本）史學雜誌110-3　2001年3月

　　　　書評：同上　宮本一夫　（日本）中國出土資料研究5　2001年3月

　　　　批評と紹介：同上　高木智見　（日本）名古屋大學東洋史研究報告26　2002年3月

　　　　批評・紹介：同上　森谷一樹　（日本）東洋史研究61-2　2002年9月

3160. 高句麗瓦當研究　耿鐵華・尹國有著　吉林人民出版社　2001年12月

3161. 瓦當留眞　（中國民間個人收藏叢書）　陳根遠著　遼寧畫報出版社　2002年7月

3162. 鄭國古城與壙磚收藏　鄭耀榮主編　張明鑑著　中州古籍出版社　2003年

3163. 漢代文字考釋與欣賞　宗鳴安編著　陝西人民美術出版社　2004年2月

3164. 秦漢瓦當圖論　王培良著　三秦出版社　2004年3月

3165. 燕下都瓦當研究　劉德彪・吳磬軍著　河北大學出版社　2004年6月

3166. 簠齋論陶　（清）陳介祺撰　陳繼揆整理　文物出版社　2004年9月

3167. 簠齋鑑古與傳古　（清）陳介祺撰　陳繼揆整理　文物出版社　2004年9月

3168. 先秦兩漢瓦當飾文考　（文彧齋藏本）　全1函8冊　關增鑄撰　吳秀華編　綫裝書局　2004年11月

3169. 六朝瓦當與六朝都城　賀雲翱著　文物出版社　2005年3月

3170. 瓦當鑑賞及收藏　（中國民間收藏實用全書）　倪洪林主編　北方文藝出版社　2005年10月

3171. 中國古代瓦當研究　（考古新視野叢書）　申雲艷著　文物出版社　2006年7月

　　　卷末に「中國古代瓦當出土一覽表」を附す。

　　　　讀《中國古代瓦當研究》　李毓芳　考古2007-7

3172. 中華磚瓦史話　湛軒業・傅善忠・梁嘉琪主編　中國建材工業出版社　2006年11月

＊303. 燕下都瓦當文化考論　吳磬軍著　河北大學出版社　2008年9月

附錄2　畫像石磚關係圖書

3173. 漢畫藝術研究　常任俠著　上海出版公司　1955年12月

3174. 漢代畫象の研究　（京都大學人文科學研究所研究報告）　長廣敏雄著　（日本）中央公論美術出版　1965年10月

3175. 南陽の畫象石　長廣敏雄編　（日本）美術出版社　1969年3月

3176. 漢畫與漢代社會生活　何浩天著　（臺灣）國立編譯館中華叢書編審委員會　1969年

3177. *Everyday life in early imperial China during the Han period, 202BC-AD220*. Loewe, Michael. London: Transworld Publishers, 1973.

3178. 漢代の文物　林巳奈夫編　（日本）京都大學人文科學研究所　1976年12月。（日本）朋友書店　1996年10月　再刊

3179. 武氏墓群石刻　駱承烈・朱錫祿編著　曲阜師範學院歷史系中國古代史研究室　1979年12月

3180. 漢畫裏的故事　河南人民出版社編　河南人民出版社　1981年1月

3181. 山東漢畫像石研究　李發林著　齊魯書社　1982年10月
　　　「蒼山元嘉元年畫像石墓題記的簡釋」「嘉祥宋山出土永壽三年石刻題記簡釋」を附錄する。
　　　評介《山東漢畫像石研究》　甌燕　考古1984-9

3182. 四川漢代畫象磚與漢代社會　劉志遠・余德章・劉文傑編著　文物出版社　1983年12月
　　　評介《四川漢代畫象磚與漢代社會》　周九香　四川文物1985-2
　　　《四川漢代畫象磚與漢代社會》一書讀后　劉敦願　成都文物1987-4

3183. 漢代畫象石　吳曾德著　文物出版社　1984年6月

3184. 中國美術論集　長廣敏雄著　（日本）講談社　1984年9月

3185. 古樂發隱：嘉峪關魏晉墓磚壁畫樂器考證　牛龍菲著　甘肅人民出版社　1985年

3186. 古代中國の畫象石　土居淑子著　（日本）同朋舍出版　1986年6月

3187. 神畫主神研究　陳履生著　紫禁城出版社　1987年

3188. 漢代畫象石研究　南陽漢代畫象石學術討論會辦公室編　文物出版社　1987年12月

3189. 漢代の神神　林巳奈夫著　（日本）臨川書店　1989年3月

3190. 漢畫文學故事集　李鐵著　中國青年出版社　1989年4月

3191. 嘉峪關魏晉墓彩繪磚畫淺識　張軍武・高鳳山著　甘肅人民出版社　1989年8月

3192. 中國舞踏發展史　（中國文化史叢書）　王克芬著　上海人民出版社　1989年10月

3193. *The Wu Liang Shrine: the ideology of early Chinese pictorial art.* Wu, Hung. Stanford, Calif.: Stanford University Press, 1989.

3194a. 中國漢代の畫像石：山東の武氏祠　劉興珍・岳鳳霞編　邱茂譯　(北京)外文出版社　1991年1月

3194b. *Han dynasty stone reliefs: the Wu family shrines in Shandong Province*（＝中國漢代畫像石：山東武氏祠). Liu, Xingzhen (劉興珍), and Yue, Fengxia (岳鳳霞). Beijing: Foreign Languages Press, 1991.

3195. 畫像が語る中國の古代　(イメージ・リーディング叢書)　渡部武著　(日本)平凡社　1991年11月

3196. 漢代樂舞百戲藝術研究　蕭亢達著　文物出版社　1991年12月

3197. 漢畫與戲曲文物　河南省石刻藝術館　周到著　中州古籍出版社　1992年1月

3198. 石に刻まれた世界：畫像石が語る古代中國の生活と思想　(東方選書)　林巳奈夫著　(日本)東方書店　1992年1月

3199. 武氏祠漢畫石刻考評　賈慶超著　山東大學出版社　1993年5月

3200. 南陽漢畫像磚石的視覺造型　黃雅峰著　河南美術出版社　1994年10月

3201. 漢代武氏墓群石刻研究　蔣英炬・吳文祺編著　山東美術出版社　1995年9月

　　《漢代武氏墓群石刻研究》評介　甌燕　考古1997-2

　　武氏祠研究的一些問題：巫著《武梁祠：中國古代圖象藝術的意識型態》和蔣・吳著《漢代武氏墓群石刻研究》讀記　邢義田　(臺灣)新史學8-4　1997年

3202. 南陽漢代天文畫像石研究　韓玉祥主編　魏仁華・李陳廣副主編　民族出版社　1995年10月

　　評《南陽漢代天文畫像石研究》　劉安　南都學壇16-2　1996年

3203. 中國民間游戲與競技　(中華本土文化叢書)　郭泮溪著　生活・讀書・新知上海三聯書店　1996年1月

3204. 武氏祠漢畫像石中的故事　朱錫祿編著　山東美術出版社　1996年3月

3205. 中國漢代畫像石の研究　信立祥著　(日本)同成社　1996年3月

　　漢畫像石研究的新成果：評《中國漢代畫像石研究》　楊泓　考古1997-9

　　信立祥著《中國漢代畫像石研究》讀記　邢義田　臺灣大學歷史學報25　2000年

3206. 漢畫學術文集　韓玉祥主編　河南美術出版社　1996年11月

3207. 漢畫：河南漢代畫像研究　（河南文博總志之三）　周到・王曉著　中州古籍出版社　1996年12月

3208. 漢代畫像石磚研究：'93中國・南陽漢畫國際學術研討會論文集（中原文物1996年增刊）　南陽市文化局編　王建中主編　1996年

3209. *A guide to the tomb and shrine art of the Han dynasty 206 B.C.-A.D.220.* James, Jean M. Lewiston: E. Mellen Press,（Chinese studies; v. 2) 1996.

3210. 不爲觀賞的畫作：漢畫像石和畫像磚　（華夏文明探祕叢書38）　楊愛國著　四川教育出版社　1998年7月

3211. 南陽漢代畫象石墓　韓玉祥・李陳廣主編　南陽漢畫館編著　河南美術出版社　1998年12月

3212. 東漢畫像石與道教發展：兼論敦煌壁畫中的道教圖像　俞美霞著　（臺灣）南天書局　2000年5月

3213. 漢畫考釋和研究　（中華學人文稿叢書）　李發林著　中國文聯出版社　2000年7月

3214. 漢代畫像石綜合研究　信立祥著　文物出版社　2000年8月

3215. 漢代徐州畫像石の世界：乾坤を生きた人々　杉原たく哉著　戶祭衞編　（日本）まゆ企劃　2001年1月

3216. 漢代畫像石與畫像磚　（20世紀中國文物考古發現與研究叢書）　蔣英炬・楊愛國著　文物出版社　2001年3月

3217. 漢畫像的音樂學研究　（中華音樂家書系叢書）　李榮有著　京華出版社　2001年5月

3218. 漢代畫像石通論　（中國考古文物通論叢書）　王建中著　紫禁城出版社　2001年6月

3219. 畫像石　（中國民間個人收藏叢書）　歐陽摩一著　遼寧畫報出版社　2001年8月

3220. 畫像磚　（中國民間個人收藏叢書）　王明發著　遼寧畫報出版社　2001年8月

3221. 南陽漢畫館　韓玉祥・曹新洲主編　南陽漢畫館　2002年3月

3222. 中國漢代の畫像と畫像墓：本文編・資料編　全2册　羅二虎著　渡部武譯　（日本）慶友社　2002年10月

3223. 漢畫像石　（山東文物叢書6）　張從軍[等]編著　山東友誼出版社　2002年10月

3224. 淮北漢畫像初探　（淮北市政協漢文化叢書）　高書林著　天津人民美術出版社　2002年

10月

3225. 吳頤人題漢畫像石　吳頤人書　上海辭書出版社　2003年8月

3226. 綏德文庫：漢畫像石卷　曹世玉總編　李貴龍主編　中國文史出版社　2004年1月

3227. 黃河下游的漢畫像石藝術　全2冊　（山東文獻與傳統文化研究叢書）　張從軍著　齊魯書社　2004年8月

　　　讀《黃河下游的漢畫像石藝術》有感　王睿　中國文物報2005年3月30日

3228. 中國漢畫學會第九屆年會論文集　全2冊　朱青生主編　中國社會出版社　2004年10月

3229. 中國漢畫研究　第1〜2卷　中國漢畫學會・北京大學漢畫研究所編　朱青生主編　廣西師範大學出版社　2004年10月〜2006年1月

3230. 山東漢畫像石　（齊魯歷史文化叢書）　楊愛國著　山東文藝出版社　2004年10月

3231. 周到藝術考古文集　（河南博物院學術文庫）　周到著　河南博物院編　大象出版社　2004年12月

3232. 漢墓神畫研究：神話與神話藝術精神的考察與分析　李立著　上海古籍出版社　2004年12月

3233. 漢畫像石宗教思想研究　（美術學博士文叢）　汪小洋著　天津人民美術出版社　2004年12月

3234. 漢畫像的象徵世界　朱存明著　人民文學出版社　2005年1月

3235. 解讀畫像磚石中的漢代文化　（文化尋根叢書1）　周學鷹著　中華書局　2005年10月

3236. 畫像石・畫像磚鑑賞及收藏　（中國民間收藏實用全書）　倪洪林主編　北方文藝出版社　2005年10月

3237. 幽明兩界：紀年漢代畫像石研究　楊愛國著　陝西人民美術出版社　2006年1月

3238. 走進漢畫　趙承楷・江繼甚著　上海書店出版社　2006年1月

3239. 漢畫解讀　馮其庸題評　劉輝解讀　文化藝術出版社　2006年3月

3240. 北魏棺床の研究：和泉市久保惣記念美術館　石造 人物神獸圖棺床研究　（日本）和泉市久保惣記念美術館編・印　2006年3月

　　　圖版62と、黒田彰「和泉市久保惣記念美術館藏北魏石床攷」、木島史雄「匡僧安墓誌小考」、橋詰文之「石造人物神獸圖棺床の構造と細部の考察」を收める。

3241. 四川崖墓藝術　范小平著　巴蜀書社　2006年4月

3242. 走訪漢代畫像石　（畫說漢唐文明叢書）　楊愛國著　三秦出版社　2006年6月

3243. 武梁祠：中國古代畫像藝術的思想性＝ The Wu Liang Shrine: the ideology of early Chinese pictorial art.　（開放的藝術史叢書）　（米）巫鴻（Wu, Hong）著　柳揚・岑河譯　生活・讀書・新知三聯書店　2006年8月

3244. 漢代裝飾藝術史　鄭軍編著　山東美術出版社　2006年9月

3245. 漢畫研究：中國漢畫學會第十屆年會論文集　中國漢畫學會・南陽師範學院漢文化研究中心編　鄭先興執行主編　湖北人民出版社　2006年9月

3246. 漢畫故事：古典藝術解讀：漢代畫像石研究　（漢畫研究系列叢書）　張道一著　重慶大學出版社　2006年10月

3247. 畫像石藝術鑑賞　（中國收藏鑑賞叢書）　楊絮飛編著　浙江大學出版社　2006年10月

3248. 畫像磚藝術鑑賞　（中國收藏鑑賞叢書）　李國新編著　浙江大學出版社　2006年10月

3249. 圖像生存：漢畫像田野考察散記　（文化田野圖文系列叢書5　東部田野書系）　朱存明著　廣西人民出版社　2007年2月

3250. 樸古與精妙：漢代武氏祠畫象　（歷史文物陳列館叢書2）　丁瑞茂著　（臺灣）中央研究院歷史語言研究所　2007年6月

3251. 北魏孝子畫像研究：《孝經》與北魏孝子畫像圖像身份的轉換　鄒清泉著　文化藝術出版社　2007年7月

3252. 南陽漢畫像石藝術　（地方特色文化系列教材叢書）　徐永斌主編　河南大學出版社　2007年9月

3253. 漢畫石語　孫桂儉編著　文物出版社　2007年11月

3254. 永恆的生命力量：漢代畫像石刻藝術研究　（史物叢刊57）　李宏著　國立歷史博物館編輯委員會編輯　（臺灣）國立歷史博物館　2007年11月

3255. 孝子傳圖の研究　黑田彰著　（日本）汲古書院　2007年11月

＊304. 宿州文物　《宿州文物》編寫組編　文物出版社　2008年1月
　　　宿州出土漢代畫像石の解説と寫眞を收録する。

＊305. 魯南漢畫像石研究　李錦山著　知識產權出版社　2008年4月

＊306. 彩繪漢畫像磚　劉克忠著　中共中央黨校出版社　2008年6月

＊307. 南陽漢畫像與生態民俗　（學苑文叢）　劉克著　學苑出版社　2008年6月

附錄3　岩畫關係圖書

3256. 雲南滄源崖畫的發現與研究　汪寧生著　文物出版社　1985年3月

　　　《雲南滄源崖畫的發現與研究》評介　王仁湘　考古1987-4

3257. 廣西左江流域崖畫考察報告(初稿)　廣西民族研究所編・印　1985年10月

3258. 陰山岩畫　蓋山林著　內蒙古人民出版社　1986年9月

3259. 陰山岩畫　蓋山林著　文物出版社　1986年12月

　　　《陰山岩畫》評介　王仁湘　考古1988-9

　　　一幅生動的古代猎牧人歷史畫卷：讀《陰山岩畫》　鞏啓明　考古與文物1988-3

3260. 廣西左江流域崖壁畫考察與研究　廣西壯族自治區民族研究所編　廣西民族出版社
　　　1987年1月

3261. 孔望山與將軍崖　（江蘇旅游景點文庫）　李洪甫著　江蘇人民出版社　1988年9月

3262. 廣西左江岩畫　廣西壯族自治區文化廳文物處・廣西壯族自治區博物館編　王克榮・
　　　邱鍾崙・陳遠璋著　文物出版社　1988年12月

3263. 烏蘭察布岩畫　蓋山林編著　文物出版社　1989年12月

3264. 昌吉岩畫　（新疆昌吉回族自治州文史資料選輯第12輯）　中國人民政治協商會議昌吉回
　　　族自治州委員會學習文史資料委員會編・印　1990年3月

3265. 海州石刻：將軍崖岩畫與孔望山摩崖造象　連雲港史博物館編　李洪甫・武可榮著
　　　文物出版社　1990年9月

3266. *Timeless History: The rock art of China* ＝ 邁向原始的藝術世界：中國岩畫考察散記
　　　（英文本）　蔣振民著　新世界出版社　1991年1月

3267. 岩畫：永遠的魂靈　李克堅著　河南教育出版社　1991年6月

3268. 中國岩畫發現史　（中國文化史叢書）　陳兆復著　上海人民出版社　1991年9月
　　　卷末に「中國岩畫資料目錄」を附す。

3269. 萬山岩雕：臺灣首次發現摩崖藝術之研究　高業榮著　（臺灣）發行所未詳　1991年

3270. 中國史前神格人面岩畫　宋耀良著　三聯書店上海分店　1992年10月

3271. 左江崖畫藝術尋蹤　（廣西各族民間文藝研究叢書）　覃彩鑾・喻如玉・覃聖敏著　廣西

人民出版社　1992年11月

3272. 賀蘭山岩畫＝*Petroglyphs in the Helan Mountains*　寧夏回族自治區文物考古研究所編輯　許成・衞忠編著　文物出版社　1993年6月

3273. 賀蘭山與北山岩畫　李祥石・朱存世著　寧夏人民出版社　1993年6月

3274. 絲綢之路岩畫藝術（絲綢之路研究叢書2）周菁葆主編　新疆人民出版社　1993年6月

3275. 岩畫與生殖巫術（西域文化研究叢書）戸曉輝著　新疆美術攝影出版社　1993年10月

3276. 新疆岩畫（國際阿爾泰學研究叢書4）蘇北海著　新疆美術攝影出版社　1994年11月

3277. 澳門岩刻與中國東南沿海岩畫＝*Rock Engraving in Macao and in The Southeast Coast of China*（英文本）陳兆復著　澳門東方基金會　1994年

3278a. 岩畫　第一輯　中央民族大學中國岩畫研究中心編　陳兆復主編　中央民族大學出版社　1995年1月

3278b. 岩畫　第二輯　中央民族大學中國岩畫研究中心編　陳兆復主編　知識出版社　2000年

3279. 中國岩畫學（中國石文化叢書）蓋山林著　書目文獻出版社　1995年5月

3280. 賀蘭山岩畫研究　蔡秀華主編　江蘇文藝版社　1996年1月

3281. 貴州岩畫：描述與解讀（貴州民間文化研究叢書1）王良範・羅曉明著　貴州人民出版社　1997年10月

3282. 石刻論著彙編　第一集（中國石文化叢書）徐自強編　北京圖書館出版社　1997年12月
　　　王正賢・王子堯「貴州紅岩古迹研究」、李業成「紅崖文化與文化創生」、李福順「岩畫研究」、王正賢「史前圖畫文字的餘留：岩畫」などの論文を收錄。

3283. 中國原始藝術符號的文化破譯　孫新周著　中央民族大學出版社　1998年3月

3284. 阿爾泰岩畫藝術　劉青硯・劉宏編著　山東美術出版社　1998年4月

3285. 桌子山岩畫　梁振華編著　文物出版社　1998年9月

3286. 中國岩畫考察　宋耀良著　（臺灣）聯經出版事業公司　1998年10月

3287. 草原尋夢：内蒙古岩畫考察紀實（中國邊疆探察叢書）蓋山林著　山東畫報出版社　1999年5月

3288. '91國際岩畫委員會年會暨寧夏國際岩畫研討會文集　劉長宗主編　寧夏人民出版社　2000年2月

3289. 賀蘭山・賀蘭山岩畫（寧夏旅游叢書）湯曉芳著　寧夏人民出版社　2000年

3290. 陰山岩畫文化藝術論　班瀾・馮軍勝著　遠方出版社　2000年12月

3291. 地母之歌：中國彩陶與岩畫的生死母題　（中國彩陶文化解密叢書）　戶曉輝著　上海文化出版社　2001年1月

3292. 達茂岩畫　（達茂文史資料第3輯）　達茂旗文史資料委員會　2001年2月

3293. 世界岩畫的文化闡釋　蓋山林著　北京圖書館出版社　2001年6月

3294. 青海岩畫：史前藝術中二元對立思維及其觀念的研究　湯惠生・張文華著　科學出版社　2001年7月

3295. 岩畫上的蛛絲馬迹　（貴州祕境叢書）　田景星・張明著　貴州人民出版社　2001年9月

3296. 2000寧夏國際岩畫研討會文集　王邦秀主編　寧夏人民出版社　2001年11月

3297. 古代岩畫　（20世紀中國文物考古發現與研究叢書第3輯）　陳兆復著　文物出版社　2002年2月

3298. 珠海寶鏡灣巖畫判讀　李世源著　文物出版社　2002年9月

3299. 岩畫探祕　（旅游文化叢書）　周興華著　寧夏人民出版社　2002年

3300. 內蒙古岩畫的文化解讀　蓋山林・蓋志浩著　北京圖書館出版社　2002年12月

3301. 懸棺與岩畫　曾水向編著　四川美術出版社　2003年8月

3302. 賀蘭山岩畫與世界遺產　束錫紅・鄭彥卿・吳瓊著　寧夏人民出版社　2003年11月

3303. 經歷原始：青藏高原地區文物調查隨筆　（文化田野圖文系列叢書　西部田野書系）　湯惠生著　廣西人民出版社　2004年1月

3304. 岩畫及墓葬壁畫　（遙望星宿：甘肅考古文化叢書）　嶽邦湖・田曉・林思平・張軍武著　敦煌文藝出版社　2004年2月

3305. 發現岩畫　（西北第二民族學院學術文庫）　李祥石著　寧夏人民出版社　2005年1月

3306. 獨目人山谷：祕域青河　（神祕中國系列叢書）　黃石著　外文出版社　2005年1月

3307. 亞歐草原岩畫藝術論集　（文明的中介：漢譯亞歐文化名著）　陳弘法編譯　中國人民大學出版社　2005年5月

3308. 阿拉善烏海大漠祕境岩畫　訪古航天科技游　內蒙古自治區旅游局編　遠方出版社　2005年9月

3309. 文山岩畫 = *Wenshan rock-paintings*　（文山民族文化系列叢書）　文山壯族苗族自治州文化局編　李昆聲主編　雲南人民出版社　2005年11月

3310. 西藏的岩畫 （藏學文庫） 張亞莎著 青海人民出版社 2006年9月

3311. 懸崖上的民族：僰人及其懸棺 黃華良・李詩文編著 巴蜀書社 2006年12月

3312. 山崖上的圖像敍事：貴州古代岩畫的文化釋讀 （貴州地方知識與文化記憶叢書） 羅曉明・王良范[等]著 貴州人民出版社 2007年5月

3313. 岩畫與遊牧文化 束錫紅・李祥石著 上海古籍出版社 2007年8月

3314. 岩畫中的文字和文字中的歷史 高嵩・高原著 寧夏人民出版社 2007年9月

3315. 劉志洲山岩畫謎蹤 高偉著 百家出版社 2007年

＊308. 中國岩畫藝術 （北方文明講壇） 班瀾・馮軍勝著 內蒙古人民出版社 2008年3月

＊309. 人面岩畫之謎 宋耀良著 上海文藝出版社 2008年4月

＊310. 克孜爾岩畫研究 （絲路佛光叢書） 史曉明・王建林著 新疆美術攝影出版社 2008年4月？

附錄4　高句麗廣開土王(好太王)碑關係圖書

3316. 好太王碑考 水谷悌二郎著 書品100號 （特集：高句麗・好太王） （日本）東洋書道協會 1959年6月。のちに、好太王碑考 （附別冊「原石拓本」） 水谷悌二郎著 （日本）開明書院 1977年9月

3317. 初期朝日關係研究 金錫亨著 （朝）社會科學院出版社 1966年。〈古代朝日關係史：大和政權と任那 朝鮮史研究會譯 （日本）勁草書房 1969年10月〉

3318. 廣開土王陵碑 朴時亨著 （朝）社會科學院出版社 1966年3月。〈廣開土王陵碑 井上秀雄抄譯 （日本）朝鮮研究年報9 1967年6月。廣開土王陵碑 全浩天譯 （日本）そしえて 1985年8月〉

3319. 廣開土王陵碑の研究：附資料編 李進熙著 （日本）吉川弘文館 1972年10月。増訂版 同 1974年11月。〈廣開土王陵碑의探求 李基東譯 （韓）一潮閣 1982年5月〉
　　書評：李進熙著『廣開土王陵碑の研究』 井上秀雄 （日本）史林56-3 1973年5月
　　好太王碑文の「改削」說の批判：李進熙氏「廣開土王陵碑の研究」について 古田武彥 （日本）史學雜誌82-8 1973年8月

3320. 廣開土聖陵碑文譯註 李裕岦著 （韓）大東文化社 1973年3月

3321. 好太王碑の謎：日本古代史を書きかえる 李進熙著 （日本）講談社 1973年11月

批評と紹介：古代朝・日關係史再檢討への問題點：李進熙著『好太王碑の謎』　中塚明　（日本）統一評論113　1974年7月

3322. 研究史　廣開土王碑　佐伯有清著　（日本）吉川弘文館　1974年8月
3323. 古代朝鮮と日本　朝鮮史研究會編　（日本）龍溪書舍　1974年10月
3324. 廣開土王碑と參謀本部　佐伯有清著　（日本）吉川弘文館　1976年5月
3325. 七支刀と廣開土王碑（古代史演習）　佐伯有清著　（日本）吉川弘文館　1977年4月
3326. 廣開土大王勳績碑文論（柏堂史學論叢1）　文定昌著　（韓）柏文堂　1977年10月
3327. 好太王碑と任那日本府　李進熙著　（日本）學生社　1977年10月
3328. 廣開土王碑と七支刀　李進熙著　（日本）學生社　1980年11月
3329. 好太王碑研究　王健群著　吉林人民出版社　1984年8月。〈好太王碑の研究（シリーズ歷史研究）　吉林人民出版社編集　林國本・繆光禎翻譯　（日本）雄渾社　1984年12月。廣開土王碑研究　林東錫譯　（韓）역인사　1985年〉

　　評《好太王碑研究》　俞慈韵　圖書館學研究1985-3
　　對《好太王碑研究》一書引用吉林省地方志資料失誤處的訂正　陳久仁　圖書館學研究1985-3
　　批評・紹介：王健群著『好太王碑の研究』　古畑徹　（日本）東洋史研究44-2　1985年9月
　　王健群氏の『好太王碑の研究』を讀んで　李進熙　（日本）東アジアの古代文化42　1986年

3330. 好太王碑探訪記　寺田隆信・井上秀雄編　（日本）日本放送出版協會　1985年3月
3331. 好太王碑：50年ぶりに見た高句麗の遺跡　寺田隆信編著　（日本）ぎょうせい　1985年9月
3332. 廣開土王碑研究資料集　金根洙編　（韓）永信아카데미韓國學研究所　1985年
3333. シンポジウム好太王碑：四・五世紀の東アジアと日本　三上次男［等］著　東方書店編　（日本）東方書店　1985年12月
3334. 廣開土大王陵碑新研究（韓國史選書）　李亨求・朴魯熙著　（韓）同和出版公社　1986年1月
3335. 好太王碑論爭の解明："改ざん"說を否定する　藤田友治著　（日本）新泉社　1986年9月

　　『好太王碑論爭の解明』書評　山田宗睦　（日本）市民の古代9　1987年

3336. 好太王碑と高句麗遺跡：四・五世紀の東アジアと日本　王健群・賈子金・方起東著

　　　　　　讀賣新聞外報部譯　（日本）讀賣新聞社　1988年6月

3337. 好太王碑と集安の壁畫古墳：躍動する高句麗文化　讀賣テレビ放送編　（日本）木耳社　1988年9月

3338. 高句麗と東アジア：「廣開土王碑」研究序說　武田幸男著　（日本）東京大學出版會　1989年6月

　　　　書評：武田幸男著『高句麗と東アジア：「廣開土王碑」研究序說』　佐伯有清　（日本）日本歷史508　1990年9月

3339. 廣開土王碑研究の軌跡　星野良作著　（日本）吉川弘文館　1991年1月

3340. 南北好太王碑：廣開土王碑　俞禹植著　（韓）西江學術資料社　1991年5月

3341. 廣開土大王碑　李奉昊編著　（韓）友一出版社　1991年

3342. 日本古器銘と好太王碑文：新解讀並びに考古文字地理　福宿孝夫著　（日本）中國書店　1991年12月

3343. 好太王碑與古代朝日關係研究　朴眞奭著　延邊大學出版社　1993年3月。同　（韓）博而精　1993年11月。〈好太王碑與古代朝日關係研究　李東源・張若楓譯（延邊大學學術叢書）延邊大學出版社　1996年12月〉

3344. 廣開土王碑文の研究　白崎昭一郎著　（日本）吉川弘文館　1993年6月

3345. 廣開土王碑と古代日本　鈴木靖民・田村晃一・橫山昭一・武田幸男・濱田耕策著　東京都目黑區教育委員會編　（日本）學生社　1993年9月

3346. 好太王碑新考　耿鐵華著　吉林人民出版社　1994年6月

3347. 廣開土大王碑　金膺顯編著　（韓）東方研書會　1994年11月

3348. 新羅花郎・軍事史研究：附 廣開土王碑文의倭研究　李鍾學著　（韓）서라벌군사연구소　1995年5月

3349. 高句麗廣開土大王碑　（高句麗史論文選集7・8）　全2冊　弗咸文化社編　（韓）弗咸文化社　1995年7月

3350. 高句麗と朝鮮古代史　（末松保和朝鮮史著作集3）　末松保和著　（日本）吉川弘文館　1996月4月

3351. 高句麗好太王碑研究　（亞細亞學術叢書1）　朴眞奭著　（韓）亞細亞文學社　1996年8月。(高句麗好太王碑研究　李東源譯　延邊大學出版社　1999年12月)

3352. 廣開土王と「倭の五王」:讚・珍・濟・興・武の驚くべき正體　小林惠子著　(日本)文藝春秋　1996年 8月

3353. 廣開土好太王碑研究100年　(高句麗研究 2)　高句麗研究會編　(韓)學硏文化社　1996年12月

3354. 廣開土王碑文의 新研究　(徐羅伐研究叢書 5)　李鍾學・李道學・鄭壽岩・朴燦圭・池炳穆・金賢淑著　(韓)徐羅伐軍事研究所　1999年 3月

3355. 好太王碑拓本研究　朴眞奭編著　黑龍江朝鮮民族出版社　2001年 6月

3356. 廣開土大王碑文과 日本의 記紀神話　(韓國日本學協會日本文化研究叢書 6)　權五曄著　(韓)韓國日本學協會　2001年12月

3357. 廣開土太王과 高句麗南進政策:廣開土太王論著目錄　(高句麗研究會學術叢書 3)　高句麗研究會編　(韓)學硏文化社　2002年12月

3358. 加耶와 廣開土王　(第9回加耶史國際學術會議)　金海市學術委員會・金海市文化整備課編　(韓)金海市　2003年 4月

3359. 好太王碑研究とその後 (靑丘文化叢書10) 李進熙著　(日本)靑丘文化社　2003年 6月

3360. 好太王碑一千五百八十年祭　(東北邊疆研究叢書)　耿鐵華著　中國社會科學出版社　2003年 8月

3361. 廣開土大王碑와 韓日關係　(韓日關係史研究論集 1)　(韓)景仁文化社　2005年 6月

3362. 廣開土太王과 東아시아世界　(高句麗研究第21輯)　高句麗研究會編　(韓)學硏文化社　2005年12月

3363. 高句麗廣開土王陵碑文研究:廣開土王陵碑文을통한高句麗史　李道學著　(韓)西京文化社　2006年 1月

3364. 好太王碑拓本の研究　徐建新著　(日本)東京堂出版　2006年 2月

　　　書評と紹介:徐建新著『好太王碑拓本の研究』　濱田耕策　(日本)日本歷史708　2007年 5月

3365. 廣開土王の素顔:古代朝鮮と日本　(文春文庫)　武光誠著　(日本)文藝春秋　2007年 3月

3366. 廣開土王碑との對話　(白帝社アジア史選書10)　武田幸男著　(日本)白帝社　2007年10月

C 隋唐五代を主とする圖書

3367. *Ancient historical edicts at Lhasa and the Mu Tsung / Khri Gtsug Lde Brtsan treaty of A. D. 821-822 from the inscription at Lhasa.* Richardson, Hugh Edward. London: Royal Asiatic Society of Great Britain and Ireland; Luzac, (Royal Asiatic Society of Great Britain and Ireland. Prize Publication Fund series; Vol.19) 1952.

3368. 關于唐袁滋題名摩崖　謝文朂撰　雲南省昭通地區文化館　胶印本　1973年10月

3369. *Les Inscriptions funéraires de Ts'ouei Mien* 崔沔 (673-739), *de sa femme née Wang* 王 (685-734) *et de Ts'ouei Yeou-Fou* 崔祐甫 (721-780). Des Rotours, Robert. Paris: École française d'Extrême-Orient, (Publications de l'École française d'Extreme-Orient; v.99) 1975.

3370. *The aristocratic families of early imperial China: a case study of the Po-ling Ts'ui family.* Ebrey, Patricia Buckley. Cambridge [Eng.]; New York: Cambridge Uni-versity Press, 1978.

　　書評：P. B. エブリィ著『前期帝政中國の門閥氏族:博陵崔氏の一研究』　吉岡眞　（日本）史學研究148　1980年7月

3371. 中國景教：唐景教碑新探　朱謙之著　世界宗教研究所編輯（內部發行）1982年6月。のちに改題して、中國景教：中國古代基督教研究　同著　東方出版社　1993年5月

3372. 唐代渤海《貞孝公主墓誌》研究　王承禮著　吉林省社會科學院歷史研究所　1983年11月

3373. 中國建築と金石文の研究　（福山敏男著作集6）　福山敏男著　（日本）中央公論美術出版　1983年11月

　　「中國石窟の展望」「敦煌石窟編年試論」「唐長安城の東南部：呂大防長安圖碑の復原」「禮經に見える碑と秦の刻石」などの論文を含む。

3374. 東突厥汗國碑銘考釋：骨咄祿・默啜和毗伽可汗執政年間（680-734年）（佛）勒內＝吉羅（Giraud, Rene）著　耿昇翻譯　新疆社會科學院歷史研究所　1984年2月

3375. 郎官石柱題名新考訂（外三種）　岑仲勉著　上海古籍出版社　1984年5月

　　標題作の他、「翰林學士壁記注補」「補唐代翰林兩記」「登科記考訂補」を收錄。

3376. 天平の客、ペルシア人の謎：李密翳と景教碑　李家正文著　（日本）東方書店　1986

年11月

3377. 唐刺史考　全5冊　郁賢皓著　中華書局香港分局・江蘇古籍出版社　1987年2月

　　　墓誌などの石刻史料も大量に利用し、唐代の刺史就任者を州ごとに年次順に列擧する。

　　　《唐刺史考》補遺　榮新江　文獻1990-2（第44期）

　　　〈唐刺史考〉補遺・訂正　郁賢皓　文教資料1990-3・4

　　　道藏所見唐刺史考　朱玉麒　南京師大學報(社會科學) 1992-4

　　　唐刺史考指瑕　劉乾　平原大學學報1992-4

　　　唐刺史考小補　熊飛　咸寧師專學報1994-2・3

　　　《唐刺史考》補　賀忠輝　文博1998-1

　　　《唐刺史考》訂補53則　劉洁・富康年　西北民族學院學報(哲學社會科學) 1999-3

　　　《唐刺史考》增補　賀忠輝　文博2000-2

3378. *A Study of the Old Tibetan Inscriptions*（古代西藏碑文研究）.（中央研究院歷史語言研究所專刊91）Li, Fang-kuei（李方桂）, and Coblin, W. South（柯蔚南）.（臺灣)中央研究院歷史語言研究所　1987年6月。**古代西藏碑文研究**　同　王啓龍譯　西藏人民出版社　2006年7月。**古代西藏碑文研究**　同　王啓龍譯　（李方桂全集9）　清華大學出版社　2007年6月

　　　「唐蕃會盟碑」とチベット文碑刻（8〜9世紀)、合計14點の釋文と研究を收錄する。

　　　李方桂・柯蔚南新著《古代西藏碑文研究》　王堯　民族語文1988-4

3379. 中國の考古學：隋唐篇　岡崎敬著　同朋舍出版　1987年6月

　　　隋「獨孤羅墓誌」・唐「張九齡墓誌」の研究、唐「昭陵碑林」目錄などを含む。

　　　批評・紹介：中國の考古學—隋唐篇（岡崎敬著）　愛宕元　(日本)東洋史研究47-2　1988年9月

3380. 古城集　武伯綸著　三秦出版社　1987年10月

　　　「西安碑林簡史」、「唐永太公主墓誌銘」、「碑林拓片在日本展出」、「讀唐墓誌隨筆」を含む。

3381. 中國中古社會史論　毛漢光著　(臺灣) 聯經出版事業公司　1988年2月

　　　石刻史料を多用した魏晉〜唐の門閥士族關係の論文を收錄する。

3382. 孫思邈醫德紀念碑文集　《孫思邈醫德紀念碑文集》編輯委員會編　陝西人民出版社　1989年6月

3383. *The Shaolin Monastery Stele on Mount Song*. Tonami, Mamoru. Kyoto: Italian School of East Asian Studies, (Ed. Forte, Antonino. Epigraphical series 1) 1990.12.

原載、礪波護「嵩嶽少林寺碑考」〈川勝義雄・礪波護編『中國貴族制社會の研究』（日本）京都大學人文科學研究所、1987年3月、所收〉

3384. 古代突厥魯尼文碑銘：中亞細亞史原始文獻 （邊疆史地叢書） （露）克利亞什托爾内（Кляшторный, С.Г.）著　李佩娟譯　黑龍江教育出版社　1991年8月

評介《古代突厥魯尼文碑銘》兼談中譯本的問世　羅致平　中國邊疆史地研究1993-2

3385. 洛都美術史跡　宮大中著　湖北美術出版社　1991年10月

3386. 中國中世の文物　礪波護編　（日本）京都大學人文科學研究所　1993年3月

南北朝佛教道教造像碑・墓磚、西晉・唐墓誌、唐の家廟碑・法門寺「衣物帳」碑、唐の過所などについての論考を含む。

批評・紹介：中國中世の文物（礪波護編）　池田溫　（日本）東洋史研究53-3　1994年12月

3387. 嶺南第一唐刻：龍龕道場銘　陳大遠・郭興富主編　香港三昧出版社　1993年4月

廣東省羅定縣にある武周聖歷2年(699)「龍龕道場銘」の研究。施安昌氏の則天文字研究も收錄する。

3388. 迴紇タリアト・シネ＝ウス兩碑文（8世紀中葉）のテキスト復原と年代記載から見た北・東・中央アジア（共同研究：1993年度東海大學文學部研究助成金による研究成果報告書）（研究代表者）片山章雄編　（日本）東海大學　1994年1月

3389. 畫像磚石刻墓誌研究　洛陽市文物工作隊編　李獻奇・黃明蘭主編　中州古籍出版社　1994年9月

畫像磚石刻造像（西漢3、北魏5、北齊1、唐1、北宋4）、碑刻墓誌（東漢4、曹魏1、西晉1、北魏1、隋1、唐13、五代2、北宋3、金1、元1、明3、清1）、合計46點を收錄。

3390. 王建墓之謎　秦方瑜著　四川大學出版社　1995年3月

五代前蜀王建墓出土の玉版謚册・玉版哀册の考察を含む。

3391. 古代東アジア金石文論考　佐伯有清著　（日本）吉川弘文館　1995年4月

古代日本・朝鮮の金石資料の考察を中心に、唐代墓誌にもふれる。

3392. 新增千家唐文作者考　韓理洲著　三秦出版社　1995年10月

『全唐文』等に未收の唐五代の散文作者1220人（多くは碑刻墓誌撰者）とその作品名を列擧。

3393. 中國佛教石經の研究：房山雲居寺石經を中心に　氣賀澤保規編　（日本）京都大學學

術出版會　1996年3月

　　書評：氣賀澤保規編『中國佛教石經の研究：房山雲居寺石經を中心に』　高瀬奈津子　明大アジア史論集　創刊號　1997年3月

3394. 陝西古代石刻藝術　李域錚編著　三秦出版社　1995年12月

　　西安碑林博物館と陝西省各地に現存する西漢〜清代の代表的石刻作品（造像、畫像石、浮雕、綫畫、碑碣、碑帖、墓誌など）537件の解説と寫眞（拓本局部寫眞のもの、寫眞がないもの、釋文があるものあり）を收錄。隋碑5、唐碑66、隋墓誌26、唐墓誌140、合計237點を含む。

3395. *Die chinesische Innengrabinschrift fur Beamte und Privatiers des 7. Jahrhunderts*. Franz, Rainer von. Stuttgart: F. Steiner,（Munchener ostasiatische Studien Bd. 74）1996.

3396. 唐代地域社會史研究（東洋史研究叢刊25）愛宕元著　（日本）同朋舍出版　1997年2月

　　隋から宋初に及ぶ墓誌・碑刻資料の分析を多く含む。

　　書評・新刊紹介：愛宕元著『唐代地域社會史研究』　松本保宣　唐代史研究　創刊號　1998年6月

3397. 現存唐代墓誌の全體像　吉岡眞著『東洋における王朝權力解體過程の史的研究』（平成5〜8年度科學研究費補助金〈基盤研究（a）（2）〉研究成果報告書）寺地遵編　1997年3月　所收

3398. 唐碑遺恨（晉祠旅游文化叢書）　孟堯著　山西古籍出版社　1997年7月

3399. 現存唐代墓誌研究：總合目錄の作成（平成8〜9年度科學研究費補助金〈基盤研究（C）（2）〉研究成果報告書）　吉岡眞著　1998年3月

　　前揭吉岡眞氏著6篇（0003、0386、0390、0396、3397の項を參照）を合冊。

3400. 西安碑林名碑考　田潤霖遺著　劉錦第整理注釋　三秦出版社　1998年6月

3401. 古突厥碑銘研究　芮傳明著　上海古籍出版社　1998年12月

　　闕特勤碑、毗伽可汗碑、暾欲谷碑、翁金碑、闕利啜碑の譯注を附錄。

　　《古突厥碑銘研究》介紹　陳霞　西域研究1999-4

3402. 欠對話的學術社群文化：二十世紀石刻史料與中國中古史的建構（一九三五〜一九九七）　盧建榮著　『中華民國史專題論文集　第四屆討論會』（臺灣）國史館　1998年12月

3403. 鄂爾渾：葉尼塞碑銘語言研究（維吾爾學研究叢書）　耿世民、阿不都熱西提＝亞庫甫編著　新疆大學出版社　1999年5月

　　　　　新疆大學阿爾泰學研究所維吾爾課題組によるオルホン＝イェニセイ碑文の言語研究。

3404. 隋唐兩京坊里譜　楊鴻年著　上海古籍出版社　1999年9月
　　　　　長安城・洛陽城の各坊里に存在した建築物を、墓誌などの石刻史料も利用して列舉する。

3405. 唐刺史考全編　全6冊（本編5冊・索引1冊）　郁賢皓著　安徽大學出版社　2000年1月
　　　　　上記3377『唐刺史考』を墓誌資料などによって大幅に増補訂正し、州（郡・府）名索引と刺史姓名索引を附す。
　　　　《唐刺史考全編》訂補　郁賢皓　南京師大學報2001-3
　　　　《唐刺史考全編》補遺　潘明福　文獻2005-2
　　　　《唐刺史考全編》新訂補　毛陽光　文獻2006-1

3406. 名山石室貝葉藏：石經塔寺文物　（智慧人3、林子青居士文集3）　林子青著　（臺灣）法鼓文化公司　2000年8月
　　　　　房山雲居寺石經についての文章を含む。

3407. 羅振玉と『芒洛冢墓遺文』五編（略稿）　吉岡眞著　（日本）福大史學70・71　2001年3月〈（日本）唐代史研究4　2001年6月〉

3408. 渤海と古代の日本　（歷史科學叢書）　酒寄雅志著　校倉書房　2001年3月
　　　　　唐「鴻臚井碑」の研究を含む。

3409. 中古中國與外來文明　榮新江著　生活・讀書・新知三聯書店　2001年12月
　　　　　墓誌・碑刻など多數の石刻史料を利用する。
　　　　書評：榮新江著『中古中國與外來文明』　高田時雄　（日本）東洋史研究63-1　2004年6月

3410. *Dharma bell and dharani pillar: Li Po's Buddhist inscriptions.* Kroll, Paul W. Kyoto: Italian School of East Asian Studies, (Epigraphical series 3) 2001.

3411. 洛陽出土墓誌研究文集　（洛陽文物考古叢書）　洛陽古代藝術館編　趙振華主編　朝華出版社　2002年3月
　　　　　唐を中心に北朝～明の碑誌に關する專題研究論文29篇を收錄。

3412. 唐代碑石與文化研究　牛致功著　三秦出版社　2002年3月
　　　　　特定の唐代墓誌・墓碑を分析した論文12篇を含む。
　　　　讀《唐代碑石與文化研究》　劉玉峰　中國史研究動態2003-4

3413. 羅振玉と『芒洛冢墓遺文』五編（上）（下）　吉岡眞著　（日本）福大史學72・73～74・

75　2002年3月～2003年3月

『芒洛冢墓遺文』五編に收錄の唐墓誌錄文202點に關する石刻・文獻學的データ一覽を記載。

3414. 近年以來魏晉至隋唐墓誌資料的整理與研究：兼談中國文物研究所的墓誌整理工作
王素著　(日本)唐代史研究5　2002年6月

3415. 景敎：シルクロードを東に向かったキリスト敎　川口一彦編著　(日本)イーグレーブ　2002年8月

「大秦景教流行中國碑」の現代日本語全譯と景教諸經典の抄譯を附す。

3416. 唐代景敎再研究　(唐研究基金會叢書)　林悟殊著　中國社會科學出版社　2003年1月

冒頭に「西安景教碑研究述評」「西安景教碑有關景寺數量詞句考釋」を收め、卷末に詳細な「唐代景教研究論著目」を附す。

3417. 長安史迹研究　(日本)足立喜六著　王雙懷・淡懿誠[等]譯　三秦出版社　2003年1月

足立喜六著『長安史蹟の研究』〈(東洋文庫論叢20之1・2)全2冊、東洋文庫、1933年〉の中國語譯。1906～1910年における現地での調査に基づき、碑林や唐代の著名な碑刻にも言及する。

3418. 中國嶺南地域の摩崖石刻の資料化とそれに據る中國山水文學の實證的研究　(平成13年度～平成14年度科學研究費補助金〈基盤研究(C)(2)〉研究成果報告書)　戶崎哲彦　(日本)島根大學　2003年3月

3419. 中古墓誌詞語研究　羅維明著　暨南大學出版社　2003年4月

『漢語大詞典』で失載・溯源不全などの語彙を、主として六朝・隋唐時期の墓誌から抽出し考釋する。

3420. 唐折衝府彙考　(周秦漢唐文化工程・學術研究文庫)　張沛編著　三秦出版社　2003年8月

(清)勞經原撰『唐折衝府考』・羅振玉撰『唐折衝府考補』・羅振玉撰『唐折衝府考補拾遺』・谷霽光撰『唐折衝府考校補』(いずれも『二十五史補編』第6冊に收錄)を合集し、新出碑誌により新增府名89、新證府名73、新補資料500餘條などを揭出する。

3421. 唐代帝王陵墓　(周秦漢唐文化工程・文物考古文庫)　劉向陽著　三秦出版社　2003年9月

各皇帝陵墓の陵園石刻や陪葬墓の碑誌などについても敍述する。

3422. 唐九卿考　(唐研究基金會叢書)　郁賢皓・胡可先著　中國社會科學出版社　2003年

11月

　　墓誌史料なども利用して、唐代九寺の「卿・小卿」就任者を各寺に分けて年次順に列擧。

　　填補空白、有功文史：評《唐九卿考》　卞孝萱　書品2004-4

　　書評：《唐九卿考》　陶敏・李德輝　唐研究10　2004年12月

3423. 維吾爾古代文獻研究　（中央民族大學學術文庫）　耿世民著　中央民族大學出版社　2003年12月

3424. *Die nestorianische Stele in Xi'an: Begegnung von Christentum und chinesischer Kultur.* Xu, Longfei. Bonn: Borengasser, 2004.

3425. 從撒馬爾干到長安：粟特人在中國的文化遺迹　榮新江・張志清主編　北京圖書館出版社　2004年4月

　　［1］粟特入華歷史的新探索、［2］圖示中國的粟特考古新發現、［3］石刻碑誌上的粟特人、［4］古籍文獻與敦煌文書裏的粟特人からなり、［2］［3］に石刻碑誌47點の圖版、解說を收錄する。

3426. 中古世家大族淸河崔氏研究　（學者文叢）　夏炎著　天津古籍出版社　2004年8月

　　北朝～唐代の大量の關係墓誌を利用する。

3427. 胡漢之間："絲綢之路"與西北歷史考古　羅豊著　文物出版社　2004年9月

　　北朝・隋唐・五代時期を扱った論文19篇を收錄。墓誌など石刻資料の分析を含む。

　　中國古代文化交流史硏究的力作：讀羅豊著《胡漢之間："絲綢之路"與西北歷史考古》　王子今　中國文物報2005年11月8日

3428. 桂林唐代石刻の研究　戶崎哲彦著　（日本）白帝社　2005年2月

　　桂林に現存する、または最近まで存在した唐・五代の石刻、12箇所66點に關する現地調査に基づく研究。卷末に詳細な參考文獻を附す。

3429. 中國桂林の岩洞內に存する唐宋人の墨書と石刻の解讀及びその史的研究（1）　（平成15年度—平成16年度科學研究費補助金（基盤研究C）研究成果報告書）研究代表者戶崎哲彦　（日本）島根大學　2005年4月

3430. 中國唐代鎭墓石の研究：死者の再生と崑崙山への昇仙　加地有定著　（日本）かんぽうサービス　2005年5月

3431. 特集・遣唐使墓誌をめぐる日中交流史　東アジアの古代文化123號　（日本）大和書

房　2005年5月

　　　2004年に西安で發見された日本遣唐留學生「井眞成」墓誌に關する論考10餘篇を收む。

3432. 遣唐使の見た中國と日本：新發見「井眞成墓誌」から何がわかるか（朝日選書780）
　　　專修大學・西北大學共同プロジェクト編　（日本）朝日新聞社　2005年7月

　　　日本遣唐留學生「井眞成」墓誌に關する日中韓の研究者の論考20餘篇を收める。

3433. 和姓に井眞成を奪回せよ　越境の會編　（日本）同時代社　2005年7月

3434. 古代突厥文碑銘研究　耿世民著　中央民族大學出版社　2005年8月

3435. 唐崔氏墓誌研究專集　崔聚成・崔力爭主編　（香港）美國科技教育出版社　2005年

3436a. 旅順唐鴻臚井研究文集　（東北史研究資料叢書）　王禹浪・田曉潮主編　哈爾濱出版社
　　　（后記）2005年9月

3436b. 旅順唐鴻臚井刻石回歸探討　（東北史研究資料叢書）　王仁富編著　哈爾濱出版社
　　　（后記）2005年9月

3437. 北魏唐宋死亡文化史　（歷史與文化叢書36）　盧建榮著　（臺灣）麥田出版　2006年3月

　　　全6章からなり、第2章「墓誌的演變史」など當該期の墓誌の分析を多く含む。

3438. 唐代道敎關係石刻史料の研究　（平成15年度—平成17年度科學研究費補助金（基盤研究Ｃ）
　　　研究成果報告書）　研究代表者神塚淑子　（日本）名古屋大學　2006年3月

3439. 探尋碑林名碑　（畫說漢唐文明叢書）　羅宏才著　三秦出版社　2006年6月

　　　鍥而不舍的足迹：讀羅宏才新著《探尋碑林名碑》　陳根遠　碑林集刊12　2006年12月

3440. 來自文明十字路口的民族：唐代入華粟德人研究　陳海濤・劉惠琴著　商務印書館
　　　2006年8月

　　　「唐代墓誌所見康・安兩姓粟德人基本狀況表」を附錄する。

3441. 唐代史學與墓誌研究　（周秦漢唐文化工程・學術研究文庫）　牛致功著　三秦出版社
　　　2006年9月

3442. 遣唐使・井眞成の墓誌：いのまなり市民シンポジウムの記錄　（シリーズ〈古代史の
　　　探求〉7）　藤田友治編著　（日本）ミネルヴァ書房　2006年9月

3443. 南詔德化碑探究　（南詔史探第1輯）　廖德廣著　雲南民族出版社　2006年11月

3444. 河北新發現石刻題記與隋唐史研究　（河北省社會科學院學者文庫）　孫繼民主編　河北
　　　人民出版社　2006年12月

河北(主として邯鄲地區)出土の漢代～金代(主として唐代)の石刻(主として墓誌)に關する論考27篇を收め、卷末に「未刊石刻的錄文及簡介」を附す。

3445. 龍門石窟與洛陽佛教文化　(龍門石窟研究文集)　王振國著　中州古籍出版社　2006年12月

龍門石窟の佛教雕刻・刻經、洛陽の唐宋代の經幢・佛寺名僧などの研究を收錄し、卷末に「龍門石窟刻經錄文校稿」を附す。關係する圖版多數を含む。

3446. 李茂貞與秦王陵　劉軍社著　三秦出版社　2006年12月

唐末五代の李茂貞の事蹟と、2001年、陝西省寶鷄市陳倉區の李茂貞夫婦合葬墓の發掘記錄からなり、李茂貞墓誌と妻劉氏墓誌の拓本寫眞、釋文を收める。

3447. 唐律中的夫妻關係　(中國法制史叢書)　劉燕儷著　(臺灣)五南圖書出版公司　2007年2月

多數の墓誌を利用して作成した各種多樣な統計表を收錄する。

3448. 唐代的婦女文化與家庭生活　(允晨叢刊115)　陳弱水著　(臺灣)允晨文化公司　2007年4月

全5章からなり、多數の唐代墓誌の分析を含む。

3449. 唐太宗昭陵石刻瑰寶　(昭陵文史叢書)　馬海艦・郭瑞編　三秦出版社　2007年9月

3450. 中國石刻資料とその社會：北朝隋唐期を中心に　(明治大學東洋史資料叢刊4)　氣賀澤保規編　(日本)明治大學東アジア石刻文物研究所・汲古書院　2007年9月

北朝期～元代の各種石刻の研究および石刻を利用した研究、合計13篇を收める。

3451. 隋唐出土墓誌文字研究及整理　曾良著　齊魯書社　2007年10月

隋唐墓誌の俗字・語彙の考釋などの他、『唐代墓誌彙編』『唐代墓誌彙編續集』『新中國出土墓誌』『唐代墓誌銘彙編附考』の釋文の校勘を收める。

＊311. 唐葉法善家族三碑考：葉有道碑・葉慧明碑・葉尊師碑　(松陽文史資料第15輯)　政協浙江省松陽縣文史資料委員會編　李丹・王陳亮主編　西泠印社出版社　2008年1月

唐代道士の葉法善とその祖父有道・父慧明の碑の研究。釋文・譯注・拓影を收める。

D　宋以後を主とする圖書

① 廣域

3452a. 中國封建社會の機構：歸綏(呼和浩特)における社會集團の實態調査　今堀誠二著　(日本)日本學術振興會　1955年3月

3452b. 中國封建社會の構造：その歴史と革命前夜の現實　今堀誠二著　(日本)日本學術振興會　1978年6月

3452c. 中國封建社會の構成　今堀誠二著　(日本)勁草書房　1991年2月

　　　　a、b、c合わせて1940年代前期に現地（綏遠・山西運城・河南開封等）で蒐集した碑刻資料などによる調査報告3部作。a、cには資料として多數の碑刻の錄文を收める。

3453. 宋代金石學著述考　陳俊成撰　國立政治大學中國文學研究所編　(臺灣)文史哲出版社　1976年8月

3454. 戲曲文物叢考　劉念茲著　中國戲劇出版社　1986年3月

3455. 碑的分析化學　馮樹屏著　中國環境科學出版社　1986年12月

3456a.《八思巴字蒙古語碑銘》譯補（蒙文）（米)尼＝鮑培（Poppe, Nicholas）原著　郝蘇民翻譯補注　內蒙古文化出版社　1986年10月

3456b. 鮑培八思巴字蒙古語文獻研究入門　（譯註解補修訂本）　郝蘇民譯註解補　民族出版社　2008年8月

3457. *Die stummen Zeugen: Gräber tragen zur Erforschung der Geschichte Chinas bei*: zwei Versuche. = *The mute witnesses: tombs contribute to studies in the history of China*: two essais [sic]. Kuhn, Dieter. Heidelberg: Würzburger Sinologische Schriften, Edition Forum, 1990.

3458. *Changing gods in medieval China, 1127-1276.* Hansen, Valerie. Princeton, N. J.: Princeton University Press, 1990.〈變遷之神：南宋時期的民間信仰（外國學者筆下的傳統中國）韓森(Hansen, Valerie)著　包偉民譯　浙江人民出版社　1999年9月〉

3459. *The Chinese spirit road: the classical tradition of stone tomb statuary*. Paludan, Ann. New Haven [Conn.]: Yale University Press, 1991.

3460. 英烈豐碑：東北地區英烈紀念碑辭典　瀋陽軍區政治部編研室編　張晰編著　白山出版社　1992年7月

3461. 中國碑林大觀　蔣文光・張菊英編著　中國旅游出版社　1993年12月

3462. *Religiöse Landverträge aus der Song-Zeit*. Asim, Ina. Heidelberg: Würzburger

Sinologische Schriften, Edition Forum, 1993.

3463. *Burial in Song China.* Kuhn, Dieter, ed. Heidelberg: Würzburger Sinologische Schriften, Edition Forum, 1994.

3464. *Grabinschriften in der Song-Dynastie.* Schottenhammer, Angela. Heidelberg: Würzburger Sinologische Schriften, Edition Forum, 1995.

3465. 于右任尋碑記：憶寫三原于先生尋碑談片兼探索鴛齋藏石眞相　沈映冬著　（臺灣）育達高級商業家事職業學校　影抄再版　1996年6月

3466. *A place for the dead: an archaeological documentary on graves and tombs of the Song Dynasty*（*960-1279*）. Kuhn, Dieter. Heidelberg: Würzburger Sinologische Schriften, Edition Forum, 1996.

3467. *Die Kunst des Grabbaus: Kuppelgräber der Liao-Zeit*（*907-1125*）. Kuhn, Dieter. Heidelberg: Würzburger Sinologische Schriften, Edition Forum, 1997.

3468. 雲卜論兵：華夏將帥府碑文　南遠景著　陝西人民出版社　1998年

3469. 蒙古白話碑新探　（蒙藏專題研究叢書88）　胡其德著　（臺灣）蒙藏委員會　1998年11月

3470. 耶蘇會士墓碑人物志考　（郁金香文學叢書第2集）　陳東風著　中國文聯出版社　1999年3月

3471. 中國百年歷史名碑　林聲主編　遼寧教育出版社　1999年12月

3472. 北山四窗　（學苑英華叢書）　施蟄存著　劉凌編　上海文藝出版社　2000年7月

3473. 20世紀戲曲文物的發現與曲學研究　車文明著　文化藝術出版社　2001年7月

3474. 戲劇與考古　馮俊傑著　文化藝術出版社　2002年1月

3475. 石刻資料による元代漢人知識人社會の研究　（平成10～13年度科學研究費補助金〈基盤研究（C）（2）〉研究成果報告書）　森田憲司著　（日本）奈良大學文學部　2002年3月

3476. 碑刻等史料の總合的分析によるモンゴル帝國・元朝の政治・經濟システムの基礎的研究　（平成12～13年度科學研究費補助金〈基盤研究（B）（1）〉研究成果報告書）　松田孝一編　2002年3月

3477. 中國少數民族文獻探研　李傑著　民族出版社　2002年

3478. *Auf den Spuren des Jenseits: Chinesische Grabkulture in den Facetten von Wirklichkeit, Geschichte und Totenkult.*（Europäische Hochschulschriften = Publications universitaires européennes = European university studies; Reihe XXVII. Asiatische und afrikanische Studien; Bd. 89) Schottenhammer, Angela (Hrsg.). Frankfurt am Main; New York: Peter Lang, c2003.

3479. 龜の碑と正統：領域國家の正統主張と複數の東アジア册封體制觀　（白帝社アジア史選書）　平勢隆郎著　（日本)白帝社　2004年2月
　　　「中國の龜趺碑」「朝鮮の龜趺碑」「日本の龜趺碑」の3章からなる。

3480. 元代知識人と地域社會　（汲古叢書53）　森田憲司著　（日本）汲古書院　2004年2月
　　　元代の石刻史料を分析した研究を多く收める。

3481. 碑林革命烈士詩文賞析　浙江攝影出版社　2004年3月

3482. 宋遼金紀年瓷器　劉濤著　文物出版社　2004年7月
　　　《宋遼金紀年瓷器》讀后　金立言　中國文物報2005年3月16日
　　　《宋遼金紀年瓷器》評介　秦大樹　文物2006-1

3483. 金代碑石叢稿　伊葆力著　中州古籍出版社　2004年9月

3484. 遍訪契丹文字話拓碑　劉鳳翥著　（北京）華藝出版社　2005年8月
　　　研究契丹文字的佳作：劉鳳翥先生的《遍訪契丹文字話拓碑》讀后　孔德麒　北方文物2006-3

3485. 清代商業社會的規則與秩序：從碑刻資料解讀清代中國商事習慣法　（中國社會科學博士論文文庫）　孫麗娟著　中國社會科學出版社　2005年10月

3486. 變理陰陽：《關帝靈籤》祖本考源及研究：歷代關廟碑刻輯存　（關羽信仰系列叢書5）
　　　胡小偉著　（香港）科華圖書出版公司　2005年
　　　唐代～清代の各地關廟の碑刻300餘點を收錄するという。

3487. 宋代的家族與社會　黃寬重著　（臺灣）東大圖書公司　2006年6月
　　　全3篇からなり、[1]墓誌史料與家族史研究を含む。

3488. 碑石は語る　勉誠出版編集部編『アジア遊學』No.91　（日本）勉誠出版　2006年9月
　　　中國・東アジア地域を中心に碑誌刻に關する論考16篇を收める。

3489. 契丹文墓誌より見た遼史　愛新覺羅烏拉熙春著　（日本）松香堂　2006年11月

3490. 金磚識錄　丁文父著　文物出版社　2007年4月
　　　明清の金磚の銘文釋文を含む。

3491. 中華英烈墓　黃濂著　大連出版社　2007年9月

＊312. 十字蓮花：中國元代敍利亞文景教碑銘文獻研究　牛汝極著　上海古籍出版社　2008年11月

② 　北京市・天津市・河北省

3492. 中國の社會とギルド　仁井田陞著　（日本)岩波書店　1951年11月

　　　　1942年～1944年に調査蒐集した北京の會館等の碑刻・章程類を多數利用する。

3493. 中國近世佛敎史の諸問題：塚本善隆著作集　第5卷　塚本善隆著　（日本)大東出版社　1975年7月

　　　　「房山雲居寺と石刻大藏經」（原題「石經山雲居寺と石經大藏經」1935年、を增補）を收錄。

3494. 房山雲居寺石經　中國佛敎協會編　文物出版社　1978年4月

3495. 曹雪芹家世新考　馮其庸著　上海古籍出版社　1980年7月

3496. 人民英雄紀念碑史話　呂登來著　上海敎育出版社　1980年9月

3497. 房山石經之研究　（法音文庫4）　中國佛敎協會　1987年9月

3498. 雲居寺　邢一中編著　雲居寺旅游開發總公司・雲居寺文物管理處　1993年8月

3499. 房山石經中通理大師刻經之研究　陳燕珠著　（臺灣)覺苑出版社　1993年12月

3500. 曹雪芹墓石論爭集　馮其庸主編　文化藝術出版社　1994年8月

3501. 房山石經中遼末與金代刻經之研究　陳燕珠著　（臺灣)覺苑出版社　1995年6月

3502. *Departed, yet present: Zhalan, the oldest Christian cemetery in Beijing.* Malatesta, Edward J. and Gao Zhiyu, ed. Macau: Instituto Cultural de Macau; San Francisco: Ricci Institute, University of San Francisco, 1995. （雖逝猶存：柵欄：北京最古老的天主敎墓地　高智瑜・馬愛德主編　（澳門)澳門特別行政區政府文化局・美國舊金山大學利馬竇研究所　2001年）

3503. 北京石刻藝術博物館建館十周年紀念文集　北京石刻藝術博物館編　韓永主編　北京燕山出版社　1997年1月

3504. 房山雲居寺遼金石經回藏紀實　單霽翔・王鳳江著　北京雲居寺石經回歸活動委員會編・印　1999年9月

3505. 房山石經研究　全3册　中國佛敎文化研究所編　呂鐵鋼主編　（香港)中國佛敎文化出版公司　1999年9月

3506. 五十年北京地區發現的重要文字石刻　吳文・傅幸著　北京文博2000-1

3507. 曲陽北嶽廟　薛增福・王麗敏主編　河北美術出版社　2000年4月
　　　　北嶽廟碑刻一覽表、北嶽廟主要碑文抄錄などを收める。
3508. 納蘭成德家族墓誌通考　趙迅著　（北京）文津出版社　2000年12月
3509. 石經山和雲居寺　（北京覽勝叢書）　黃炳章著　北京美術攝影出版社　2001年
3510. 北京石刻擷英　（京華博覽叢書）　蕭紀龍・韓永編著　中國書店　2002年4月
　　　　北京地區の歷代石刻について［1］石刻綜述、［2］古刻介紹、［3］石刻瑣記の3章に分けて敍述。
3511. 紀曉嵐祖塋三墓誌及考略　李玉堂著　香港天馬圖書有限公司　2002年8月
3512. 避暑山莊及周圍寺廟　（中國世界遺產叢書）　趙玲・牛伯忱著　陳克寅攝影　三秦出版社　2003年7月
3513. 避暑山莊碑刻詩文解讀　段會傑著　遠方出版社　2003年11月
3514. 北京雲居寺與石經山舊影　吳元眞主編　國家圖書館善本特藏部編　北京圖書館出版社　2004年11月
3515. 圖說房山文物　劉亞軍主編　北京燕山出版社　2005年1月
3516. 北京遼金文物研究：紀念北京遼金城垣博物館建館十周年　北京遼金城垣博物館編　北京燕山出版社　2005年3月
　　　　遼金代の石刻・碑誌に關する論文多數を收錄する。
3517. 永恆的象徵：人民英雄紀念碑研究　殷雙喜著　河北美術出版社　2006年6月
3518. 天津天后宮的傳說：附碑文賞析　（天津天后宮建宮680周年紀念叢書）　蔡長奎主編　天津古籍出版社　2006年9月
3519. 歷史遺蹤：正福寺天主敎墓地　明曉艷・魏揚波主編　文物出版社　2007年4月
　　　　北京にある正福寺の石刻藝術、墓碑拓片の釋文及び注釋を收錄するという。
3520. 避暑山莊與外八廟碑刻詩文講解　布莉華・段鍾嶸編著　遼寧民族出版社　2007年
3521. 會說話的石頭：北京的石刻文化　（北京石刻藝術博物館科普叢書）　北京石刻藝術博物館編　韓銳主編　學苑出版社　2007年9月
3522. 薊縣獨樂寺　（中國古代建築叢書）　楊新著　文物出版社　2007年11月
　　　　卷末に「獨樂寺銘刻・題記・詩詞・碑文和地震資料摘抄」を附錄する。
＊313. 宣化遼墓：墓葬藝術與遼代社會　（考古新視野叢書）　李清泉著　文物出版社　2008

年3月

③ 山西省

3523. 中國古代建築：朔州崇福寺 （三晉文化研究叢書） 柴澤俊編著 文物出版社 1996年5月

　　　金代建造の山西省朔州崇福寺の研究書。墨書題記、雕刻銘文、石刻碑記の錄文を附錄する。

3524. 河東百通名碑賞析 王大高主編 山西人民出版社 2002年10月

3525. 龍角山與興唐觀文化遺存 （浮山縣文化資源叢書） 浮山縣老促會 2003年3月

3526. 平遙古城文化史韻 董培良・董劍雲編著 山西經濟出版社 2004年9月

3527. 三晉戲曲文物考 （民俗曲藝叢書） 全2冊 楊太康・曹占梅編著 （臺灣）施合鄭民俗文化基金會 2006年5月

④ 內蒙古自治區・遼寧省・吉林省

3528. 契丹文《蕭袍魯墓誌銘》考釋 中國社會科學院民族研究所圖書室編・印 1990年10月

3529. 《忻都王碑》蒙古語文研究（蒙文） 圖力古爾著 內蒙古文化出版社 1992年5月

3530. 慶陵調查紀行 田村實造著 （日本）平凡社 1994年7月

3531. 叩開遼墓地宮之門 （中國邊疆探察叢書） 蓋之庸著 山東畫報出版社 1997年12月

3532. 內蒙古遼代石刻文研究 蓋之庸編著 內蒙古大學出版社 2002年5月

　　　上篇に主として墓誌・哀冊・神道碑など、下篇に主として廟碑・塔銘・經幢・石棺銘・題銘など、合計68點を收錄し、各々拓本寫眞・釋文・概況・考釋・家族譜系表などを收める。
　　　雛鳳聲清：蓋之庸《內蒙古遼代石刻文研究》評介 王方大 內蒙古文物考古2002-2
　　　《內蒙古遼代石刻文研究》讀后 景愛 中國文物報2003年5月30日

3533. 探尋逝去的王朝：遼耶律羽之墓 蓋之庸著 內蒙古大學出版社 2004年7月

＊314. 大遼公主：陳國公主墓發現紀實 （草原文化尋蹤叢書） 孫建華・楊星宇主編 內蒙古大學出版社 2008年1月

⑤ 黑龍江省

3534. 曹廷傑與永寧寺碑 （清史研究叢書） 傅朗雲・楊暘・曹澤民著 遼寧人民出版社 1988年2月

3535. 黑龍江流域岩畫碑刻研究 董萬崙著 黑龍江教育出版社 1998年9月

＊315. 中世の北東アジアとアイヌ：奴兒干永寧寺碑文とアイヌの北方世界 菊池俊彥・中

　　　　村和之編　（日本）高志書院　2008年3月

＊316. ヌルガン永寧寺遺跡と碑文：15世紀の北東アジアとアイヌ民族　A. R. アルテーミ
　　　　エフ著　菊池俊彦・中村和之監修　垣内あと譯　（日本）北海道大學出版會　2008年
　　　　4月

⑥　　上海市・江蘇省

3536.　文以興游：豫園匾對・碑文賞析　薜理勇著　同濟大學出版社　1987年8月

3537.　蘇州園林　蘇州園林管理局編著　同濟大學出版社　1991年4月

3538.　六朝・明淸石刻・磚雕藝術鑑定常識　金琦著　（發行所未詳）　1991年5月

3539.　江蘇碑刻　劉謹勝・劉詩編著　中國世界語出版社　1994年12月
　　　　後漢から南宋に至る江蘇省内の著名な碑刻を、主に書法の面から紹介・解説する。

3540.　焦山石刻研究　袁道俊編著　江蘇美術出版社　1996年4月
　　　　附録「焦山摩崖・碑目誌」に六朝～民國の碑誌161點（唐7）の解説・拓本寫眞を收錄。
　　　　書道眞賞，文史妙觀：《焦山石刻研究》讀評　鄭奇　東南文化1997-4

3541.　龍華碑苑詩文賞析　兪樂濱主編　上海教育出版社　2000年1月

3542.　蘇州碑刻　（蘇州文化叢書第2輯）　張曉旭著　蘇州大學出版社　2000年8月

3543.　南京明代城墻　（可愛的南京叢書第3輯）　楊國慶著　南京出版社　2002年1月
　　　　不同凡響的城市名片：讀《南京明代城墻》有感　朱明娥　東南文化2006-5

3544.　明孝陵志新編　（南京文物叢書）　中山陵園管理局・南京孝陵博物館編　黑龍江人民
　　　　出版社　2002年1月

3545.　焦山摩崖石刻研究　王同順著　黃山書社　2003年1月

3546.　南京明城墻　楊新華著　南京大學出版社　2006年6月

＊317. 南京城墻志　楊國慶・王志高著　鳳凰出版社　2008年1月

＊318. 明孝陵：石刻卷　（世界遺產文化叢書）　王韋編著　東南大學出版社　2008年3月

⑦　　浙江省

3547.　于謙祠墓　（西湖全書）　項文惠編著　杭州出版社　2004年10月

3548.　黃巖金石志　金渭迪著　香港天馬圖書有限公司　2004年

3549.　溪上尋蹤　董兆良著　中國文史出版社　2005年6月

3550.　岳飛墓廟　（西湖全書）　王恩主編　杭州出版社　2005年7月

⑧　福建省・江西省

3551. *Chinese local history: stone inscriptions from Fukien in the Sung to Ch'ing periods.* Vermeer, Eduard B. Boulder: Westview Press, 1991.

3552. 武夷山世界文化遺產的監測與研究　朱水涌主編　廈門大學出版社　2005年10月

3553. 會講故事的廬山石刻　（廬山風景名勝區旅游叢書）　賀偉編著　江西美術出版社　2007年5月

3554. 陳達生伊斯蘭教與阿拉伯碑銘研究論文集　（海上絲綢之路研究4）　陳達生・曲鴻亮・王達茂主編　福建教育出版社　2007年

⑨　山東省

3555. 孔廟孔府孔林　（中國文物小叢書）　山東省曲阜縣文物管理委員會編　文物出版社　1982年7月

3556. 山東靈巖寺　張鶴雲著　山東人民出版社　1983年6月

3557. 岱廟　（中國文物小叢書）　泰安市博物館編　文物出版社　1992年

3558. 靈巖寺　《靈巖寺》編輯委員會編　王榮玉［等］主編　文物出版社　1999年3月

3559. 德州考古文集　李開嶺・馬長軍主編　百花洲文藝出版社　2000年8月
　　　　墓誌に關する論文を多數收錄するという。

3560. 張秋挂劍臺五體十三碑考釋　陳昆麟・李印元編著　山東省聊城市新聞出版局　2001年6月

3561. 碑刻造像　（山東文物叢書10）　郭建芬［等］編著　山東友誼出版社　2002年10月
　　　　山東省內の漢代～民國の石刻215件を刻石32、碑79、墓誌14、塔銘3、俑と造像87に分け、圖版をまじえて簡介する。

3562. 孔廟孔府孔林　（世界文化與自然遺產叢書）　茹逐初編著　五洲傳播出版社　2002年10月

3563. 泰山岱廟考　（泰山文化研究叢書）　劉慧著　齊魯書社　2003年5月

3564. 青州博物館　青州博物館編　王華慶主編　文物出版社　2003年12月
　　　　山東省青州博物館の主要な所藏品の紹介。第6章「龍興寺佛教造像」、第7章「石刻藝術」、第8章「碑碣・墓誌」。第8章に北齊3、隋2、唐5、宋3、元1、明21、清8、合計43點の說明、釋文、拓本寫眞（寫眞のないものあり）を收錄する。

3565. 源遠流長的東萊文明：平度歷代碑刻研究　吳紹田主編　山東人民出版社　2004年3月

　　　　平度市現存の漢代〜民國の碑刻を碑記（25點）、摩崖（33點）、墓誌（8點）、題記（9點）に分け、1點ごとに解説と拓本寫眞を掲げ、多くは釋文を附す。

3566. 曲阜：孔廟孔林孔府　（中國世界遺產叢書）　陳傳平主編　三秦出版社　2004年5月
3567. 青州石刻文化　（青州歷史文化研究會叢書）　劉序勤主編　文化藝術出版社・香港天地圖書出版社　2006年8月
3568. 泰山石敢當　葉濤著　浙江人民出版社　2007年4月
3569. 蓬萊金石錄　（蓬萊文庫）　蓬萊市歷史文化研究會主編　張永強著　黃河出版社　2007年8月
　　　　上篇に蓬萊（登州）の金石に關する論考38篇、下篇に蓬萊の碑刻51點（宋3、明27、清21）の釋文を收め、卷末に「蓬萊市現存碑刻簡表」を附錄する。

⑩　河南省

3570. 千唐誌齋書畫藏石史話　新安政協文史資料委員會・新安縣文物保護管理所編、印　1979年11月
3571. 洛陽關林　（河南名勝古迹叢書）　陳長安・宮大中著　中州書畫社　1982年8月。同　洛陽古代藝術館編　河南人民出版社　1985年9月
3572. 少林寺　（中國文物小叢書）　河南省登封縣文保所編　文物出版社　1982年12月
3573. 中國古代基督教及開封猶太人：景教・元朝的也里可溫・中國的猶太人　江文漢著　知識出版社　1982年12月
3574. 醫聖祠祠墓志(初稿)　張仲景醫史文獻館編・印　1985年12月　油印本
3575. 洛陽古墓博物館　洛陽古墓博物館編　朝華出版社　1987年3月
3576. 千唐誌齋　洛陽市新安縣千唐誌齋管理所編　張跟喜・郭也生・李明德・徐金星著　中國旅游出版社　1989年5月
3577. 中國翰園碑林　屈春山編　河南美術出版社　1990年9月
3578. 中國的猶太人　（佛）榮振華・（澳）萊斯利著　耿昇譯　中洲古籍出版社　1992年6月
3579. 河圖之源：龍馬負圖寺志　孫順通主編　中州古籍出版社　1997年5月
3580. 中國關林　洛陽關林管理委員會編　中國攝影出版社　2000年
3581. 嵩陽書院　宮嵩濤著　當代世界出版社　2001年5月
3582. 嵩山少林寺　呂宏軍著　河南人民出版社　2002年5月

3583. 翰園之父　屈春山著　中國翰園碑林　2003年6月

3584. 中原名人墓祠文化　李久昌主編　三秦出版社　2004年8月

3585. 嵩陽石刻敍錄與研究　光明日報出版社　2004年12月

　　　古代石刻材料的又一展觀：介紹《嵩陽石刻敍錄與研究》　趙超　中國文物報2005年6月8日

3586. 中國的猶太人　（海外漢學名著譯叢）　（法)榮振華・(澳)李渡南[等]　編著　耿昇譯　大象出版社　2005年5月

　　　(西)管宜穆著「開封府猶太人碑題」などを收む。

3587. 河南古代橋樑　王國奇著　中州古籍出版社　2005年7月

　　　卷末に「文獻中的橋樑資料」を附錄する。

　　　一部有關河南古橋研究的力作：王國奇先生著《河南古代橋樑》評介　賀雲翱　中國文物報2005年10月12日

⑪　湖北省・湖南省

3588. 三峽石刻文化研究　（三峽文化研究叢書）　楊斌著　武漢出版社　2003年2月

3589. 湖南文廟與書院　（儒家文化的載體叢書）　鄒律姿著　文物出版社　2004年8月

⑫　廣東省・海南省

3590. 尺素遺芬史考：清代潘仕成海山仙館　陳玉蘭著　(廣州)花城出版社　2003年8月

3591. 國家祭祀與海上絲路遺迹：廣州南海神廟研究　王元林編著　中華書局　2006年8月

3592. 廣州古城磚拓片及修城考　黃文寬小楷手稿　黃大同編　嶺南美術出版社　2007年1月

＊319. 海南金石概說　（海南歷史文化大系、文博卷）　周偉民・唐玲玲著　海南出版社・南方出版社　2008年

＊320. 海南天涯海角摩崖石刻　（海南歷史文化大系、文博卷）　楊其元著　海南出版・南方出版社　2008年

⑬　廣西壯族自治區

3593. 桂林勝概：風景・掌故・詩詞・碑刻　劉作義編　漓江出版社　1988年

3594. 桂海碑林　劉玲雙編著　漓江出版社　1997年7月

3595. 觀石讀史：精選桂林石刻評介　黃家城主編　漓江出版社　1998年5月

3596. 瑤族石牌制　（瑤學研究叢書）　莫金山著　廣西民族出版社　2000年8月

3597. 重修祖墓始末志　莫建民主編　金秀(廣西省)《重修祖墓始末志》編委會　2005年

3598. 桂林石刻　(桂林歷史文化叢書)　劉玲雙著　中央文獻出版社　2006年1月

3599. 珠海古代摩崖石刻考釋　張法亭編著　珠海出版社　2006年3月

3600. 中國乳洞巖石刻の研究　戸崎哲彥著　(日本)白帝社　2007年2月

　　　桂林市直轄興安縣の乳洞巖に現存する或いは存した、唐～民國期の石刻および石像に關する現地調査に基づく研究。

3601. 歷史・金石・雕塑：邕江灣石刻藝術賞析　鄔文康編著　廣西人民出版社　2007年9月？

3602. 中華金石園 = Chinese epigraphy park（中英文）　蘇理立主編　漓江出版社　2007年

⑭　重慶市・四川省

3603. 明玉珍及其墓葬研究　(重慶地方史資料叢刊)　重慶市博物館編　重慶地方史資料組　1982年

3604. 東山石刻文物研討　三臺縣政協文史資料委員會編・印？　1997年10月

3605. 半山石志　(跨世紀作家叢書・西南卷第2輯)　蒲龍著　四川人民出版社　1997年12月

3606. 川陝蘇區將帥碑林大事記　張崇魚主編　川陝蘇區將帥碑林管理處　2000年3月　2005年9月

3607. 琉璃刻卷：丹巴莫斯卡　《格薩爾王傳》嶺國人物石刻譜系（中英文）　羅布江村［等］著　四川民族出版社　2003年5月

3608. 無名英雄碑與抗日將領墓　(巴蜀文化走進千家萬戶叢書第2輯)　四川省人民政府參事室・四川省文史研究室編　孫琪華・劉玉珊著　巴蜀書社　2005年6月

3609. 三峽國寶研究：白鶴梁題刻彙錄與考索　(華夏文叢)　曾超著　中國文史出版社　2005年12月

3610. 將帥碑林　紅軍長征勝利紀念館編・印？　2006年10月

⑮　貴州省・雲南省

3611. 雲南古代石刻叢考　孫太初著　文物出版社　1983年12月

　　　雲南地方の碑刻、漢1、晉2、劉宋1、唐2、南詔3、大理5、元2、清1、合計17點の釋文、考釋、拓本寫眞を收錄。

3612. 綠色史料札記：巴山林木碑碣文集　張浩良編著　雲南大學出版社　1990年1月

3613. 瑤麓婚碑的變遷　黃海著　貴州民族出版社　1998年6月
3614. 雲南名碑名塔　（雲南旅游文化叢書）　史軍超・楊多立著　雲南美術出版社　2000年
3615. 雲南少數民族金石檔案研究　陳子丹著　雲南科技出版社　2001年10月
3616. 大理古碑研究　（白族文化研究叢書）　周祜著　雲南民族出版社　2002年9月

⑯　陝西省

3617. 西安碑林　附：碑石目錄　陝西省文物管理委員會・陝西省博物館編印　1963年3月
3618. 碑林掌故　陳垣［等］著　惲茹辛編　（香港）中山圖書公司　1973年9月
3619. 西安碑林研究文稿彙編　陝西省博物館碑林研究室編・印　1982年9月前言
3620. 西安碑林の研究　塚田康信著　（日本）西安碑林の研究刊行會　1983年6月
3621. 西安碑林　（旅游畫庫）　陝西省博物館・陝西省旅游局編　上海人民美術出版社　1986年5月
3622. 西安碑林　（陝西歷史文物叢書）　李域錚著　陝西人民出版社　1986年6月
3623. 碑林采英　雷樹田著　陝西人民美術出版社　1986年11月
3624. 銅川攬勝　張史傑編　陝西旅游出版社　1991年8月
3625. 西安碑林博物館　武天合著　陝西旅游出版社　1993年10月
3626. 陝西省十大博物館　（日文版）　吳曉叢・理智［等］著　廣匯貿易株式會社　1994年3月
3627. 千古名勝藥王山　張世英編著　西北大學出版社　1994年10月
3628. 陝西碑石墓誌資料彙編　西安碑林博物館編　高峽主編　西北大學出版社　1995年8月
　　　　陝西省の碑石墓誌に關する1923年から1992年までに發表された論文152篇を收錄。
3629. 西安碑林史　路遠著　西安出版社　1998年8月
　　　　讀《西安碑林史》　石興邦　中國文物報1999年3月17日
3630. 西安碑林觀覽　張雲主編　陝西人民美術出版社　1998年8月
3631. 碑林史話：回首千年滄桑　路遠著　西安出版社　2000年1月
3632. 西安碑林博物館　張雲著　陝西旅游出版社　2002年2月
3633. 乾陵博物館：帶你走進博物館　王曉莉［等］編　文物出版社　2007年1月

⑰　甘肅省・青海省・新疆維吾爾自治區

3634. 伏羲廟志　天水市地方志辦公室編輯　劉雁翔著　蘭州大學出版社　1995年1月
3635. 黃河源：黃河源樹碑紀實　水利部黃河水利委員會編　鄂竟平主編　黃河水利出版社

— 172 —

2000年9月

3636. 塔影河聲：蘭州碑林紀事　流螢著　敦煌文藝出版社　2002年3月

3637. 石碑上的歷史（コサック文）　阿扎提＝伊佐拉著　新疆人民出版社　2003年4月

3638. 伏羲廟志　（天水地方志叢書）　天水市地方志辦公室編　劉雁翔著　甘肅文化出版社　2003年5月

3639. 甘肅古代石刻藝術　（敦煌學研究文庫）　唐曉軍著　民族出版社　2007年4月

3640. 書畫碑刻　（蘭州歷史文化）　延風著　甘肅人民出版社　2007年

⑱　香港・澳門

3641. 香港古石刻：源起及意義 = Rock carvings in Hong Kong: an illustrated & interpretive study. 秦維廉（Meacham, William.）著　（香港）基督教中國宗教文化研究社 = Hong Kong: Christian Study Centre on Chinese Religion and Culture. 1976年5月

3642. 金石銘刻的澳門史：明清澳門廟宇碑刻鐘銘集錄研究　（嶺南文化知識書系叢書）　譚世寶著　廣東人民出版社　2006年12月

　　　26廟宇の碑刻100餘點、9廟宇の鐘銘17點を收錄するという。

⑲　臺灣

3643. 國立歷史博物館藏蔣鳳墓誌銘研究　（中華叢書、國立歷史博物館歷史文物叢刊第2輯）　黃典權撰　（臺灣）中華叢書編審委員會　1968年8月

3644. 明監國魯王壙誌之研究　（中華叢書、國立歷史博物館歷史文物叢刊第2輯5）　包遵彭主編　（臺灣）中華叢書編審委員會　1968年11月

3645. 魯王與金門　（金門叢書8）　郭堯齡編　（臺灣）金門縣文獻委員會　1971年

3646. 碑探：高雄市寺廟碑記研究　黃清良著　（臺灣）復文書局　1983年。同　學海出版社　1985年

3647. 金門明監國魯王疑墓研考記：金門新見宋墓研究　黃典權・王啓宗著　（臺灣）行政院文化建設委員會　1984年

3648. 清代噶瑪蘭古碑之研究　陳進傳著　（臺灣）左羊出版社　1989年6月

　　　搜碑訪石的地方史專著：《清代噶瑪蘭古碑之研究》　韓賓娜　史學集刊1993-3

3649. 內政部南沙訪問團太平島立碑報告　王杏泉報告　（臺灣）內政部　1990年

3650. 臺北市古碑　（臺北文獻叢書2）　周宗賢著　（臺灣）臺北市文獻委員會　1993年3月

3651. 臺灣石頭的故鄉　蔡丁財著　(臺灣)集石堂出版　1994年

3652. 八通關古道之鹿谷聖蹟亭及碑碣之調查研究　閻亞寧主持　(臺灣)中國工商專科學校　1995年6月

3653. 馬祖大埔石刻調查研究　李乾朗研究主持　徐曉望[等]撰稿　(臺灣)連江縣政府　1996年

3654. 金門的古墓與牌坊　陳炳容撰文・攝影　(臺灣)金門縣政府　1997年8月

3655. 臺灣碑碣的故事　何培夫著　(臺灣)臺灣省政府　2001年12月

3656. 臺灣的碑碣　(臺灣地理百科26)　曾國棟著　(臺灣)遠足文化事業公司　2003年8月

3657. 臺灣碑碣百科　曾國棟・胡文青合著　(臺灣)遠足文化事業公司　2003年8月

3658. 古道照顏色　典型在夙昔：細說碑文故事：花東社教碑文實錄　張月昭[等]編輯　(臺灣)國立臺東社會教育館　2004年11月

3659. 碑情城市：新店地區石碑的歷史意義　李順仁著　(臺灣)臺北縣：拳山堡文史工作室　2004年11月

3660. 花蓮縣縣定古蹟吉野拓地開村紀念碑調查研究　閻亞寧研究主持　(臺灣)花蓮縣文化局　2005年9月

3661. 臺灣的古墓　(臺灣地理百科93)　陳仕賢著　(臺灣)遠足文化事業公司　2007年10月

⑳　その他

3662. 汶萊宋碑與判院　(中汶經濟協會叢書2)　陳鐵凡編撰　(臺灣)燕京文化事業公司　1977年8月

(A～D)附錄　石窟・造像・雕刻關係圖書

①　廣域

3663. 北朝石窟藝術　羅叔子著　上海出版公司　1955年12月

3664. 中國北部的石窟雕塑藝術　溫廷寬編著　朝花美術出版社　1956年9月

3665. 中國佛教彫刻史研究：特に金銅佛及び石窟造像以外の石佛についての論考　松原三郎著　(日本)吉川弘文館　1961年1月。增訂版　同　1966年9月
　　　北朝を主とする佛像269點の寫眞圖版を收め、「圖版要項」に銘文の釋文を收錄。

3666. 雲岡と龍門　長廣敏雄著　(日本)中央公論美術出版　1964年2月

3667. 中國佛敎石雕藝術　董夢梅著　（臺灣)嘉新水泥公司文化基金會　1972年5月
3668. 中國の石佛と石經　道端良秀著　（日本)法藏館　1972年10月
　　　主として戰時中の實地調査による山東省・山西省の石窟佛・摩崖佛と石經の紹介報告。卷末に「中國の佛教史蹟調査の槪要」を附錄する。
3669. 中國石窟藝術總論　閻文儒著　天津古籍出版社　1987年3月。廣西師範大學出版社　2003年8月
3670. 中國石窟雕刻藝術史　荆三林著　人民美術出版社　1988年2月
3671. 中國雕塑藝術史　全2冊　王子雲著　人民美術出版社　1988年10月
3672. 中國古代雕塑藝術　（文物鑑賞叢書）　季崇建著　上海古籍出版社　1990年3月
3673. 考古學與雕塑藝術史研究　劉鳳君著　山東美術出版社　1991年10月
3674. 中國石窟與文化藝術　溫玉成著　上海人民出版社　1993年8月
3675. 中國佛像藝術　中國佛教文化研究所編　中國世界語出版社　1993年9月
3676. 佛敎石窟考古槪要　國家文物局教育處編　文物出版社　1993年11月
3677. 龍門・鞏縣・天龍山・響堂山和安陽石窟　國家文物局教育處編　文物出版社　1993年11月
3678. 中國雕塑史　陳少豐著　嶺南美術出版社　1993年12月
3679. *Chinese Buddhist sculpture under the Liao: free standing works in situ and selected examples from public collections.* Gridley, Marilyn Leidig. New Delhi: International Academy of Indian Culture and Aditya Prakashan, 1993.
3680. 中國漢闕　（文物考古知識叢書）　高文主編　文物出版社　1994年12月
3681. 雕塑鑑識　（中國文物鑑定叢書）　馮賀軍著　廣西師範大學出版社　1995年5月
3682. 羅漢圖像研究　（東方人文叢刊）　陳淸香著　（臺灣)文津出版社　1995年7月
3683. 中國藏族石刻藝術 = *Stone carving arts of the Tibetans in China.* 張超音著　中國藏學出版社　1995年8月
3684. 中國佛教彫刻史論：本文篇・圖版篇1～3　全4冊　松原三郎著　（日本)吉川弘文館　1995年11月
　　　魏晉から宋まで、石窟造像以外の佛教造像の研究。1000餘點の造像寫眞、銘文の釋文を收錄。

3685. 石雕的藝術　曹崇恩・廖慧蘭著　嶺南美術出版社　1995年

3686. 中國石窟寺研究　宿白著　文物出版社　1996年8月

　　　中國石窟寺考古學的創建歷程：讀宿白先生《中國石窟寺研究》　徐蘋芳　文物1998-2

3687. 佛祖真容：中國石窟寺探祕　（華夏文明探祕叢書）　常青著　四川教育出版社　1996年9月

3688. 土石之魂：中國古代雕塑發現　（華夏文明探祕叢書）　趙策著　四川教育出版社　1996年9月

3689. 古代佛教石窟寺：宗教與藝術的殿堂　（中華文物古迹旅游叢書）　辰聞著　遼寧師範大學出版社　1996年10月

3690. 中國石窟　（造型文化叢書）　徐恩存著　浙江人民出版社　1996年11月

3691. 鬼斧神工：中國古代雕刻研究　邢永川著　陝西人民教育出版社　1996年

3692. 中國的碑雕畫塑　（神州風物叢書）　余增德編著　上海文化出版社　1997年6月

3693. 中國的石窟　（神州風物叢書）　劉策・余增德編著　上海文化出版社　1997年6月

3694. 佛教美術全集　全18冊　（臺灣）藝術家出版社　1997年9月～2007年3月

　　　［1］佛教大觀　林保堯編著　1997年10月、［2］佛教美術講座　林保堯編著　1997年12月、［6］龍門佛教造像　張乃翥著　1998年7月、［7］佛像鑑定與收藏　金申著　1998年9月、［9］陝西佛教藝術　李淞編著　1999年2月、［10］安岳大足佛雕　胡文和編著　1999年5月、［12］山東佛像藝術　劉鳳君著　2001年6月、［18］中國佛教石窟考古概要　馬世長・丁明夷著　2007年3月

3695. 中國雕塑史　梁思成著　百花文藝出版社　1997年12月

3696. 中國傳統雕塑　（中國文化史知識叢書）　顧森著　商務印書館　1997年12月

3697. 中國佛教雕塑　全2冊　李再鈐編著　國立歷史博物館編譯小組編輯　（臺灣）國立歷史博物館　1998年8月

3698. 中國西南石窟藝術　（西南人文書系）　劉長久著　四川人民出版社　1998年10月

　　　全18章からなり、第4章「四川及重慶石窟造像紀年與重要碑刻」、第17章「南詔和大理國石窟內容總錄」などを含む。

3699. 古建築石刻文集　河南省古代建築保護研究所編　中國大百科全書出版社　1999年7月

3700. 神祕中國之二崖洞里的靈光：中國石窟寺的奧祕　作者未詳　中國文聯出版社　1999

年 8 月

3701. 漢唐之間的宗教藝術與考古　巫鴻主編　文物出版社　2000年6月
3702. 石造寶篋印塔の成立　吉河功著　（日本）第一書房　2000年10月
3703. 石窟寺史話　（中華文明史話叢書37）　常青著　中國大百科全書出版社　2000年
3704. 圖說中國雕塑史　（圖說中國藝術史叢書）　韋濱・鄒躍進著　浙江教育出版社　2001年1月
3705. 漢唐之間文化藝術的互動與交融　巫鴻主編　文物出版社　2001年9月
3706. 流失海外中國佛教造像　吳曉丁編著　天津人民美術出版社　2001年
3707. 中國佛教石窟考古文集　馬世長著　（臺灣）覺風佛教藝術文化基金會　2001年12月
　　　龜茲石窟と敦煌石窟に關する論文27篇を收錄。
3708. 石雕（中國美術全集：中國藏傳佛教雕塑全集5）中國藏傳佛教雕塑全集編輯委員會編　李翎・廖暘主編　北京美術攝影出版社　20002年1月
3709. 中國牌坊　（中國歷代人文景觀叢書）　金其楨著　重慶出版社　2002年3月
3710. 中國古代佛雕：佛造像樣式與風格　金維諾著　文物出版社　2002年5月
3711. 北朝晚期石窟寺研究　（考古新視野叢書）　李裕群著　文物出版社　2003年5月
3712. 西南考古文獻　（中國西南文獻叢書第7輯）　全10冊　羅二虎主編　蘭州大學出版社　2003年5月
3713. 西南石窟文獻　（中國西南文獻叢書第8輯）　全10冊　胡文和主編　蘭州大學出版社　2003年5月
3714. 中國雕塑藝術綱要　閻文儒著　廣西師範大學出版社　2003年6月
3715. 中國石獅造型藝術　尤廣熙著　中國建築工業出版社　2003年8月
3716. 古代石窟（20世紀中國文物考古發現與研究叢書）　李裕群著　文物出版社　2003年10月
3717a. 中國佛教學術論典82　（法藏文庫、碩博士學位論文、第9輯）　星雲大師監修　（臺灣）佛光山文教基金會　2003年10月
　　　羅世平著「四川唐宋佛教造像的圖像學研究」、顧森著「巴中南龕摩崖造像藝術研究」、李清泉著「濟南地區石窟・摩崖造像調查與初步研究」、常青著「炳靈寺一六九窟塑像與壁畫的年代」
3717b. 中國佛教學術論典86　（法藏文庫、碩博士學位論文、第13輯）　星雲大師監修　（臺灣）佛

光山文教基金會　2003年10月

　　李裕群著「中原北方地區北朝晚期的石窟寺」、林蔚著「須彌山唐代洞窟的類型和分期」、劉建華著「遼寧義縣萬佛堂北魏石窟之研究」

3718. 中國의石窟：雲岡・龍門・天龍山石窟　（學術調査報告第23輯）　國立昌原文化財研究所編輯　（韓國）國立昌原文化財研究所　2003年10月

3719. 中印佛敎石窟寺比較研究：以塔廟窟爲中心　李崇峰著　北京大學出版社　2003年12月

3720. 山野佛光：中國石窟寺藝術　（中華文明之旅叢書）　李裕群著　四川人民出版社　2004年1月

3721. 佛敎美術叢考　金申著　科學出版社　2004年1月

3722. 壯闊雄渾：秦漢雕塑藝術　（中國古代美術叢書）　黃曉峰編著　文物出版社　2004年1月

3723. 盛世風神：隋唐雕塑藝術　（中國古代美術叢書）　郎天咏編著　文物出版社　2004年1月

3724. 中華石獅雕刻藝術　李芝崗編著　百花文藝出版社　2004年1月

3725. 江南牌坊　（夢中江南系列叢書）　薛冰撰文　上海書店出版社　2004年1月

3726. 中國佛敎美術と漢民族化：北魏時代後期を中心として　八木春生著　（日本）法藏館　2004年2月

3727. 中國祆敎藝術史研究　姜伯勤著　生活・讀書・新知三聯書店　2004年4月

　　［上］薩寶體制下中國祆敎畫像石的西胡風格及其中國化、［下］絲綢之路上祆敎藝術與新疆及河西等地區藝術的互動、の2編からなる論文集。大量の石刻畫像資料を收錄する。

　　粟特　霧裏看花：評姜伯勤著《中國祆敎藝術史研究》　李明偉　敦煌研究2005-1

3728. 中國南方佛敎造像藝術　（朶雲60集）　盧輔聖主編　上海書畫出版社　2004年6月

3729. 南北宋陵　（歷代帝后陵寢研究書系叢書）　陳朝雲著　中國青年出版社　2004年9月

3730. 佛家造像　（識佛叢書）　莫振良編著　天津人民出版社　2004年9月

3731. 佛敎造像　歐陽啓名著　文化藝術出版社　2004年10月

3732. 秀骨傳神：魏晉雕塑藝術　（中國古代美術叢書）　郎天咏編著　文物出版社　2004年11月

3733. 隋代佛敎窟龕研究　（考古新視野叢書）　梁銀景著　文物出版社　2004年12月

3734. 漫步石窟雕塑　（漫步中國主題旅游指南叢書）　孫建華編著　中國社會科學出版社　2005年1月

3735. 土木金石：傳統人文環境中的中國雕塑　李松著　陝西人民美術出版社　2005年1月

3736. 名雕塑解讀　陳龍海編著　岳麓書社　2005年1月
3737. 北魏佛教造像史の研究　石松日奈子著　(日本)ブリュッケ　2005年1月
　　　　書評：石松日奈子著『北魏佛教造像史の研究』　松下憲一　(日本)史朋38　2005年12月
3738. 中國名窟：石窟寺・摩崖石刻與造像　羅哲文・王去非・王小梅・黃彬・王欣[等]著　百花文藝出版社　2005年5月
3739. 中國古建築磚石藝術　樓慶西著　中國建築工業出版社　2005年6月
3740. 禮儀中的美術：巫鴻中國古代美術史文編 = Art in its ritual context essays on ancient Chinese art by Wu Hung　全2冊（開放的藝術史叢書）　(米)巫鴻(Wu, Hong)著　鄭岩・王睿編　鄭岩[等]譯　生活・讀書・新知三聯書店　2005年7月
3741. 中國早期佛教造像研究　（考古新視野叢書）　李正曉著　文物出版社　2005年9月
3742. 石雕鑒賞及收藏　（中國民間收藏實用全書）　倪洪林主編　北方文藝出版社　2005年10月
3743. 中國古代雕塑 = Chinese sculpture.（中國文化與文明叢書）　李松、安吉拉＝法爾科＝霍沃（Howard, Angela Falco.）、楊泓、巫鴻編著　陳雲倩[等]譯　外文出版社　New aven: Yale University Press, 2006年1月
3744. 石窟藝術　（中國文化之旅叢書）　王其鈞・謝燕著　中國旅游出版社　2006年1月
3745. 中國美術の圖像學：別冊「北響堂山石窟南洞北齊石經試論：附錄」（京都大學人文科學研究所研究報告）　曾布川寬編　(日本)京都大學人文科學研究所　2006年3月
3746. 中國美術の圖像と樣式：圖版篇・研究篇　全2冊　曾布川寬著　(日本)中央公論美術出版　2006年4月
　　　　［1］古代美術の圖像學的研究、［2］六朝美術の研究、［3］佛教石窟寺院の研究からなる。
3747. 雲南與巴蜀佛教研究論稿　（寶慶講寺叢書）　侯沖著　宗教文化出版社　2006年7月
3748. 中國古代經典建築10講　劉雅編　中國三峽出版社　2006年7月
3749. 中國石窟岩體病害治理技術　李文軍・王逢睿編著　蘭州大學出版社　2006年
3750. 2004年石窟研究國際學術會議論文集　全2冊　敦煌研究院編　樊錦詩主編　上海古籍出版社　2006年11月
3751. 石雕遺韻　（中國民藏文物鑑賞）　王青路著　人民美術出版社　2006年12月
3752. 古代佛造像眞僞鑑別與價值評估　寧雲龍編著　經濟日報出版社　2007年1月
3753. 中國歷代應用藝術圖綱　王子雲著　太白文藝出版社　2007年5月

3754. 中國石窟藝術　陳麗萍・王姸慧編著　時代文藝出版社　2007年6月

3755. 中國古代雕塑述要　（紫禁書系叢書第3輯）　馮賀軍著　紫禁城出版社　2007年8月

3756. 中國古代石窟　張球著　西冷印社出版社　2007年9月

3757. 磚塔：中國の陶藝建築　柴辻政彦著　（日本）鹿島出版會　2007年9月

3758. 楊伯達論藝術文物　楊伯達著　科學出版社　2007年12月

＊321. 東魏北齊莊嚴紋樣研究：以佛敎石造像及墓葬壁畫爲中心　（考古新視野叢書）　蘇鉉淑著　文物出版社　2008年1月

＊322. 中國磚雕　尙潔著　百花文藝出版社　2008年1月

＊323. 天下牌坊　邱承佑著　巴蜀書社　2008年1月

② 北京市・河北省

3759. 埋もれた中國石佛の研究：河北省曲陽出土の白玉像と編年銘文　楊伯達著　松原三郎譯・解題　（日本）東京美術　1985年9月

3760. 北京門礅　岩本公夫著　張美霞［等］譯　北京語言文化大學出版社　1998年

3761. 響堂山石窟：流失海外石刻造像研究　張林堂・孫迪編著　外文出版社　2004年

　　　　吹笛喚春歸：《響堂山石窟：流失海外石刻造像研究》　唐仲明　中國文物報2005年10月26日

3762. 曲陽白石造像研究　（紫禁書系叢書第2輯）　馮賀軍著　紫禁城出版社　2005年9月

　　　卷末に「發願文總錄」を附す。

③ 山西省

3763. 雲岡の石窟とその時代　水野清一著　（日本）創元社　1952年4月

3764. 雲岡と龍門　長廣敏雄著　（日本）中央公論美術出版　1964年2月

3765. 雲岡の石窟　小川晴暘著　（日本）新潮社　1978年2月

3766. 雲岡日記：大戰中の佛敎石窟調査　（ＮＨＫブックス544）　長廣敏雄著　（日本）日本放送出版協會　1988年2月

3767. 雲岡史話　辛長靑著　山西人民出版社　1989年12月

3768. 雲岡石窟　山西雲岡石窟文物所李治國編　文物出版社　1995年9月

3769. 雲岡石窟文化　（三晉文化研究叢書）　趙一德著　（太原）北嶽文藝出版社　1998年10月

3770. 雲岡石窟藝術審美論　王建舜著　中國社會科學出版社　1998年11月

3771. 雲岡石窟文樣論　八木春生著　（日本）法藏館　2000年2月

3772. 雲岡佛經故事　王恆編著　山西人民出版社　2002年3月
3773. 太原龍山道教石窟藝術研究　（山西大學百年校慶學術叢書）　張明遠著　山西科學技術出版社　2002年4月
3774. 雲岡石窟雙窟論　王建舜著　（北京)中央文獻出版社　2003年3月
3775. 雲岡石窟研究　閻文儒著　廣西師範大學出版社　2003年6月
3776. 雲岡石窟佛教造像　（文化山西書系叢書）　王恆著　（太原)書海出版社　2004年3月
3777. 雕刻在石頭上的王朝　聶還貴著　中華書局　2004年8月

　　　讀《雕刻在石頭上的王朝》：北魏雲岡石窟藝術研究　來新夏　書品2005-3

3778. 北魏雲岡　（人說山西叢書）　王建舜著　山西古籍出版社　2004年10月
3779. 天龍山石窟：流失海外石刻造像研究　孫迪編著　外文出版社　2004年
3780. 雲岡石窟與北魏時代　李恆成編著　山西科學技術出版社　2005年5月
3781. 雕鑿永恆：山西石窟與石雕像　（回望山西叢書）　王恆著　山西人民出版社　2005年5月
3782. 雲岡石窟大事記　雲岡石窟文物研究所編　文物出版社　2005年7月
3783. 雲岡百年論文選集　全2冊　李治國主編　雲岡石窟文物研究所編　文物出版社　2005年7月

　　　［１］に雲崗石窟研究の論稿37篇、［２］に雲崗石窟科學保護等の文章38篇を收錄する。

3784. 雲岡保護五十年　李治國主編　雲岡石窟文物研究所編　文物出版社　2005年7月
3785. 雲岡石窟編年史　雲岡石窟文物研究所　張焯撰　文物出版社　2006年2月
3786. 2005年雲岡國際學術研討會論文集：研究卷・保護卷　全2冊　雲岡石窟文物研究所編　文物出版社　2006年8月
3787. 雲岡石窟布局設計藝術　（大同歷史文化叢書）　王恆著　山西人民出版社　2006年
3788. 雲岡石窟龕式藝術　（大同歷史文化叢書）　王恆著　山西人民出版社　2006年
3789. 雲岡石窟名稱和銘文碑記　（大同歷史文化叢書）　王恆著　山西人民出版社　2006年
3790. 雲岡石窟的開鑿　（大同歷史文化叢書）　王恆著　山西人民出版社　2006年
3791. 雲岡石窟菩薩像及供養形象　（大同歷史文化叢書）　王恆著　山西人民出版社　2006年
3792. 雲岡石窟天龍八部及梵志・妖魔　（大同歷史文化叢書）　王恆著　山西人民出版社　2006年

3793. 雲岡石窟佛像　（大同歷史文化叢書）　王恆著　山西人民出版社　2006年

3794. 雲岡石窟特定形式紋樣　（大同歷史文化叢書）　王恆著　山西人民出版社　2006年

3795. エジプトと日本：水野清一・長廣敏雄著『雲岡石窟』へささげるオマージュ　大山みどり著　（日本）アートヴィレッジ　2007年8月

3796. 雲岡石窟研究院　（帶你走進博物館叢書）　李雪芹主編　雲岡石窟研究院編著　文物出版社　2007年11月

＊324. 雲岡石窟　（世界文化遺產叢書）　雲岡石窟研究院編　文物出版社　2008年4月

＊325. 雲岡石窟：流散海內外石刻造像調查與研究　劉建軍編著　外文出版社（近刊豫告）

④　內蒙古自治區・遼寧省

3797. 阿爾寨石窟回鶻蒙古文榜題研究　（中國蒙古學文庫）　哈斯額爾敦＝丹森［等］著　遼寧民族出版社　1997年6月

3798. 義縣萬佛堂石窟　（少林文化研究叢書）　劉建華著　科學出版社　2001年7月
　　　　卷末に「萬佛堂石窟現存碑記」を附す。

⑤　江蘇省

3799. 孔望山造像研究　第一集：1987年全國首屆孔望山造像學術研討會文集　全國首屆孔望山造像學術研討會編　海洋出版社　1990年7月

3800. 南京的六朝石刻　（可愛的南京叢書第3輯）　梁白泉主編　南京出版社　1998年5月

3801. 六朝帝陵：以石獸和磚畫爲中心　（六朝文化譯著）　（日本）曾布川寬著　傅江譯　南京出版社　2004年9月
　　　　曾布川寬「南朝帝陵の石獸と磚畫」（『東方學報』63、1991年）の翻譯。
　　　　石獸訴說歷史、磚畫演繹傳奇：讀《六朝帝陵》有感　盧海鳴　中國文物報2005年2月9日

3802. 建康蘭陵六朝陵墓圖考　朱偰著　中華書局　2006年9月
　　　　商務印書館・1936年2月初版。再版に際し、1950年代發表の「丹陽六朝陵墓的石刻」「修復南京六朝陵墓古跡中重要的發現」2篇を增收。

3803. 南朝陵墓雕刻藝術　南京博物院編著　徐湖平主編　文物出版社　2006年11月
　　　　上編に圖版、下編に說明と研究論文、卷末に「南朝陵墓神道雕刻研究文獻索引」を附す。

3804. 揚州八刻　沈惠蘭編著　廣陵書社　2006年12月

＊326. 蘇州磚雕　居晴磊編著　中國建築工業出版社　2008年6月

⑥ 浙江省・安徽省

3805. 西湖石窟探勝　王士倫著　上海人民出版社　1981年11月

3806. 徽州古牌坊：千古悲歡閱滄桑　（中國文化遺珍・徽州卷）　羅剛著　遼寧人民出版社　2002年9月

3807. 東錢湖石刻　（鄞州作家文叢第2輯）　麻承照・謝國旗著　中國文聯出版社　2003年

3808. 靈隱寺　（西湖全書）　冷曉撰文　杭州出版社　2004年10月

3809. 西湖造像　（西湖全書）　勞伯敏・高念華主編　徐彬攝影　杭州出版社　2006年7月

⑦ 山東省

3810. 山東青州龍興寺出土佛教造像研討會　康樂及文化事務署・志蓮淨苑合辦　（香港）康樂及文化事務署　2001年

3811. 山東寺廟塔窟　趙浦根・朱赤主編　齊魯書社　2002年4月
　　　山東省歷代的寺觀、祠廟、佛塔、石窟を分けて簡介し、碑刻、造像などにも言及する。

3812. 黃河三角洲佛教造像研究　（黃河三角洲文化研究書庫）　劉鳳君・孫洪軍・王芳志・徐其忠・李森著　山東人民出版社　2003年10月

3813. 青州龍興寺佛教造像窖藏　（中國重大考古發掘記系列叢書）　夏名采著　生活・讀書・新知三聯書店　2004年10月

3814. 四門塔阿閦佛與山東佛像藝術研究　（當代文化叢書）　劉鳳君・李洪波主編　中國文史出版社　2005年9月

⑧ 河南省

3815. 潞簡王墓簡介　河南省新鄉市博物館編・印　1978年10月

3816. 龍門石窟藝術　宮大中著　上海人民出版社　1981年4月。增訂本　人民美術出版社　2002年12月

3817. 龍門　（河南名勝古迹叢書）　宮大中著　中州書畫社　1981年8月

3818. 龍門石窟與洛陽歷史文化　李文生著　上海人民美術出版社　1993年6月

3819. 龍門石窟研究論文選　龍門石窟研究所編　上海人民美術出版社　1993年8月

3820. 龍門石窟保護　劉景龍編著　中國科學技術出版社　1993年9月

3821. 奉先寺　龍門石窟研究所編　劉景龍著　文物出版社　1995年4月

3822. 龍門石窟研究　（中國傳統文化叢書）　龍門石窟研究所編　閻文儒・常青著　書目文

獻出版社　1995年8月

　　　　造像題記、造像碑の研究を含む。

3823. 龍門石窟一千五百周年國際學術討論會論文集　龍門石窟研究所編　文物出版社　1996年5月

3824. 龍門石窟與歷史名人　龍門石窟研究所編　蘇健・張若愚・王洁著　長征出版社　1999年1月

3825. 龍門石窟與百題問答　李文生編著　河南大學出版社　2001年

3826. 洛陽龍門石窟　（世界自然文化遺產之旅叢書）　曾曉華編著　廣東旅遊出版社　2003年3月

3827. 龍門石窟開鑿年代研究　（中日文）　劉景龍著　外文出版社　2003年10月

3828. 龍門石窟研究院論文選　龍門石窟研究院編　中州古籍出版社　2004年7月

3829. 視覺中的音樂：龍門石窟音樂圖像資料的考察與研究　馬春蓮著　河南人民出版社　2004年

3830. 龍門佛光　（中原考古大發現4）　蘇湲著　河南人民出版社　2005年1月

3831. 龍門石窟：北魏佛教研究　塚本善隆著　林保堯・顏娟英譯　（臺灣）覺風佛教藝術文化基金會　2005年5月

　　　　塚本善隆著「龍門石窟に現れたる北魏佛教」(1942年)などの中國語翻譯版。

3832. 鞏縣石窟：流失海外石刻造像研究　孫迪・楊明權編著　外文出版社　2005年9月

　　　　中國流失海外石窟造像研究三部曲：《鞏縣石窟：流失海外石刻造像研究》讀后　天焜　中國文物報2006年1月4日

3833. 龍門石窟與西域文明　張乃翥著　中州古籍出版社　2006年12月

3834. 2004年龍門石窟國際學術研討會文集　李振剛主編　河南人民出版社　2006年12月

⑨　廣西壯族自治區

3835. 唐代桂林之摩崖佛像　羅香林著　（香港）中國學社　1958年9月

⑩　重慶市・四川省

3836. 大足石刻　傅揚著　朝花美術出版社　1957年3月

3837. 大足石刻　蔭運著　上海人民美術出版社　1961年10月

3838. 1981年研究生畢業論文：巴中南龕摩崖造像藝術研究　中國藝術研究院研究生部

— 184 —

1981年12月

3839. 藝術的新貴：永樂宮壁畫及大足石刻　（中國彩色文庫3）　謝敏聰內文執筆　（臺灣）梵谷出版公司　1982年2月

3840. 樂山大佛　樂山市文物保管所編　文物出版社　1982年10月

3841. 大足石刻漫記　李正心著　四川人民出版社　1983年12月

3842. 大足石刻研究　劉長久・胡文和・李永翹編著　四川省社會科學院出版社　1985年4月
　　　上編「大足石刻研究文選」、中編「大足石刻志略校注」、下編「大足石刻內容總錄」

3843. 大足石刻之鄉的傳說　（四川民間文學叢書）　吳蓉章・毛建華編　重慶出版社　1986年11月

3844. 樂山大佛傳奇　池剛［等］搜集整理　西南交通大學出版社　1988年4月

3845. 大足石刻藝術　（長江旅游系列圖書）　王肇翰著　重慶出版社　1988年9月

3846. 大足石刻傳說　楊大矛選編　李遠舉・趙甫華・李正心［等］搜集整理　重慶大學出版社　1989年1月

3847. 中國佛教與安岳石刻藝術　汪毅著　中國旅游出版社　1989年8月

3848. 大足石窟藝術　黎方銀著　重慶出版社　1990年11月

3849. 大足石刻傳奇　陳先學著　重慶出版社　1991年10月

3850. 樂山大佛和他的兄弟們＝Leshan giant buddha and his brothers　（四川外向型經濟文化叢書）　鄧洪平・喻光韶主編　電子科技大學出版社　1992年

3851. 王建與王建墓　鍾大全著　文物出版社　1993年8月

3852. 大足石刻研究文集　郭相穎主編　重慶大足石刻藝術博物館・大足縣文物保管所編　重慶出版社　1993年9月

3853. 四川道教・佛教石窟藝術　胡文和著　四川人民出版社　1994年6月

3854. 大足石刻研究文選：四川石窟藝術研討會暨重慶大足石刻研究會第三屆年會專集　重慶大足石刻研究會・重慶大足石刻藝術博物館・四川省社科院大足石刻藝術研究所編、印　1995年3月

3855. 大足石刻藝苑　陳先學編著　重慶出版社　1995年6月

3856. 大足石刻平話　陳先學著　重慶出版社　1998年9月

3857. 大足石刻研究　（重慶文物論叢）　郭相穎著　重慶出版社　2000年9月

3858. 宗教與大足石刻　胡鵬著　中國文聯出版社　2000年11月

3859. 大足石刻考古與研究　（重慶文物論叢）　陳明光著　重慶出版社　2001年1月

3860. 安岳石刻傳說　郭鍾鳴編著　四川人民出版社　2001年9月

3861. 大足石刻藝術：世界文化遺産　王慶瑜主編　黎方銀撰文　中國旅游出版社　2001年

3862. *Summit of treasures: Buddhist cave art of Dazu*, China. Howard, Angela Falco. Bangkok: Orchid Press; Trumbull, Conn.: Weatherhill, 2001.

3863. 磨崖佛たちの微笑み：磨崖佛の寶庫大足の石窟(中國・四川省)を訪ねて　西井稔著　（日本)新生出版　2002年3月

3864. 治理樂山大佛的前期研究　四川省文物考古研究所・樂山大佛烏尤文物保護管理局合編　四川科學技術出版社　2002年4月

3865. 世界關注樂山大佛　羅孟鼎編著　巴蜀書社　2002年

3866. 廣元石窟　（廣元皇澤寺博物館・成都市文物考古研究所）　雷玉華・王劍平執筆　巴蜀書社　2002年12月

　　　四川省廣元市の廣元石窟（皇澤寺と千佛崖）の紹介。卷末に唐代～清代の「廣元石窟銘文總錄」を附す。

3867. 鹿野苑石刻藝術博物館　鍾鳴[等]編　發行所未詳　2003年1月

3868. 大足石刻　（世界自然文化遺産之旅叢書）　趙貴林・趙桉編著　廣東旅游出版社　2003年3月

3869. 巴中石窟　（巴中市文管所・成都市文物考古研究所）　雷玉華・程崇勛執筆　巴蜀書社　2003年8月

　　　四川省巴中市の巴中石窟の紹介。文中に造像銘文の釋文を含む。

3870. 大足石刻　（中國世界遺産叢書）　黎方銀著　三秦出版社　2004年5月

3871. 樂山大佛　（世界文化與自然遺産叢書）　河川編著　四川美術出版社　2004年7月

3872. 廣元石窟藝術　羅宗勇編著　四川美術出版社　2005年9月

3873. 中國四川省石窟摩崖造像群に關する記録手法の研究及びデジタルアーカイブ構築　肥田路美著　（平成13～16年度文部科學省科學研究費補助金〈基盤研究（A）（2）〉研究成果報告書）　（日本)早稻田大學　2005年10月

3874. 隆昌石牌坊：中國石牌坊之郷　張強著　四川美術出版社　2006年5月

3875. 丹棱石刻藝術　萬玉忠編著　發行所未詳　2006年6月

3876. 大足石刻　（世界文化與自然遺產叢書）　王川平編　五洲傳播出版社　2006年

3877. 大足石刻孝文化研究（翰林院文庫）　胡良學著　（香港）中國國際文藝出版社　2006年

3878. 四川崖墓藝術　范小平著　巴蜀書社　2006年

3879. 中國四川唐代摩崖造像：蒲江・邛崍地區調查研究報告　盧丁・肥田路美編著　重慶出版社　2006年12月

3880. 佛教美術からみた四川地域　（アジア地域文化學叢書5）　奈良美術研究所編　（日本）雄山閣　2007年3月

3881. 2005年重慶大足石刻國際學術研討會論文集　重慶大足石刻藝術博物館編　文物出版社　2007年12月

＊327. 大足石窟與敦煌石窟的比較　楊雄・胡良學・童登金著　巴蜀書社　2008年5月

⑪　陝西省

3882. 彬縣大佛寺造像藝術　（佛藝文庫）　常青著　陝西省文物事業管理局［等］編　（北京）現代出版社　1998年9月

3883. 陝西古代佛教美術　李淞著　陝西人民教育出版社　2000年1月

3884. 中國陝西省唐代石窟造像の調査研究：慈善寺石窟と麟溪橋摩崖佛を中心として　（平成10～11年度文部省科學研究費補助金〈國際學術研究／基盤研究（A）（2）〉研究成果報告書）　研究代表者水野敬三郎・岡田健　（日本）東京國立文化財研究所　2000年3月

3885. 藥王山石佛窟及造像藝術　李改・張光溥編　陝西旅游出版社　2002年3月

3886. 中國陝西省北宋時代石窟造像の調査研究：子長縣鐘山石窟を中心として　（平成13～15年度文部科學省科學研究費補助金〈基盤研究（B）〉研究成果報告書）　研究代表者岡田健　（日本）東京國立文化財研究所　2004年3月

3887. 石雕・泥塑　（陝西民間美術大系）　林通雁主編　陝西人民美術出版社　2004年6月

3888. 茂陵與霍去病墓石雕＝ *Maoling mausoleum & stone sculptures around Huo Qubing tomb* （茂陵文史叢書）　王志傑著　陸祖本英譯　石永明日譯　王敏霞攝影　三秦出版社　2005年9月

⑫　甘肅省

3889. 麥積山石窟　名取洋之助著　（日本）岩波書店　1957年4月

3890. 麥積山石窟研究　資料彙編　麥積山文物保管所編輯　（內部發行）　1983年

3891. 麥積山石窟　閻文儒主編　甘肅人民出版社　1984年10月

3892. 炳靈寺石窟　（中國石窟藝術叢書）　閻文儒・王萬青編著　甘肅人民出版社　1993年7月

3893. 炳靈寺石窟研究論文集　炳靈寺文物保管所編　王亨通・杜斗城主編　炳靈寺・炳靈寺文物保管所　1998年7月。重印　甘肅人民出版社　2002年8月

3894. 莊浪石窟　（中國敦煌學百年文庫・別卷）　程曉鍾・楊富學著　甘肅文化出版社　1999年1月

3895. 甘肅窟塔寺廟　李焰平主編　甘肅教育出版社　1999年9月

3896. 北石窟寺　李紅雄・宋文玉主編　甘肅文化出版社　1999年11月

　　甘肅慶陽北石窟寺の紹介。「北石窟寺題記考釋」を含む。

3897. 梵宮藝苑：甘肅石窟寺　（隴文化叢書）　董玉祥著　甘肅教育出版社　1999年

3898. 北涼石塔研究　殷光明著　（臺灣）覺風佛教藝術文化基金會　2000年6月

　　北涼石塔研究的新奉獻：《北涼石塔研究》評介　張寶璽　敦煌研究2001-3

　　書評：《北涼石塔研究》　張總　敦煌吐魯番研究6　2002年8月

3899. 雕塑之宮：麥積山石窟藝術　（天水歷史文化叢書）　張津梁主編　甘肅人民出版社　2000年12月

3900. 東方微笑：麥積山石窟佛教造像藝術的歷史背景、風格演化及其美學意義　傅小凡・杜明富著　敦煌文藝出版社　2003年1月

3901. 炳靈寺石窟學術研討會論文集　顏廷亮主編　甘肅人民出版社　2003年10月

3902. 佛國麥積山　君岡主編　凌海成撰稿　中國佛教協會佛教文化研究所・麥積山石窟藝術研究所編　上海辭書出版社　2003年12月

3903. 麥積山石窟藝術文化論文集：2002年麥積山石窟藝術與絲綢之路：佛教文化國際學術研討會論文集　全2冊　鄭炳林・花平寧主編　蘭州大學敦煌學研究所・麥積山石窟藝術研究所編　蘭州大學出版社　2004年6月

3904. 敦煌石窟藝術概論　鄭炳林・沙武田編著　甘肅文化出版社　2005年8月

3905. 敦煌莫高窟及周邊石窟　（中國世界遺產叢書）　陳鈺・何奇・唐曉軍編著　三秦出版社　2006年1月

3906. 麥積山石窟研究論文集　麥積山石窟藝術研究所編　甘肅人民出版社　2006年

3907. 張掖石窟研究文集　張掖市文物保護研究所編　甘肅人民出版社　2006年10月
3908. 甘肅：絲綢路上的瑰麗石窟　董玉祥主編　外文出版社　2006年12月
＊328. 天水麥積山石窟研究文集　全2冊　（絲綢之路石窟研究文庫）　鄭炳林・魏文斌主編　甘肅文化出版社　2008年2月

⑬　新疆維吾爾自治區

3909. 龜茲石窟　（西域研究叢書　龜茲文化研究叢書1）　新疆維吾爾自治區文化廳石窟研究所・新疆大學中亞文化研究所編　韓翔・朱英榮著　新疆大學出版社　1990年10月
3910. 龜茲佛教文化論集　新疆龜茲石窟研究所主編　新疆美術攝影出版社　1993年
3911. 龜茲石窟研究　新疆龜茲石窟研究所編　朱英榮著　新疆美術攝影出版社　1993年12月
3912. 龜茲藝術研究　（西域佛教文化藝術研究叢書）　新疆龜茲石窟研究所編　霍旭初著　新疆人民出版社　1994年7月
3913. 新疆石窟藝術　常書鴻著　中共中央黨校出版社　1996年2月
3914. 新疆佛教石窟之旅　張燕著　上海世紀出版股份公司辭書出版社（上海辭書出版社）　2003年12月
3915. 新疆石窟縱覽　中子著　新疆攝影藝術出版社　2007年3月

⑭　臺灣

3916. 法華造像研究：嘉登博物館藏東魏武定元年石造釋迦像考　林保堯著　（臺灣）藝術家出版社　1993年3月

⑮　その他

3917. 絲綢之路草原石人研究　（絲綢之路研究叢書7）　王博・祁小山著　新疆人民出版社　1995年12月
3918. 絲綢之路與石窟藝術　全3冊　阮春榮主編　遼寧美術出版社　2005年1月
　　　［1］西域梵影、［2］河西勝覽、［3］王朝典範の3巻からなる。
3919. ユーラシアの石人　（ユーラシア考古學選書）　林俊雄著　（日本）雄山閣　2005年3月
3920. 蒙古鹿石：文明的中介　（漢譯亞歐文化名著）　（露）B.B.沃爾科夫編著　王博・吳姸春譯　中國人民大學出版社　2007年5月

E　題跋(敍錄)・碑帖・碑學關係圖書

3921. 廣東叢帖敍錄　(廣東文獻叢書1)　冼玉清編著　廣東省文獻委員會文獻館　1949年

3922. 名碑法帖通解叢書　全28(？)冊　藤原楚水注釋　(日本)清雅堂　1949年～1983年

3923. 法帖と碑帖　(書藝ライブラリー1)　藤原楚水著　(日本)書藝文化院　1960年7月

3924. 王羲之を中心とする法帖の研究　中田勇次郎著　(日本)二玄社　1960年11月

3925. 帖考　林志鈞遺著　(香港？)自家版　1962年序。(臺灣)華正書局公司　1985年7月

3926. 歷代名碑帖鑑賞　何恭上主編　馮振凱編撰　(臺灣)藝術圖書公司　1973年1月

3927. 註解名蹟碑帖大成　全3卷・別卷1　藤原楚水著　鎌田博編　(日本)省心書房
　　　1976年6月～1980年5月。(別卷は、增訂碑別字字典　羅振鋆・羅振玉著　鎌田博編)

3928. 金石書畫題跋叢刊　全15卷　金石書畫題跋叢刊編選委員會編選　(臺灣)學海出版社
　　　1977年4月～1981年

3929. 蘭亭論辨　文物出版社編輯　文物出版社　1977年10月。〈蘭亭序論爭譯注　谷口鐵雄・
　　　佐々木猛編譯　(日本)中央公論美術出版　1993年2月〉

3930. 鑑餘雜稿　謝稚柳著　上海人民美術出版社　1979年6月

3931. 叢帖目　全4冊(20卷)　容庚編　中華書局香港分局　1980年1月～1986年9月
　　　叢帖を主にして雜類にまで及ぶ法帖310餘種の解説・研究書。

3932. 啓功叢稿　啓功著　中華書局　1981年12月

3933. 碑帖敍錄　(增訂本)　楊震方編著　上海古籍出版社　1982年2月

3934. 中國碑帖選譯注　全3冊　福本雅一編　(日本)玉林堂　1982年3月～1984年3月

3935. 新定急就章及考證　高二適著　上海古籍出版社　1982年12月

3936. 唐代碑帖解義・唐代書人傳　深谷周道著　(日本)二玄社　1983年3月

3937. 雲南史料目錄概說　全3冊(10卷)　方國瑜著　中華書局　1984年1月
　　　卷6～10の漢晉～清各時期文物に、雲南の金石に關する解説あり。

3938. 善本碑帖錄　(考古學專刊乙種第19號)　張彥生著　中國社會科學院考古研究所編輯
　　　中華書局　1984年2月

3939. 法帖事典：本論編・圖錄編　全2冊　宇野雪村編著　(日本)雄山閣出版　1984年8月

3940. 碑帖鑑別常識　(書法知識叢書)　王壯弘著　上海書畫出版社　1985年4月

3941. 碑帖鑑定淺說　馬子雲著　紫禁城出版社　1986年2月。〈中國碑帖ガイド　栗林俊行

— 190 —

譯　（日本）二玄社　1988年5月〕

3942. 碑帖學引論　（泊廬書學五種2）　趙天行著　（臺灣）存文書法研究社　1986年

3943. 帖學舉要　（書法知識叢書）　王壯弘編著　上海書畫出版社　1987年1月

3944. 淳化閣帖：法帖篇・譯注篇　全2冊　森野繁夫・佐藤利行編著　（日本）白帝社　1988年6月

3945. 北京圖書館藏石刻敍錄　徐自強主編　書目文獻出版社　1988年10月

3946. 中國名碑珍帖習賞　歐陽中石［等］編　（西安）未來出版社　1989年8月

3947. 北山集古錄　施蟄存著　巴蜀書社　1989年10月

3948. 北京圖書館藏善拓題跋輯錄　王敏輯注　文物出版社　1990年4月

3949. 歐齋石墨題跋　朱翼盦著　書目文獻出版社　1990年5月。全2冊（紫禁書系列10・11）　紫禁城出版社　2006年1月

3950. 碑帖快覽　許延慈編　遼寧教育出版社　1990年7月

3951. 名碑と語る　田近憲三著　（日本）二玄社　1990年12月

3952a. 河南碑誌敍錄　（河南文物叢書）　河南省文物局編　中州古籍出版社　1992年2月

3952b. 河南碑誌敍錄（二）　中原石刻藝術館編　河南美術出版社　1997年8月

3953. 清代碑學書法研究　（美術論叢48）　廖新田著　臺北市立美術館推廣組編輯　（臺灣）臺北市立美術館　1993年6月

3954. 碑帖鑑定　（中國文物鑑定叢書）　馬子雲・施安昌著　廣西師範大學出版社　1993年12月

3955. 碑法帖・拓本入門：古典の學習と鑑賞のために　（季刊墨スペシャル21）　酒井明編　（日本）藝術新聞社　1994年10月

3956. 梁啓超題跋墨迹書法集　榮寶齋出版社　1995年3月

3957. 中國碑帖藝術論　蔣文光・張菊英著　中國工人出版社　1995年5月

3958. 書畫碑帖見聞錄　（當代文物鑑定家論叢）　馬寶山著　北京燕山出版社　1995年12月

3959. 碑帖鑑賞與收藏　（古董鑑賞收藏叢書）　張菊英・聞光編著　吉林科學技術出版社　1996年1月

3960. 中國碑帖精典　王長水編選　山東大學出版社　1996年2月

3961. 楊守敬題跋書信遺稿　（湖北省博物館叢書）　楊守敬著　楊先梅輯　劉信芳校注　巴蜀書社　1996年3月

3962. 書畫鑑眞　史樹青著　北京燕山出版社　1996年。〈文物鑑定家が語る中國書畫の世界（あじあブックス033）　大野修作抄譯　（日本）大修館書店　2001年12月〉

3963. 漢華山碑題跋年表　施安昌編著　文物出版社　1997年1月

3964. 碑帖　（中國收藏小百科第1輯7）　王繼安著　山東科學技術出版社　1997年5月

3965. 中國碑帖鑑賞與收藏　（古玩寶齋叢書）　陳炳昶編著　上海書店出版社　1997年8月

3966. 秦說碑帖　（古董鑑藏叢書）　秦公・王春元著　中國青年出版社　1997年12月

3967. 碑碣法帖新釋　全2冊　田頭象峰譯注　（日本）日本圖書刊行會（近代文藝社）　1997年12月～1999年

3968. 衛俊秀碑帖札記輯注　衛俊秀著　方磊輯注　陝西師範大學出版社　1998年

3969. 黃賓虹文集：書信編、譯述編・鑑藏編、書畫編上、書畫編下、題跋編・詩詞編・金石編、雜著編　全6冊　黃賓虹著　上海書畫出版社・浙江省博物館編　上海書畫出版社　1999年6月

3970a. 啓功叢稿・論文卷　啓功著　中華書局　1999年7月

3970b. 啓功叢稿・題跋卷　啓功著　中華書局　1999年7月

3970c. 啓功叢稿・藝論卷　啓功著　中華書局　2004年7月

　　　上記3932『啓功叢稿』を增補し、a～c合わせて金石碑帖に關する多くの論文・題跋札記などを收める。

3971a. 北山談藝錄　施蟄存著　文匯出版社　1999年12月

3971b. 北山談藝錄續編　施蟄存著　文匯出版社　2001年1月

3972. 蘭亭論集　華人德・白謙愼主編　蘇州大學出版社　2000年9月

　　　蘇州大學圖書館編「中國現代《蘭亭序》研究論文索引」、祁小春編「日本近現代《蘭亭序》論著目錄」を附錄する。

3973. 名碑解讀　（中國古代藝術精品鑑賞叢書2）　陳龍海編著　（臺灣）牧村圖書公司　2000年11月。岳麓書社　2005年1月

3974. 經典碑帖臨池祕要　王敬致著　遼寧美術出版社　2001年6月

3975. 宋代帖學研究　（上海市書法家協會理論研究叢書）　水賚佑著　上海人民美術出版社　2001年8月

3976. 康有爲與淸代碑學運動　（上海市書法家協會理論研究叢書）　戴小京著　上海人民美術

出版社　2001年8月

3977.　中國碑帖真偽鑑別　（古玩真偽鑑別叢書）　陳根遠[等]編著　安徽科學技術出版社　2001年11月

3978.　下筆如有神　（書藝廊系列叢書3）　吳羊璧著　（香港）科華圖書出版公司　2001年

3979.　中國碑帖與書法國際研討會論文集　（文物館專刊10）　游學華・陳娟安編著　香港中文大學文物館　2001年12月

3980.　善本碑帖論集　（故宮博物院學術文庫）　施安昌著　紫禁城出版社　2002年2月
　　　［1］唐代正字學考、［2］武則天改字考、［3］碑刻考訂、［4］刻帖辨證、［5］古代書法地方體、［6］清人揭示古隸、倡明漢隸、［7］敦煌寫本文字的演變、［8］古代祆教藝術論、からなる。

3981.　翁方綱題跋手札集錄　（清）翁方綱撰　沈津輯　廣西師範大學出版社　2002年4月

3982.　九成宮醴泉銘探源　田蘊章著　南開大學出版社　2002年6月

3983.　張廉卿の書法と碑學　魚住和晃著　（日本）研文出版　2002年6月

3984.　史樹青金石拓本題跋選　史樹青著　海國林編　嶺南美術出版社　2002年8月

3985.　游墨春秋：木雞室金石碑帖拾遺　伊藤滋編著　（日本）日本習字普及協會　2002年8月

3986.　碑帖鑑賞　（文物鑑賞系列叢書）　胡月・沈利華著　地質出版社　2002年

3987.　古墨新研：淳化閣帖縱橫談　仲威・沈傳鳳著　上海書店出版社　2003年9月

3988.　名帖解讀　（中國古代藝術精品鑑賞叢書5）　陳龍海編著　（臺灣）牧村圖書公司　2003年。岳麓書社　2005年1月

3989.　《淳化閣帖》與"二王"書法藝術研究論文稿　上海博物館編　上海博物館　2003年

3990.　墓誌10講　（中國書法經典名家講座叢書）　于明詮著　上海書畫出版社　2003年12月

3991.　題跋10講　（中國書法經典名家講座叢書）　徐建融著　上海書畫出版社　2004年6月

3992.　拓片收藏四十題　（保值收藏叢書）　章用秀著　天津人民美術出版社　2004年6月

3993.　晚清帖學研究　（新畫說論叢）　曹建著　天津人民美術出版社　2005年1月

3994.　碑學10講　（中國書法經典名家講座叢書）　仲威著　上海書畫出版社　2005年6月

3995.　帖學10講　（中國書法經典名家講座叢書）　仲威著　上海書畫出版社　2005年6月

3996.　收藏10講　（中國書法經典名家講座叢書）　徐建融著　上海書畫出版社　2005年6月

3997.　碑帖新鑑　（書法新鑑叢書）　全6冊　喻蘭著　世界圖書出版公司　2005年6月

3998. 全國首屆碑帖學術研討會論文集　董恆宇主編　文物出版社　2005年6月

3999. 碑帖鑒賞及收藏　（中國民間收藏實用全書）　倪洪林主編　北方文藝出版社　2005年10月

4000. 上海圖書館藏善本碑帖　全2冊　上海圖書館編　上海古籍出版社　2005年11月
　　　善本碑帖拓本76種の圖版と各碑帖の解說を收めるという。
　　　　琳琅珍拓、艷驚天人：《上海圖書館藏善本碑帖》出版　立翔　古籍整理出版情況簡報2006-2

4001. 王羲之十七帖解析　曹大民・曹之瞻編著　上海古籍出版社　2005年12月

4002. 歐陽修《集古錄跋尾》之研究：以書學・佛老學・史學爲主. 羅振玉金文學著述（古典文獻研究輯刊初編29）　蔡清和著・熊道麟著　（臺灣）花木蘭文化工作坊　2005年12月

4003. 啓功題跋書畫碑帖選　全2冊　啓功題跋書畫碑帖選編委會編　章景懷・侯剛主編　文物出版社　2006年1月

4004. 張伯英碑帖論稿　全1函3冊　張伯英著　張濟和主編　河北教育出版社・北京頌雅風文化藝術中心　2006年2月

4005. 中國陶瓷錢幣碑帖研究　汪慶正著　上海古籍出版社　2006年3月

4006. 中國歷代碑帖賞析手冊　喬柏梁著　陝西師範大學出版社　2006年4月

4007. 豐草堂題跋書法　叢文俊著　遼海圖書發行有限公司　2006年9月

4008. 碑帖書畫與詩歌文獻研究　（美術學博士文叢）　丁政著　天津人民美術出版社　2007年5月

4009. 古玩圖鑑：書畫與碑帖篇　傳世文化編　文物出版社　2007年7月

4010. 碑拓鑒要　（行家鑒寶叢書. 收藏投資系列）　魏小虎著　浙江攝影出版社　2007年8月

4011. 法帖鑒要　（行家鑒寶叢書. 收藏投資系列）　顧音海著　浙江攝影出版社　2007年8月

4012. 集古錄：陳振濂金石拓片題跋書法集　陳振濂著　浙江古籍出版社　2007年10月

＊329. 碑帖收藏與研究　宗鳴安著　陝西人民美術出版社　2008年1月

＊330. 錢幣學與碑帖文獻學　（文博大家叢書）　汪慶正著　上海人民出版社　2008年1月

＊331. 碑帖　（收藏起步叢書）　仲威著　上海文化出版社　2008年7月

＊332. 柏克萊加州大學東亞圖書館藏碑帖　全2冊　柏克萊加州大學東亞圖書館編　上海古籍出版社（近刊豫告）
　　　米國のカリフォルニア大學バークレー校東亞圖書館所藏の善本碑帖及び金石拓本2600餘種を收錄し、善本碑帖圖錄と總目提要の2冊に分ける。圖錄は重要な碑帖拓本290餘件を精

選・影印し、提要は各拓本のデータ、英文提要及び石刻年代索引、源地索引と書者刻者索引を附すという。

＊333. 中國歷代書畫題跋精粹：唐宋遼金・元・明・淸　全4册　蘇大椿・陳册・馬煒・李陽洪編　重慶出版社　（近刊豫告）

附錄1　書道（書法）關係圖書

4013. 中國書道史　藤原楚水著　（日本）三省堂　1960年9月

4014. 圖解書道史　全5卷・別卷1　藤原楚水著　鎌田博編　（日本）省心書房　1971年4月～1973年3月

4015. 中國書道史隨想　松井如流著　（日本）二玄社　1977年10月

4016. 中國書道史　赤井淸美著　（日本）東京堂出版　1979年2月

4017. 西安碑林書道藝術　宮川寅雄・伏見冲敬編　（日本）講談社　1979年7月

4018. 崗山題名・摩崖佛經　今井凌雪著　（日本）雪心會　1979年7月

4019. 龍門二十品的書法研究　趙明著　（臺灣）新文豐出版公司　1980年10月

4020. 中國書道辭典　中西慶爾編　（日本）木耳社　1981年1月

4021. 中國書道の新研究　全2册　伏見冲敬著　（日本）二玄社　1981年2月

4022. 中華書法史　（中華科學技藝史叢書）　張光賓編著　臺灣商務印書館　1981年12月

4023. 書苑彷徨　全3册　杉村邦彥著　（日本）二玄社　1981年12月～1993年4月

4024. 魏碑大全　（魏碑寫法・魏碑欣賞・魏碑字帖三書合訂本）　莊伯和・古迪吉合編　（臺灣）藝術圖書公司　1982年

4025. 書學論集　祝嘉著　金陵書畫社　1982年7月

4026. 書法探求　馮亦吾著　北京出版社　1983年8月

4027. 蔡襄書法史料集　（書家史料叢書）　水賚佑編　上海書畫出版社　1983年10月

4028. 書法史話　（中國歷史小叢書）　蕭燕翼著　中華書局　1984年3月

4029. 鄭道昭：祕境山東の摩崖　坂田玄翔著　（日本）雄山閣出版　1984年3月

4030. 雲南碑刻與書法　顧峰著　雲南人民出版社　1984年5月

4031. 中田勇次郎著作集：心花室集　全10册　中田勇次郎著　（日本）二玄社　1984年6月～1987年4月

4032. 書道金石學 （書學大系：研究篇5） 足立豐・石田肇編 （日本）同朋舍出版 1984年9月

4033. 中國書道史 神田喜一郎著 （日本）岩波書店 1985年6月

4034. 明淸書道圖說 靑山杉雨編著 （日本）二玄社 1986年2月

4035. 書法通論 丁文雋編著 人民美術出版社 1986年10月。增訂本 同 2005年5月

4036. 中國書法史圖錄簡編 吳鴻淸編 中央廣播電視大學出版社 1987年4月。修訂本 同 1988年6月

4037. 魏碑的筆法與碑誌 （中國書法系列叢書） 趙發潛編著 北京體育學院出版社 1987年5月

4038. 隸書筆法與漢碑 （中國書法系列叢書） 谷溪著 北京體育學院出版社 1987年6月

4039. 柳體筆法與神策軍碑 （中國書法系列叢書） 何偉編著 北京體育學院出版社 1987年8月

4040. 中國書道史事典 比田井南谷著 （日本）雄山閣出版 1987年9月

4041. 學書論札 袁維春著 宇航出版社 1987年12月

4042. 中國新出土の書 西林昭一著 （日本）二玄社 1989年2月。（新出土中國歷代書法 陳滯冬譯 成都出版社 1990年12月）

4043. 中國書法鑑賞大辭典 全2冊 劉正成主編 大地出版社 1989年。同 中國人民大學出版社 2006年6月

4044. 中國書法史圖錄 全2冊 殷蓀編 上海書畫出版社 1989年12月。修訂本 同 2001年。〈全圖錄中國書法大全 桃山艸介監修 （日本）マール社 1992年3月〉

4045. 古代長安書法 王崇人編著 上海書畫出版社 1990年3月

4046. 隸書寫法與漢碑注釋 滕西奇著 中國廣播電視出版社 1990年10月

4047. 書の文化史 全3冊 西林昭一著 （日本）二玄社 1991年2月～1999年5月

4048. 西川寧著作集 全10冊 西川寧著 靑山杉雨[等]編 （日本）二玄社 1991年5月～1993年2月

4049. 石鼓文的辨識與寫法 （中國書法系列叢書） 郭恆編著 北京體育學院出版社 1991年6月

4050. 中國書法史圖錄（中國美術史圖錄叢書）全2卷 沙孟海編著 上海人民美術出版社

1991年7月～2000年6月

4051. **金石書法學術研討會論文集** （臺灣）行政院文化建設基金管理委員會・國立高雄師範大學國文研究所編、印　1991年

4052. **書法瑰寶譚**　王玉池著　黃山書社　1991年12月

4053. **唐代書法考評**　朱關田著　浙江人民美術出版社　1992年2月

4054. **中國書道の基礎的研究**　塚田康信著　（日本）東方書店　1992年3月
　　　［1］書學・書論、［2］名碑・刻石、［3］書道史跡、の3篇からなる。

4055. **中國古代書法史**　朱仁夫著　北京大學出版社　1992年6月

4056. **石鼓文鑑賞**　尹博靈編著　江蘇教育出版社　1992年7月

4057. **西安碑林百圖集賞**　高峽・武天合主編　西安碑林博物館編　陝西旅游出版社　1992年8月

4058. **魏碑入門**　顧建平編著　上海教育出版社　1992年9月

4059. **西安碑林名碑品評**　李正峰著　陝西旅游出版社　1992年10月

4060. **中國書法藝術**　全9卷（豫定）　張啓亞主編　文物出版社　1993年10月～（刊行中）
　　　既刊、［1］殷周春秋戰國、［2］秦漢、［3］魏晉南北朝、［4］隋唐五代、［7］明代。

4061. **高昌磚書法**　（書法教學叢書）　張銘心著　廣西師範大學出版社　1993年10月

4062. **毛澤東詩詞碑銘**　姜公醉書刻　中國文聯出版社　1993年

4063. **金石書法傳世佳話**　（中國掌故叢書3）　董培基・范茜編著　學苑出版社　1994年8月。のちに改題して、**金石書法經典趣事**　（中國掌故故事叢書3）　同　1998年7月重印

4064. **中國書法文化大觀**　（中國文化大觀系列叢書）　金開誠・王嶽川主編　北京大學出版社　1995年1月

4065. **唐人書法與文化**　（滄海叢刊）　王元軍著　（臺灣）東大圖書公司　1995年3月

4066. **中國書史**　石川九楊著　（日本）京都大學學術出版會　1996年2月

4067. **書の宇宙**　全24冊　石川九楊編　（日本）二玄社　1996年12月～2000年12月
　　　［2］石刻文、［4］古隷、［5］漢隷、［6］王羲之、［7］北朝石刻、［8］初唐楷書、などを收める。

4068. **墨林談叢**　杉村邦彦著　（日本）柳原書店　1998年4月

4069. **中國書道史年表**　玉村霽山編　（日本）二玄社　1998年7月

4070. **石鼓文書法與研究**　易越石著　（香港）志蓮淨苑　1998年

4071. **歷代名碑風格賞評**　（書法教學叢書）　李義興・宗致遠・曾廣・趙振乾・紹筠著　中國美術學院出版社　1999年4月

4072. **陝西名碑刻石欣賞**　武天合編著　西安地圖出版社　1999年6月

4073. **魏碑**　（中國書法賞析叢書）　王強著　北京圖書館出版社　1999年7月

4074. **流月齋金石書法論集**　（中國當代書法理論家著作叢書）　王宏理著　中國文聯出版社　1999年10月

4075. **中國書法史**　全7冊　胡新群・徐金平責任編輯　江蘇教育出版社　1999年10月〜2002年12月

　　　［1］先秦・秦代卷　叢文俊著、［2］兩漢卷　華人德著、［3］魏晉南北朝卷　劉濤著、［4］隋唐五代卷　朱關田著、［5］宋遼金卷　曹寶麟著、［6］元明卷　黃惇著、［7］清代卷　劉恆著

　　　道不盡的書法風流：讀《中國書法史：魏晉南北朝卷》方維甫　中國文物報2003年12月3日

4076. **中國書法史學國際學術研討會論文集**　浙江省博物館編　西泠印社　2000年12月

4077. **石鼓文書法**　徐書鐘編著　黑龍江美術出版社　2000年1月

4078. **中國新發見の書**　西林昭一著　（日本）柳原書店　2001年3月。〈中國新發現的書蹟　溫淑惠譯　（臺灣）蕙堂筆墨公司　2003年〉

　　　上記4042『中國新出土の書』に掲載以後に出土した石刻を含む多量の書蹟史料の圖版、解說を收める。

4079. **天柱山の摩崖：鄭道昭研究**　辻井京雲著　（日本）匠出版　2001年4月

4080. **中國書法史：插圖本**　沃興華著　上海古籍出版社　2001年7月

4081. **嶺南金石書法論叢**　（中國當代書法理論家著作叢書第2輯）　朱萬章著　文化藝術出版社　2001年8月

4082. **焦山碑林名碑賞鑒**　王同順・車長森・諸葛清編著　黃山書社　2001年9月

4083. **龍門雅集**　劉景龍主編　文物出版社　2002年4月

4084. **中國書法史を學ぶ人のために**　杉村邦彥編　（日本）世界思想社　2002年9月

　　　專門研究者19名の分擔執筆による本格的な中國書法史研究入門書。分野別にほぼ「概觀」

「研究史の概要」「史料解説」で構成し、參考文獻名を大量に收める。
　　書評：中國書法史を學ぶ人のために　菅野智明　（日本）書論33號　2002年

4085. 西安碑林名碑欣賞　李育竹編　西安地圖出版社　2002年10月
4086. 古典に學ぶ楷書：元彥墓誌と王誦妻元貴妃墓誌　蓮見光春編著　（日本）天來書院　2002年12月
4087. 遼代書法與墓誌　（遼代文物叢書）　羅春政編著　遼寧畫報出版社　2002年11月
4088. 六朝書法與文化　（中國書畫研究叢書）　王元軍著　上海書畫出版社　2002年12月
4089. 雁塔聖敎序に關する記錄　荒金大琳編著　（日本）編著者自家版　2003年1月
　　「雁塔聖敎序の擴大觀察の記錄」「雁塔聖敎序に關する論文の記錄」からなる。
4090. 中國山東省洪頂山：巨大なる摩崖刻經　坂田玄翔著　（日本）群馬縣吉井町多胡碑記念館　2003年4月
4091. 石の書物：開成石經　グループ昂著　ヴィネット：Typography journal vol.10　（日本）朗文堂　2003年6月
4092. 上海博物館藏書法釋文選　上海博物館編　上海人民美術出版社　2003年7月
4093. 禹域出土墨寶書法源流考　（世界漢學論叢）　（日本）中村不折著　李德範譯　中華書局　2003年8月
　　主として甘肅・新疆出土の漢代〜五代の墨跡を研究した、中村不折(孔固亭主人)著『禹域出土墨寶書法源流考』全3卷（西東書房、1927年3月）の中國語譯。多數の圖版を收める。
4094. 隋唐墓誌書迹研究　張同印編著　文物出版社　2003年8月
4095. 六朝書法　（中國書法博導叢書）　華人德著　上海書畫出版社　2003年12月
4096. 啓功書法叢論　啓功著　文物出版社　2003年12月
4097. 王羲之書法與琅琊王氏研究　王汝濤主編　紅旗出版社　2004年7月
4098. 中國歷代名碑書法眞迹　全4册　黃明蘭・朱亮主編　朝華出版社　2004年8月
4099. 廣東歷代書法圖錄　（廣東歷代書法展覽叢書）　林亞傑主編　廣東人民出版社　2004年10月
4100. 易越石金石書畫集　易越石著　（香港）協同出版社　2004年
4101. 中國古代碑誌鑑賞　（遼寧省博物館館藏文物鑑賞集）　全12册　申國儉著　遼寧人民出版社　2004年

4102. 鎮江古代石刻及焦山碑林書法研究　（江蘇古代書法研究叢書）　王同順著　天津人民美術出版社　2005年1月

4103. 碑版書法　沃興華著　上海人民出版社　2005年5月

4104. 中國書法收藏與鑑賞全書　全2册　關顯峰編著　天津古籍出版社　2005年11月

4105. 中國書法鑑賞大辭典　（朗朗書房叢書）　劉正成主編　中國人民大學出版社　2006年6月

4106. 洛陽與中國書法　全4册　柴新勝・馬發喜編著　河南美術出版社　2006年8月
　　　［1］遠古・先秦・秦・漢、［2］曹魏・西晉・北魏、［3］隋・唐・五代、［4］宋・元・明・清からなる。

4107. 陳振濂談中國書法史　全4册　陳振濂著　浙江古籍出版社　2006年11月

4108. 碑林墨寶集賞：隸書卷・楷書卷・行書卷・草書卷　全4册　張鈞編　西安地圖出版社　2006年

4109. 好太王碑暨十六國北朝刻石書法研究　叢文俊著　吉林文史出版社　2006年

4110. 中國書法通論　葉喆民著　清華大學出版社　2007年5月

4111. 王羲之書論全集　全2册　房弘毅書寫　卜希暘釋譯　中國書店　2007年8月

4112. 歷代書法精論　全7册　房弘毅書寫　鄒方程注釋　中國書店　2007年8月

4113. 焦學讀泰山石刻選萃　焦學讀書　中國文史出版社　2007年8月

4114. 相川鐵崖古稀記念書學論文集　相川鐵崖古稀記念書學論文集編集委員會編　（日本）木耳社　2007年10月

4115. 第六屆中國書法史論國際研討會論文集　文物出版社編　文物出版社　2007年11月

4116a. 碑刻書法百品（中國書法經典百品全書）傅如明編著　世界圖書出版公司　2007年11月

4116b. 墓誌書法百品（中國書法經典百品全書）趙際芳編著　世界圖書出版公司　2007年11月

4116c. 碑額誌蓋書法百品　（中國書法經典百品全書）　楊頻編著　世界圖書出版公司　2007年11月

4116d. 磚瓦陶文書法百品　（中國書法經典百品全書）　高運剛編著　世界圖書出版公司　2007年11月

4117. 漢代書刻文化研究　（書學研究叢書）　王元軍著　上海書畫出版社　2007年12月

4118. 王羲之與《蘭亭序》　喻革良著　高等教育出版社　2007年12月

＊334. 秦漢魏晉南北朝書法史　江蘇美術出版社　（近刊豫告）

附録2　金石家（清後期以降）關係圖書

4119. 新編金石學錄 附字號索引生卒年表　松丸道雄編　（日本）汲古書院　1976年9月
　　　歷代金石家の傳記集4種（李遇孫『金石學錄』、陸心源『金石學錄補』、褚德彝『金石學錄續補』、西泠印社輯『金石書畫集小傳』）を合わせ、各人の姓名の筆畫順に配列しなおす。

4120. 羅振玉傳記彙編　（歷史人物資料叢編）　存萃學社編　周康燮主編　（香港）大東圖書公司　1978年12月

4121. 永豐鄉人行年錄：羅振玉年譜　甘孺輯述　江蘇人民出版社　1980年10月

4122. 羅振玉年譜　羅繼祖輯述　羅昌霶校補　（臺灣）行素堂　1986年11月

4123. 庭聞憶略：回憶祖父羅振玉的一生　羅繼祖著　吉林文史出版社　1987年9月

4124. 中華萬歲書畫金石家大辭典（第1輯）　彭雲程主編　（北京）國際文化出版公司　1995年3月

4125. 甲骨文之父 王懿榮　呂偉達主編　山東畫報出版社　1995年12月

4126. 潛園遺事：藏書家陸心源生平及其他　徐楨基著　上海三聯書店　1996年

4127. 羅振玉評傳　（國學大師叢書21）　羅琨・張永山著　百花洲文藝出版社　1996年12月

4128. 滿地香泥夢有痕：碑帖專家孫伯淵　（共和國鑑賞家叢書2）　徐冰冠編著　（香港）集古齋公司　2000年

4129. 趙之謙傳　（史物叢刊）　全2冊　王家誠著　（臺灣）國立歷史博物館　2002年8月

4130. 翁方綱年譜　（中央研究院中國文哲研究所中國文哲專刊24）　沈津著　繆敦閔・廖秋滿校對　（臺灣）中央研究院中國文哲研究所　2002年8月

4131. 王昶傳　凌耕著　學林出版社　2002年9月

4132. 緣督廬日記　全12冊　（清）葉昌熾著　廣陵書社編輯　江蘇古籍出版社　2002年10月
　　　清末民國初期、金石學などの分野で活躍した葉昌熾の民國6年（1917）に至る48年間の日記手稿を影印。

4133. 開創"金石派"的趙之謙　（從海派到現代大師叢書）　單國强著　海峽文藝出版社　2003年4月

4134. 阮元年譜　王章濤著　黃山書社　2003年10月

4135. 啓功　（中國文博名家畫傳）　侯剛著　文物出版社　2003年12月

4136. 阮元評傳　（揚州學派叢刊）　王章濤著　廣陵書社　2004年8月

4137. 楊守敬學術年譜　（宜昌市文史資料第25輯）　宜昌市政協文史資料委員會・宜都市政協文史資料委員會編　閻繼才主編　楊世燦編纂　湖北人民出版社　2004年11月

4138. 簠齋研究　（美術學博士論叢）　陸明君著　榮寶齋出版社　2004年12月

4139. 清代大收藏家陳介祺　（濰坊政協文史叢書）　鄧華主編　文物出版社　2005年2月

4140. 陳介祺學術思想及成就研討會論文集　陳振濂主編　西泠印社出版社　2005年6月

4141. 碑學先聲：阮元・包世臣的生平及其藝術　（書法星座叢書）　葉鵬飛著　上海書畫出版社　2005年6月

4142. 葉昌熾研究　金振華著　吉林人民出版社　2005年7月

4143. 金石學家吳式芬　丁寶潭［等］編　中國文史出版社　2005年9月

4144. 阮元評傳　（揚泰文庫　揚州學派系列叢書）　郭明道著　社會科學文獻出版社　2005年11月

4145. 晚清人物與金石書畫：蒲石居談史錄　吳民貴著　上海社會科學院出版社　2006年1月

4146. 我的祖父羅振玉　羅繼祖著　百花文藝出版社　2007年1月

4147. 端方與清末新政　張海林著　南京大學出版社　2007年1月

4148. 徐森玉　（中國文博名家畫傳）　鄭重著　文物出版社　2007年3月

4149. 大收藏家　李士衡編著　萬卷出版公司　2007年
　　　陳介祺、潘祖蔭、葉昌熾などの事蹟について述べるという。

4150. 包世臣書學批評　（美術學博士論叢）　金丹著　榮寶齊出版社　2007年12月

＊335. 趙之謙研究　（美術學博士論叢）　全2冊　張小庄著　榮寶齊出版社　2008年8月

＊336. 金石夢故宮情：我心中的爺爺馬衡　馬思猛著　北京圖書館出版社　2008年1月？

F　校點・校注・校補圖書

4151. 藝舟雙楫疏證　（清）包世臣著　祝嘉編　中華書局香港分局　1978年10月。巴蜀書社　1989年11月

4152. 廣藝舟雙楫疏證　（清）康有爲著　祝嘉編　中華書局香港分局　1979年3月。巴蜀書社　1989年11月

4153. 增補校碑隨筆　（清）方若著　王壯弘增補　上海書畫出版社　1981年7月（『石刻史料新編：第三輯』第33冊　影印）

4154. 廣藝舟雙楫注　（書法理論叢書）　（清）康有為著　崔爾平注　上海書畫出版社　1981年12月

4155. 學書邇言　楊守敬著　陳上岷注　文物出版社　1982年12月

4156. 承晉齋積聞錄　（中國書學叢書）　（清）梁巘著　洪丕謨點校　上海書畫出版社　1984年4月

4157. 金石錄校證　（中國書學叢書）　（宋）趙明誠撰　金文明校證　上海書畫出版社　1985年10月。廣西師範大學出版社　2005年10月

　　校勘詳備、考辨精嚴：評金文明先生《金石錄校證》　江淮　古籍整理出版情況簡報2006-8（總第426期）

　　［參考］金石錄　1函全5冊　（宋）趙明誠撰　（古逸叢書三編之二　影印南宋本）　中華書局1984年12月。宋本金石錄　全2冊　中華書局　縮印　1991年1月。金石錄　全5冊　影印　北京圖書館出版社　2002年12月

4158. 南北書派論：北碑南帖論注　（書法理論叢書）　（清）阮元著　華人德注　上海書畫出版社　1987年3月

4159. 楊守敬評碑評帖記　（湖北省博物館叢書）　楊守敬著　陳上岷整理　文物出版社　1990年9月

4160. 唐尚書省郎官石柱題名考　（清）勞格・趙鉞著　徐敏霞・王桂珍點校　中華書局　1992年4月

　　（清）趙魏と王昶の「郎官石柱題名」錄文、張忱石「郎官石柱題名考人名索引」などを附す。

4161. 兩京城坊考補　閻文儒・閻萬鈞編著　河南人民出版社　1992年6月

　　（清）徐松撰『唐兩京城坊考』を墓誌など石刻史料も利用して増補する。

4162. 碑傳集　全12冊　（清）錢儀吉纂　靳斯標點　中華書局　1993年4月

4163. 中衢一勺：藝舟雙楫　（安徽古籍叢書：包世臣全集）　（清）包世臣撰　李星點校　黃山書社　1993年5月

4164. 授堂金石跋　（中州文獻叢書）　（清）武億撰　高敏・袁祖亮校點　中州古籍出版社　1993年7月

4165. 續滇南碑傳集校補　（雲南省社會科學院研究叢書）　方樹梅纂輯　雲南省社會科學院文獻研究所・雲南省地方志編纂委員會辦公室編　雲南民族出版社　1993年10月

4166. 廣東通志・金石略　（廣東地方文獻叢書）　（清）阮元主修　梁中民校點　廣東人民出版社　1994年3月

4167. 語石・語石異同評　（考古學專刊丙種第4號）　葉昌熾撰・柯昌泗評　陳公柔・張明善點校　中華書局　1994年4月

4168. 元和姓纂：附四校記　全3冊（本編2冊、姓氏・人名索引1冊）　（唐）林寶撰　岑仲勉校記　郁賢皓・陶敏整理　孫望審訂　中華書局　1994年5月

　　　大量の墓碑誌などによって校補した岑仲勉撰『元和姓纂四校記』全3冊（中央研究院歷史語言研究所專刊29　臺北商務印書館　初版　1948年4月）と『元和姓纂』（嘉慶7年刊本）原文を、整理・合刻する。

　　　書評：《元和姓纂(附四校記)》《新唐書宰相世系表集校》　陳尙君　唐研究7　2001年12月

4169. 語石校注　（北京石刻藝術博物館叢書1）　葉昌熾撰　韓銳校注　今日中國出版社　1995年12月

4170. 增訂唐兩京城坊考　（清）徐松撰　李健超增訂　三秦出版社　1996年2月。修訂版　同　2006年8月

　　　墓誌を主とする石刻史料や考古發掘調查報告などによって大量に增訂し、修訂版は卷末に索引を附す。

4171. 廬山詩文金石廣存　吳宗慈編輯　文存・詩存：胡迎建校注輯補　金石目：宗九奇點校　江西人民出版社　1996年8月

4172. 唐御史臺精舍題名考　（清）趙鉞・勞格撰　張忱石點校　中華書局　1997年6月

4173. 新唐書宰相世系表集校　全2冊　（二十四史研究資料叢刊）　趙超編著　中華書局　1998年4月

　　　主として多數の墓誌などによって校補し、卷末に人名索引を附す。

　　　書評：《元和姓纂(附四校記)》《新唐書宰相世系表集校》　陳尙君　唐研究7　2001年12月

4174. 語石　（新世紀萬有文庫第3輯・傳統文化書系）　葉昌熾撰　王其褘校勘標點　遼寧教育出版社　1998年12月

4175. 御題棉花圖　（清）方承觀編著　王恆銓注釋　河北科技出版社　1999年4月

4176. 汾陽縣金石類編　王垿昌原著　郝勝芳主編・武毓璋［等］副主編(點校)　山西古籍出版社　2000年10月

4177. 夢碧簃石言　(新世紀萬有文庫第5輯・傳統文化書系)　顧燮光撰　王其禕校點　遼寧教育出版社　2001年2月

4178. 湖北金石詩　(清)嚴觀原撰　(清)馬紹基案語　李進點注『楚書・楚史梼杌・湖北金石詩・紫陽書院志略』(湖北地方文獻古籍叢書第3輯)湖北教育出版社　2002年5月　所收

4179. 復刻 洛陽出土石刻時地記　郭玉堂原著：附 解說・所載墓誌碑刻目錄（明治大學東洋史資料叢刊2）　氣賀澤保規編著　(日本)明治大學文學部東洋史研究室　(發賣)汲古書院　2002年12月

　　郭玉堂著『洛陽出土石刻時地記』(大華書報供應社、1941年）を校點・復刻し、「『洛陽出土石刻時地記』所載墓誌碑刻目錄 附關連石刻書揭載所在目錄」と「郭玉堂と『洛陽出土石刻時地記』：民國時期における北朝隋唐墓誌蒐集の周邊」の解說論文を附す。

　　日本新版《洛陽出土石刻時地記》讀后　王素　中國文物報2003年8月27日

　　書評・新刊紹介：氣賀澤保規編著『復刻 洛陽出土石刻時地記 郭玉堂原著：附 解說・所載墓誌碑刻目錄（明治大學東洋史資料叢刊2）』　高橋繼男　(日本)唐代史研究7　2004年8月

　　紹介：同上　福原啓郎　(日本)東洋史研究63-2　2004年9月

4180. 廣藝舟雙楫注譯　(清)康有爲著　鄧代昆注譯　四川美術出版社　2003年3月

4181. 金石萃編校補　羅爾綱撰　中華書局　2003年7月

　　(清)王昶撰『金石萃編』に對する(清)張敦仁の校補と、羅氏の隋唐碑誌校補を收錄する。

　　《金石萃編校補》編后雜記　李解民　書品2004-2

　　羅爾綱先生《金石萃編校補》讀后　程喜霖　書品2004-5

4182. 登科記考補正　全3冊　(清)徐松撰　孟二冬補正　北京燕山出版社　2003年7月

　　墓誌を主とする石刻史料などによって大量に補正し、卷末に人名索引を附す。

4183. 滇南碑傳集　方樹梅纂輯　李春龍・劉景毛・江燕點校　雲南民族出版社　2003年7月

4184. 嵩陽石刻集記　(嵩嶽文獻叢刊第2冊)　(清)葉封撰　宋學清校點　鄭州市圖書館文獻編輯委員會編　中州古籍出版社　2003年10月　所收

4185. 藝舟雙楫　(中國書法藝術名著普及叢刊)　(清)包世臣著　李宗瑋解析　北京圖書館出版

社　2004年10月

4186. 廣藝舟雙楫　（中國書法藝術名著普及叢刊）　（清）康有爲著　孔玉祥・李宗瑋解析　北京圖書館出版社　2004年10月

4187. 西藏奏疏：附西藏碑文　（西藏歷史漢文文獻叢刊）　（清）孟保撰　黃維忠・季垣垣點校　中國藏學出版社　2006年12月

G　石刻・碑帖・書道（書法）關係邦譯圖書

4188. 中國碑碣書談　（原著「激素飛清閣平碑記」）　楊守敬著　藤原楚水譯　三省堂　1956年10月

4189. 石刻：中國石文概說　（原著「中國金石學概要」）　馬衡著　藪田嘉一郎編譯　綜藝舍　1957年6月

4190. 譯註鄰蘇老人書論集　全2冊　（原著「激素飛清閣平碑記」「激素飛清閣平帖記」「學書邇言」「鄰蘇老人手書題跋」）　楊守敬著　藤原楚水編　省心書房　1974年8月〜同9月

4191. 石刻書道考古大系　全4卷（本卷3・別卷1）　省心書房　1975年10月〜1978年11月
　　　本卷に、葉昌熾著・藤原楚水譯注「譯注：語石」、馬衡著・水野清一[等]譯注「中國石刻學概論」（原著「中國金石學概要」）、別卷に方若著「校碑隨筆」など7種の石刻書を收める。

4192. 藝舟雙楫　（清）包世臣著　樽本英信・高畑常信譯　明德出版社　1977年9月

4193. 石刻鋪敘　全2冊　（宋）曾宏父撰　松尾良樹譯注『法帖大系［淳化閣帖］』2〜3　福本雅一責任編集　二玄社　1980年10月〜1981年10月　所收

4194. 藝舟雙楫　（清）包世臣著　高畑常信・重田明彥譯　木耳社　1982年1月

4195. 廣藝舟雙楫　（清）康有爲著　高畑常信譯　木耳社　1982年9月

4196. 碑と法帖　（「藝林叢錄」選譯4）　蓑毛政雄・佐野榮輝譯　二玄社　1985年12月

4197. 中國石刻書道史　（原著「語石」）　葉昌熾撰　藤原楚水譯注　名著出版　1986年3月
　　　（『支那金石書談』大東書院　1929年12月の改題・復刻版）

4198. 楊守敬手書跋文集　全2冊　楊守敬著　藤原楚水譯　省心書房　1986年9月〜同12月

4199. 書と書人　（「藝林叢錄」選譯2）　須田義樹・石井清和譯　二玄社　1987年2月

4200. 中國碑帖ガイド　（原著「碑帖鑑定淺說」）　馬子雲著　栗林俊行譯　二玄社　1988年5月

4201. 全圖錄中國書法大全　（原著「中國書法史圖錄」）　殷蓀編　（日本語版）桃山艸介監修　マール社　1992年3月

4202. 學書邇言　楊守敬著　岡本政弘・筒井茂德譯『中國書論大系』18　中田勇次郎編　二玄社　1992年11月　所收

4203. 蘭亭序論爭譯注　郭沫若・商承祚原著　谷口鐵雄・佐々木猛編譯　中央公論美術出版　1993年2月

4204. 廣藝舟雙楫（上）　（清）康有爲著　坂出祥伸［等］譯　『中國書論大系』16　中田勇次郎編　二玄社　1993年8月　所收

4205. 翁方綱の書學：『蘇齋筆記』譯註　（清）翁方綱撰　西林昭一譯註　柳原書店　1996年3月

　　　『蘇齋筆記』卷13～16の譯注。第3章「碑刻」、第4章「法帖」。

4206. 中國石刻資料の世界：石刻學入門　趙超著　氣賀澤保規編譯　明大アジア史論集7　2002年2月

4207. 古代江南の考古學：倭の五王時代の江南世界　（原著「六朝考古」）羅宗眞著　中村圭爾・室山留美子編譯　白帝社　2005年5月

　　　帝王陵墓と石刻、墓磚、墓誌と地券、佛教建築遺跡、などの章を含む。

＊337. 述書賦全譯注　大野修作著　勉誠出版　2008年2月

H　石刻紀行關係圖書

4208. 新中國考古の旅　宮川寅雄編　（日本）秋田書店　1975年7月

　　　町田甲一「石刻歷訪」、岡崎敬「洛陽考古見聞錄」、土居淑子「西安考古美術の旅」等を收める。

4209. 黃河の譜：敦煌・雲崗・龍門への旅　生江義男・秋岡家榮著　（日本）三省堂　1979年12月

4210. 泰山と曲阜に古碑を訪ねて　本田春玲著　（日本）新地書房　1981年2月

4211. 書の旅　宇野雪村著　（日本）二玄社　1983年1月

4212. 江南遊：中國文人風土記　青山杉雨著　（日本）二玄社　1983年9月

4213. 書のふるさと：中國石刻紀行　西林昭一監修　考古文物研究友好訪中團編　（日本）

清雅堂　1984年6月

4214. 中國書道名蹟物語：悠久の書道史を尋ねて　雷明・木雞編集　人民中國雜誌社翻譯部翻譯　(日本)中華書店　1986年8月

4215. 中國紀行：書の故里をゆく　石川昌著　(日本)藝術新聞社　1989年7月

4216. 中國碑刻紀行：一千年の石刻書道史をたどる　(季刊墨スペシャル14)　酒井明編　(日本)藝術新聞社　1993年1月

4217. ガイド中國の書：石刻・遺跡・博物館　西林昭一監修　考古文物研究友好訪中團編　(日本)柳原書店　1993年10月

4218. 中國書道史蹟探訪　相川政行著　(日本)木耳社　1996年4月

4219. 書のシルクロード　西林昭一監修　西域書跡考察團編　(日本)柳原書店　1997年5月

4220. 中國碑林紀行　何平(史和平)著　「人民中國」翻譯部譯　(日本)二玄社　1999年3月

I　傳拓關係圖書・その他

4221. 拓本の作り方：傳拓技法　馬子雲著　藪田嘉一郎譯　(日本)綜藝舍　1963年

4222. 中國拓法の研究　岡村蓉二郎著　(日本)綜藝舍　1976年2月

4223. 傳拓技法　紀宏章著　紫禁城出版社　1985年3月

4224. 金石傳拓技法　馬子雲著　人民美術出版社　1988年1月

4225. 拓片・拓本制作技法　(中國傳統手工技藝叢書)　李一・齊開義著　北京工藝美術出版社　1995年11月

4226. 文物要籍解題　寒冬虹編著　書目文獻出版社　1996年8月
　　　主として民國以前の金石學關係の著作109種に對する簡略な解題。

4227. 中文拓片機讀目錄格式使用手冊・中文拓片編目規則　中國國家圖書館編　北京圖書館出版社　2002年1月

4228. 特種文獻機讀書目數據　韋衣昶著　北京圖書館出版社　2002年

4229. 拓片制作與欣賞　劉碩識編著　上海書店出版社　2002年5月

4230. 臺灣的拓碑DIY　胡文青編著　王顧明繪圖　郭雙富示範　(臺灣)遠足文化事業公司　2003年5月

4231. 傳拓技藝概說　周佩珠著　人民美術出版社　2004年4月

4232. 數字化工作流程：金石拓片主題小組（數位典藏叢書）中央研究院歷史語言研究所［等］作　（臺灣）中央研究院歷史語言研究所　2005年

Ⅳ 字體(字形)關係圖書

A 石刻文字・異體字(俗字・別字)關係圖書

5001. 石刻篆文編（考古學專刊乙種第4號1）全1函2冊 商承祚編著 科學出版社 1957年9月。重訂版 中華書局 1996年10月

　　　書評：商承祚編著《石刻篆文編》 誠 考古通訊1958-1

5002. 名筆字典 水島修三編 （日本）二玄社 1966年6月。改題して、**中國名家碑帖大字典** 陳月美注音 （臺灣）正文出版社 1967年11月。改題して、**中國名家碑帖字典**（書香經典）馮正曦編譯 （臺灣）常春樹書坊 1984年11月。改題して、**名家書法字典** 中國青年出版社 1992年6月

5003. 漢字入門：『干祿字書』とその考察 杉本つとむ編著 （日本）早稻田大學出版部 1972年5月。改訂增補版 同 1977年4月

　　　（日本）文化14年官板和泉屋本『干祿字書』を影印する。

5004. 異體字辨の研究並びに索引 杉本つとむ著 （日本）文化書房博文社 1972年12月

5005a. 異體字研究資料集成 第Ⅰ期 全12卷（本卷10・別卷2） 杉本つとむ編 （日本）雄山閣出版 1973年12月～1975年10月

5005b. 異體字研究資料集成 第Ⅱ期 全8卷 杉本つとむ編 （日本）雄山閣出版 1995年12月

　　　a・b合わせて、日本と中國の關係書籍56種を影印收錄。

5006. 契丹墓誌銘文字索引（含：契丹語文獻目錄） 山路廣明編 （日本）早稻田大學圖書館紀要15 1974年3月

5007. 唐人楷書選字帖 全3冊 上海書畫社編 上海書畫社 1974年4月～1975年8月

5008. 漢隸書選字帖 上海書畫社編 上海書畫社 1975年6月

5009. 六朝墓誌選字 王明九編輯 天津楊柳青畫店 1975年6月

5010. 偏類碑別字 羅氏原著 北川博邦編 （日本）雄山閣出版 1975年7月

　　　羅振鋆・羅振玉編『增訂碑別字』、同編『碑別字拾遺』、羅福葆編『碑別字續拾』を合わせ、部首別・筆畫順に改編。

5011. 秦銘刻文字選 上海書畫社編輯 上海書畫社 1976年8月

5012. 難字大鑑 山田勝美監修「難字大鑑」編集委員會編 （日本）柏書房 1976年9月。

— 210 —

補訂・改題・縮刷して、**難字解讀字典** 同 (日本)柏書房 1977年6月。さらに再編集・改題・縮刷して、**異體字解讀字典** 同 (日本)柏書房 1987年4月

5013. 魏碑選字帖 全2冊 上海書畫社編 上海書畫社 1977年4月～1977年6月

5014. 魏石經古文釋形攷述 (學術研究叢書17) 邱德修著 (臺灣)學生書局 1977年5月

5015. 宋人楷書選字帖 上海書畫社編 上海書畫社 1977年8月

5016. 漢魏碑帖選字 王明九編輯 天津楊柳青畫店 1978年6月

5017. 六朝墓誌選字 天津楊柳青畫店編輯・印 1978年8月

5018. 敦煌俗字譜 潘重規主編 (臺灣)石門圖書公司 1978年8月

5019. 別字大全 (錯別字叢書6) 馬晉封著 (臺灣)名人出版社 1978年10月

5020. 異體字とは何か (杉本つとむ日本語講座1) 杉本つとむ著 (日本)櫻楓社 1978年12月

5021. 金石異體字典：偏類金石文字辨異 (清)邢澍・楊紹廉原著 北川博邦校閱・佐野光一編 (日本)雄山閣出版 1980年7月

　　　邢澍編『金石文字辨異』と楊紹廉編『金石文字辨異補編』を合わせ部首別・筆劃順に改編。

5022. 陶塼瓦削文字集錄 比田井南谷編 (日本)書學院出版部・雄山閣出版 1981年10月

5023. 金石字典 湯成沅編纂 蔣紀周校正 (臺灣)維新書局 1982年。重印 中國書店 1995年10月

5024. 千字文異體字類 水野栗原著 (日本)近藤出版社 1984年2月

5025. 龍門造像記字例 木耳社編集部編 (日本)木耳社 1984年11月

5026. 常見錯別字彙編 邵坤林編寫 山東教育出版社 1985年3月

5027. 碑別字新編 秦公輯 文物出版社 1985年7月

　　　字頭2528字、別字12844字を收錄。

5028. 佛教難字大字典 有賀要延編 (日本)國書刊行會 1986年2月。普及版として改題し、**難字・異體字典** 同 (日本)國書刊行會 1987年3月

5029. 異體字手册 林瑞生編 江西人民出版社 1987年3月

5030. 南北朝・北魏を中心とする楷書異體字彙 田畑圭梧・島田理惠著 (日本)自家版 1987年4月

5031. 精編金石大字典 忠周編纂 黃山書社 1988年5月

5032. 常見錯別字辨析實用手冊　杜維東[等]編著　北京體育學院出版社　1988年5月

5033. 錯別字手冊　李立編　中國青年出版社　1990年4月

5034. 古陶文字徵　高明・葛英會編著　（日本）東方書店　1990年4月。中華書局　1991年2月

　　　書評：互爲姉妹編的古陶文研究工具書：《古陶文彙編》和《古陶文字徵》　照榴　書品1991-1

5035. 中文資訊交換碼異體字表　（第1次綜合修訂稿）　資訊應用國字整理小組編輯委員會　（臺灣）行政院文化建設委員會　1992年5月

5036. 郭沫若之金石文字學研究　江淑惠著　（臺灣）華正書局公司　1992年5月

5037. 簡化字繁體字異體字辨析字典　厲兵・魏勵編　四川人民出版社　1993年

5038. 古陶字彙　徐谷甫・王延林合著　上海書店出版社　1994年5月

5039. 漢字異體字典　日外アソシエーツ編集部編集　（日本）日外アソシエーツ　（發賣）紀伊國屋書店　1994年7月

5040. 金石文字類編　全2冊　傅嘉儀・張都陵編著　上海書畫出版社　1995年3月

5041. 六朝別字記新編　（清）趙之謙原著　馬向欣編著　書目文獻出版社　1995年3月

　　　讀《六朝別字記新編》札記　程章燦　『石學論叢』同著　（臺灣）大安出版社　1999年2月所收

5042. 漢語俗字研究　（中國傳統文化研究叢書）　張涌泉著　岳麓書社　1995年4月

5043. 廣碑別字　秦公・劉大新著　（北京）國際文化出版公司　1995年8月

　　　前揭5027『碑別字新編』を増補し、字頭3450餘字、別字21300餘字を收錄。

5044. 則天文字の研究　藏中進著　（日本）翰林書房　1995年11月

5045. 簡繁正異辨析字典　傅永和著　遼寧教育出版社　1995年

5046. 錯別字辨析手冊　杜維東著　現代出版社　1996年5月

5047. 簡化字繁體字異體字辨析手冊　胡雙寶編　北京大學出版社　1996年9月

5048. 中國磚銘文字徵　全3冊　殷蓀編著　上海書畫出版社　1996年10月

5049. 古瓦當文編　韓天衡主編　張煒羽・鄭濤編　世界圖書出版公司上海分公司　1996年11月

5050. 魏碑字帖　丹亭編著　江蘇古籍出版社　1996年12月

5051. 敦煌俗字研究　張涌泉編　上海教育出版社　1996年12月

上編「敦煌俗字研究導論」〈敦煌俗字研究導論（香港敦煌吐魯番研究中心叢刊5）（臺灣）新文豐出版公司　1996年8月〉、下編「敦煌俗字彙考」からなる。

5052. 異體字字典　李圃主編　學林出版社　1997年1月

5053. 常見錯別字：考辨　徐雲震・徐梅編著　上海人民出版社　1998年12月

5054. 秦文字集證　王輝・程學華撰　（臺灣）藝文印書館　1999年1月

5055.《新中國出土墓誌》河南〔壹〕別字選編　任昉・王昕著　出土文獻研究5　1999年8月

5056. 漢語俗字叢考　張涌泉著　中華書局　2000年1月

5057. 從新視角看漢字：俗文字學　（現代語言學系列叢書5）　陳五雲著　河南人民出版社　2000年1月

5058. 錯別字辨析字典　蘇培成主編　（北京）中信出版社　2000年1月

5059. 北魏隋墓誌銘字典　鄭聰明編　（臺灣）蕙風堂筆墨公司　2000年3月

5060. 草書異體字彙編　黃祖澍・周國城編　浙江人民美術出版社　2000年6月

5061. 金石文字辨異校釋　（清）邢澍原著　時建國校釋　甘肅人民出版社　2000年11月

5062. 中國磚瓦陶文大字典　陳建貢編　世界圖書出版西安公司　2001年7月

5063. 敦煌漢文寫卷俗字及其現象　（博士文庫・儒林選萃）　蔡忠霖著　（臺灣）文津出版社　2002年5月

5064. 魏碑異形字選　魯連祥編　東方文化出版社　2002年7月

5065. 錯別字糾正字典　卜兆鳳・于茂宏編著　中國書籍出版社　2002年7月

5066. 宋代雕版楷書構形系統研究　（漢字構形史叢書）　王立軍著　上海教育出版社　2003年7月

5067. 東巴象形文異寫字彙編（トンパ象形文字異體字形集成）　習煜華編著　雲南美術出版社　2003年12月

5068. 楷書異體字字典　張同標［等］編著　河南美術出版社　2004年4月

5069. 草書異體字字典　孫建西［等］編著　河南美術出版社　2004年4月

5070. 篆書異體字字典　張玉英［等］編著　河南美術出版社　2004年4月

5071. 隸書異體字字典　張同標［等］編著　河南美術出版社　2004年4月

5072. 唐碑俗字錄　（東方古文化遺存補編）　吳鋼輯　吳大敏編　三秦出版社　2004年6月

5073. 六朝唐五代石刻俗字研究 （西南師範大學漢語言文字學研究叢書） 歐昌俊・李海霞著 巴蜀書社 2004年7月

5074. 古代文字墨場必携：金石文・印璽編 木耳社編 （日本）木耳社 2004年8月

5075. 異體字研究 （漢字規範問題研究叢書） 張書岩主編 商務印書館 2004年9月

5076. 魏晉行書構形研究 （漢字構形史叢書） 劉延玲著 上海教育出版社 2004年9月

5077. 現代漢語通用字對應異體字整理 章瓊著 巴蜀書社 2004年10月

5078. 干祿字書字類研究 （文史哲博士文叢） 劉中富著 齊魯書社 2004年12月

5079. 疑難字考釋與研究 楊寶忠著 中華書局 2005年3月

5080. 東漢碑隸構形系統研究 （漢字構形史叢書） 陳淑梅著 上海教育出版社 2005年4月

5081. 雲居寺明刻石經文字構形研究 （漢字構形史叢書） 易敏著 上海教育出版社 2005年4月

5082. 敦煌俗字典 黃徵著 上海教育出版社 2005年5月

5083. 東巴文異體字研究 周斌著 華東師範大學出版社 2005年6月

5084. 戰國東方五國文字構形系統研究 （漢字構形史叢書） 趙學清著 上海教育出版社 2005年10月

5085. 石刻古文字 （中國古文字導讀） 趙超著 文物出版社 2006年1月

5086. 楷書書法異體字集錦 甘肅人民出版社 2006年1月

5087. 圖釋古漢字 熊國英著 齊魯書社 2006年1月

5088. 古文字譜 沈康年編 雲南人民出版社 2006年3月

5089. 俗字及古籍文字通例研究 （鼓浪學術書系叢書） 曾良著 百花洲文藝出版社 2006年5月

5090. 戰國楚音系及楚文字構件系統研究 （文史哲博士文叢） 吳建偉著 齊魯書社 2006年8月

5091. 篆書異體字字典 張同標編 河南美術出版社 2006年12月

5092. 陶文字典 王恩田編著 齊魯書社 2007年1月

5093. 隋唐五代碑誌楷書構形系統研究 （漢字構形史叢書） 齊元濤著 上海教育出版社 2007年7月

5094. 中國異體字大系：篆書編 劉志基・張再興主編 上海書畫出版社 2007年12月

＊501. 天書　韓美林著　百花文藝出版社　2008年1月

B　その他の字典・字書

5095. 書道六體大字典　藤原楚水編　（日本）三省堂　1961年

5096. 書源　藤原鶴來編　（日本）二玄社　1970年3月。改題して、新書道字典：書源普及版　同　1985年6月。改題・修訂して、中國書法大字典　世界圖書出版公司北京分公司　1992年7月。改題して、中國書道大字典[携帶日本版]　（日本）日本放送出版協會　1998年1月

5097. 書道大字典　全2冊　伏見冲敬編　（日本）角川書店　1974年7月

5098. 書體字典　赤井清美編　（日本）東京堂出版　1974年10月

5099. 古代漢字彙編　小林博著　（日本）木耳社　1977年1月

5100. 淸人篆隸字彙　北川博邦編　（日本）雄山閣出版　1979年8月。改題して、淸代書家篆隸字集　西泠印社　1983年6月

5101. 漢語古文字字形表　全3冊　徐中舒主編　《漢語古文字字形表》編寫組編　四川人民出版社、中華書局香港分局　1980年8月

5102. 古文字類編　高明編　中華書局　1980年11月。重印　（日本）東方書店　1987年6月。増訂本　全2冊　（北京大學震旦古代文明研究學術中心學術叢刊特刊）　高明・涂白奎編　上海古籍出版社　2008年8月

5103. 王羲之大字典　飯島太千雄編　（日本）東京美術　1980年11月

5104. 行草大字典　全2冊　赤井清美編　（日本）東京堂出版　1982年7月

5105. 王羲之：行書字典　佐野光一編　（日本）雄山閣出版　1982年7月

5106. 草字編　全4冊　洪鈞陶編　啓功校訂　文物出版社　1983年6月～1984年6月。〈中國草書大字典　全9卷（本卷8・別卷1）同　（日本）平凡社　1986年1月〉

5107. 王鐸字典　伊藤松濤編　（日本）二玄社　1983年6月。周培彦翻譯　天津人民美術出版社　2004年6月

5108. 吳昌碩字典　蓑毛政雄編　（日本）雄山閣出版　1984年3月

5109. 吳昌碩書法字典　松淸秀仙編　（日本）二玄社　1984年9月。重印　中國青年出版社　1992年6月。周培彦翻譯　天津人民美術出版社　2004年6月

5110. 顏眞卿大字典　飯島太千雄著　（日本）東京美術　1985年3月

5111. 秦漢魏晉篆隸字形表　漢語大字典字形組編　四川辭書出版社　1985年8月
　　　《秦漢魏晉篆隸字形表》讀後記　裘錫圭　『古文字論集』同著　中華書局　1992年8月所收

5112. 漢語大字典　全8册　漢語大字典編輯委員會編纂　四川辭書出版社・湖北辭書出版社　1986年10月～1990年10月

5113. 標準清人篆隸字典　北川博邦編　（日本）雄山閣出版　1987年2月

5114. 王羲之書法字典　杭迫柏樹編　（日本）二玄社　1987年3月。重印　中國青年出版社　1992年6月。周培彥翻譯　天津人民美術出版社　2004年6月

5115. 草字辨異手册　沈道榮編著　上海書畫出版社　1987年

5116. 隸書大字典　伏見冲敬編　（日本）角川書店　1989年3月

5117. 草字編：簡編　洪鈞陶編　啓功校訂　文物出版社　1989年4月。重印　（日本）平凡社　1989年10月

5118. 古壯字字典　廣西壯族自治區少數民族古籍整理出版規劃領導小組主編　廣西民族出版社　1989年9月

5119. 宋四家字典　東南光編　（日本）二玄社　1990年4月。重印　中國青年出版社　1992年。周培彥翻譯　天津人民美術出版社　2004年6月

5120a. 古典文字字典　師村妙石編　（日本）東方書店　1990年6月

5120b. 續古典文字字典　師村妙石編　（日本）東方書店　1994年8月

5121. 中國民族古文字圖錄　中國民族古文字研究會編　中國社會科學出版社　1990年10月
　　　中國史上の諸民族の古文字22種類、圖版332幅を收錄。碑刻、經幢、摩崖を含む。

5122. 趙之謙字典　樽本樹邨編　（日本）二玄社　1991年1月。周培彥翻譯　天津人民美術出版社　2004年6月

5123. 隸字編　全2册　洪鈞陶・劉呈瑜編　文物出版社　1991年6月

5124. 中國隸書大字典　范韌庵・李志賢・楊瑞昭・蔡錦寶編著　上海書畫出版社　1991年12月

5125. 集行草字典　宋立文主編　上海古籍出版社　1992年2月

5126. 顏眞卿字典　石橋鯉城編　（日本）二玄社　1992年3月。周培彥翻譯　天津人民美術

出版社　2004年6月

5127. 中國行草書法大字典　王寶銘編　(北京)海洋出版社　1992年8月
5128. 顏眞卿行書大字典　佟玉斌・沈寶貴編著　長征出版社　1993年1月
5129. 歷代名家行草字典　路振平主編　中國大百科全書出版社　1993年7月
5130. 秦文字類編（秦俑・秦文化叢書）袁仲一・劉鈺著　陝西人民教育出版社　1993年11月
5131. 毛澤東書法大字典　中央檔案館編　人民出版社　1993年11月
5132. 中國篆書大字典　李志賢・楊瑞昭・蔡錦寶・張景春編著　上海書畫出版社　1994年6月
5133. 章草大字典　北川博邦編　(日本)雄山閣出版　1994年6月
5134. 東周鳥篆文字編（名家翰墨叢刊）　張光裕・曹錦炎主編　張連航[等]合編　(香港)翰墨軒出版公司　1994年9月
5135. 唐楷書字典　梅原清山編　(日本)二玄社　1994年10月。周培彥翻譯　天津人民美術出版社　2004年6月
5136. 中國草書大字典　李志賢・蔡錦寶・張景春編著　上海書畫出版社　1994年12月
5137. 書法字海　全2冊　張又棟主編　新時代出版社　1994年。修訂版　同　2003年1月
5138. 古文字通典　全2冊　羅文宗纂　天津人民出版社　1995年1月
5139. 中國楷書大字典　嚴慶祥主編　江蘇古籍出版社　1995年1月
5140. 行字編　劉建編　文物出版社　1995年10月
5141. 中國正書大字典　李志賢・張景春[等]編著　上海書畫出版社　1995年10月
5142. 納西象形文字譜　方國瑜編撰　和志武參訂　重印　雲南人民出版社　1995年10月
5143. 中國璽印類編　小林斗盦編　(日本)二玄社　1996年2月。周培彥翻譯　天津人民美術出版社　2004年6月
5144. 柳公權楷書字彙　沈道榮編　天津古籍出版社　1996年3月
5145. 書體大百科字典　飯島太千雄編　(日本)雄山閣出版　1996年4月
5146. 篆眞字典　洪鈞陶・張雁・楊坦編著　文物出版社　1996年7月
5147. 草書大字典　全2冊　甄明菲主編　天津古籍出版社　1996年7月
5148. 夏漢字典　李範文編著　中國社會科學出版社　1997年7月。增訂本　賈常業增訂　同　2008年6月

5149. 何紹基字典　中島晧象編　（日本）二玄社　1997年11月。天津人民美術出版社　2005年5月

5150. 眞草互讀大字典　王宏編　中國青年出版社　1997年12月

5151a. 于右任書法字典　鄭聰明編　（臺灣）文化建設基金管理委會　1998年4月。（臺灣）蕙風堂筆墨公司　1999年

5151b. 于右任書法字典別冊　鄭聰明編　（臺灣）蕙風堂筆墨公司　2006年7月

5152. 草書異部同形大字典　劉少英編著　沈鵬校訂　北京圖書館出版社　1998年5月

5153. 篆字編　全2冊　洪鈞陶・劉呈瑜主編　文物出版社　1998年7月

5154. 吳越文字彙編　施謝捷編著　江蘇教育出版社　1998年8月

5155. 戰國古文字典：戰國文字聲系　全2冊　何琳儀著　中華書局　1998年9月。重印2004年9月

5156. 楷字編　劉建編　文物出版社　1998年9月

5157. 中華書法大字庫　全4冊　文山編　哈爾濱出版社　1998年12月

5158. 鄭板橋書法字典　韓鳳林・宮玉果編　中國青年出版社　1999年1月

5159. 書法大字海　全3冊　書法大字海編委會編　海南出版社　1999年2月

5160. 朱氏漢字源典　全6冊　朱則奎編著　（臺灣）龍文出版社　1999年3月

5161. 顏眞卿書法字典　沈振基・鄧美雲編　中國青年出版社　1999年4月

5162. 中國書法大字典　全2冊　容鐵編　北京燕山出版社　1999年5月

5163. 于右任書法大字典　全2冊　夏銘智・包秉民・馬維勇主編　世界圖書出版西安公司　1999年9月

5164. 古文字詁林　全12冊　古文字詁林編纂委員會編纂　李圃主編　上海教育出版社　1999年12月～2004年12月

5165. 顏眞卿書法大字典　楊鼎鐘・楊紅雁主編　世界圖書出版公司西安分公司　2000年8月

5166. 滇川黔桂彝文字典　滇川黔桂彝文協作組編　雲南民族出版社　2001年2月

5167. 納西東巴象形文字字帖　和立民著　趙慶蓮・陳應和譯　雲南民族出版社　2001年7月

5168. 納西族象形標音文字字典　李霖燦編著　和才讀字　張琨標音　雲南民族出版社　2001年8月

5169. 明淸行草字典　古谷蒼韻編　（日本）二玄社　2001年10月

5170. 柳公權書法字典　沈振基・鄧美雲編　中國青年出版社　2001年
5171. 戰國文字編　湯餘惠編　福建人民出版社　2001年12月
5172. 八大山人字典　五味公德編　（日本）五峰書院　2002年5月
5173. 歷代名家行草字典　張鑫・徐夫耕主編　江西美術出版社　2002年
5174. 女書字典　周碩沂編　岳麓書社　2002年12月
5175. 章草大典　余德泉・孟成英編著　中州古籍出版社　2003年1月
5176. 新編于右任書法字典　夏銘智編　世界圖書出版公司　2003年2月
5177. 隸書辨異字典　沈道榮著　文物出版社　2003年5月
5178. 楚文字編　李守奎編著　華東師範大學出版社　2003年12月
5179. 北魏楷書字典　梅原清山編　（日本）二玄社　2003年12月。天津人民美術出版社　2005年5月
5180. 歐體辨異字典　（古代書法家書體辨異字典系列叢書）　沈道榮編　陝西人民美術出版社　2004年2月
5181. 褚體辨異字典　（古代書法家書體辨異字典系列叢書）　沈道榮編　陝西人民美術出版社　2004年5月
5182. 顏體辨異字典　（古代書法家書體辨異字典系列叢書）　沈道榮編　陝西人民美術出版社　2004年6月
5183. 滇川黔桂彝文字集　（彝漢對照）　滇川黔桂彝文協作組編　雲南民族出版社　2004年6月
5184. 六體書法大字典　全2冊　田其湜編　湖南人民出版社　2004年7月
5185. 歷代草書大家法書字典　楊貴琦・耿慶義編著　陝西人民美術出版社　2004年7月
5186. 八大山人字典　栗原蘆水編　（日本）二玄社　2004年10月
5187. 章草字典　歐陽中石・程同根［等］編著　華夏出版社　2004年10月
5188. 五體漢字彙編　全2冊　劉健編　文物出版社　2004年12月
5189. 新編中國行草大字典　全2冊　路振平主編　浙江人民美術出版社　2005年6月
5190. 章草辨異字典　杜維鈞・杜金鋒編　人民美術出版社　2005年12月
5191. 草字編：新編　全2冊　洪鈞陶編　文物出版社　2006年1月
5192. 古文字譜　沈康年編著　雲南人民出版社　2006年3月

5193. 先秦貨幣文字釋讀大字典　王宏編著　天津古籍出版社　2006年3月

5194. 王羲之王獻之行書草書字典　（古代書法家書體辨異字典系列叢書）　沈道榮編　陝西人民美術出版社　2006年4月

5195. 中國篆書大字典　李呈修主編　人民美術出版社　2006年6月

5196. 中國隸書大字典　李呈修主編　人民美術出版社　2006年6月

5197. 中國楷書大字典　李呈修主編　人民美術出版社　2006年6月

5198. 中國行書大字典　李呈修主編　人民美術出版社　2006年6月

5199. 中國草書大字典　李呈修主編　人民美術出版社　2006年6月

5200. 章草字典　黃堂生編著　榮寶齋出版社　2006年7月

5201. 女漢字典　陳其光編　中央民族大學出版社　2006年8月

5202. 傳抄古文字編　（中國語言文字研究叢刊第1輯）　全3冊　徐在國編　綫裝書局　2006年11月

5203. 中國書法大字典　全5冊　盧公編　光明日報出版社　2007年1月

5204. 行草大字典　全2冊　盧公編　光明日報出版社　2007年1月

5205. 大書源　全3卷・索引冊（附錄：DVD・書道史年表）　二玄社編集部編　（日本）二玄社　2007年3月

5206. 中國隸書大字典　全2冊　陳振濂編　浙江古籍出版社　2007年5月？

5207. 水書常用字典　韋世方編著　貴州民族出版社　2007年9月

5208. 中國草書大字典　全2冊　陳振濂主編　浙江古籍出版社　2007年10月

5209. 中國行書大字典　全2冊　陳振濂主編　浙江古籍出版社　2007年10月

5210. 草書大字典　上海書畫出版社編　上海書畫出版社　2007年12月

5211. 蘇軾書法大字典　李志賢主編　張景春[等]編　河南美術出版社　2007年12月

5212. 米芾書法大字典　李志賢主編　張景春[等]編　河南美術出版社　2007年12月

5213. 黃庭堅書法大字典　李志賢主編　張景春[等]編　河南美術出版社　2007年12月

5214. 蔡襄蔡京書法大字典　李志賢主編　張景春[等]編　河南美術出版社　2007年12月

＊502. 鄭板橋書法大字典　韓鳳林・宮玉果編　人民美術出版社　2008年1月

Ⅴ 目錄(索引)・地圖

A 石刻・刻工目錄

6001. 石刻題跋索引(增訂本)　楊殿珣編　(上海)商務印書館　1957年11月。影印　商務印書館　1990年1月

　　楊殿珣編『石刻題跋索引』(商務印書館、1940年11月)の增訂版。
　　書評：楊殿珣編著《石刻題跋索引(增訂本)》　邵友誠　考古通訊1958-3

6002. 隋代石刻(甄附)目錄初輯　岑仲勉編　『隋書求是』同著　商務印書館　1958年6月附錄

6003. 清代碑傳文通檢　陳乃乾編　中華書局　1959年2月

　　《清代碑傳文通檢》指瑕　江慶柏　古籍整理出版情況簡報2002-4

6004. 北京市出土墓誌目錄：第一編(1951—1964)　北京市文物工作隊編・印（内部發行）　1964年12月

6005a. 漢魏碑文金文鏡銘索引(隸釋篇 附四部叢刊三編史部隸釋)　内野熊一郎編　(日本)極東書店　1966年8月

6005b. 漢魏碑文金文鏡銘索引(隸續篇 對校本隸續)　内野熊一郎編　(日本)極東書店　1969年5月

6005c. 漢魏碑文金文鏡銘索引(金文、鏡銘、墓誌銘、磚文篇)　内野熊一郎編　(日本)極東書店　1972年3月

6005d. 漢魏碑文金文鏡銘索引(補訂 隸釋篇 別册：四部叢刊三編史部隸釋)　内野熊一郎編　(日本)高文堂出版社　1978年1月

6006. 新出石刻資料一覽　永田英正編　『書道全集』第26卷　(日本)平凡社　1967年9月　所收

6007. 唐碑傳集初編通檢・唐碑傳集初編僧名通檢　楊家駱編　『唐史資料整理集刊 第一輯』同主編　(臺灣)中華學術院中國學術史研究所・唐史座談會　1971年9月自序　所收

6008. 石刻法帖題跋著錄索引　(圖解書道史・別卷)　藤原楚水編　(日本)省心書房　1973年3月

6009. 小校經閣金石文字引得：(全)　(臺灣)大通書局編輯部編・印　1979年1月

6010. 明清進士題名碑錄索引　全3册　朱保炯・謝沛霖編　上海古籍出版社　1979年10月

6011. 北京滿文石刻拓片目錄　北京圖書館善本特藏部・故宮博物院明清檔案部編、印　油印本　1979年

6012. 曲阜碑目輯錄　曲阜師院孔子研究室(駱承烈)編・印　1981年

6013. 桂林石刻目錄　桂林風景文物整理委員會編・印　油印本　發行年不詳

6014. 中國新出石刻關係資料目錄（1）：解放後より文革前まで〜同（6）：1989年より1990年まで　氣賀澤保規編　（日本）書論18・20・22・25　富山大學教養部紀要24-2　明治大學人文科學研究所紀要41　1982年8月〜1997年3月
　　　中國の1950年〜1990年發行の考古文物關係學術雜誌に報告された、秦代〜元代の石刻關係資料名を、紀年順に出土地名・揭載誌名を附して收錄。

6015. 六朝墓誌檢要　王壯弘・馬成名編纂　上海書畫出版社　1985年2月

6016. 石刻考工錄　曾毅公輯　書目文獻出版社　1987年7月
　　　《石刻考工錄》補正　官桂銓　文獻1990-1
　　　《石刻考工錄》續補　劉漢忠　文獻1991-3
　　　《石刻考工錄》補遺・石刻刻工續補　程章燦　『石學論叢』同著　(臺灣)大安出版社　1999年2月　所收

6017. 《山右石刻叢編》《山西通志・金石記》石刻分域目錄　劉舒俠編　山西人民出版社　1990年7月

6018. 吐魯番出土漢文墓志索引稿Ⅰ〜Ⅲ　關尾史郎編　（日本）吐魯番出土文物研究會會報86〜88　1993年3月〜1993年5月

6019. 1949〜1989　四十年出土墓誌目錄　榮麗華編集　王世民校訂　中華書局　1993年8月

6020. 河北金石目錄　『河北金石輯錄』石永士・王素芳・裴淑蘭編　河北人民出版社　1993年12月　收錄

6021. 中國佛敎の墓碑・塔銘・墓誌銘資料目錄：北魏より元まで　八木宣諦編　（日本）自家版　1994年

6022. 房山石經山洞窟所藏隋唐石經一覽表、『房山石經（遼金刻經）』所載石經總目錄　氣賀澤保規編　前揭3393『中國佛教石經の研究：房山雲居寺石經を中心に』1996年3月　附錄

6023. 焦山摩崖・碑目誌　袁道俊編　『焦山石刻研究』同編著　江蘇美術出版社　1996年

　　　　4月　附錄

6024. 舟曲古代碑銘目錄提要　吳景山編　西北民族學院學報(哲社版) 1997-1

6025. 唐代墓誌所在總合目錄　（明治大學東洋史資料叢刊1）　氣賀澤保規編　（日本）明治大學文學部東洋史研究室（發賣)汲古書院　1997年5月

　　　《唐代墓誌所在總合目錄》最近出版　寧欣　中國史研究動態1998-2

　　　明治大學東洋史資料叢刊1『唐代墓誌所在總合目錄』の編纂とその周邊　氣賀澤保規（日本)明大アジア史論集2　1998年3月

　　　書評：氣賀澤保規編《唐代墓誌所在總合目錄》　劉建明　唐研究5　1999年12月

6026. 歷代著錄法書目　朱家溍主編　紫禁城出版社　1997年10月

6027a. 三晉石刻總目：運城地區卷　（三晉文化研究叢書）　吳均編著　山西古籍出版社　1998年7月

6027b. 三晉石刻總目：長治市卷　（三晉文化研究叢書）　王懷中・孫舒松・郭生竑編著　山西古籍出版社　2000年4月

6027c. 三晉石刻總目：陽泉市卷　（三晉文化研究叢書）　張鴻仁・李翔編著　山西古籍出版社　2003年3月

6027d. 三晉石刻總目：晉中市卷　（三晉文化研究叢書）　晉華編著　山西古籍出版社　2004年11月

6027e. 三晉石刻總目：臨汾市卷　（三晉文化研究叢書）　解希恭・張新智編著　山西古籍出版社　2004年11月

6027f. 三晉石刻總目：晉城市卷　（三晉文化研究叢書）　吳廣隆・秦海軒編著　山西古籍出版社　2004年11月

6027g. 三晉石刻總目：大同市卷　（三晉文化研究叢書）　董瑞山・古鴻飛・高平編著　山西古籍出版社　2005年11月

6027h. 三晉石刻總目：太原市卷　（三晉文化研究叢書）　張崇顏・王德苓編著　山西古籍出版社　2006年1月

6027i. 三晉石刻總目：朔州市卷　（三晉文化研究叢書）　雷雲貴編著　山西古籍出版社　2006年6月

6028. 西安碑林藏石所見歷代刻工名錄　路遠・張虹冰・董玉芬編　碑林集刊5　1999年8月

6029. 龍門石窟石刻集成　（東洋學文獻センター叢刊9）　曾布川寬編　（日本）京都大學人文科學研究所附屬東洋學文獻センター　2000年3月

　　　［1］龍門石窟石刻集成、［2］京都大學文學部所藏龍門石窟石刻拓本からなる龍門石窟の石刻總目録。水野清一・長廣敏雄著『龍門石窟の研究』（座右寶刊行會、1941年。重印、同朋舎出版、1980年）附録第二「龍門石刻録録文」「龍門石刻録目録」所載の石刻との對應を示す。

6030. 中國五代十國時期墓誌・墓碑綜合目録稿　高橋繼男編　（日本・東洋大學）アジア・アフリカ文化研究所研究年報34　2000年3月

6031. 1990〜1999年新出漢魏南北朝墓誌目録　汪小烜編　魏晉南北朝隋唐史資料18　武漢大學出版社　2001年9月

6032. 洛陽出土墓誌目録　洛陽市文物管理局・洛陽市文物工作隊編　朝華出版社　2001年10月

6033. 中國古代佛像目録　（老古董收藏系列叢書）　邱東聯編著　（海口）南方出版社　2001年

6034. 北京地區における元朝石刻の現況と文獻　森田憲司　（『碑刻等史料の總合的分析によるモンゴル帝國・元朝の政治・經濟システムの基礎的研究』平成12〜13年度科學研究費補助金〈基盤研究（B）（1）〉研究成果報告書　松田孝一編　2002年3月）

　　　「北京地區現存元朝石刻目録稿」を收める。

6035. 新版　唐代墓誌所在總合目録　（明治大學東洋史資料叢刊3）　（平成15〜17年度科學研究費補助金〈基盤研究（B）〉「中國南北朝後期隋唐期の石刻文字資料の集成・データベースの構築と地域社會文化の研究」成果報告）　氣賀澤保規編　（日本）明治大學文學部東洋史研究室（發賣・汲古書院）　2004年3月

　　　前記6025『唐代墓誌所在總合目録』の増補版。舊版編集後に刊行された資料集から採録した墓誌を大幅に増補し、新たに「墓誌名索引」を卷末に附す。

6036. 東晉南朝墓誌一覽　中村圭爾編　『古代江南の考古學：倭の五王時代の江南世界』羅宗眞著　中村圭爾・室山留美子譯　（日本）白帝社　2005年5月　所收

6037. 13、14世紀モンゴル文碑刻リスト　松川節編　（日本）13・14世紀東アジア史料通信4　2005年5月

6038. 北朝墓誌所在總合目録　梶山智史編　東アジア石刻研究創刊號　（日本）明治大學東

アジア石刻文物研究所(準)　2005年12月　所収

6039. 隋代墓誌所在總合目錄　梶山智史編　東アジア石刻研究創刊號　(日本)明治大學東アジア石刻文物研究所(準)　2005年12月　所収

6040. 蒙古學金石文編題錄　莎日娜主編　朱敏・鄔衞華・張利・希都日古・莎日娜編　内蒙古大學出版社　2005年12月

清末以前の刻本・寫本・稿本や民國以來影印の漢文文獻から、蒙古學研究にかかわる遼・西夏・金・元時期の金石碑刻の題目を收錄する。

6041. 唐末至宋初墓誌目錄＝Tomb epitaphs from the Tang-Song transition　譚凱編集　自費出版　2005年

6042. 西魏石刻關係文獻目錄　平田陽一郎編　(日本)沼津工業高等專門學校研究報告40　2006年1月

6043. 宋代著錄石刻纂註　劉昭瑞編著　北京圖書館出版社　2006年2月

宋代編纂の石刻文字著錄專著から收集した石刻題目を、注釋を附して分類・收錄する。唐代の石刻が多數を占める。

6044. 寧波現存碑刻碑文所見錄　龔烈沸編著　寧波出版社　2006年3月

寧波に現存、或いは文獻に存する1949年までの寧波關係各種碑刻・墓誌の題目2671點を時代ごとに收錄する。

＊601. 廣西石刻目錄　張益桂編　(前記＊029)『廣西石刻人名錄』　漓江出版社　2008年9月　附錄

＊602. 魏晉南北朝墓誌人名地名索引：『漢魏南北朝墓誌彙編』『新出魏晉南北朝墓志疏證』篇　伊藤敏雄主編　中村圭爾・室山留美子編　平成20(2008)年度科學研究費補助金〈基盤研究(B)〉「出土史料による魏晉南北朝史像の再構築」研究資料　(日本)大阪教育大學　2008年9月

＊603. 漢魏六朝碑刻總目提要　毛遠明編　(前記＊004)『漢魏碑刻校注』　綫裝書局(近刊豫告)　附錄

B　機關(個人)所藏石刻・拓本目錄(圖錄)

① 中國

6045. 上海市合衆圖書館石刻拓本目錄　全2册　上海市合衆圖書館編・印　油印本　1950年～195[？]年

6046. 千石齋藏誌目錄　張鈁(張伯英)藏并編　(北京)石墨齋　1953年6月

6047. 東北人民大學圖書館碑帖目錄　東北人民大學圖書館編・印　油印本　1955年

6048a. 北京大學圖書館藏金石拓片草目：漢代石刻　孫貫文編　北京大學　油印本　1956年？

6048b. 北京大學圖書館藏金石拓片草目：三國—南北朝石刻　全2册　孫貫文編　北京大學　油印本　1959年

6048c. 北京大學圖書館藏金石拓片草目：唐代石刻　全3册　孫貫文編　北京大學　油印本　1959年

6049. 中國科學院圖書館館藏歷代墓誌草目：初稿　中國科學院圖書館編・印　油印本　1957年3月

6050. 中國科學院圖書館館藏石刻編年草目　中國科學院圖書館編・印　油印本　1958年

6051. 上海市歷史文獻圖書館石刻拓本分類目錄　全2册　上海市歷史文獻圖書館編・印　油印本　發行年不詳

6052. 館藏北京金石拓片目錄(初編)　首都圖書館編・印　油印本　1959年9月

6053. 福建師範學院圖書館石刻拓片草目　福建師範學院圖書館編・印　油印本　1959年

6054. 館藏石刻目錄初稿　開封市博物館編・印　油印本　1962年

6055. 西安碑林藏石簡目　『西安碑林』陝西省文物管理委員會・陝西省博物館編、印　1963年3月　所收

6056. 千唐誌齋藏石目錄(上)(下)　譚兩宜編　魏晉南北朝隋唐史資料1・2　武漢大學歷史系魏晉南北朝隋唐史研究室　1979年5月・1980年12月　所收

6057. 陝西師範大學圖書館藏千唐誌齋藏石拓片目錄　陝西師範大學圖書館編・印　油印本　1981年

6058. 館藏浙江金石拓片目錄　初編　浙江圖書館古籍部編輯　浙江圖書館　1982年3月

6059a. 山西省圖書館館藏碑帖拓片目錄(漢—民國)　山西省圖書館編・印　1982年12月

6059b. 山西省圖書館館藏碑帖拓片目錄　第2輯　山西省圖書館編・印　1984年4月

6060. 西安碑林藏石細目(碑石)(墓誌)(石雕造像)(碑石綫刻畫)　『西安碑林書法藝術』陝西省博物館・李域錚・趙敏生・雷冰編著　陝西人民美術出版社　1983年10月。增訂本

　　　　同　1989年7月　所收

6061.『千唐誌齋藏誌』墓主人名索引稿　吉岡眞編　（日本)廣島大學東洋史研究室報告7
　　　　1985年9月　所收

6062. 北京圖書館藏墓誌拓片目錄　徐自强主編　冀亞平・王巽文編輯　中華書局　1990年
　　　　3月

6063. 岳麓書院一覽：古迹・楹聯・匾額・碑刻　唐子畏・陳海波編　湖南大學岳麓書院文
　　　　化研究所　1990年9月

6064. 北京大學圖書館藏金石拓片草目、北京大學圖書館藏歷代石刻拓本草目（２）～（８）
　　　　孫貫文遺作　考古學集刊第７～14集　1991年8月～2004年12月

6065. 善本碑帖品目　張西帆著　中國人民大學出版社　1992年10月
　　　　中國人民大學に寄贈された張西帆氏舊藏碑帖の品目。

6066. 北京圖書館藏北京石刻拓片目錄　徐自强主編　王巽文・冀亞平編輯　書目文獻出版
　　　　社　1994年4月

6067. 北京圖書館藏元代石刻拓本目錄：『北京圖書館藏中國歷代石刻拓本滙編』未收錄部
　　　　分　池內功編　『（四國學院大學）創立四十五周年記念論文集』（日本）四國學院大學
　　　　文化學會　1995年2月

6068. 市文物局資料信息中心藏北京地區出土墓誌拓片目錄（１）～(10)　孔繁雲[等]編　北
　　　　京文博1996-1～1996-3、同1997-1～1998-3

6069. 館藏石刻目（北京石刻藝術博物館叢書２）劉之光主編　今日中國出版社　1996年5月

6070. 中國常德詩墻碑刻總目　盛和鈞編　中國常德詩墻修建辦公室？　1999年6月

6071.『西安碑林全集』所收「唐代墓誌目錄」（明治大學)大學院氣賀澤ゼミ編　（日本）明
　　　　大アジア史論集7　2002年2月

6072. 北京大學圖書館藏八思巴字碑拓目錄并序　胡海帆編　國學研究9　2002年

6073. 山西師範大學戲曲博物館館藏拓本目錄　王福才編著　山西古籍出版社　2005年6月

6074. 西安碑林博物館藏碑刻總目提要　（中國石刻文獻研究叢刊1）陳忠凱・王其禕・李舉
　　　　綱・岳紹輝編著　綫裝書局　2006年5月
　　　　碑石、墓誌、造像、經幢、2005年入藏碑誌の5類に分け、合計1842目・3187石の名稱など
　　　　を著錄する。

6075. 戚叔玉捐贈歷代石刻文字拓本目錄　上海博物館圖書館編　上海古籍出版社　2006年10月

　　　上海博物館に寄贈された戚叔玉氏舊藏の上古～清代の碑誌石刻拓本4800餘種の目錄。

② 臺灣

6076. 國立中央圖書館藏墓誌拓片目錄附索引　（中華叢書、國立中央圖書館目錄叢刊8）　國立中央圖書館編　（臺灣）國立編譯館中華叢書編審委員會　1972年10月。增補再版　同　1982年3月

6077. 國立中央圖書館金石拓片簡目　國立中央圖書館特藏組編輯　（臺灣）國立中央圖書館　1983年1月

6078. 中央研究院歷史語言研究所藏歷代墓誌銘拓片目錄附索引　毛漢光重編　（臺灣）中央研究院歷史語言研究所　1985年5月

6079. 中央研究院歷史語言研究所藏歷代碑誌銘・塔誌銘・雜誌銘拓片目錄附索引　毛漢光重編　（臺灣）中央研究院歷史語言研究所　1987年1月

6080. 國立中央圖書館拓片目錄：金石部份・墓誌部份　全2冊　國立中央圖書館特藏組編輯　（臺灣）國立中央圖書館　1990年3月

6081. 碑碣拓本典藏目錄　臺灣省文獻委員會採集組編輯　（臺灣）臺灣省文獻委員會　1997年4月

6082. 中央研究院歷史語言研究所藏漢代石刻畫象拓本目錄　文物圖象研究室漢代拓本整理小組編　（臺灣）中央研究院歷史語言研究所　2002年12月

　　　漢代石刻畫象696種の拓本寫眞とその目錄。

6083. 中央研究院歷史語言研究所藏北魏紀年佛教石刻拓本目錄　佛教拓片研讀小組編　（臺灣）中央研究院歷史語言研究所　2002年12月

　　　造像・造塔・修寺記、僧侶墓誌・塔銘など、合計254種・725件の拓本寫眞とその目錄。「歷代著錄題名對照表」を附錄する。

③ 日本

6084. 東洋文庫新收拓本目錄稿：平凡社寄贈（1）～（3）　（日本）東洋文庫書報3～5　1971年3月～1973年3月

6085. 東京都立中央圖書館藏特別買上文庫目錄：諸家拓本（中國・朝鮮）　東京都立中央圖

書館編　(日本)東京都立中央圖書館　1974年

6086. 石濱文庫目錄：大阪外國語大學所藏　(日本)大阪外國語大學附屬圖書館　1977年。同　1979年3月

　　　石濱文庫の拓本資料：概要とモンゴル時代石刻拓本一覽　堤一昭　(日本)13・14世紀東アジア史料通信6　2006年3月

6087. 金石文拓本目錄：龍谷大學圖書館藏故高雄義堅和上收集　小川貫弌編　(日本)龍谷大學圖書館　1984年8月

6088. 中國金石拓本目錄　大阪市立美術館編　(日本)大阪市立美術館　1989年3月

6089. 淑德短期大學藏　中國石刻拓本目錄　中濱愼昭編集　(日本)淑德短期大學　1992年9月

6090. 東京藝術大學藝術資料館藏品目錄：拓本　東京藝術大學藝術資料館編　(日本)第一法規出版　1993年3月

6091. 京都國立博物館藏品圖版目錄：書跡篇　中國・朝鮮　京都國立博物館編　(日本)京都國立博物館　1996年3月

6092. 淑德大學書學文化センター藏　中國石刻拓本目錄　中濱愼昭編集　(日本)淑德大學　1997年11月

6093. 聽氷閣舊藏碑拓名帖撰：新町三井家(三井文庫別館藏品圖錄)　(日本)三井文庫編・刊　1998年4月

　　　聽氷閣舊藏・三井文庫別館現藏の碑拓法帖類約530點のうち名品53點の圖錄。

6094. 書道博物館圖錄　書道博物館編　(日本)臺東區藝術文化財團　2000年4月

　　　代表的な所藏品の圖版85點を收錄。書道博物館藏の石刻・拓本を含む目錄に次のものがある。

　　　書道博物館陳列品目錄(昭和十年十二月現在)　中村丙午郎編纂　(日本)書道博物館　1935年12月？

　　　書道博物館陳列品目錄(昭和十一年十二月現在)　中村丙午郎編纂　(日本)書道博物館　1936年12月

　　　書道博物館陳列品目錄(昭和十四年七月現在)　中村丙午郎編纂　(日本)書道博物館　1939年7月

　　　書道博物館所藏法帖目錄　藤原楚水(？)編　書苑1-7～2-11　(日本)三省堂　1937年～1938年

　　　　　書道博物館藏金石拓本目錄（1）～（22）　闕名編　書苑3-1～6-3　（日本）三省堂　1939年
　　　　　～1942年

6095. 佐藤安之助文庫「龍門石窟造像記」拓本分類目錄　（拓殖大學圖書館藏書目錄18）　拓殖大學圖書館編　（日本）拓殖大學圖書館　2000年7月

6096. 東洋文庫所藏中國石刻拓本目錄　（日本）東洋文庫　2002年7月

6097. 宇野雪村文庫拓本目錄：大東文化大學書道研究所藏　玉村清司編　（日本）大東文化大學書道研究所　2004年2月

④　アメリカ

6098. *Catalogue of Chinese rubbings from Field Museum.* researched by Tchen, Hoshien, Starr, M. Kenneth; prepared by Schneider, Alice K.; photographs by Newton, Herta and Field Museum Division of Photography; edited by Walravens, Hartmut. Chicago, Ill.: Field Museum of Natural History, 1981.

C　石刻文獻目錄・地圖

6099. 金石書錄目補編　容媛編　考古通訊1955-3
　　　　　容媛輯・容庚校『金石書錄目』（國立中央研究院歷史語言研究所單刊乙種之二、國立中央研究院歷史語言研究所、1930年6月。修正再版、商務印書館、1936年6月）の補編。のちに、容媛輯・容庚校『金石書錄目：附補編』（日本・大安、1963年11月）、同『金石書錄目及補編』、張謇［等］編纂『金石大字典：附金石書錄目及補編』全3冊（ともに臺灣・大通書局、1974年9月）として合冊影印。

6100. 廣東省中山圖書館藏金石書目　廣東省中山圖書館編・印　1959年1月

6101. 福建師範學院圖書館館藏金石書錄　福建師範學院圖書館編・印　油印本　1959年

6102. 中國書法參考書草目　南京圖書館編・印　1963年

6103. 中國石刻書道地圖　佐藤中處・八木舜堂編　（日本）佛教書道研究會　1983年9月

6104. 褒斜道石門及石刻研究論著目錄彙集　馬强・馮素芳輯　成都大學學報（社科版）1989-1

6105. 陝西石刻文獻目錄集存　（陝西金石文獻叢書）　陝西省古籍整理辦公室編　李慧主編　三秦出版社　1990年4月

6106. 中國書學論著提要　陳滯冬編　成都出版社　1990年6月

6107. 《中國岩畫的發現與研究》大型資料集目錄索引　洪濤編　中國社會科學院民族研究所圖書資料室　油印本　1991年7月

6108. *Annotated Bibliography to the Shike Shiliao Xinbian*　石刻史料新編［*New Edition of Historical Materials Carved on Stone*］. Kuhn, Dieter, and Stahl, Helga. Heidelberg: Wurzburger Sinologische Schriften, Edition Forum, 1991.

6109. 王羲之研究文獻目錄　中村史朗編　（日本）書論28　1992年

6110. 書法篆刻書目簡釋(1949—1984)　楊秦偉編著　上海書畫出版社　1993年10月
    1949年10月から1984年に至る中國各地出版の碑帖・印譜・書法論著・篆刻論著・書法篆刻工具書800種近くを收錄。

6111. 蜀道及石門石刻研究論著論文目錄索引　陝西漢中市博物館・漢中市蜀道及石門石刻研究會編　文博1994-2

6112. 『石刻史料新編第一・二・三輯』書名・著者索引　高橋繼男編　（日本・東洋大學）アジア・アフリカ文化研究所研究年報28　1994年3月。重印　（臺灣）新文豐出版公司　1995年6月
    本目錄に改題・增補して附錄する。

6113. 北京圖書館普通古籍總目(第6卷)古器物學門　北京圖書館普通古籍組編　書目文獻出版社　1994年5月

6114. 中國漢代畫像石畫像磚文獻目錄　深圳博物館編　文物出版社　1995年5月
    20世紀初めから1993年まで發表された關係文獻目錄。

6115. 近二十年出版の隋・唐・五代を中心とする石刻關係書籍目錄(稿)　高橋繼男編　（日本）法史學研究會會報5　2000年7月

6116. 近五十年來出版の中國石刻關係圖書目錄(稿)　高橋繼男編　（日本）唐代史研究4　2001年6月
    上記6115「目錄(稿)」の範圍を擴大したもの。本目錄はさらにこれの改訂增補版。

6117. 熹平石經關連研究文獻目錄、日本所藏熹平石經刻石一覽、日本所藏熹平石經關係影印本および拓本等(國公立機關)　江川式部編　「漢熹平石經研究の現狀と課題：附日本所藏熹平石經・拓本調査」同著　（日本）明大アジア史論集7　2002年2月　所收

6118. 《書法叢刊》1981—2003總目錄　齊正英整理　文物出版社　2005年7月

「專輯索引」「各期總目錄」「文論目錄索引」「圖版目錄索引」等からなる。

6119. 研究陝西古代碑刻之主要金石書目表覽　周曉薇編　碑林集刊12　陝西人民美術出版社　2006年12月　所收

6120. 戰國文字論著目錄索引　全3册　(中國學術文獻目錄索引叢刊)　徐在國編著　綫裝書局　2007年4月

中國內外の雜誌・學報・專門書などを整理した約14,000項目にのぼる著錄（著書・論文）を、部門別・類別に收錄する。

附錄　考古學關係文獻目錄・年鑑・地圖

6121. 中國史前考古學書目　安志敏編　燕京大學　1951年6月
6122. 文物參考資料目錄索引　中央文化部社會文化事業管理局編・印　1954年
6123. 臺灣考古學圖書論文目錄　宋文薰編　國立臺灣大學考古人類學刊1955-1・2・4
6124. 東南地區考古學參考資料索引　南京大學歷史系編・印　1960年7月
6125. 江蘇省考古・歷史及博物館學資料索引　南京博物館編・印　1962年10月
6126. 東北考古論著目錄(草稿)　中國科學院考古研究所編・印　油印本　1965年2月
6127. 東北地區民族歷史地理文獻目錄　中央民族學院研究室編・印　油印本　1973年
6128. 中國藝術考古論文索引　陳錦波編　香港大學亞洲研究中心　1974年
6129. 陝西考古・博物館資料報刊索引：1950.1—1975.12　陝西省博物館・文物管理委員會資料室編　1977年12月
6130a. 中國考古學文獻目錄(1949—1966)　中國社會科學院考古研究所圖書資料室編　文物出版社　1978年12月
6130b. 中國考古學文獻目錄(1900—1949)　(北京大學考古學叢書)　北京大學考古系資料室編　文物出版社　1991年7月
6130c. 中國考古學文獻目錄(1971—1982)　中國社會科學院考古研究所資料信息中心編　文物出版社　1998年6月
6130d. 中國考古學文獻目錄(1983—1990)　中國社會科學院考古研究所資料信息中心編　文物出版社　2001年3月
6131. 內蒙古考古學文獻目錄(1949-1979)　孫建華編　內蒙古自治區文物工作隊　油印本

1980年3月
6132. 四川文物考古工作三十年文獻資料目錄索引(1949—1979)　重慶市博物館歷史部資料室編・印　1980年8月
6133a. 陝西考古學文獻目錄(1900—1979)　樓宇棟編　陝西省考古研究所（內部發行）1980年
6133b. 陝西考古學文獻目錄(1980—1983)　樵振西・桑紹華編　陝西省考古學會・陝西省考古研究所　1984年
6133c. 陝西考古學文獻目錄(1984—1986)　雷玉英編　陝西省考古研究所　1988年
6133d. 陝西考古學文獻目錄(1987—1991)　王學理・雷玉英編　陝西省考古研究所　1994年
6134. 文物考古學文獻目錄(1925—1980)　謝端琚・趙生琛・趙信編　青海人民出版社　1981年9月
6135a. 廣東文物考古資料目錄(1939～1981)　廣東省博物館資料室・廣東省文物考古研究所編　廣東省博物館　1982年
6135b. 廣東文物考古資料目錄　第2輯　廣東省博物館・廣東省文物考古研究所編　廣東人民出版社　1993年1月
6136. 考古二〇〇期總目索引(1955.1—1984.5)　考古編輯部編　科學出版社　1984年5月
6137. 湖南考古學文獻目錄(1950—1983)　吳銘生主編　長沙市文物工作隊　1984年
6138. 中國考古學年鑑(1984)～同(2007)　中國考古學會編　文物出版社　1984年12月～2008年10月

　　この中の「考古文物新發現」「考古學文獻資料目錄：考古學書目・考古學論文資料索引・新發表古代銘刻資料簡目」などは石刻研究に極めて有益である。

6139a. 湖北文物考古文獻目錄(1949—1983)　雷鳴編　湖北省志文物志編輯室　1985年2月
6139b. 湖北文物考古文獻目錄(1984—1992)　雷鳴・張徵雁編　湖北省志・文物名勝編輯室　1992年冬
6140. 雲南文物考古文獻目錄(1949—1984)　雲南省博物館編　雲南人民出版社　1985年8月
6141. 江西文物考古文獻目錄(1941—1984)　江西省博物館・江西省文物工作隊編　江西省博物館　1985年10月
6142. 文物三五〇期總目索引(1950.1—1985.7)　文物編輯部編　文物出版社　1986年7月

6143a. 遼寧省考古學文獻目錄(1900—1985)　姚義田編　遼寧省博物館・遼寧省考古研究所　1986年

6143b. 遼寧省考古學文獻目錄(1986—1989)・遼寧省博物館學文獻目錄(1900—1989)　姚義田編　遼寧省文物考古研究所・遼寧省博物館　1990年

6143c. 遼寧省考古學文獻目錄・遼寧省博物館學文獻目錄：1900～1993　姚義田編　遼寧省文物考古學研究所・遼寧省博物館　1994年

　　　　a.の「附錄二」は各種資料集に收錄された遼寧省出土及び遼寧省各博物館所藏の碑誌目錄。

6144. 廣西文物考古文獻目錄(1949—1986.6)　黃啓善・陳左眉主編　廣西壯族自治區博物館　1986年

6145. 四川文物考古文獻目錄(1921—1986.6)　四川省文物考古研究所資料室編・印　1986年10月(后記)

6146. 巴蜀的歷史與文化論著目錄提要索引(1930—1985)　林向編　(發行所未詳)　1986年

6147a. 河南文博考古文獻敍錄(1913—1985)　河南省博物館編　孫傳賢主編　中原文物1987年特刊(總6期)　1987年3月

6147b. 河南文博考古文獻敍錄(1986—1995)　河南省博物院編　孫傳賢主編　中州古籍出版社　1997年7月

6148. 新疆考古論文索引　劉戈編　新疆社會科學情報1987-10・11　所收

6149. 西北五省(區)考古學文獻目錄(1900—1986)　樓宇棟・謝端琚・趙生琛・趙信編　青海人民出版社　1989年2月

6150a. 中國文物地圖集：廣東分册　國家文物局主編　廣東省文化廳編製　廣東省地圖出版社　1989年9月

　　　　內容豐富、形式獨特：評《中國文物地圖集：廣東分册》　張磊　中國文物報1990年5月3日
　　　　喜讀《中國文物地圖集：廣東分册》　麥榮豪　中國文物報1990年8月16日

6150b. 中國文物地圖集：河南分册　國家文物局主編　河南省文物局編製　中國地圖出版社　1991年12月

6150c. 中國文物地圖集：吉林分册　國家文物局主編　吉林省文化廳編製　中國地圖出版社　1993年10月

6150d. 中國文物地圖集：青海分册　國家文物局主編　青海省文化廳編製　中國地圖出版社　1996年1月

6150e. 中國文物地圖集：湖南分册　國家文物局主編　湖南省文物局編製　湖南地圖出版社　1997年9月

　　　宏篇巨著的文物地圖分册：《中國文物地圖集：湖南分册》評介　鄂相知　江漢考古1998-4

6150f. 中國文物地圖集：陝西分册　全2册　國家文物局主編　陝西省文物事業管理局編製　西安地圖出版社　1998年12月

　　　陝西文物工作的新成就：《中國文物地圖集：陝西分册》問世　馬振智　陝西歷史博物館館刊6　1999年6月

6150g. 中國文物地圖集：雲南分册　國家文物局主編　雲南省文化廳編製　雲南科技出版社　2001年3月

6150h. 中國文物地圖集：天津分册　國家文物局主編　天津市文物局編製　中國大百科全書出版社　2002年1月

　　　紹介：國家文物局主編『中國文物地圖集』　愛宕元　（日本）東洋史研究62-2　2003年9月

6150i. 中國文物地圖集：湖北分册　全2册　國家文物局主編　湖北省文物事業管理局編製　西安地圖出版社　2002年12月

6150j. 中國文物地圖集：內蒙古自治區分册　全2册　國家文物局主編　內蒙古自治區文化廳編製　西安地圖出版社　2003年11月

　　　《中國文物地圖集·內蒙古自治區分册》讀后　李宇峰　中國文物報2005年2月9日

6150k. 中國文物地圖集：山西分册　全3册　國家文物局主編　山西省文物局編製　中國地圖出版社　2006年12月

6150l. 中國文物地圖集：福建分册　全2册　國家文物局主編　福建省地圖出版社編製　福建省地圖出版社　2007年12月

6150m. 中國文物地圖集：山東分册　全2册　國家文物局主編　山東省文物局編製　中國地圖出版社　2007年12月

6150n. 中國文物地圖集：江蘇分册　全2册　國家文物局主編　中國地圖出版社　2008年5月

6150o. 中國文物地圖集：北京分册　全2册　國家文物局主編　北京市文物局編製　科學出

版社　2008年7月

6151. 洛陽歷史考古文獻目錄(1900—1990)　張劍編著　中州古籍出版社　1992年4月

6152. 中國新石器時代考古文獻目錄(1923—1989)　繆雅娟・郭引強・劉忠伏編　科學出版社　1993年12月

6153. 中國墓葬研究文獻目錄（中國墓葬研究書系叢書）　黃驍軍著　甘肅文化出版社　1994年5月

6154. 民國時期總書目(1911—1949)：歷史・傳記・考古・地理　全2冊　北京圖書館編　書目文獻出版社　1994年8月

6155. 河南新石器時代田野考古文獻擧要(1923~1996)　河南省文物考古研究所編　中州古籍出版社　1997年11月

6156. 中國佛教美術論文索引：1930—1993　李玉珉主編　葉佳玫協編　（臺灣)覺風佛教藝術文化基金會　1997年12月

6157. 成都地區文化考古文獻目錄(1930.1-1997.1)　成都市博物館　1998年1月

6158. 文物五〇〇期總目索引(1950.1—1998.1)　文物編輯部編　文物出版社　1998年6月

6159. 深圳香港歷史考古文獻目錄　（深圳新千年書系叢書）　深圳博物館編　海天出版社　2001年1月

6160. 考古研究所編輯出版書刊目錄索引及概要　考古雜誌社編　四川大學出版社　2001年5月

　　「《考古》第1~399期目錄索引」「《考古學報》第1~139期目錄索引」「《考古學集刊》第1~13集目錄索引」「中國考古學專刊概要」からなる。

6161a. 中國墓葬文獻目錄(北朝篇)　室山(德山)留美子編　（日本)大阪市立大學東洋史論叢12　2002年3月

6161b. 中國墓葬文獻目錄(三國兩晉南朝篇)　室山留美子編　（日本)大阪市立大學東洋史論叢14　2005年3月

6162. 大連歷史與文物資料目錄　（東北史研究資料叢書）　許明綱・韓行方[等]編　哈爾濱出版社　2003年4月

6163. 齊魯文化研究論著目錄(1901—2000)　全2冊　（齊魯文化研究資料文庫）　山東師範大學齊魯文化研究中心編　張成水主編　中國社會科學出版社　2003年12月

6164. 中國文物年鑑(2003)〜同（2006）　國家文物局編　科學出版社　2004年4月〜2007年4月

6165. 浙江歷史文化研究論著目錄　山西古籍出版社　2005年6月

6166. 東北亞古代史研究論文目錄：中國東北部分　（東北亞歷史叢書8）權熙英・王禹浪・劉秉虎執筆　（韓)韓國學中央研究院　2005年9月

6167. 中國文物報全文檢索(1985—2004年)　（DVD-ROM 1枚）北京金報興圖信息工程技術有限公司研製　中國文物報社　2005年12月

6168. 早期臺灣歷史文獻研究書目　呂理政主編　（臺灣)南天書局　2006年1月

6169. 近三十年東北古代史研究目錄　（東北史研究資料叢書）王禹浪・王聞軼・于冬梅・江紅春編　哈爾濱出版社　2006年12月

6170. 江南區域史論著目錄(1900—2000)　陳忠平・唐力行主編　北京圖書館出版社　2007年6月

[參考]　考古研究文獻集成

次の叢書は、中國各地區各時代の文物考古に關する發掘調查報告・研究論文を、各種刊行物（雜誌・單刊書など）から搜集・收錄している。

6171. 高句麗・渤海研究集成　（東亞文庫：中國古代民族研究集成1）全6冊　孫進己・孫海主編　哈爾濱出版社　1994年6月

6172a. 中國考古集成：華北卷(北京市・天津市・河北省・山西省)　（東亞文庫）全20冊　孫進己・蘇天鈞・孫海主編　哈爾濱出版社　1994年6月・1998年7月

6172b. 中國考古集成：東北卷　（東亞文庫）　全20冊　孫進己・馮永謙・蘇天鈞主編　北京出版社　1997年1月

6172c. 中國考古集成：華北卷(河南省・山東省)　（東亞文庫）　全22冊　孫進己・孫海主編　中州古籍出版社　1999年6月

6172d. 中國考古集成：西北卷(甘肅省・青海省・新疆維吾爾自治區)　（東亞文庫）全20冊　孫進己・孫海主編　中州古籍出版社　2000年12月

6172e. 中國考古集成：西北卷(陝西省・寧夏回族自治區)　（東亞文庫）　全25冊　孫進己・孫海主編　中州古籍出版社　2002年7月

6172f. 中國考古集成：西南卷(雲南省・貴州省・四川省・重慶市・西藏自治區) （東亞文庫）全28册　孫海・藺新建主編　中州古籍出版社　2003年9月

6172g. 中國考古集成：華南卷(湖北省・湖南省) （東亞文庫）全25册　孫海・藺新建主編　中州古籍出版社　2004年9月

6172h. 中國考古集成：華南卷(福建省・廣東省・海南省・廣西壯族自治區) （東亞文庫）全20册　孫海・藺新建主編　中州古籍出版社　2005年6月

6172i. 中國考古集成：華東卷(安徽省・江蘇省) （東亞文庫）全28册　孫海・藺新建主編　中州古籍出版社　2006年8月

6172j. 中國考古集成：華東卷(江西省・上海市・浙江省) （東亞文庫）全30册　孫海・藺新建主編　中州古籍出版社　2007年7月

6172k. 中國考古集成：綜述卷　上　（東亞文庫）全20册　孫海・藺新建主編　中州古籍出版社　2008年8月

6172l. 中國考古集成：綜述卷　下　（東亞文庫）全40册・DVD 1枚　中州古籍出版社　（近刊豫告）

6173. 北京考古集成　全15册　蘇天鈞主編　北京出版社　2000年3月

6174a. 洛陽考古集成・夏商周卷　洛陽師範學院河洛文化國際研究中心編　楊作龍・韓石萍主編　北京圖書館出版社　2005年10月

6174b. 洛陽考古集成・隋唐五代宋卷　洛陽師範學院河洛文化國際研究中心編　楊作龍・韓石萍主編　北京圖書館出版社　2005年11月

6174c. 洛陽考古集成・原始社會卷　洛陽師範學院河洛文化國際研究中心編　楊作龍・韓石萍主編　北京圖書館出版社　2006年12月

6174d. 洛陽考古集成・秦漢魏晉南北朝卷　全2册　洛陽師範學院河洛文化國際研究中心編　楊作龍・毛陽光主編　北京圖書館出版社　2007年3月

6174e. 洛陽考古集成・補編　洛陽師範學院河洛文化國際研究中心編　楊作龍・毛陽光主編　北京圖書館出版社　2007年6月

　　　上記6174a「夏商周卷」、6174b「隋唐五代宋卷」の補編。

『石刻史料新編』(全4輯) 書名・著者索引

凡　　例

1　本索引は、臺灣の新文豐出版公司から刊行された『石刻史料新編』(全30册、1977年)、『同　第二輯』(全20册、1979年)、『同　第三輯』(全40册、1986年)、『同　第四輯』(全10册、2006年) 所收の書籍の「書名索引」「著者索引」である。『石刻史料新編（全四輯）』を、以下「本叢書」と略稱する。

2　本索引は、舊稿「『石刻史料新編第一・二・三輯』書名・著者索引」(『(東洋大學) アジア・アフリカ文化研究所研究年報』第28號。1994年3月。前言・凡例（高明士譯）、新文豐出版公司、重印、1995年6月) を訂正・增補したものである。

3　「書名索引」中の書名の前の數字は、編者が附した通し番號である。

4　「書名索引」中の各項目末尾の數字は、本叢書中における各書籍の所在を示す。たとえば、**2-16-11849**」は「石刻史料新編　第二輯　第十六册　11849頁」のことである。

5　書名は、書名頭字（舊體漢字）の筆劃順に排列する。

6　書名は、おおむね本叢書の各册卷頭の「目錄」の記載に從うが、たとえば、「0740　滇南古金石錄」(「目錄」では「滇南古今石錄」と記す)、「1070　蘭谿金石附志」(「目錄」では「谿縣金石附志」と記す)」等々、「目錄」の誤記を訂正したものが幾つかある。

7　地方志の中から金石・碑碣などの部分を拔萃した書籍については、主として本叢書中の「目錄」に記す纂修者名に據り、何時の地方志からの拔萃であるかを、中國社會科學院北京天文臺主編『中國地方志聯合目錄』(中華書局、1985年)、國立國會圖書館參考書誌部アジア・アフリカ課編『日本主要圖書館・研究所所藏中國地方志綜合目錄』(國立國會圖書館參考書誌部、1969年) 等々を參照して判斷し、それを書名に次いで（　）内に記す。ただし、地方志そのものと照合していないものが多いので、或いはこの部分に誤りがあるかも知れない。

8　著者名も、本叢書中の「目錄」の記載の誤記を訂正したものが少なくない。

9　中華民國以後の著者については、朝代名を記さない。

10　「著者索引」中の著者名は、姓（舊體漢字）の筆劃順に排列する。

11　地方志の纂修者名は、例外を除き「著者索引」に揭出しない。

12　「著者索引」中の書名は、「書名索引」中の書名の前に附した通し番號によって示す。

書 名 索 引

二 畫

九 二 八 十

0001 九江金石志（〔同治〕九江府志）
　　　1卷　（清）黃鳳樓　　3-12-527

0002 九曜石刻錄1卷　（清）周中孚
　　　　　　　　　　　　3-2-135

0003 九鐘精舍金石跋尾甲編1卷
　　　吳士鑑　　　　　　4-7-241

0004 二百蘭亭齋收藏金石記4冊
　　　（清）葉志詵　　　2-16-12245

0005 二銘草堂金石聚16卷　（清）張德容
　　　　　　　　　　　　2-3-01715

0006 八寨金石附志稿（〔民國〕八寨縣
　　　志稿）不分卷　王世鑫　3-23-211

0007 八瓊室元金石偶存1卷
　　　（清）陸增祥　　　1-8-06207

0008 八瓊室金石札記4卷　（清）陸增祥
　　　　　　　　　　　　1-8-06131

0009 八瓊室金石祛偽1卷　（清）陸增祥
　　　　　　　　　　　　1-8-06189

0010 八瓊室金石補正130卷
　　　（清）陸增祥　　　1-6-03947

0011 十二硯齋金石過眼錄18卷
　　　（清）汪鋆　　　　1-10-07781

三 畫

三 上 大 小 山 川

0012 三臺金石志（〔嘉慶〕三臺縣志）
　　　2卷　（清）沈昭興　3-16-197

0013 三韓冢墓遺文目錄　不分卷
　　　羅振玉　　　　　　3-36-511

0014 上江金石志（〔同治〕上江兩縣志）
　　　不分卷　（清）莫祥芝　3-5-109

0015 上谷訪碑記1卷　（清）鄧嘉緝
　　　　　　　　　　　　3-23-221

0016 上海金石類附志（〔同治〕上海縣
　　　志)不分卷　（清）應寶時　3-5-247

0017 上海金石續志（〔民國〕上海縣志）
　　　不分卷　姚文枬　　3-5-253

0018 上海眞人許長史舊館壇碑1卷
　　　（清）顧沅　　　　3-2-567

0019 上虞金石志續稿（〔光緒〕上虞縣
　　　志校續）1卷　（清）徐致靖　3-9-187

0020 上饒碑版志（〔同治〕上饒縣志）
　　　1卷　（清）李樹藩　3-12-315

0021 大名金石志（〔民國〕大名縣志）
　　　1卷　洪家祿　　　3-24-615

0022 大竹金石志（〔道光〕大竹縣志）
　　　不分卷　（清）劉漢昭　　3-15-445

0023 大邑金石志（〔同治〕大邑縣志）
　　　1卷　（清）趙霦　　　　3-15-563

0024 大邑金石志（〔民國〕大邑縣志）
　　　不分卷　鍾毓靈　　　　3-15-585

0025 大城金石志（〔光緒〕大城縣志）
　　　1卷　（清）劉鍾英　　　3-23-565

0026 小蓬萊閣金石文字　不分卷
　　　（清）黃易　　　　　　　3-1-529

0027 山右石刻叢編40卷　（清）胡聘之
　　　　　　　　　　　　　　1-20-14927

0028 山右金石錄　不分卷　（清）夏寶晉
　　　　　　　　　　　　　　2-12-09025

0029 山右冢墓遺文1卷　附補遺1卷
　　　羅振玉　　　　　　　　1-21-15875

0030 山右訪碑記1卷　（清）魯燮光
　　　　　　　　　　　　　　3-30-563

0031 山左金石志24卷　（清）畢沅·
　　　阮元　　　　　　　　　1-19-14325

0032 山左南北朝石刻存目1卷
　　　（清）尹彭壽　　　　　　2-20-14883

0033 山左冢墓遺文1卷　附補遺1卷
　　　羅振玉　　　　　　　　1-20-14897

0034 山左訪碑錄6卷　（清）法偉堂
　　　　　　　　　　　　　　2-12-09053

0035 山左碑目4卷　（清）段松苓
　　　　　　　　　　　　　　2-20-14813

0036 山西金石記（山右金石記）（〔光緒〕
　　　山西通志）10卷　（清）王軒
　　　　　　　　　　　　　　3-30-301

0037 山西碑碣志（〔雍正〕山西通志）
　　　10卷　（清）覺羅石麟　　3-30-575

0038 山東金石志（〔宣統〕山東通志）
　　　6卷　（清）孫葆田　　2-12-09147

0039 山陰碑刻志（〔嘉慶〕山陰縣志）
　　　1卷　（清）朱文翰　　　3-9-059

0040 山樵書外紀　不分卷　（清）張開福
　　　　　　　　　　　　　　2-6-04471

0041 川沙金石志（〔光緒〕川沙廳志）
　　　不分卷　（清）俞樾　　　3-5-301

0042 川沙縣金石志（〔民國〕川沙縣志）
　　　不分卷　黃炎培　　　　3-5-305

四　畫

中　丹　井　什　仁　介　元　六　分
壬　化　天　太　巴　文　月

0043 中州金石目4卷　附補遺1卷
　　　（清）姚晏　　　　　　　3-36-137

0044 中州金石目錄8卷　（清）楊鐸
　　　　　　　　　　　　　　2-20-14683

0045 中州金石攷8卷　（清）黃叔璥
　　　　　　　　　　　　　　1-18-13665

0046 中州金石記5卷　（清）畢沅
　　　　　　　　　　　　　　1-18-13749

0047 中州冢墓遺文1卷　羅振玉　3-30-267

0048 中江金石志（〔民國〕中江縣志）
　　　不分卷　陳品全　　　　3-16-233

0049 中國金石學講義　不分卷
　　　陸和九　　　　　　　　3-39-049

0050 丹徒金石摭餘（〔光緒〕丹徒縣志
　　　摭餘）2卷　（清）李丙榮　3-5-141

0051	丹徒碑碣志（〔光緒〕丹徒縣志） 　　　1卷　（清）何紹章　**3-5-119**		0065	六書通撫遺10卷　（清）畢星海 　　　**4-8-001**
0052	丹陽金石續志（〔民國〕丹陽縣續 　　　志）1卷　胡爲和　**3-5-225**		0066	六朝墓誌菁英二編　不分卷 　　　羅振玉　**4-3-197**
0053	井研金石志（〔光緒〕井研志） 　　　1卷　（清）吳嘉謨　**3-16-089**		0067	六藝之一錄　存卷一至卷一百二 　　　十　（清）倪濤　**4-3-719**
0054	什邡金石篇（〔民國〕重修什邡縣 　　　志）1卷　王文照　**3-15-057**		0068	分宜金石志（〔同治〕分宜縣志） 　　　不分卷　（清）嚴升偉　**3-12-505**
0055	仁和碑碣志（〔嘉靖〕仁和縣志） 　　　不分卷　（明）沈朝宣　**3-7-213**		0069	分隸偶存2卷　（清）萬經　**4-1-585**
0056	仁壽金石志（〔道光〕仁壽縣新志） 　　　不分卷　（清）魏崧　**3-16-057**		0070	分疆金石錄（〔同治〕泰順分疆錄） 　　　不分卷　（清）林鶚　**3-10-431**
0057	仁壽勝蹟志（〔光緒〕補纂仁壽縣 　　　原志）不分卷　（清）姚令儀 　　　**3-16-061**		0071	壬癸己庚丁戊金石跋3卷 　　　楊守敬　**4-7-225**
0058	介休金石考（〔民國〕介休縣志） 　　　不分卷　董重　**3-31-029**		0072	化州金石志（〔光緒〕化州志） 　　　不分卷　（清）彭步瀛　**3-22-337**
0059	元氏碑記（〔民國〕元氏縣志） 　　　1卷　王自尊　**3-24-155**		0073	天下金石志　不分卷　（明）于奕正 　　　**2-2-00797**
0060	元代白話碑集錄1卷　蔡美彪 　　　**3-4-561**		0074	天發神讖碑考1卷　（清）周在浚 　　　**3-35-001**
0061	元碑存目1卷　（清）黃本驥 　　　**2-20-14535**		0075	天壤閣雜記1卷　（清）王懿榮 　　　**3-35-455**
0062	元豐題跋1卷　（宋）曾鞏　**1-24-18009** 　　　元豐類藁金石錄跋1卷　（宋）曾鞏 　　　**3-38-147**		0076	太平石刻續志（〔光緒〕太平續志 　　　〈浙江〉）3卷　（清）王棻　**3-9-499**
0063	元魏熒陽鄭文公摩崖碑跋1卷 　　　（清）諸可寶　**3-38-121**		0077	太谷碑碣志（〔光緒〕太谷縣志） 　　　不分卷　（清）王效尊　**3-31-021**
	元牘記→0126玄牘記と同じ。		0078	太谷墓誌（〔咸豐〕太谷縣志） 　　　不分卷　（清）章嗣衡　**3-31-001**
			0079	太康金目志（〔民國〕太康縣志） 　　　不分卷　劉盼遂　**3-28-323**
0064	六書通10卷　（清）閔齋伋輯・ 　　　畢弘述篆訂　**4-7-567**		0080	巴縣金石志（〔民國〕巴縣志） 　　　1卷　向楚　**3-15-235**

0081　文安碑碣志（〔民國〕文安縣志）
　　　不分卷　李蘭　　　3-23-561

0082　文源12卷　附錄2卷　林義光
　　　　　　　　　　　　4-8-495

0083　月浦金石志（〔民國〕月浦里志）
　　　不分卷　陳應康　　3-5-355

五　畫

代　北　半　古　句　臺　四　平　正
永　汀　玄　玉　瓜　甘　生　石

0084　代州金石志（〔光緒〕代州志）
　　　1卷　（清）楊篤　　3-31-273

0085　北平金石目1卷　國立北平
　　　研究院史學研究會　3-36-185

0086　半氈齋題跋2卷　（清）江藩　3-38-231

0087　古今書刻2卷　（明）周弘祖　4-1-105

0088　古今碑帖考1卷　（明）朱晨
　　　　　　　　　　　2-18-13159

0089　古文苑21卷　附校勘記・四庫提
　　　要補正　（宋）章樵（註）　4-1-321

0090　古石抱守錄　不分卷　鄒安　3-1-131

0091　古刻叢鈔1卷　（元）陶宗儀
　　　　　　　　　　　1-10-07589

0092　古匋文香錄14卷　附編1卷
　　　顧廷龍　　　　　　4-3-661

0093　古泉山館金石文編殘稿　4卷
　　　（清）瞿中溶　　　2-3-01623

0094　古誌石華30卷　（清）黃本驥
　　　　　　　　　　　2-2-01147

0095　古誌石華續編2卷　（清）毛鳳枝
　　　　　　　　　　　2-2-01417

0096　古誌彙目初集6卷　顧燮光　3-37-001

0097　古誌新目初編4卷　顧燮光
　　　　　　　　　　　2-18-13689

0098　古墨齋金石跋6卷　（清）趙紹祖
　　　　　　　　　　　2-19-14061

0099　古器物識小錄1卷　羅振玉　4-10-247

0100　古籀拾遺3卷　附宋政和禮器文
　　　字攷　（清）孫詒讓　4-2-317

0101　古籀篇　卷一至卷三十三
　　　（日本）高田忠周　4-8-611

0102　古籀餘論3卷　（清）孫詒讓　4-2-377

0103　古禮器略說1卷　王國維　4-10-263

0104　句容金石記10卷　附錄1卷
　　　（清）楊世沅　　　2-9-06409

0105　臺州金石志（〔光緒〕臺州府志）
　　　9卷　王舟瑤　　　3-9-243

0106　臺州金石錄13卷　附甎錄5卷
　　　闕訪4卷　（清）黃瑞　1-15-10971

0107　四川金石志（〔嘉慶〕四川通志）
　　　3卷　（清）楊芳燦　3-14-471

0108　平山金石志料集（〔民國〕平山縣
　　　志料集）不分卷　張林　3-24-135

0109　平安館藏碑目　不分卷
　　　（清）葉志詵　　　2-18-13369

0110　平谷金石志（〔民國〕平谷縣志）
　　　不分卷　王兆元　　3-23-299

0111　平度金石志（〔道光〕重修平度州
　　　志）1卷　（清）李圖　3-27-301

0112　平津館金石萃編20卷　附補遺

	不分卷（缺卷十五至卷十七）		3-40-583
	（清）嚴可均 2-4-02415	0127	玉山金石志（〔同治〕玉山縣志）
0113	平津讀碑記8卷 附續1卷		不分卷 （清）吳華辰 3-12-419
	再續1卷 三續2卷	0128	玉環碑碣志（〔光緒〕玉環廳志）
	（清）洪頤煊 1-26-19345		不分卷 （清）呂鴻燾 3-10-435
0114	平湖金石志（〔光緒〕平湖縣志）	0129	瓜洲碑目續志（〔民國〕瓜洲續志）
	1卷 （清）葉廉鍔 3-7-467		不分卷 于樹滋 3-6-401
0115	平陽古蹟志（〔雍正〕平陽府志）	0130	甘泉金石續考（〔民國〕甘泉縣續
	1卷 （清）范安治 3-31-315		志）1卷 桂邦傑 3-6-429
0116	平陽金石志（〔民國〕平陽縣志）	0131	甘泉碑碣志（〔乾隆〕甘泉縣志）
	3卷 劉紹寬 3-10-401		不分卷 （清）厲鶚 3-6-415
0117	正定金石志（〔光緒〕正定縣志）	0132	甘泉碑碣志（〔光緒〕增修甘泉縣
	不分卷 （清）趙文濂 3-24-091		志）1卷 （清）徐成敟 3-6-465
0118	正陽金石志（〔民國〕重修正陽縣	0133	甘肅新碑記（〔光緒〕甘肅新通志）
	志）不分卷 魏松聲 3-30-245		2卷 （清）安維峻 3-32-151
0119	永川碑碣附志（〔光緒〕永川縣志）	0134	生春紅室金石述記1卷 林萬里
	不分卷 （清）馬慎修 3-15-287		3-2-077
0120	永州金石略（〔道光〕永州府志）	0135	石目 不分卷 （清）不著撰人 3-36-041
	1卷 （清）宗績辰 3-14-243	0136	石交錄4卷 羅振玉 4-4-427
0121	永年碑碣志（〔光緒〕永年縣志）	0137	石刻名彙14卷 附補遺1卷
	1卷 （清）夏詒鈺 3-25-187		續補1卷 黃立猷 2-2-01019
0122	永和金石考（〔民國〕永和縣志）	0138	石刻鋪敘2卷 （宋）曾宏父 3-39-431
	不分卷 段金成 3-31-437	0139	石刻題跋索引 楊殿珣 1-30-22331
0123	永清文徵錄（永清文徵）1卷	0140	石門金石志（〔光緒〕石門縣志
	（清）章學誠 3-23-257		〈浙江〉）不分卷 （清）余麗元
0124	永嘉金石志（〔光緒〕永嘉縣志）		3-7-449
	3卷 （清）王棻 3-10-183	0141	石門金石志（〔嘉慶〕石門縣志
0125	汀州石刻附志（〔乾隆〕汀州府志）		〈浙江〉）不分卷 （清）潘文輅
	不分卷 （清）李紱 3-17-051		3-7-457
0126	玄牘記(元牘記)2卷 附錄1卷	0142	石門金石志（〔嘉慶〕石門縣志
	（明）盛時泰 2-2-01589		〈湖南〉）不分卷 （清）蘇益馨
	玄牘記 不分卷 （明）盛時泰		

		3-14-405
0143	石門碑醳1卷 附補1卷	
	(清)王森文	3-2-545
0144	石泉書屋金石題跋1卷	
	(清)李佐賢	2-19-14189
0145	石城金石志(〔光緒〕石城縣志)	
	不分卷 (清)陳蘭彬	3-22-347
0146	石屏金石志(〔民國〕石屏縣志)	
	不分卷 袁嘉穀	3-23-161
0147	石經考1卷 (清)顧炎武	3-35-277
0148	石經殘字考 不分卷 (清)翁方綱	
		3-35-297
0149	石經閣金石跋文1卷 (清)馮登府	
		2-19-14173
0150	石鼓文音釋3卷 (明)楊慎	3-35-309
0151	石墨考異2卷 (清)嚴蔚	2-16-11631
0152	石墨餘馨(中和月刊2-6、1941	
	年)不分卷 俞陛雲	3-35-331
0153	石墨餘馨續編(中和月刊3-3、	
	4、1942年)不分卷 俞陛雲	
		3-35-343
0154	石墨鑴華8卷 (明)趙崡	1-25-18581
0155	石廬金石書志22卷 林鈞	1-29-21997

六　畫

交　光　全　再　合　吉　同　名　安
曲　有　朱　汝　汜　江　牟　竹　西
邛

0156	交河金石志(〔民國〕交河縣志)	
	不分卷 苗毓芳	3-23-503
0157	光山金石志約稿(〔民國〕光山縣	
	志約稿)1卷 晏兆平	3-30-249
0158	光化藝文志(〔光緒〕光化縣志)	
	1卷 (清)段映斗	3-13-477
0159	光澤金石略(〔光緒〕重纂光澤縣	
	志)不分卷 (清)何秋淵	3-17-089
0160	全椒碑刻志(〔民國〕全椒縣志)	
	不分卷 江克讓	3-12-213
0161	再續寰宇訪碑錄校勘記1卷	
	劉聲木	1-27-20459
0162	合江金石志(〔同治〕合江縣志)	
	不分卷 (清)羅增垣	3-16-013
0163	合江金石志(〔民國〕合江縣志)	
	不分卷 張聞文	3-16-017
0164	吉安金石志(〔光緒〕吉安府志)	
	不分卷 (清)劉繹	3-12-447
0165	吉林金石志(〔光緒〕吉林通志)	
	1卷 (清)李桂林	3-32-223
0166	吉林金石表1卷 (清)曹溶	
		2-20-14891
0167	同州金石志(〔咸豐〕同州府志)	
	1卷 (清)蔣湘南	3-31-687
0168	同州金石志(〔乾隆〕同州府志)	
	1卷 (清)吳泰來	3-31-761
0169	名山古蹟新志(〔民國〕名山縣新	
	志)不分卷 趙正和	3-16-295
0170	名山金石志(〔光緒〕名山縣志)	
	不分卷 (清)趙怡	3-16-291
0171	名原 2卷 (清)孫貽讓	4-6-393
0172	名蹟錄6卷 (明)朱珪	3-1-009

0173　安吉碑版志（〔乾隆〕安吉州志）
　　　不分卷　（清）劉薊植　　3-8-319

0174　安定金石志（〔光緒〕安定縣志）
　　　不分卷　（清）王映斗　　3-22-677

0175　安嶽金石附志（〔道光〕安嶽縣志）
　　　不分卷　（清）周國頤　　3-16-285

0176　安陸金石志（〔道光〕安陸縣志）
　　　1卷　（清）李廷錫　　3-13-373

0177　安陽縣金石錄12卷
　　　（清）武億・趙希璜　　1-18-13819

　　　安陽縣金石錄（〔嘉慶〕安陽縣志）
　　　12卷　（清）武億・趙希璜　3-28-463

0178　安徽金石略　10卷　（清）趙紹祖
　　　　　　　　　　　　1-15-11499

0179　安徽通志金石古物考稿（〔民國〕
　　　安徽通志考）17卷　徐乃昌　3-11-001

0180　曲阜金石志（〔民國〕續修曲阜縣
　　　志）不分卷　李經野　　3-26-097

0181　曲阜金石志（〔乾隆〕曲阜縣志）
　　　2卷　（清）潘相　　3-26-101

0182　曲阜碑碣考4卷　孔祥霖　2-13-09743

0183　曲陽金石錄（〔光緒〕重修曲陽縣
　　　志）3卷　（清）董濤　　3-24-311

0184　有萬憙齋石刻跋　不分卷
　　　（清）傅以禮　　　　　3-38-153

0185　朱子金石學　不分卷　鮑鼎　3-39-001

0186　汝陽藝文志（〔康熙〕汝陽縣志）
　　　不分卷　（清）邱天英　　3-30-215

0187　汜水金石志（〔民國〕汜水縣志）
　　　不分卷　趙東階　　　　3-28-429

0188　江西金石目　不分卷　繆荃孫
　　　　　　　　　　　　　3-35-543

0189　江津金石志（〔民國〕江津縣志）
　　　不分卷　程德音　　　　3-15-283

0190　江夏金石志（〔同治〕江夏縣志）
　　　不分卷　（清）彭崧毓　　3-13-233

0191　江浦金石埤乘（〔光緒〕江浦埤乘）
　　　1卷　（清）侯宗海　　3-5-219

0192　江陰石刻記（〔民國〕江陰縣續志）
　　　3卷　繆荃孫　　　　　3-6-175

0193　江都金石續考（〔民國〕江都縣續
　　　志）1卷　桂邦傑　　　3-6-331

0194　江都碑目志（〔雍正〕江都縣志）
　　　不分卷　（清）程夢星　　3-6-315

0195　江都碑目續志（〔嘉慶〕江都縣續
　　　志）不分卷　（清）李保泰　3-6-319

0196　江都藝文續考（〔光緒〕江都縣續
　　　志）1卷　（清）劉壽增　　3-6-323

0197　江寧金石志（〔嘉慶〕重刊江寧府
　　　志）2卷　（清）呂燕照　　3-5-013

0198　江寧金石志（〔同治〕續纂江寧府
　　　志）1卷　（清）蔣啓勛　　3-5-043

0199　江寧金石待訪錄4卷
　　　（清）孫馮翼　　　　　3-5-079

0200　江寧金石記8卷　附待訪目2卷
　　　（清）嚴觀　　　　　1-13-10053

0201　江蘇金石志（〔民國〕江蘇省通志
　　　考？）24卷　馮煦？　1-13-09437

0202　江灣金石志（〔民國〕江灣里志）
　　　不分卷　錢淦　　　　　3-5-289

0203　牟平金石志（〔民國〕牟平縣志）
　　　1卷　于清泮　　　　　3-27-203

0204 竹崦盦金石目錄1卷 (清)趙魏
　　　　　　　　　　　2-20-14545

　　　 竹崦盦金石目錄5卷 (清)趙魏
　　　　　　　　　　　3-37-337

0205 竹雲題跋4卷 (清)王澍 2-19-13789

0206 西安金石志（〔乾隆〕西安府志）
　　　2卷 (清)嚴長明　　3-31-469

0207 西華金石續志（〔民國〕西華縣續
　　　志）1卷　潘龍光　　3-28-283

0208 西陲石刻錄1卷　後錄1卷
　　　羅振玉　　　　　　2-15-11027

0209 邛州金石志（〔嘉慶〕邛州直隸州
　　　志）不分卷 (清)王來遴 3-15-559

七　畫

佛 利 含 吳 均 夾 孝 宋 完
希 延 成 扶 攸 求 汪 沙 沛
芒 赤 車 辛 邠 邢

0210 佛山忠義金石志（〔道光〕佛山忠
　　　義鄉志）1卷 (清)吳榮光 3-21-363

0211 佛山忠義金石志（〔民國〕佛山忠
　　　義鄉志）3卷　冼寶幹　3-21-417

0212 佛金山館秦漢碑跋1卷　牟房
　　　　　　　　　　　3-38-129

0213 利川金石志（〔光緒〕利川縣志）
　　　不分卷 (清)黃世崇　3-13-559

0214 含經堂碑目 不分卷
　　　(清)不著撰人　　　3-37-251

0215 吳下冢墓遺文3卷　附續1卷
　　　(明)都穆　　　　　2-9-06595

0216 吳川金石志（〔光緒〕吳川縣志）
　　　不分卷 (清)陳蘭彬　3-22-343

0217 吳中金石新編8卷 (明)陳暐
　　　　　　　　　　　3-5-359

0218 吳中冢墓遺文1卷　附補遺
　　　1卷　羅振玉　　　1-13-10163

0219 吳郡金石目1卷 (清)程祖慶
　　　　　　　　　　　3-35-515

0220 吳愙齋尺牘1冊 (清)吳大澂
　　　　　　　　　　　4-9-773

0221 吳橋碑志（〔光緒〕吳橋縣志）
　　　1卷 (清)施崇禮　　3-23-519

0222 吳縣金石考（〔民國〕吳縣志）
　　　3卷　曹允源　　　3-6-001

0223 吳興金石記16卷 (清)陸心源
　　　　　　　　　　　1-14-10677

0224 吳興金石徵（〔天啓〕吳興備志）
　　　1卷 (明)董斯張　　3-7-491

0225 均州藝文志（〔光緒〕續輯均州志）
　　　1卷 (清)賈洪詔　　3-13-507

0226 夾江金石志（〔嘉慶〕夾江縣志）
　　　不分卷 (清)王佐　　3-15-459

0227 孝豐金石志（〔同治〕孝豐縣志）
　　　不分卷　潘宅仁　　3-8-325

0228 宋代金文著錄表1卷　王國維
　　　　　　　　　　　4-1-213

0229 宋韓蘄王碑釋文2卷 (清)顧沅
　　　　　　　　　　　3-4-443

0230 完縣金石志（〔民國〕完縣新志）
　　　不分卷　彭作楨　　3-23-687

0231 希古樓金石萃編10卷　劉承幹
　　　　　　　　　　　1-5-03787

0232 延安金石志（〔嘉慶〕延安府志）
　　　1卷　（清）洪蕙　　　　3-32-143

0233 延慶碑碣志（〔光緒〕延慶州志）
　　　不分卷　（清）張惇德　　3-32-355

0234 成安金石志（〔民國〕成安縣志）
　　　1卷　張永和　　　　　　3-25-201

0235 成都金石志（〔嘉慶〕成都縣志）
　　　不分卷　（清）衷以壎　　3-14-541

0236 成都金石志（〔同治〕重修成都縣
　　　志）不分卷　（清）衷興鑑　3-14-547

0237 扶風金石記（〔乾隆〕扶風縣志）
　　　1卷　（清）張塤　　　　3-32-061

0238 扶風縣石刻記 2卷　（清）黃樹穀
　　　　　　　　　　　　　　1-23-17211

0239 攸縣金石志（〔同治〕攸縣志）
　　　不分卷　（清）嚴鳴琦　　3-14-141

0240 求古精舍金石圖 4卷　（清）陳經
　　　　　　　　　　　　　　2-7-05415

0241 求古錄 1卷　（清）顧炎武　3-2-311

0242 求是齋碑跋 4卷　（清）丁紹基
　　　　　　　　　　　　　　2-19-13999

0243 求恕齋碑錄 1卷　劉承幹？　3-2-521

0244 汪本隸釋刊誤 1卷　（清）黃丕烈
　　　　　　　　　　　　　　1-9-07043

　　　汪本隸釋刊誤 1卷　（清）黃丕烈
　　　　　　　　　　　　　　3-37-547

0245 沙縣金石志（〔民國〕沙縣志）
　　　不分卷　羅克涵　　　　　3-17-067

0246 沛縣碑碣附志（〔民國〕沛縣志）
　　　不分卷　趙錫蕃　　　　　3-6-561

0247 芒洛冢墓遺文 3卷　附補遺 1卷
　　　羅振玉　　　　　　　　1-19-13977

0248 芒洛冢墓遺文三編 1卷　羅振玉
　　　　　　　　　　　　　　1-19-14107

0249 芒洛冢墓遺文四編 6卷　附四補
　　　1卷　羅振玉　　　　　　1-19-14145

0250 芒洛冢墓遺文續編 3卷　附續補
　　　1卷　羅振玉　　　　　　1-19-14055

0251 赤溪金石志（〔民國〕赤溪縣志）
　　　不分卷　賴際熙　　　　　3-22-021

0252 車塵稾（節本）　羅振玉　　3-38-341

0253 辛巳金石偶譚（中和月刊2-10、
　　　1941年）不分卷　柯昌泗　3-40-469

0254 辛丑消夏記 5卷　（清）吳榮光
　　　　　　　　　　　　　　4-1-643

0255 邠州石室錄 3卷　（清）葉昌熾
　　　　　　　　　　　　　　2-15-10929

0256 邢臺金石志（〔光緒〕續修邢臺縣
　　　志）1卷　（清）戚朝卿　　3-25-041

八　畫

京　佩　來　兩　函　刻　周　和　奉
始　孟　定　宜　岱　嶽　庚　抱　拙
昆　昌　明　杭　東　松　枕　林　武
河　法　盱　肥　芳　邯　邠　邵　金
長　青　非

0257 京口碑刻志（金山志）2卷
　　　（清）周伯義　　　　　　3-5-185

0258 京山塋墓志（〔光緒〕京山縣志）
　　　不分卷　（清）曾憲德　　3-13-421

0259 京畿金石考 2 卷 （清）孫星衍
　　　　　　　　　　2-12-08743

0260 京畿冢墓遺文 3 卷　羅振玉
　　　　　　　　　　1-18-13607

0261 佩文齋書畫譜（金・石）卷59～
　　63 （清）康熙四十七年敕撰
　　　　　　　　　　3-2-001

0262 來齋金石刻考略 3 卷 （清）林侗
　　　　　　　　　　2-8-05961

0263 兩周金石文韻讀 1 卷　王國維
　　　　　　　　　　4-6-495

0264 兩浙金石別錄 2 卷 （清）顧燮光
　　　　　　　　　　3-10-451

0265 兩浙金石志18卷 附補遺 1 卷
　　（清）阮元　　　　1-14-10189

0266 兩浙冢墓遺文 1 卷 附補遺 1 卷
　　　羅振玉　　　　1-15-11489

0267 兩漢金石記22卷 （清）翁方綱
　　　　　　　　　　1-10-07203

0268 函青閣金石記 4 卷 （清）楊鐸
　　　　　　　　　　2-6-05009

0269 刻碑姓名錄 3 卷 （清）黃錫蕃
　　　　　　　　　　3-35-463

0270 周秦刻石釋音 1 卷 （元）吾衍
　　　　　　　　　　3-35-027

0271 周無專鼎銘攷 1 卷 （清）羅士琳
　　　　　　　　　　4-1-799

0272 和林金石錄 不分卷
　　（清）李文田　　　2-15-11461

0273 奉化金石志（〔光緒〕奉化縣志）
　　不分卷 （清）張美翊　3-8-481

0274 奉節金石志（〔光緒〕奉節縣志）
　　1 卷 （清）楊德坤　3-15-407

0275 始興金石略（〔民國〕始興縣志）
　　1 卷 （清）陳及時　3-22-227

0276 孟縣金石志（〔乾隆〕孟縣志）
　　3 卷 （清）馮敏昌　3-29-331

0277 孟縣金石志（〔民國〕孟縣志）
　　1 卷　阮藩儕　　　3-29-447

0278 定海金石志（〔民國〕定海縣志）
　　不分卷　馬瀛　　　3-8-555

0279 定庵題跋 1 卷　由雲龍　2-19-14279

0280 定縣金石志餘（〔民國〕定縣志）
　　3 卷　賈恩紱　　　3-24-247

0281 定興金石志（〔光緒〕定興縣志）
　　3 卷 （清）楊晨　　3-23-607

0282 定襄金石攷 4 卷　牛誠修　2-13-09941

0283 宜春金石志（〔同治〕宜春縣志）
　　不分卷 （清）李佩琳　3-12-473

0284 宜陽金石志（〔光緒〕宜陽縣志）
　　1 卷 （清）劉占卿　3-29-607

0285 宜黃金石志（〔同治〕宜黃縣志）
　　不分卷 （清）謝煌　　3-12-303

0286 宜祿堂收藏金石記 存59卷
　　（清）朱士端　　　2-5-03265

0287 宜祿堂金石記 6 卷 （清）朱士端
　　　　　　　　　　2-6-04203

0288 宜賓金石志（〔嘉慶〕宜賓縣志）
　　不分卷 （清）李世芳　3-16-001

0289 宜興荊溪碑刻志（〔道光〕重刊續
　　纂宜興荊溪縣志）不分卷
　　（清）吳德旋　　　3-6-159

0290 宜興荊谿金石考（〔光緒〕宜興荊

— 249 —

黟縣新志）不分卷　（清）吳景牆
　　　　　　　　　　　　　　3-6-163

0291　宜興碑刻志（〔嘉慶〕重刊宜興縣
　　　舊志）不分卷　（清）寧楷　3-6-149

0292　岱巖訪古日記 1 卷　（清）黃易
　　　　　　　　　　　　　　3-28-081

0293　嶽池金石志（〔光緒〕嶽池縣志）
　　　不分卷　（清）吳新德　3-16-129

0294　庚子銷夏記　卷四至七　附校文
　　　（清）孫承澤　　　　　4-6-603

0295　抱沖齋石刻 3 卷　（清）斌良集・
　　　錢泳摹　　　　　　　　4-2-445

0296　拙存堂題跋 1 卷　（清）蔣衡　3-38-591

0297　昆明金石志（〔道光〕昆明縣志）
　　　不分卷　（清）戴絅孫　3-23-141

0298　昌化金石志（〔民國〕昌化縣志）
　　　不分卷　潘秉哲　　　　3-7-395

0299　昌平金石記（〔光緒〕昌平外志）
　　　1 卷　（清）麻兆慶　　3-23-281

0300　昌樂金石續志（〔民國〕昌樂縣續
　　　志）1 卷　趙文琴　　　3-27-575

0301　昌黎金石志（〔民國〕昌黎縣志）
　　　不分卷　張鵬翶　　　　3-23-555

0302　明清臺灣碑碣選集　不分卷
　　　黃耀東　　　　　　　　3-17-097

0303　杭州金石志（〔乾隆〕杭州府志）
　　　2 卷　（清）邵晉涵　　3-7-111

0304　杭州金石志（〔民國〕杭州府志）
　　　3 卷　李榕　　　　　　3-7-143

0305　東平金石志（〔乾隆〕東平州志）
　　　1 卷　（清）胡彥昇　　3-26-613

0306　東平金石志（〔光緒〕東平州志）
　　　2 卷　（清）盧崟　　　3-26-617

0307　東平金石志（〔民國〕東平縣志）
　　　1 卷　劉靖宇　　　　　3-26-631

0308　東光金石志（〔光緒〕東光縣志）
　　　不分卷　（清）吳潯源　3-23-541

0309　東巡金石錄 8 卷　（清）崔應階・
　　　梁翥鴻　　　　　　　　2-12-09093

0310　東昌金石志（〔嘉慶〕東昌府志）
　　　2 卷　（清）謝香開　　3-26-369

0311　東阿金石志（〔道光〕東阿縣志）
　　　不分卷　（清）吳怡　　3-27-001

0312　東阿金石志（〔民國〕續修東阿縣
　　　志）不分卷　靳維熙　　3-27-005

0313　東洲草堂金石跋 5 卷
　　　（清）何紹基　　　　　3-38-057

0314　東莞金石略（〔民國〕東莞縣志）
　　　7 卷　陳伯陶　　　　　3-21-557

0315　東都冢墓遺文 1 卷　羅振玉
　　　　　　　　　　　　　　1-18-13949

0316　東甌金石志10卷　附補遺 1 卷
　　　附錄 1 卷　（清）戴咸弼　1-17-12991

0317　東觀餘論 2 卷　（宋）黃伯思　3-40-617

0318　松江金石志（〔嘉慶〕松江府志）
　　　不分卷　（清）宋如林　3-5-257

0319　松江金石續志（〔光緒〕松江府續
　　　志）1 卷　（清）博潤　　3-5-273

0320　松翁未焚稾　（節本）羅振玉　3-38-329
　　　松翁賸稿卷 1 →0369金石書錄と同じ。

0321　枕經堂金石書畫題跋 3 卷
　　　（清）方朔　　　　　　2-19-14219

0322　林縣金石志（〔民國〕林縣志）
　　　　2卷　李見荃　　　　3-28-539

0323　武州石窟記 不分卷　兌(瞿宣穎)
　　　　　　　　　　　　　3-31-457

0324　武岡內篇（〔同治〕武岡州志）
　　　　不分卷　（清）鄧繹　3-14-127

0325　武昌金石志（〔光緒〕武昌縣志）
　　　　不分卷　（清）柯逢時　3-13-241

0326　武林石刻記5卷　（清）倪濤
　　　　　　　　　　　　　2-9-06821

0327　武林金石記10卷　（清）丁敬
　　　　　　　　　　　　　1-15-10877

0328　武陟金石志（〔民國〕續武陟縣志）
　　　　1卷　史延壽　　　3-28-449

0329　武陟碑碣志（〔道光〕武陟縣志）
　　　　1卷　（清）方履籛　3-28-433

0330　武進陽湖金石合志（〔道光〕武進
　　　陽湖縣合志）1卷　（清）李兆洛
　　　　　　　　　　　　　3-6-077

0331　武進陽湖金石志（〔光緒〕武進陽
　　　湖縣志）不分卷　（清）湯成烈
　　　　　　　　　　　　　3-6-133

0332　武鄉金石志（〔康熙〕武鄉縣志）
　　　　1卷　（清）高鈜　　3-31-229

0333　河內金石志（〔道光〕河內縣志）
　　　　2卷　（清）方履籛　3-29-139

0334　河南金石志（〔乾隆〕河南府志）
　　　　6卷　（清）童鈺　　3-28-089

0335　河南圖書館藏石目 不分卷
　　　　李根源　　　　　　3-36-123

0336　河朔訪古記3卷
　　　　（元）納新(迺賢)　3-25-141

0337　河朔訪古新錄14卷 附河朔金石
　　　目10卷 待訪目1卷　顧燮光
　　　　　　　　　　　　　2-12-08885

0338　河朔訪古隨筆2卷　顧燮光
　　　　　　　　　　　　　2-12-08863

0339　河朔新碑目3卷　顧燮光　3-35-553

0340　法華金石志（〔民國〕法華鄉志）
　　　　不分卷　胡人鳳　　3-5-285

0341　盱眙金石志稿（〔光緒〕盱眙縣志
　　　稿）1卷　（清）王錫元　3-12-173

0342　肥城金石志（〔嘉慶〕肥城縣新志）
　　　　不分卷　（清）曾冠英　3-27-273

0343　芳堅館題跋4卷　（清）郭尙先
　　　　　　　　　　　　　4-6-763

0344　邯鄲金石志（〔民國〕邯鄲縣志）
　　　　1卷　王琴堂　　　3-25-193

0345　邳州古蹟志（〔咸豐〕邳州志）
　　　　1卷　（清）魯一同　3-6-567

0346　邵武石刻志（〔光緒〕重纂邵武府
　　　志）不分卷　（清）張景祁　3-17-085

0347　金山金石志（〔光緒〕金山縣志）
　　　　不分卷　（清）黃厚本　3-5-297

0348　金玉瑣碎2卷　（清）謝佩禾　4-9-711

0349　金目 不分卷　（清）不著撰人
　　　　　　　　　　　　　3-36-001

0350　金石三跋（授堂金石跋） 一跋
　　　4卷 二跋4卷 三跋2卷
　　　續跋 14卷　（清）武億　1-25-19081

0351　金石小箋1卷　（清）葉奕苞　3-39-493

0352　金石文字記6卷　（清）顧炎武
　　　　　　　　　　　　　1-12-09191

0353	金石文字集拓 不分卷 (清)莫繩孫 3-1-079			0373	金石萃編160卷 (清)王昶 1-1-00001
0354	金石文字辨異12卷 (清)邢澍 1-29-21593			0374	金石萃編未刻稿3卷 (清)王昶撰・羅振玉輯 1-5-03619
0355	金石文字辨異補編5卷 楊紹廉 2-18-13273			0375	金石萃編校字記1卷 羅振玉 2-17-12323
0356	金石文考略16卷 (清)李光暎 3-34-211			0376	金石萃編補正4卷 (清)方履籛 1-5-03479
0357	金石文鈔8卷 續鈔2卷 (清)趙紹祖 2-7-05057			0377	金石萃編補目3卷 (清)黃本驥 3-37-481
0358	金石古文14卷 (明)楊愼 1-12-09369			0378	金石萃編補略2卷 (清)王言 1-5-03551
0359	金石史2卷 郭宗昌 3-39-463			0379	金石萃編補遺2卷 (清)毛鳳枝 2-2-01491
0360	金石存15卷 (清)吳玉搢 1-9-06595			0380	金石彙目分編20卷 (清)吳式芬 1-27-20651
0361	金石例10卷 (元)潘昂霄 3-39-507			0381	金石經眼錄1卷 (清)褚峻摹・牛運震說 4-10-487
0362	金石例補2卷 (清)郭麐 2-17-12355				
0363	金石契5卷 續1卷 補遺1卷 (清)張燕昌 2-6-04777			0382	金石著述名家考略2卷 續1卷 再續1卷 拾遺1卷 田士懿 4-10-395
0364	金石苑 不分卷 (清)劉喜海 1-9-06231			0383	金石圖2卷 (清)褚峻摹・牛運震說 4-10-523
0365	金石苑目 不分卷 (清)姚覲元 2-20-14643			0384	金石圖說2卷 (清)牛運震集說・劉世珩重編 2-2-00875
0366	金石要例1卷 (清)黃宗羲 3-39-575				
0367	金石訂例4卷 (清)鮑振方 3-39-587			0385	金石稱例4卷 附續例1卷 (清)梁廷枏 3-40-001
0368	金石屑4册 附附編 (清)鮑昌熙 2-6-04593			0386	金石綜例4卷 (清)馮登府 3-39-627
0369	金石書錄1卷 羅振玉 4-1-233			0387	金石影1卷 (清)莫友芝 4-1-811
0370	金石略(通志)3卷 (宋)鄭樵 1-24-18017			0388	金石學2卷 馬衡？ 3-39-031
0371	金石備攷14卷 (明)來濬 4-1-001			0389	金石學錄4卷 (清)李遇孫 2-17-12375
0372	金石筆識1卷 (清)莫友芝 4-7-221				

金石學講義→0049中國金石學講義と同じ。

0390 金石遺文5卷 （明）豐道生 4-1-461

0391 金石錄30卷 附目錄10卷 跋尾20卷 （宋）趙明誠 1-12-08799

0392 金石錄補27卷 附續跋7卷 （清）葉奕苞 1-12-08985

金石錄續跋 不分卷 （清）葉奕苞 2-18-13193

0393 金石餘論1卷 （清）李遇孫 3-40-025

0394 金石韻府5卷 （明）朱雲 4-7-437

0395 金石續編21卷 （清）陸耀遹 1-4-02989

0396 金石續錄4卷 （清）劉青藜 1-5-03749

0397 金堂金石續志（〔民國〕金堂縣續志）不分卷 曾茂林 3-15-095

0398 金華金石志（〔光緒〕金華縣志）不分卷 （清）鄧鍾玉 3-10-143

0399 金陵古金石攷目1卷 （清）顧起元 3-35-497

0400 金陵碑碣新志（〔至正〕金陵新志）不分卷 （元）張鉉 3-5-001

0401 金薤琳琅20卷 （明）都穆 1-10-07625

0402 金薤琳琅補遺1卷 （清）宋振譽 1-10-07774

0403 長子金石志（〔光緒〕長子縣志）1卷 （清）楊篤 3-31-093

0404 長子碑碣志（〔嘉慶〕長子縣志）不分卷 （清）樊兌 3-31-089

0405 長汀金石志（〔光緒〕長汀縣志）不分卷 （清）謝昌霖 3-17-055

0406 長安金石志（〔嘉慶〕長安縣志）1卷 （清）董曾臣 3-31-491

0407 長治金石志（〔光緒〕長治縣志）1卷 （清）楊篤 3-31-055

0408 長垣金石志（〔道光〕續修長垣縣志）1卷 （清）蔣庸 3-25-037

0409 長垣金石錄（〔嘉慶〕長垣縣志）1卷 （清）楊元錫 3-25-001

0410 長清金石錄錄遺（〔道光〕長清縣志）不分卷 （清）徐德城 3-25-569

0411 長興碑版志（〔乾隆〕長興縣志）不分卷 （清）吳棻 3-8-243

0412 長興碑碣志（〔同治〕長興縣志）2卷 （清）丁寶書 3-8-251

0413 青田古蹟志（〔光緒〕青田縣志）2卷 （清）王棻 3-10-315

0414 青州金石志（〔康熙〕青州府志）1卷 （清）王昌學 3-27-355

0415 青城金石志（〔民國〕青城縣志）不分卷 趙梓湘 3-26-041

0416 青縣金石志（〔民國〕青縣志）1卷 高遵章 3-23-305

0417 非見齋審定六朝正書碑目1卷 （清）譚獻 3-36-517

九　畫

保　信　南　咸　威　帝　建　拿　括
昭　柏　洋　洛　洴　洪　洹　禹　紅
茂　范　貞　香

0418	保定金石志（〔光緒〕保定府志）1卷　（清）張豫塏　**3-23-239**	0434	南漢金石志2卷　（清）吳蘭修　**3-4-381**
0419	保寧金石志（〔道光〕保寧府志）不分卷　（清）史觀　**3-16-115**	0435	南漳金石志（〔民國〕南漳縣志）不分卷　向承煜　**3-13-463**
0420	信陽金石志（〔民國〕重修信陽縣志）1卷　陳善同　**3-30-179**	0436	南漳金石志集鈔（〔同治〕南漳縣志集鈔）1卷　（清）胡心悅　**3-13-431**
0421	南北響堂寺及其附近石刻目錄 3卷　何士驥・劉厚滋　**3-36-327**	0437	南潯碑刻志（〔同治〕南潯鎮志）4卷　（清）汪曰楨　**3-7-549**
0422	南田金石志（〔民國〕南田縣志）不分卷　厲家禎　**3-10-439**	0438	咸寧金石志（〔光緒〕續輯咸寧縣志〈湖北〉）不分卷　（清）錢光奎　**3-13-249**
0423	南皮金石志（〔民國〕南皮縣志）2卷　劉樹鑫　**3-23-403**	0439	咸寧金石志（〔嘉慶〕咸寧縣志〈陝西〉）1卷　（清）陸耀遹　**3-31-501**
0424	南充金石志（〔民國〕南充縣志）不分卷　王荃善　**3-16-123**	0440	咸寧長安金石續考（〔民國〕咸寧長安兩縣續志）2卷　宋聯奎　**3-31-513**
0425	南海金石志（〔宣統〕南海縣志）2卷　（清）桂坫　**3-21-287**	0441	威遠金石志（〔光緒〕威遠縣志三編）不分卷　（清）吳增輝　**3-15-555**
0426	南海金石略（〔道光〕南海縣志）4卷　（清）鄧士憲　**3-21-225**	0442	威縣金石志（〔萬曆〕威縣志）2卷　（明）姜允清　**3-25-275**
0427	南海金石略（〔同治〕南海縣志）2卷　（清）梁紹獻　**3-21-187**	0443	威縣碑刻志（〔民國〕威縣志）2卷　尚希賓　**3-25-233**
0428	南康金石志（〔同治〕南康府志）不分卷　（清）盛元　**3-12-519**	0444	帝鄉碑碣紀略（〔萬曆〕帝鄉紀略）不分卷　（明）曾惟誠　**3-12-167**
0429	南部金石志（〔道光〕南部縣志）不分卷　（清）徐暢達　**3-16-135**	0445	建陽金石志（〔民國〕建陽縣志）不分卷　王寶仁　**3-17-077**
0430	南陵金石志（〔民國〕南陵縣志）4卷　徐乃昌　**3-12-001**	0446	建德碑志（〔民國〕建德縣志〈浙江〉）不分卷　王靭　**3-10-171**
0431	南陽金石志（〔光緒〕南陽縣志）1卷　（清）張嘉謀　**3-30-185**	0447	建甌金石志（〔民國〕建甌縣志）不分卷　蔡振堅　**3-17-073**
0432	南雄金石略（〔道光〕直隸南雄州志）1卷　（清）黃其勤　**3-22-207**	0448	弇州墨刻跋4卷　（明）王世貞　**4-6-555**
0433	南匯金石志（〔光緒〕南匯縣志）不分卷　（清）張文虎　**3-5-293**		

0449	括蒼金石志12卷 附續志4卷	
	(清)李遇孫	1-15-11279
0450	括蒼金石志補遺4卷	
	(清)鄒柏森	2-10-07395
0451	昭平金石附志（〔民國〕昭平縣志）	
	不分卷　李樹枏	3-23-031
0452	昭通金石志（〔民國〕昭通志稿）	
	不分卷　符廷銓	3-23-145
0453	昭通金石志稿（〔民國〕昭通縣志稿）不分卷　盧金錫	3-23-151
0454	昭陵碑攷12卷　(清)孫三錫	
		2-15-10777
0455	昭陵碑錄3卷　附校錄劄記1卷　補1卷　校記1卷　羅振玉	2-15-10709
0456	柏鄉金石志（〔民國〕柏鄉縣志）不分卷　牛寶善	3-25-329
0457	洋縣金石志（〔光緒〕洋縣志）1卷　張鵬翼	3-32-139
0458	洛陽石刻錄1卷　(清)常茂徠	1-27-20635
0459	洛陽存古閣藏石目1卷　羅振玉	3-36-117
0460	洛陽金石錄（〔嘉慶〕洛陽縣志）1卷　(清)魏襄	3-29-487
0461	汧陽述古編（金石篇）1卷　(清)李嘉績	1-23-17187
0462	洪雅金石志（〔嘉慶〕洪雅縣志）不分卷　(清)張柱	3-15-495
0463	洪雅金石志（〔光緒〕洪雅縣志）不分卷　(清)鄧敏修	3-15-501
0464	洹洛訪古記2卷　羅振常	3-29-527

0465	禹州金石附志（〔道光〕禹州志）不分卷　(清)姚椿	3-28-209
0466	紅崖碑釋文1卷　(清)鄒漢勛	3-34-539
0467	紅藕齋漢碑彙鈔集跋　不分卷　(清)孟慶雲	3-38-419
0468	茂名金石志（〔光緒〕茂名縣志）不分卷　(清)楊頤	3-22-323
0469	茂州金石附志（〔道光〕茂州志）不分卷　(清)劉輔廷	3-15-161
0470	范氏天一閣碑目1卷　(清)錢大昕	2-20-14601
0471	范縣碑文志（〔民國〕續修范縣志）1卷　余文鳳	3-27-011
0472	貞松堂集古遺文16卷　補遺3卷　羅振玉	4-3-221
0473	貞松堂集古遺文續編3卷　羅振玉	3-2-239
0474	香山碑志（〔光緒〕香山縣志）不分卷　(清)陳澧	3-21-635
0475	香河金石志（〔民國〕香河縣志）1卷　馬文煥	3-23-271
0476	香南精舍金石契1卷　(清)崇恩	2-6-04979

十　畫

亳　修　剡　唐　城　容　射　峨　徐
恩　息　校　桂　桃　桐　泰　浙　浦
海　涇　烏　珠　校　皋　益　砥　秦
納　荆　草　袁　退　陝　高

0477	亳州金石志（〔光緒〕亳州志） 不分卷　（清)袁登庸　3-12-163		不分卷　(清)聶厚盟　3-16-211
0478	修武金石志（〔道光〕修武縣志） 1卷　（清)孔繼中　3-29-235	0494	射洪金石志（〔光緒〕射洪縣志） 不分卷　（清)張尙淮　3-16-215
0479	修武金石志（〔民國〕修武縣志） 1卷　蕭國楨　3-29-265	0495	峨眉金石志（〔嘉慶〕峨眉縣志） 不分卷　（清)張希縉　3-15-487
0480	剡源石刻志（〔光緒〕剡源鄉志） 不分卷　（清)趙霈濤　3-8-513	0496	峨眉金石續志（〔宣統〕峨眉縣續志)不分卷　（清)朱榮邦　3-15-491
0481	唐三家碑錄3卷　羅振玉　2-8-06379	0497	徐水金石新記（〔民國〕徐水縣新志)不分卷　劉鴻書　3-23-603
0482	唐山碑記（〔光緒〕唐山縣志） 1卷　（清)杜灝　3-25-063	0498	徐州碑碣攷（〔同治〕徐州府志） 1卷　（清)劉庠　3-6-547
0483	唐代海東藩閥誌存1卷 羅振玉　2-15-11515	0499	恩平金石志（〔民國〕恩平縣志） 不分卷　桂坫　3-22-181
0484	唐石經考正1卷　(清)王朝榘 3-35-227	0500	息縣坵墓志（〔嘉慶〕息縣志） 不分卷　（清)任鎭及　3-30-261
0485	唐昭陵石蹟考略5卷（清)林侗 3-35-097	0501	校碑隨筆6卷　續2卷　方若 2-17-12419
0486	唐風樓金石文字跋尾　不分卷 羅振玉　1-26-19831	0502	桂陽碑銘志（〔同治〕桂陽直隸州志)不分卷　（清)王闓運　3-14-371
0487	唐風樓秦漢瓦當文字5卷 羅振玉　4-10-829	0503	桃源金石志（〔光緒〕桃源縣志） 1卷　（清)劉鳳苞　3-14-381
0488	唐棲碑碣附志（〔光緒〕唐棲志） 不分卷　（清)王同　3-7-205	0504	桐城金石續附志（〔道光〕續修桐城縣志)不分卷　（清)金鼎壽 3-10-491
0489	唐碑帖跋4卷　（明)周錫珪　4-1-513	0505	桐鄉碑碣志（〔嘉慶〕桐鄉縣志） 不分卷　（清)徐志鼎　3-7-479
0490	唐縣碑碣志（〔光緒〕唐縣志） 不分卷　（清)張惇德　3-24-241	0506	桐鄉碑碣志（〔光緒〕桐鄉縣志） 不分卷　（清)嚴辰　3-7-485
0491	城武金石志（〔道光〕城武縣志） 3卷　（清)劉士瀛　3-26-227	0507	泰山石刻記1卷　（清)孫星衍 3-26-001
0492	容縣金石志（〔光緒〕容縣志） 2卷　（清)封祝唐　3-22-687	0508	泰州碑記（〔同治〕泰州志） 1卷　（清)梁桂　3-6-497
0493	射洪金石志（〔嘉慶？〕射洪縣志）		

0509	泰安金石志（〔乾隆〕泰安縣志）2卷　（清）蕭儒林　3-25-635	0525	涇川金石記1卷　（清）趙紹祖　2-19-14159
0510	泰安金石志（〔民國〕重修泰安縣志）1卷　孟昭章　3-25-573	0526	涇陽金石略（〔道光〕涇陽縣志）不分卷　（清）蔣湘南　3-31-623
0511	浙江碑碣通志（〔雍正〕浙江通志）4卷　（清）沈翼機　3-7-055	0527	涇縣石刻紀略1卷　胡韞玉　3-10-569
0512	浦江金石志（〔光緒〕浦江縣志稿）不分卷　（清）黃志璠　3-10-151	0528	涇縣金石志（〔嘉慶〕涇縣志）不分卷　（清）洪亮吉　3-10-555
0513	浦城金石志（〔光緒〕續修浦城縣志）不分卷　（清）翁昭泰　3-17-081	0529	烏程金石志（〔光緒〕烏程縣志）1卷　（清）汪曰楨　3-8-227
0514	海外吉金錄1卷　羅振玉　4-1-249	0530	烏程碑碣志（〔乾隆〕烏程縣志）不分卷　（清）張燾　3-8-221
0515	海外貞民珉錄1卷　羅振玉　4-1-241	0531	珠河金石志（〔民國〕珠河縣志）不分卷　宋景文　3-32-261
0516	海州金石志（〔嘉慶〕海州直隸州志）1卷　（清）汪梅鼎　3-7-001	0532	皋蘭金石志（〔光緒〕重修皋蘭縣志）不分卷　（清）張國常　3-32-199
0517	海東金石存攷1卷　（清）劉喜海　1-26-19501	0533	益都金石志（〔光緒〕益都縣圖志）3卷　（清）法偉堂　3-27-393
0518	海東金石苑8卷　（清）劉喜海　1-23-17523	0534	益都金石記4卷　（清）段松苓　1-20-14803
	海東金石苑4卷　（清）劉喜海　2-15-11535	0535	砥齋題跋1卷　（清）王宏　3-38-409
0519	海東金石苑補遺6卷　附錄2卷　劉承幹　1-23-17674	0536	秦漢瓦當文字1卷　（清）程敦　4-10-623
0520	海陵金石略1卷　陸銓　2-9-06791	0537	秦漢瓦當圖　不分卷　（清）畢沅［等］　4-10-695
0521	海陽金石略（〔光緒〕海陽縣志）2卷　（清）吳道鎔　3-22-269	0538	秦漢瓦圖記4卷　補遺1卷　（清）朱楓　4-10-593
0522	海寧金石目未定稿2卷　（清）鄒存淦　2-20-14755	0539	納谿金石志（〔嘉慶〕納谿縣志）不分卷　（清）徐行德　3-16-023
0523	海寧金石志稿（〔民國〕海寧州志）6卷　（清）朱錫恩　3-7-229	0540	荊南石刻三種　（清）劉瀚　2-10-07501
0524	海寧碑目志（〔乾隆〕海寧州志）不分卷　（清）戰效曾　3-7-367	0541	荊南萃古編1卷　（清）周懋琦・劉瀚　2-10-07513

0542 荆溪碑刻志（〔嘉慶〕重刊荆溪縣志）不分卷　（清）寧楷　3-6-171

0543 草隸存 6 卷　鄒安　4-3-001

0544 袁州石刻記 1 卷　顧燮光　2-10-07489

0545 袁州碑銘志（〔同治〕袁州府志）不分卷　（清）蕭玉銓　3-12-461

0546 退庵題跋 2 卷　（清）梁章鉅　2-20-14429

0547 退菴金石書畫題跋（金石）5 卷　（清）梁章鉅　4-7-133

0548 陝西金石志（〔民國〕續修陝西通志稿）30卷　附補遺 2 卷　武樹善　1-22-16355

0549 陝縣金石志（〔民國〕陝縣志）1 卷　韓嘉會　3-29-513

0550 高句麗(高麗)好太王碑　不分卷　楊守敬　4-2-555

0551 高昌專錄　不分卷　羅振玉　3-32-451

0552 高要金石志（〔道光〕高要縣志）4 卷　（清）何元　3-22-065

0553 高要金石略 4 卷　（清）彭泰來　2-15-11401

0554 高唐金石錄（〔光緒〕高唐州志）不分卷　（清）鞠建章　3-26-403

0555 高唐金石錄（〔道光〕高唐州志）1 卷　（清）徐宗幹　3-26-407

0556 高郵碑石志（〔光緒〕再續高郵州志)不分卷　（清）夏子鍚　3-6-493

0557 高郵墓志（〔道光〕續增高州志）不分卷　（清）左輝春　3-6-487

0558 高陽金石志（〔民國〕高陽縣志）不分卷　李曉冷　3-24-087

十一畫

乾 偃 商 國 尉 屏 崇 崑 常
張 授 掖 敍 望 涪 淇 淮 深
淳 清 祥 章 紹 處 褒 許 陳
陵 陶 雪 鹿 麻

0559 乾州金石志稿（〔光緒〕乾州志稿）1 卷　（清）周銘旂　3-32-121

0560 偃師金石記 4 卷　（清）武億　2-14-10063

0561 偃師金石遺文記 2 卷　（清）武億　2-14-10099

0562 商周文拾遺 2 卷　（清）吳東發　2-8-06079

0563 國山碑考 1 卷　（清）吳騫　3-34-593

0564 國立北平圖書館藏碑目（墓誌類）1 卷　范騰端　3-36-247

0565 尉氏金石附志（〔道光〕尉氏縣志）不分卷　（清）王觀潮　3-28-175

0566 屏東縣古碑拓帖文集　不分卷　李芳廉　3-20-277

0567 崇雅堂碑錄 5 卷　錄補 4 卷　甘鵬雲　2-6-04481

0568 崇慶金石志（〔民國〕崇慶縣志）1 卷　羅元黼　3-15-195

0569 崑山見存石刻錄 4 卷　潘鳴鳳　2-9-06691

0570 常山貞石志24卷　（清）沈濤

1-18-13161

0571　常昭金石合志（〔民國〕重修常昭
　　　合志）1卷　丁祖蔭　　**3-5-603**

0572　常昭金石合志稿（〔光緒〕常昭合
　　　志稿）1卷　（清）龐鴻文　**3-5-581**

0573　常寧金石志（〔同治〕常寧縣志）
　　　不分卷　（清）李孝經　**3-14-237**

0574　張氏吉金貞石錄 5 卷　（清）張塤
　　　　　　　　　　　　　1-12-09305

　　　授堂金石跋→0350 金石三跋と同じ。

0575　掖縣碑志（〔乾隆〕掖縣志）不分卷
　　　（清）于始瞻　　　　**3-27-279**

0576　掖縣碑墓志（〔光緒〕三續掖縣志・
　　　〔道光〕再續掖縣志・〔乾隆〕掖縣志）
　　　不分卷　（清）王績藩〔等〕
　　　　　　　　　　　　　3-27-287

0577　敍永金石篇（〔民國〕敍永縣志）
　　　不分卷　宋曙　　　　**3-16-109**

0578　敍州冢墓附志（〔光緒〕敍州府志）
　　　1卷　（清）邱晉成　**3-15-603**

0579　望堂金石初集39種　二集18種
　　　（清）楊守敬　　　　**2-4-02775**

0580　望都金石志（〔民國〕望都縣志）
　　　不分卷　王德乾　　　**3-15-505**

0581　涪州石魚文字所見錄 2 卷
　　　（清）姚覲元・錢保塘　**3-15-371**

0582　涪州石魚題刻 1 卷　龍脊石題刻
　　　1卷　（清）錢保塘　**3-15-321**

0583　涪州碑記目（〔同治〕重修涪州志）
　　　1卷　（清）王應元　**3-15-295**

0584　淇泉摹古錄 1 卷　（清）趙希璜

3-2-343

0585　淮陰金石僅存錄 1 卷　附附編
　　　1卷　補遺 1 卷　羅振玉　**2-9-07007**

0586　淮陽藝文附志（〔民國〕淮陽縣志）
　　　1卷　朱撰卿　　　　**3-28-269**

0587　深州金石記（〔同治〕深州風土記）
　　　1卷　（清）吳汝綸　**3-24-513**

0588　淳化金石志（〔乾隆〕淳化縣志）
　　　3卷　（清）洪亮吉　**3-32-093**

0589　清平金石志（〔民國〕清平縣志）
　　　不分卷　張樹梅　　　**3-26-399**

0590　清江金石志（〔同治〕清江縣志）
　　　不分卷　（清）朱孫詒　**3-12-477**

0591　清河金石志（〔民國〕清河縣志）
　　　1卷　楊蓬山　　　　**3-25-301**

0592　清河金石附志（〔民國〕續纂清河
　　　縣志）不分卷　（清）范冕　**3-6-295**

0593　清苑金石志（〔民國〕清苑縣志）
　　　1卷　金良驥　　　　**3-24-037**

0594　清泉金石志（〔同治〕清泉縣志）
　　　不分卷　（清）張修府　**3-14-209**

0595　清泉碑刻志（〔乾隆〕清泉縣志）
　　　不分卷　（清）江恂　**3-14-203**

0596　清源碑碣志（〔光緒〕清源鄉志）
　　　不分卷　（清）王勳祥　**3-31-025**

0597　清遠金石志（〔光緒〕清遠縣志）
　　　不分卷　（清）朱潤芳　**3-22-001**

0598　清儀閣金石題識 4 卷
　　　（清）張廷濟撰・陳其榮輯　**4-7-001**

0599　清儀閣雜詠 1 卷　（清）張廷濟
　　　　　　　　　　　　　4-9-729

0600　清儀閣題跋 不分卷
　　　　（清）張廷濟　　　2-19-13875

0601　祥符金石志（〔光緒〕祥符縣志）
　　　　不分卷 （清）黃舒昺　3-28-159

0602　章邱金石錄（〔道光〕章邱縣志）
　　　　1卷 （清）曹楙堅　　3-25-441

0603　紹興內府古器評2卷 （宋）張掄
　　　　　　　　　　　　　4-1-285

0604　紹興金石志（〔乾隆〕紹興府志）
　　　　2卷 （清）平恕　　　3-9-001

0605　處州金石志（〔光緒〕處州府志）
　　　　1卷 （清）周榮椿　　3-10-273

　　　裒沖齋石刻→0295 抱沖齋石刻と同じ。

0606　許州金石志（〔道光〕許州志）
　　　　不分卷 （清）蕭元吉　3-28-327

0607　許昌金石志（〔民國〕許昌縣志）
　　　　1卷　張庭馥　　　　3-28-331

0608　陳簠齋丈筆記附手札1卷
　　　　（清）陳介祺　　　　3-35-363

0609　陵縣金石志（〔光緒〕陵縣志）
　　　　3卷 （清）李圖　　　3-26-427

0610　陵縣金石續志（〔民國〕陵縣續志）
　　　　不分卷　劉蔭岐　　　3-26-509

0611　陶齋吉金錄8卷 （清）端方
　　　　　　　　　　　　　2-7-05511

0612　陶齋吉金續錄2卷 （清）端方
　　　　　　　　　　　　　2-8-05741

0613　陶齋金石文字跋尾1卷
　　　　（清）翁大年　　　　1-26-19825

0614　陶齋藏石記44卷 （清）端方
　　　　　　　　　　　　　1-11-07967

0615　陶齋藏甎記2卷 （清）端方
　　　　　　　　　　　　　1-11-08435

0616　雪屐尋碑錄11卷 （清）盛昱　3-2-351

0617　雪堂所藏金石文字簿錄1卷
　　　　羅振玉　　　　　　4-7-365

0618　雪堂金石文字跋尾4卷　羅振玉
　　　　　　　　　　　　　3-38-277

0619　鹿邑金石志（〔乾隆〕鹿邑縣志）
　　　　不分卷 （清）許茭　3-28-241

0620　鹿邑金石志（〔光緒〕鹿邑縣志）
　　　　1卷 （清）蔣師轍　3-28-245

0621　麻城碑碣志前編（〔民國〕麻城縣
　　　　志前編）不分卷　余晉芳　3-13-367

十二畫

善 富 寒 彭 循 楊 景 棗 渠
渭 湖 湘 湛 湯 無 琴 番 登
粵 絳 菉 華 萊 虛 補 象 貴
費 賀 越 鄅 鄏 開 陽 隋 雄
集 雲 順 黃 黑

0622　善化古蹟志（〔光緒〕善化縣志）
　　　　不分卷 （清）張先掄　3-14-119

0623　富平金石志稿（〔光緒〕富平縣志
　　　　稿）不分卷 （清）譚麐　3-31-637

0624　富順金石志（〔同治〕富順縣志）
　　　　不分卷 （清）呂上珍　3-16-005

0625　寒山金石林部目1卷 （明）趙均
　　　　　　　　　　　　　3-36-497

0626　寒山堂金石林時地玫2卷

	(明)趙均	3-34-487
0627	彭縣金石志（〔光緒〕重修彭縣志） 1卷　（清）龔世瑩	3-15-119
0628	循園古冢遺文跋尾6卷 附元氏 誌錄敘1卷 補遺目錄1卷 范壽銘	3-38-001
0629	循園金石文字跋尾2卷 范壽銘	2-20-14463
0630	揚州金石志（〔嘉慶〕重修揚州府 志）1卷　（清）姚文田	3-6-301
0631	揚州金石志（〔同治〕續纂揚州府 志）不分卷　（清）晏端書	3-6-311
0632	景寧金石志（〔同治〕景寧縣志） 不分卷　（清）嚴用光	3-10-391
0633	棗陽金石志（〔民國〕棗陽縣志） 不分卷　王榮先	3-13-469
0634	渠縣金石志（〔同治〕渠縣志） 1卷　（清）賈振麟	3-15-423
0635	渭南金石志（〔光緒〕新續渭南縣 志）不分卷　（清）焦聯甲	3-31-631
0636	湖北金石志（〔民國〕湖北通志）14卷 （清）張仲炘輯・楊守敬編	1-16-11791
0637	湖北金石通志（〔嘉慶〕湖北通志） 9卷　（清）陳詩	3-13-001
0638	湖州金石略（〔同治〕湖州府志） 10卷　（清）周學濬	3-8-001
0639	湖南金石志（〔光緒〕湖南通志） 30卷　（清）郭嵩燾	2-11-07739
0640	湘城訪古錄1卷　（清）陳運溶	1-13-10171
0641	湛園題跋1卷　（清）姜宸英	3-38-399
0642	湯溪金石志（〔民國〕湯溪縣志） 不分卷　丁甖	3-10-163
0643	無棣碑表志（〔民國〕無棣縣志） 不分卷　張方墀	3-26-035
0644	無極金石志（〔民國〕重修無極縣 志）3卷　王重民	3-24-179
0645	無錫金匱碑碣附志（〔光緒〕無錫 金匱縣志）不分卷　（清）秦缃業	3-6-145
0646	琴川碑石三志補記續編（〔道光〕 琴川三志補記續）不分卷 （清）黃廷鑑	3-5-571
0647	番禺金石志（〔同治〕番禺縣志） 4卷　（清）史澄	3-21-095
0648	登州金石志（〔光緒〕增州登州府 志）2卷　（清）周悅讓	3-27-043
0649	登封金石錄（〔乾隆〕登封縣志） 1卷　（清）陸繼萼	3-29-623
0650	粵西石刻叢載2卷　（清）汪森	4-1-161
0651	粵西得碑記1卷　（清）楊翰	2-15-11437
0652	粵西金石略15卷　（清）謝啓昆	1-16-12323
0653	粵東金石略9卷 附九曜石考2卷 （清）翁方綱	1-16-12223
0654	絳州石刻志（〔乾隆〕直隸絳州志） 不分卷　（清）李友洙	3-31-401
0655	絳縣碑志（〔光緒〕絳縣志） 不分卷　（清）胡延	3-31-409
0656	菉竹堂碑目6卷　（明）葉盛	3-37-273
0657	華州金石志（〔光緒〕三續華州志）	

0658 華亭金石志（〔光緒〕重修華亭縣志）不分卷　（清）楊開第　3-5-277

0659 華陽金石志（〔嘉慶〕華陽縣志）1卷　（清）潘時彤　3-14-563

0660 華陽金石志（〔民國〕華陽縣志）1卷　曾鑑　3-15-001

0661 萊陽金石志（〔民國〕萊陽縣志）1卷　王丕煦　3-27-185

0662 虛舟題跋13卷　（清）王澍著・宋澤元訂　4-6-661

0663 補瘞鶴銘考2卷　（清）汪鋆　2-16-11649

0664 補寰宇訪碑錄5卷 附失編1卷　（清）趙之謙　1-27-20191

0665 補寰宇訪碑錄刊誤1卷　羅振玉　1-27-20271

0666 補寰宇訪碑錄校勘記2卷　劉聲木　1-27-20285

0667 象山金石志（〔民國〕象山縣志）1卷　（清）陳漢章　3-8-519

0668 貴池金石志（〔康熙？〕貴池縣志略）不分卷　（清）李愈昌　3-12-135

0669 貴池金石附志（〔光緒〕貴池縣志）不分卷　（清）桂迓衡　3-10-575

0670 貴溪金石志（〔同治〕貴溪縣志）不分卷　（清）黃聯珏　3-12-423

0671 貴縣金石志（〔民國〕貴縣志）1卷　梁崇鼎　3-23-001

0672 費縣金石志（〔光緒〕費縣志）2卷　（清）李敬修　3-26-167

　　　不分卷　（清）劉域　3-32-043

0673 賀縣金石志（〔民國〕賀縣志）不分卷　梁培煐　3-23-025

0674 越中金石記10卷 目2卷　（清）杜春生　2-10-07067

0675 鄄城金石篇（〔民國〕鄄城縣記）1卷　陳金臺　3-28-393

0676 鄅縣金石遺文（〔宣統〕鄅縣志）2卷　（清）沈錫榮　3-32-077

0677 開平金石志（〔民國〕開平縣志）3卷　張啓煌　3-22-121

0678 開有益齋金石文字記1卷　（清）朱緒曾　2-8-05801

0679 開縣金石志（〔咸豐〕開縣志）不分卷　（清）牟泰豐　3-15-419

0680 陽江金石志（〔民國〕陽江縣志）1卷　張以誠　3-22-359

0681 陽武金石志（〔民國〕陽武縣志）不分卷　耿愔　3-29-483

0682 陽信金石附志（〔民國〕陽信縣志）1卷　勞迺宣　3-26-031

0683 陽原金石志（〔民國〕陽原縣志）1卷　李泰棻　3-32-305

0684 陽羨摩厓紀錄1卷　（清）吳騫　3-7-047

0685 隋唐石刻拾遺2卷 附錄關中金石記隋唐石刻原目1卷　（清）黃本驥　2-14-10295

0686 隋徐智竦墓志攷 不分卷　王文燾　3-35-087

0687 雄縣金石新編（〔民國〕雄縣新志）1卷　劉崇本　3-24-001

0688 集古求眞13卷　歐陽輔　1-11-08457

0689	集古求眞補正 4 卷　歐陽輔	
		1-11-08623
0690	集古求眞續編 10 卷　歐陽輔	
		1-11-08705
0691	集古錄目 10 卷　（宋）歐陽棐撰·	
	（清）繆荃孫校輯	1-24-17923
0692	集古錄補目補 2 卷　陳漢章	
		2-20-14507
0693	集古錄跋尾 10 卷　（宋）歐陽修	
		1-24-17819
0694	雲和金石志（〔同治〕雲和縣志）	
	不分卷　（清）王士鈖	3-10-385
0695	雲南金石志（〔光緒？〕雲南通志）	
	2 卷　（清）王文韶	3-23-047
0696	雲南金石志稿（〔光緒〕續雲南通	
	志稿）2 卷　（清）唐烱	3-23-105
0697	雲陽金石志（〔咸豐〕雲陽縣志）	
	不分卷　（清）陳崑	3-15-415
0698	雲臺金石新志（〔道光〕雲臺新志）	
	1 卷　（清）許喬林	3-7-027
0699	順天金石志（〔光緒〕順天府志）	
	3 卷　（清）繆荃孫	2-12-08791
0700	順義金石志（〔民國〕順義縣志）	
	不分卷　楊得馨	3-23-229
0701	順德金石志（〔咸豐〕順德縣志）	
	2 卷　馮奉初	3-21-457
0702	順德金石略（〔民國〕順德縣志）	
	1 卷　蘇寶盉	3-21-509
0703	黃州金石志（〔光緒〕黃州府志）	
	2 卷　（清）鄧琛	3-13-257
0704	黃巖金石志（〔光緒〕黃巖縣志）	
	3 卷　（清）王詠霓	3-9-341

0705	黑龍江金石附稿（〔民國〕黑龍江	
	志稿）不分卷　張伯英	3-32-273

十三畫

傳　僊　嵊　嵩　廉　彙　愛　感　新
會　楚　溧　溫　滁　滇　滋　滑　犍
睢　碑　筠　義　萬　虞　蜀　解　話
資　達　鄒　鄉　鉅　雍　零　電　頌

0706	傳古別錄 1 卷　（清）陳介祺	4-9-749
0707	僊居金石志（光緒僊居志）	
	2 卷　（清）王棻	3-9-399
0708	僊居碑誌集（光緒僊居集）	
	1 卷　（清）王棻	3-9-451
0709	嵊縣金石志（〔同治〕嵊縣志）	
	不分卷　（清）蔡以瑺	3-9-225
0710	嵩洛訪碑日記 1 卷　（清）黃易	
		3-29-595
0711	嵩陽石刻集記 2 卷　紀遺 1 卷	
	（清）葉封	2-14-10179
0712	廉州金石志（〔道光〕廉州府志）	
	不分卷　（清）陳治昌	3-22-377
0713	彙堂摘奇 1 卷　（明）王佐	3-1-001
0714	愛吾廬題跋 1 卷　（清）呂世宣	
		2-20-14369
0715	感恩金石志（〔民國〕感恩縣志）	
	不分卷　盧宗棠	3-22-673
0716	新化金石志（〔同治〕新化縣志）	
	不分卷　（清）劉洪澤	3-14-181
0717	新平金石志（〔民國〕新平縣志）	

　　　　　不分卷　馬太元　　　**3-23-169**

0718　新民碑碣志（〔民國〕新民縣志）
　　　　　1卷　張博惠　　　**3-32-203**

0719　新昌金石志（〔民國〕新昌縣志）
　　　　　1卷　陳畬　　　**3-9-231**

0720　新津金石志（〔道光〕新津縣志）
　　　　　不分卷　（清）葉芳模　**3-15-145**

0721　新城金石志（〔民國〕新城縣志）
　　　　　1卷　王樹枏　　　**3-23-659**

0722　新城金石志（〔民國〕重修新城縣
　　　　　志）2卷　王寀廷　**3-25-527**

0723　新淦金石志（〔同治〕新淦縣志）
　　　　　不分卷　（清）王肇賜　**3-12-485**

0724　新喻金石志（〔同治〕新喻縣志）
　　　　　不分卷　（清）吳增逵　**3-12-515**

0725　新登金石志（〔民國〕新登縣志）
　　　　　不分卷　張子榮　**3-7-389**

0726　新會金石志（〔道光〕新會縣志）
　　　　　1卷　（清）黃培芳　**3-21-643**

0727　新鄉金石續志（〔民國〕新鄉縣續
　　　　　志）1卷　田藝生　**3-28-607**

0728　新寧金石略（〔光緒〕新寧縣志）
　　　　　1卷　（清）林國賡　**3-21-533**

0729　新鄭金石志（〔乾隆〕新鄭縣志）
　　　　　不分卷　（清）黃本誠　**3-28-213**

0730　新疆金石志（〔宣統〕新疆圖志）
　　　　　2卷　（清）王樹枏　**3-32-387**

0731　新疆訪古錄 2卷　（清）王樹枏
　　　　　　　　　　2-15-11481

0732　會稽碑刻志（〔嘉泰〕會稽志）
　　　　　不分卷　（宋）施宿　**3-8-559**

0733　楚州金石錄 1卷 附存目 1卷
　　　　　羅振玉　　　**2-9-07039**

0734　溧水碑碣志（〔光緒〕溧水縣志）
　　　　　不分卷　（清）傅觀光　**3-5-211**

0735　溧陽碑志（〔嘉慶〕溧陽縣志）
　　　　　不分卷　（清）史炳　**3-5-237**

0736　溧陽碑帖續志（〔光緒〕溧陽縣續
　　　　　志）不分卷　（清）馮煦　**3-5-243**

0737　溫州碑碣志（〔乾隆〕溫州府志）
　　　　　不分卷　（清）齊召南　**3-10-179**

0738　滁州金石志（〔光緒〕滁州志）
　　　　　不分卷　（清）熊祖詒　**3-12-207**

0739　滇東金石記 1冊　張希魯　**3-23-175**

0740　滇南古金石錄 1卷　（清）阮福
　　　　　　　　　　1-17-13135

0741　滋陽金石志（〔光緒〕滋陽縣志）
　　　　　不分卷　（清）李兆霖　**3-26-091**

0742　滑縣金石錄（〔民國〕重修滑縣志）
　　　　　12卷　王蒲園　**3-29-015**

0743　滑縣碑志（〔民國〕重修滑縣志）
　　　　　1卷　王蒲園　**3-29-001**

0744　犍爲金石志（〔嘉慶〕犍爲縣志）
　　　　　不分卷　（清）王夢庚　**3-15-513**

0745　睢寧金石文字附志（〔光緒〕睢寧
　　　　　縣志稿）不分卷　（清）丁顯　**3-6-579**

0746　碑別字拾遺 1卷　羅振鋆・
　　　　　羅振玉　　　**1-29-21939**

0747　碑帖紀證 1卷　（明）范大澈　**3-34-513**

0748　碑帖跋 1卷　梁啓超　**3-38-167**
　　　　　碑帖跋 1卷　梁啓超　**4-7-421**

0749　碑版文廣例 10卷　（清）王芑孫

		3-40-223		不分卷 （清）成瓘	3-25-515
0750	碑藪 不分卷 （明）陳鑑	2-16-11817	0766	鄒縣金石續志（〔光緒〕鄒縣續志）	
0751	筠清館金石文字 5 卷			1 卷 （清）錢檀	3-26-131
	（清）吳榮光	3-1-387	0767	鄉寧金石記（〔民國〕鄉寧縣志）	
0752	筠連金石附志（〔同治〕筠連縣志）			不分卷 趙意空	3-31-333
	不分卷 （清）文爾炘	3-16-009	0768	鉅野金石志（〔道光〕鉅野縣志）	
0753	義門題跋 1 卷 （清）何焯	3-38-579		3 卷 （清）黃維翰	3-26-297
0754	萬年金石志（〔同治〕萬年縣志）		0769	雍州金石記10卷 附記餘 1 卷	
	不分卷 （清）劉馥桂	3-12-591		（清）朱楓	1-23-17117
0755	萬邑西南山石刻記 2 卷 附南浦		0770	零陵金石志（〔光緒〕零陵縣志）	
	郡報善寺兩唐碑釋文 1 卷			1 卷 （清）劉沛	3-14-409
	（清）況周頤	3-2-083	0771	電白金石志（〔道光〕重修電白縣	
0756	虞鄉金石新考（〔民國〕虞鄉縣新			志）不分卷 （清）葉廷芳	3-22-331
	志） 1 卷 李無逸	3-31-343	0772	頌齋文稿 不分卷 容庚	4-10-273
0757	蜀石經毛詩考異 2 卷 （清）吳騫				
		3-35-263		十四畫	
0758	蜀碑記10卷 附辨偽考異 2 卷				
	（宋）王象之	3-16-299	嘉	墓 壽 夢 察 寧 彰 慈 榮	
0759	蜀碑記補10卷 （清）李調元		滿	漢 碧 福 翠 聞 肇 臺 蒲	
		2-12-08725	蒼	蒿 誌 語 說 鄞 鄂 鄢 閩	
0760	解縣金石考（〔民國〕解縣志書）		鳳		
	不分卷 曲迺銳	3-31-395			
0761	話雨樓碑帖目錄 4 卷 （清）王鯤		0773	嘉禾金石志（〔至元〕嘉禾志）	
		3-36-521		11卷 （元）徐碩	2-9-06911
0762	資州金石志（〔光緒〕資州直隸州		0774	嘉定金石志（〔光緒〕嘉定縣志）	
	志） 1 卷 （清）何袞	3-16-027		1 卷 （清）楊震福	3-5-313
0763	資陽金石考（〔咸豐〕資陽縣志）		0775	嘉定金石續志（〔民國〕嘉定縣續	
	1 卷 （清）何華元	3-16-075		志） 不分卷 黃世祚	3-5-337
0764	達縣金石志（〔嘉慶〕達縣志）		0776	嘉定碑版志（〔乾隆〕嘉定縣志）	
	不分卷 （清）魯鳳輝	3-15-441		不分卷 （清）程國棟	3-5-309
0765	鄒平金石志（〔道光〕鄒平縣志）		0777	嘉祥金石志（〔光緒〕嘉祥縣志）	

	不分卷 （清)官擢午 **3-26-159**	0794	滿洲金石志6卷 附別錄2卷
0778	嘉興金石志（〔光緒〕嘉興府志)		羅福頤 **1-23-17229**
	1卷 吳仰賢 **3-7-399**	0795	滿洲金石志補遺1卷 附外編
0779	墓銘舉例4卷 （明)王行 **3-40-063**		1卷 羅福頤 **1-23-17455**
0780	壽光金石志（〔民國〕壽光縣志)	0796	滿城金石志（〔民國〕滿城縣志略)
	1卷 鄒允中 **3-27-549**		不分卷 陳昌源 **3-23-597**
0781	壽州金石志（〔光緒〕壽州志)	0797	漢四皓石刻題跋集錄1卷
	不分卷 （清)葛蔭南 **3-12-139**		（清)楊龍石 **2-20-14655**
0782	夢碧筠石言6卷 顧燮光 **3-2-149**	0798	漢甘泉宮瓦器1卷 （清)林佶
0783	察哈爾金石志（〔民國〕察哈爾省		**4-2-435**
	通志)不分卷 梁建章 **3-32-283**	0799	漢石存目2卷 （清)王懿榮 **3-37-519**
0784	寧安金石志（〔民國〕寧安縣志)	0800	漢石例6卷 （清)劉寶楠 **3-40-107**
	不分卷 梅文昭 **3-32-257**	0801	漢石經考異補正2卷 （清)瞿中溶
0785	寧津金石志（〔光緒〕寧津縣志)		**3-35-137**
	不分卷 （清)吳潯源 **3-23-509**	0802	漢石經室金石跋美1冊
0786	寧海金石考（〔同治〕重修寧海州		（清)沈樹鏞 **3-38-245**
	志)不分卷 （清)王厚階 **3-27-197**	0803	漢孟孝琚碑題跋1卷 袁嘉穀
0787	寧海金石志（〔光緒〕寧海縣志)		**2-20-14495**
	1卷 （清)張濬 **3-9-471**	0804	漢東海廟碑殘字1卷 （清)吳雲
0788	寧國金石志（〔嘉慶〕寧國府志)		**2-9-07061**
	不分卷 （清)洪亮吉 **3-10-543**	0805	漢射陽石門畫象彙攷1卷
0789	寧陽金石志（〔光緒〕寧陽縣志)		（清)張寶德 **3-35-067**
	不分卷 （清)黃恩彤 **3-26-127**	0806	漢碑大觀八集 不分卷 （清)錢泳
0790	彰明金石志（〔同治〕彰明縣志)		**2-8-06223**
	不分卷 （清)李朝棟 **3-15-155**	0807	漢碑引經攷6卷 附引緯攷1卷
0791	慈谿金石志（〔光緒〕慈谿縣志)		（清)皮錫瑞 **1-27-20471**
	3卷 （清)楊泰亨 **3-8-395**	0808	漢碑徵經1卷 （清)朱百度 **4-6-373**
0792	榮縣金石志（〔道光〕榮縣志)	0809	漢碑錄文4卷 （清)馬邦玉
	不分卷 （清)王培荀 **3-15-517**		**2-8-06109**
0793	榮縣金石志（〔民國〕榮縣志)	0810	漢劉熊碑1卷 不著撰人 **3-2-575**
	1卷 趙熙 **3-15-521**	0811	漢劉熊碑攷2卷 顧燮光 **3-35-047**

0812	漢熹平石經集錄又續編　不分卷 　　　羅振玉　　　　　3-35-187		1卷　（清）胡森　　　3-22-027
0813	漢熹平石經集錄續補　不分卷 　　　羅振玉　　　　　3-35-179	0828	臺南古碑志　不分卷　吳新榮 　　　　　　　　　　3-20-135
0814	漢隸拾遺1卷　（清）王念孫　3-2-595	0829	臺南市南門碑林圖志　不分卷 　　　國立成大歷史系・臺南市政府 　　　　　　　　　　3-20-001
0815	漢魏六朝志墓金石例3卷　附唐 人志墓諸例1卷　（清）吳鎬 　　　　　　　　　3-40-393	0830	臺灣中部古碑文集成　不分卷 　　　劉枝萬　　　　　3-18-189
0816	漢魏六朝墓銘纂例4卷 　　　（清）李富孫　　3-40-431	0831	臺灣金石志（〔乾隆〕續修臺灣府 志）不分卷　（清）余文儀　3-20-387
0817	漢魏南北朝墓誌集釋11卷 　　　圖版1～612　趙萬里　3-3-001	0832	臺灣南部碑文集成　不分卷 　　　臺灣銀行經濟研究室　3-18-363
0818	漢魏碑攷1卷　（清）萬經　3-35-079	0833	臺灣教育碑記　不分卷 　　　臺灣銀行經濟研究室　3-19-551
0819	碧落碑文正誤1卷　（明）陶滋 　　　　　　　　　3-37-593	0834	蒲縣碑銘志（〔乾隆〕蒲縣志） 1卷　（清）王居正　3-31-441
0820	福山金石志稿（〔民國〕福山縣志 稿）1卷　于宗潼　3-27-087	0835	蒼玉洞宋人題名1卷 　　　（清）劉喜海　　　3-2-109
0821	福州碑碣志（〔乾隆〕福州府志） 1卷　（清）魯曾煜　3-17-009		蒼潤軒玄牘記→0126 玄牘記と同じ。
0822	福建石刻附志（〔乾隆〕福建通志） 不分卷　（清）謝道承　3-17-001	0836	蒼潤軒碑跋紀1卷　附續紀 1卷　（明）盛時泰　2-18-13117
0823	福建石刻續志（〔乾隆〕福建續志） 不分卷　（清）沈廷芳　3-17-005	0837	蒿里遺文目錄11卷　補遺1卷 　　　羅振玉　　　　　2-20-14935
0824	福建金石志30卷　福建通志局 　　　　　　　　　2-15-11053	0838	蒿里遺文目錄續編1卷　補遺1卷 　　　羅振玉　　　　　3-37-535
	福建金石志30卷　福建通志局 　　　　　　　　　3-16-343	0839	誌石文錄1卷　續編1卷 　　　吳鼎昌　　　　　2-19-13739
0825	翠墨園語1卷　（清）王懿榮　3-37-605	0840	誌銘廣例2卷　（清）梁玉繩　3-40-031
0826	聞喜金石志（〔民國〕聞喜縣志） 1卷　楊戭田　　　3-31-413	0841	語石10卷　（清）葉昌熾　2-16-11849
0827	肇慶金石志（〔道光〕肇慶府志）	0842	說文古籀三補14卷　附錄1卷 　　　強運開　　　　　4-8-405

— 267 —

0843	說文古籀疏證 6 卷　原目 1 卷			
	（清）莊述祖		4-8-087	
0844	說文古籀補14卷　附錄 1 卷			
	（清）吳大澂		4-8-229	
0845	說文古籀補補14卷　附錄 1 卷			
	丁佛言		4-8-321	
0846	鄞縣金石志（〔乾隆〕鄞縣志）			
	1 卷　（清）錢大昕		3-8-333	
0847	鄞縣金石志（〔同治〕鄞縣志）			
	2 卷　（清）董沛		3-8-359	
0848	鄮縣金石志（〔民國〕重修鄮縣志）			
	1 卷　段光世		3-31-571	
0849	鄢陵金石志（〔道光〕鄢陵縣志）			
	1 卷　（清）洪符孫		3-28-181	
0850	鄢陵金石志（〔民國〕鄢陵縣志）			
	1 卷　蘇寶謙		3-28-191	
0851	閩中金石志14卷　（清）馮登府			
			1-17-12477	
0852	閩中金石略15卷　附考證 5 卷			
	（清）陳棨仁		1-17-12709	
0853	閩侯金石志（〔民國〕閩侯縣志）			
	1 卷　歐陽英		3-17-031	
0854	閩清金石志（〔民國〕閩清縣志）			
	不分卷　（清）劉訓瑞		3-17-043	
0855	鳳臺金石輯錄（〔乾隆〕鳳臺縣志）			
	1 卷　（清）姚學甲		3-31-201	

十五畫

億　儋　嘯　增　黑　寫　廣　德　墓
撫　樂　潛　潞　潼　澄　畿　瘞　縣

	膠　蓬　蔚　輞　鄰　鞏　魯　黎		
0856	億年堂金石記 1 卷　陳邦福		
		2-6-04273	
0857	儋縣金石略（〔民國〕儋縣志）		
	1 卷　王國憲	3-22-589	
0858	嘯堂集古錄 2 卷　（宋）王俅		
		2-1-00001	
0859	增訂碑別字 5 卷　附雪堂校勘群		
	書目錄 1 卷　羅振鋆・羅振玉		
		1-29-21839	
0860	增城金石錄（〔嘉慶〕增城縣志）		
	1 卷　（清）李寶中	3-21-623	
0861	增補校碑隨筆　不分卷　（清）方若原著・		
	王壯弘增補	3-33-001	
0862	增廣金石韻府 5 卷　（清）張鳳藻		
		3-34-001	
0863	黑池篇 6 卷　（宋）朱長文	4-9-453	
0864	黑妙亭碑目攷 2 卷　附攷 1 卷		
	（清）張鑑	3-35-381	
0865	黑林星鳳 1 卷　羅振玉	2-16-12035	
0866	黑華通考16卷　（明）王應遴		
		2-6-04289	
0867	寫禮廎讀碑記 1 卷　王頌蔚	3-40-543	
0868	廣川書跋10卷　（宋）董逌	3-38-677	
0869	廣平金石略（〔光緒〕重修廣平府		
	志） 2 卷　（清）胡景桂	3-25-105	
0870	廣安金石新志（〔光緒〕廣安州新		
	志） 1 卷　（清）周克堃	3-16-139	
0871	廣州金石志（〔光緒〕廣州府志）		
	7 卷　（清）史澄	3-21-001	

0872　廣宗金石略（〔民國〕廣宗縣志）
　　　1卷　韓敏修　　　3-25-051
0873　廣昌金石錄（〔光緒〕廣昌縣志）
　　　1卷　（清）劉榮　　3-24-213
0874　廣東攷古輯要卷32～34
　　　（清）周廣　　　　2-15-11363
0875　廣東金石略（〔道光〕廣東通志）
　　　17卷　（清）陳昌齊　3-20-393
0876　廣金石韻府 5卷　（清）林尙葵
　　　　　　　　　　　　2-16-12111
0877　廣信金石志（〔同治〕廣信府志）
　　　不分卷　（清）李樹藩　3-12-307
0878　廣倉專錄　不分卷　鄒安　4-10-711
0879　廣德碑記（〔光緒〕廣德州志）
　　　3卷　（清）丁寶書　3-10-499
0880　廣豐碑志（〔同治〕廣豐縣志）
　　　不分卷　（清）顧蘭生　3-12-431
0881　德化金石志（〔同治〕德化縣志）
　　　1卷　（清）黃鳳樓　3-12-539
0882　德安金石附志（〔光緒〕德安府志）
　　　不分卷　（清）劉國光　3-13-354
0883　德清碑刻新志（〔民國〕德清縣新
　　　志）1卷　程森　　　3-8-301
0884　德清碑刻續志（〔嘉慶〕德清縣續
　　　志）不分卷　（清）蔡榜　3-8-315
0885　德慶金石志（〔光緒〕德慶州志）
　　　1卷　（清）朱一新　3-22-147
0886　德興金石志（〔同治〕德興縣志）
　　　不分卷　（清）楊重雅　3-12-595
0887　德縣金石志（〔民國〕德縣志）
　　　不分卷　董瑤林　　　3-26-423

0888　摹廬金石記　不分卷　陳直　2-6-04281
0889　摹廬金石經眼錄1卷　陳直
　　　　　　　　　　　　2-20-14527
0890　撫州金石志（〔光緒〕撫州府志）
　　　不分卷　（清）謝煌　3-12-291
0891　樂山金石志（〔民國〕樂山縣志）
　　　不分卷　黃鎔　　　　3-15-463
0892　樂平金石志（〔同治〕樂平縣志）
　　　不分卷　（清）汪元祥　3-12-587
0893　樂至冢墓志（〔道光〕樂至縣志）
　　　不分卷　（清）劉孟輿　3-16-261
0894　樂至冢墓志（〔光緒〕續增樂至縣
　　　志）不分卷　（清）羅孝敦　3-16-273
0895　樂昌金石志（〔民國〕樂昌縣志）
　　　2卷　陳宗瀛　　　　3-22-241
0896　潛江貞石記8卷　甘鵬雲　3-14-001
0897　潛研堂金石文跋尾20卷　附目錄
　　　8卷　（清）錢大昕　1-25-18729
0898　潞安遺碣志（〔順治〕潞安府志）
　　　1卷　（清）李中白　3-31-041
0899　潞城金石記（〔光緒〕潞城縣志）
　　　1卷　（清）楊篤　　3-31-151
0900　潼川金石志（〔光緒〕新修潼川府
　　　志）1卷　（清）王龍勳　3-16-173
0901　澄城金石志（〔乾隆〕澄城縣志）
　　　1卷　（清）洪亮吉　3-32-001
0902　澄城金石志（〔咸豐〕澄城縣志）
　　　2卷　（清）韓亞熊　3-32-007
0903　畿輔金石志（〔同治〕畿輔通志）
　　　16卷　（清）繆荃孫　2-11-08173
0904　畿輔碑目 2卷　待訪碑目 2卷

	（清）樊彬	2-20-14775
0905	瘞鶴銘考 1 卷 （清）吳東發	3-34-561
0906	瘞鶴銘考 不分卷 汪士鋐	3-34-567
0907	瘞鶴銘辯 不分卷 （清）張弨	
		3-34-549
0908	縣陽金石志（〔民國〕縣陽縣志）	
	1 卷 蒲殿欽	3-15-165
0909	膠州金石志（〔道光〕重修膠州志）	
	1 卷 （清）李圖	3-27-323
0910	膠澳金石志（〔民國〕膠澳志）	
	不分卷 袁榮叟	3-27-351
0911	蓬溪金石志（〔道光〕蓬溪縣志）	
	不分卷 （清）顧士英	3-16-251
0912	蔚州金石志（〔光緒〕蔚州志）	
	2 卷 （清）楊篤	3-32-325
0913	輞川金石志（〔道光〕輞川志）	
	1 卷 （清）胡元煥	3-31-615
0914	鄰蘇老人手書題跋 不分卷	
	楊守敬	4-7-297
0915	鞏縣金石志（〔乾隆〕鞏縣志）	
	1 卷 （清）張紫峴	3-30-001
0916	鞏縣金石志（〔民國〕鞏縣志）	
	3 卷 張仲友	3-30-009
0917	魯學齋金石文跋尾（中和月刊 2—	
	9、1941年）延齡（柯昌泗）	
		3-38-369
0918	黎平金石志（〔光緒〕黎平府志）	
	1 卷 （清）陳瑜	3-23-215

十六畫

寰嶧樺歙歷澠澤激燕
獨甄縉興蕪蕭融衡諸
遵遷遼錢閔隨餘鮑黔
龍

0919	寰宇貞石圖目錄 2 卷 沈勤廬·	
	陳子彝	2-20-14669
0920	寰宇訪碑錄12卷 （清）孫星衍·	
	邢澍	1-26-19849
0921	寰宇訪碑錄刊謬 1 卷 羅振玉	
		1-26-20085
0922	寰宇訪碑錄校勘記11卷	
	劉聲木	1-27-20101
0923	嶧縣碑碣志（〔光緒〕嶧縣志）	
	1 卷 （清）王寶田	3-26-143
0924	樺川金石志（〔民國〕樺川縣志）	
	不分卷 鄭士純	3-32-265
0925	歙縣金石志14卷 附待訪碑目	
	1 卷 葉爲銘	1-16-11629
0926	歷城金石考（〔乾隆〕歷城縣志）	
	3 卷 （清）李文藻	3-25-335
0927	歷城金石續考（〔民國〕續修歷城	
	縣志）2 卷 （清）夏曾德	3-25-383
0928	澠池金石志（〔嘉慶〕澠池縣志）	
	1 卷 （清）甘揚聲	3-29-655
0929	澤州金石錄（〔雍正〕澤州府志）	
	1 卷 （清）朱樟	3-31-191
0930	激素飛清閣平碑記 3 卷 楊守敬	
		4-1-189
0931	燕庭金石叢稿（鈔本）不分卷	
	（清）劉喜海	3-32-469

0932	獨笑齋金石文攷第一集5卷 第二集8卷 （清）鄭業斆 2-16-11677		2卷 （清）李文藻 3-28-043
0933	甎文考略4卷 餘1卷 宋經畬 4-2-769	0948	諸城金石續考（〔道光〕諸城縣續志）不分卷 （清）朱學海 3-28-039
0934	縉雲碑碣志（〔光緒〕縉雲縣志）1卷 （清）何乃容 3-10-347	0949	諸城金石續考（〔光緒〕增修諸城縣續志）不分卷 （清）邱濬恪 3-28-071
0935	興山金石志（〔光緒〕興山縣志）不分卷 （清）黃世崇 3-13-551	0950	諸暨金石志（〔光緒〕諸暨縣志）3卷 （清）諸鴻藻 3-9-091
0936	興化碑目志（〔咸豐〕重修興化縣志）不分卷 （清）梁園棣 3-6-481	0951	遵義金石志（〔道光〕遵義府志）1卷 （清）鄭珍 3-23-187
0937	興平金石志（〔乾隆〕興平縣志）1卷 （清）張塤 3-31-557	0952	遷安金石篇（〔民國〕遷安縣志）不分卷 王維賢 3-23-547
0938	興安金石志（〔同治〕興安縣志）不分卷 （清）趙扶友 3-12-443	0953	遼代金石錄4卷 黃任恆 1-10-07499
0939	蕪湖碑刻志（〔民國〕蕪湖縣志）不分卷 鮑寔 3-10-495	0954	遼居乙稾（節本） 羅振玉 3-38-353
		0955	遼居稾1卷 羅振玉 4-1-257
0940	蕭山金石志稿（〔民國〕蕭山縣志稿）不分卷 楊士龍 3-9-075	0956	遼帝后哀册文錄1卷 附遼相國賈師訓墓誌1卷 羅振玉 3-4-479
0941	融縣金石志（〔民國〕融縣志）不分卷 龍泰任 3-23-035	0957	遼陵石刻集錄6卷（卷二與附錄未收） 奉天圖書館 4-3-615
0942	衡山金石志（〔光緒〕衡山縣志）1卷 （清）文嶽英 3-14-217	0958	遼碑九種 不分卷 附跋尾 孟森 3-4-535
0943	衡陽金石志（〔嘉慶〕衡陽縣志）不分卷 （清）馬倚元 3-14-191	0959	遼慶陵帝后哀册石刻輯錄 不分卷 羅振玉 3-4-497
0944	衡齋金石識小錄 不分卷 黃濬 3-40-487	0960	錢塘金石志（〔康熙〕錢塘縣志）不分卷 （清）裘璉 3-7-219
0945	諸史碑銘錄目 不分卷 （清）陸雅浦 3-37-309	0961	閿鄉金石志（〔民國〕新修閿鄉縣志）1卷 韓嘉會 3-29-679
0946	城王氏金石叢書提要 不分卷 王維樸 3-34-525	0962	隨軒金石文字 不分卷 （清）徐渭仁 2-8-05819
0947	諸城金石考（〔乾隆〕諸城縣志）	0963	餘杭碑碣志（〔嘉慶〕餘杭縣志）1卷 （清）朱文藻 3-7-373

— 271 —

0964 餘姚金石志（〔光緒〕餘姚縣志）
　　　1卷　（清)孫德祖　　3-9-141

0965 鮑臆園丈手札1卷　（清)鮑康
　　　　　　　　　　　　　3-35-371

0966 黔江金石志（〔光緒〕黔江縣志）
　　　不分卷　（清)陳藩垣　3-15-451

0967 龍安金石志（〔道光〕龍安府志）
　　　不分卷　（清)鄧存詠　3-15-149

0968 龍門金石志（〔民國〕龍門縣志）
　　　不分卷　鄔慶時　　　3-21-529

十七畫

徽　濟　濬　獲　績　繁　臨　襄　輿
鍾　隱　隸　霞　韓

0969 徽州碑刻附志（〔道光〕徽州府志）
　　　1卷　（清)夏鑾　　　3-10-539

0970 濟州金石志8卷　（清)徐宗幹
　　　　　　　　　　　　　2-13-09393

0971 濟南金石志4卷　（清)馮雲鵷
　　　　　　　　　　　　　2-13-09771

0972 濟陽金石志（〔民國〕濟陽縣志）
　　　不分卷　王嗣鋆　　　3-25-565

0973 濟寧碑目志（〔民國〕濟寧直隸州
　　　續志）1卷　袁紹昂　　3-26-045

0974 濟寧碑目續志（〔咸豐〕濟寧直隸
　　　州續志）不分卷　（清)盧朝安
　　　　　　　　　　　　　3-26-087

0975 濬縣金石錄2卷　（清)熊象階
　　　　　　　　　　　　　2-14-10247

0976 獲鹿金石志（〔光緒〕獲鹿縣志）
　　　不分卷　（清)曹鑠　　3-24-097

0977 獲嘉金石志（〔民國〕獲嘉縣志）
　　　不分卷　鄭古愚　　　3-28-615

0978 續語堂碑錄 不分卷（清)魏錫曾
　　　　　　　　　　　　　2-1-00059

0979 續語堂題跋1卷　（清)魏錫曾
　　　　　　　　　　　　　3-38-375

0980 繁峙金石志（〔光緒〕繁峙縣志）
　　　1卷　（清)楊篤　　　3-31-293

0981 臨川金石志（〔同治〕臨川縣志）
　　　不分卷　（清)陳慶齡　3-12-297

0982 臨安碑碣志（〔乾隆〕臨安縣志）
　　　不分卷　（清)趙民洽　3-7-385

0983 臨汾金石記（〔民國〕臨汾縣志）
　　　不分卷　張其昌　　　3-31-329

0984 臨沂金石志（〔民國〕臨沂縣志）
　　　不分卷　王景祜　　　3-26-163

0985 臨邑金石志（〔道光〕臨邑縣志）
　　　3卷　（清)沈淮　　　3-26-519

0986 臨武金石志（〔嘉慶〕臨武縣志）
　　　不分卷　（清)鄒景文　3-14-377

0987 臨朐金石續志（〔民國〕臨朐續志）
　　　1卷　劉仞千　　　　3-28-017

0988 臨朐藝文志（〔光緒〕臨朐縣志）
　　　1卷　（清)鄧嘉緝　　3-28-001

0989 臨晉金石記（〔民國〕臨晉縣志）
　　　1卷　趙意空　　　　3-31-383

0990 臨淄金石志（〔民國〕臨淄縣志）
　　　2卷　舒孝先　　　　3-27-529

0991 臨縣古蹟考（〔民國〕臨縣志）
　　　不分卷　吳命新　　　3-31-033

0992 襄垣金石考（〔民國〕襄垣縣志）
　　　不分卷　王維新　　　3-31-145
0993 襄陽金石志（〔光緒〕襄陽府志）
　　　1卷　（清）王萬芳　　3-13-389
0994 襄陽冢墓遺文1卷 附補遺
　　　1卷　羅振玉　　　　1-16-12209
0995 輿地碑記目4卷　（宋）王象之
　　　　　　　　　　　　1-24-18519
0996 鍾祥金石考8卷 附沿革考
　　　1卷　李權　　　　　1-16-12091
0997 隱綠軒題識1卷　（清）陳奕禧
　　　　　　　　　　　　　3-38-669
0998 隸辨8卷　（清）顧藹吉　2-17-12785
0999 隸韻10卷 碑目1卷 隸韻攷證
　　　2卷 碑目攷證1卷
　　　（宋）劉球篡·（清）翁方綱攷證
　　　　　　　　　　　　　2-17-12511
1000 隸釋27卷　（宋）洪适　1-9-06747
1001 隸續21卷　（宋）洪适　1-10-07087
1002 霞浦金石志（〔民國〕霞浦縣志）
　　　不分卷　徐友梧　　　3-17-047
1003 韓忠武王祠墓志正編4卷
　　　（清）顧沅　　　　　　3-4-405
1004 韓城金石志（〔乾隆〕韓城縣志）
　　　不分卷　（清）畢沅　3-32-027
1005 韓城金石續志（〔民國〕韓城縣續
　　　志）不分卷　程仲昭　3-32-037

十八畫

歸 癖 簠 簡 舊 藍 鎮 闕 雙

題 騈 魏

1006 歸安石刻志（〔康熙〕歸安縣志）
　　　不分卷　（清）嚴經世　3-7-501
1007 歸安金石略（〔光緒〕歸安縣志）
　　　4卷　（清）丁寶書　　3-7-505
1008 歸綏金石志（〔民國〕歸綏縣志）
　　　不分卷　鄭植昌　　　3-32-363
1009 歸德金石文字志（〔乾隆〕歸德府
　　　志)不分卷　（清）查岐昌　3-28-235
1010 癖盱堂收藏金石小學書目
　　　不分卷　（清）淩瑕　　3-37-449
1011 簠齋尺牘　不分卷　（清）陳介祺
　　　　　　　　　　　　　4-10-001
1012 簠齋傳古別錄1卷　（清）陳介祺
　　　　　　　　　　　　　3-2-303
1013 簡州碑目志（〔咸豐〕簡州志）
　　　不分卷　（清）陳治安　3-15-049
1014 簡陽金石續編（〔民國〕簡陽縣續
　　　志）不分卷　汪金相　3-15-053
1015 舊館壇碑攷1卷　（清）翁大年
　　　　　　　　　　　　　3-34-617
1016 藍田金石志（〔光緒〕藍田縣志）
　　　1卷　（清）袁廷俊　　3-31-591
1017 鎮江府志金石（〔乾隆？〕鎮江府
　　　志）1卷　（清）高龍光？　2-9-06401
1018 鎮海金石志（〔光緒〕鎮海縣志）
　　　1卷　（清）俞樾　　　3-8-489
1019 闕特勤碑釋跋1卷　（清）丁麐年
　　　　　　　　　　　　　2-20-14487
1020 雙城碑銘志（〔民國〕雙城縣志）
　　　不分卷　張鼐銘　　　3-32-249

1021 雙流金石志（〔光緒〕雙流縣志）
不分卷 （清）吳特仁 3-15-091

1022 雙鉤華山廟碑1卷 （清）丁彥臣
2-8-06059

1023 題嵩洛訪碑圖1卷 （清）翁方綱
3-29-589

1024 駢隸1卷 （清）俞樾 4-9-755

1025 魏三體石經遺字考1卷
（清）孫星衍 3-35-209

1026 魏正始石經殘石考1卷 附錄隸
釋所錄魏石經碑圖1卷
王國維 4-6-505

1027 魏晉石存目1卷 （清）尹彭壽
3-37-531

十九畫

盧 懷 曝 瀘 瓊 籀 羅 藝 關
隴

1028 廬州金石志（〔光緒〕續修廬州府
志）1卷 （清）林之望 3-10-473

1029 懷岷精舍金石跋尾1卷
（清）李宗蓮 2-19-14199

1030 懷慶金石志（〔乾隆〕新修懷慶府
志）2卷 （清）洪亮吉 3-28-625

1031 曝書亭金石文字跋尾6卷
（清）朱彝尊 1-25-18663

1032 瀘縣金石志（〔民國〕瀘縣志）
不分卷 汪祿昌 3-15-597

1033 瓊山金石志（〔咸豐〕瓊山縣志）
1卷 （清）鄭文彩 3-22-409

1034 瓊山金石志（〔民國〕瓊山縣志）
5卷 李熙 3-22-419

1035 瓊州金石志（〔道光〕瓊州府志）
1卷 （清）張嶽崧 3-22-389

1036 籀史1卷 （宋）翟耆年 3-40-707

1037 羅江金石志（〔同治〕續修羅江縣
志）不分卷 馬傳業 3-15-207

1038 羅江金石志（〔嘉慶〕羅江縣志）
不分卷 李桂林 3-15-211

1039 羅定金石志（〔民國〕羅定志）
不分卷 馬呈圖 3-22-187

1040 藝風堂金石文字目18卷
（清）繆荃孫 1-26-19519

1041 關中石刻文字新編4卷
（清）毛鳳枝 1-22-16847

1042 關中金石文字存逸考12卷 附石
刻書法源流考1卷
（清）毛鳳枝 2-14-10349

1043 關中金石記8卷 （清）畢沅
2-14-10661

1044 隴右金石錄10卷 附校補1卷
張維 1-21-15923

二十畫

嚴 夔 寶 獻 耀 蘄 蘇 醴

1045 嚴州金石錄2卷 （清）鄒柏森
2-10-07449

1046 夔州金石志（〔道光〕夔州府志）
1卷 （清）劉德銓 3-15-391

1047 寶山金石志（〔光緒〕寶山縣志）

　　　　不分卷　（清）朱延射　　3-5-345

1048　寶山金石續志（〔民國〕寶山縣續
　　　　志）不分卷　黃世祚　　3-5-349

1049　寶刻叢編20卷　（宋）陳思　1-24-18073

1050　寶刻類編8卷　（宋）闕名　1-24-18401

1051　寶素室金石書畫編年錄2冊
　　　　（清）釋達受　　　　　　4-10-357

1052　寶慶藝文略（〔道光〕寶慶府志）
　　　　2卷　（清）鄧顯鶴　　　3-14-145

1053　寶鴨齋題跋3卷　（清）徐樹鈞
　　　　　　　　　　　　　　　2-19-14333

1054　寶應金石志（〔道光〕重修寶應縣
　　　　志）不分卷　（清）孟毓蘭　3-6-535

1055　寶應金石志（〔民國〕寶應縣志）
　　　　不分卷　馮煦　　　　　　3-6-541

1056　寶豐金石志（〔嘉慶〕寶豐縣志）
　　　　6卷　（清）武億　　　　3-30-123

1057　寶雞金石志（〔民國〕寶雞縣志）
　　　　1卷　强振志　　　　　　3-32-047

1058　寶鐵齋金石文跋尾3卷　（清）韓崇
　　　　　　　　　　　　　　　2-20-14397

1059　獻縣金石志（〔民國〕獻縣志）
　　　　1卷　（清）張鼎彝　　　3-23-459

1060　耀州金石志（〔嘉靖〕耀州志）
　　　　不分卷　（明）喬世寧　　3-31-683

1061　蘄州金石志（〔光緒〕蘄州志）
　　　　不分卷　（清）陳廷揚　　3-13-363

1062　蘇州金石志（〔道光〕蘇州府志）
　　　　2卷　（清）石韞玉　　　3-5-489

1063　蘇州金石志（〔同治〕蘇州府志）
　　　　3卷　（清）馮桂芬　　　3-5-523

1064　蘇齋唐碑選1卷　（清）翁方綱
　　　　　　　　　　　　　　　　3-2-539

1065　蘇齋題跋2卷（清）翁方綱　3-38-603

1066　醴泉金石志（〔乾隆〕醴泉縣志）
　　　　1卷　（清）孫星衍　　　3-31-645

二十一畫

灌　續　蘭　鐵　饒

1067　灌縣金石志（〔光緒〕增修灌縣志）
　　　　不分卷　（清）鄭珶山　　3-15-105

1068　續古文苑20卷　（清）孫星衍　4-2-001

1069　續補寰宇訪碑錄25卷　劉聲木
　　　　　　　　　　　　　　　1-27-20301

1070　蘭谿金石附志（〔光緒〕蘭谿縣志）
　　　　不分卷　（清）唐壬森　　3-10-445

1071　鐵函齋書跋4卷　（清）楊賓
　　　　　　　　　　　　　　　2-18-13627

1072　鐵華盦金石錄補　不分卷
　　　　（清）吳大澂　　　　　　2-18-13251

1073　鐵橋金石跋4卷　（清）嚴可均
　　　　　　　　　　　　　　　1-25-19303

1074　饒州金石志（〔同治〕饒州府志）
　　　　1卷　（清）石景芬　　　3-12-563

二十二畫

讀

1075　讀石墨餘馨後記（中和月刊3—
　　　　1、1942年）不分卷　朱鼎榮

1076 讀金石萃編條記 不分卷
　　（清）沈欽韓　　　3-40-573

1077 讀碑小識（中和月刊4—4、1943
　　年）不分卷　茫子　　3-40-477

1078 讀漢碑1卷　（清）俞樾　3-2-587

1079 讀熹平石經殘碑記 不分卷
　　趙鐵寒　　　　　　3-35-165

1080 讀隸輯詞1卷　（清）俞樾　4-9-767

二十三畫

欒

1081 欒城金石志（〔道光〕欒城縣志）
　　不分卷　（清）高繼珩　3-24-101

1082 欒城碑碣志（〔同治〕欒城縣志）
　　1卷　（清）張惇德　　3-24-105

二十四畫

衢　贛　鹽

1083 衢縣碑碣志（〔民國〕衢縣志）
　　4卷　鄭永禧　　　　3-10-001

1084 贛石錄3卷　邵啓賢　　3-12-219

1085 贛榆金石志（〔光緒〕贛榆縣志）
　　不分卷　張謇　　　　3-7-043

1086 贛縣金石志（〔同治〕贛縣志）
　　不分卷　（清）褚景昕　3-12-509

1087 鹽山金石志（〔同治〕鹽山縣志）
　　1卷　（清）潘震乙　　3-23-323

1088 鹽山金石新篇（〔民國〕鹽山新志）
　　2卷　孫毓琇　　　　3-23-359

二十五畫

觀

1089 觀堂古金文考釋　王國維　4-6-529

二十九畫

鬱

1090 鬱林金石志（〔光緒〕鬱林州志）
　　不分卷　（清）文德馨　3-23-021

著者索引

二畫

丁

丁佛言	0845
丁彥臣（清）	1022
丁紹基（清）	0242
丁敬（清）	0327
丁麐年（清）	1019

三畫

于

于奕正（明）	0073

四畫

孔 尹 方 毛 牛 王

孔祥霖	0182
尹彭壽（清）	0032, 1027
方若	0501, 0861
方朔（清）	0321
方履籛（清）	0376
毛鳳枝（清）	0095, 0379, 1041, 1042
牛運震（清）	0381, 0383, 0384
牛誠修	0282
王文燾	0686
王世貞（明）	0448
王行（明）	0779
王佐（明）	0713
王壯弘	0861
王宏（清）	0535
王芑孫（清）	0749
王言（清）	0378
王念孫（清）	0814
王俅（宋）	0858
王昶（清）	0373, 0374
王軒（清）	0035
王國維	0103, 0228, 0263, 1026, 1089
王朝榘（清）	0484
王森文（清）	0143
王象之（宋）	0758, 0995
王頌蔚	0867
王維樸	0946
王澍（清）	0205, 0662
王樹枏	0731

王應遴（明）	0866
王鯤（清）	0761
王懿榮（清）	0075, 0799, 0825

五　畫

甘　田　由　皮

甘鵬雲	0567, 0896
田士懿	0382
由雲龍	0279
皮錫瑞（清）	0807

六　畫

朱　江　牟

朱士端（清）	0286, 0287
朱百度（清）	0808
朱長文（宋）	0863
朱珪（明）	0172
朱晨（明）	0088
朱雲（明）	0394
朱楓（清）	0538, 0769
朱鼎榮	1075
朱緒曾（清）	0678
朱彝尊（清）	1031
江藩（清）	0086
牟房	0212

七　畫

何　兌　吳　吾　呂　宋　延　李　杜
汪　沈　邢　阮

何士驥	0421
何紹基（清）	0313
何焯（清）	0753
兌	0323
吳士鑑	0003
吳大澂（清）	0220, 0844, 1072
吳玉搢（清）	0360
吳式芬（清）	0380
吳東發（清）	0562, 0905
吳雲（清）	0804
吳新榮	0828
吳鼎昌	0839
吳榮光（清）	0254, 0751
吳鎬（清）	0815
吳騫（清）	0563, 0684, 0757
吳蘭修（清）	0434
吾衍（元）	0270
呂世宣（清）	0714
宋振譽（清）	0402
宋經畬	0933
宋澤元（清）	0662
延齡	0917
李文田（清）	0272
李光暎（清）	0356

李佐賢（清）	0144
李宗蓮（清）	1029
李芳廉	0566
李根源	0335
李富孫（清）	0816
李遇孫（清）	0389, 0393, 0449
李嘉績（清）	0461
李調元（清）	0759
李權	0996
杜春生（清）	0674
汪士鋐	0906
汪森（清）	0650
汪鋆（清）	0011, 0663
沈欽韓（清）	1076
沈勤廬	0919
沈樹鏞（清）	0802
沈濤（清）	0570
邢澍（清）	0354, 0920
阮元（清）	0031, 0265
阮福（清）	0740

八　畫

來　周　奉　孟　林　武　況　法　邵

來濬（明）	0371
周中孚（清）	0002
周弘祖（明）	0087
周在浚（清）	0074

周伯義（清）	0257
周廣（清）	0874
周錫珪（明）	0489
周懋琦（清）	0541
奉天圖書館	0957
孟森	0958
孟慶雲（清）	0467
林佶（清）	0798
林侗（清）	0262, 0485
林尙葵（清）	0876
林鈞	0155
林義光	0082
林萬里	0134
武億（清）	0177, 0350, 0560, 0561
武樹善	0548
況周頤（清）	0755
法偉堂（清）	0034
邵啓賢	1084

九　畫

俞　姚　姜　柯　段　洪　胡　范

俞陛雲	0152, 0153
俞樾（清）	1024, 1078, 1080
姚晏（清）	0043
姚覲元（清）	0365, 0581
姜宸英（清）	0641
柯昌泗	0253, 0917

段松苓（清）	0035, 0534		翁方綱（清）	0148, 0267, 0653, 0999,
洪适（宋）	1000, 1001			1023, 1064, 1065
洪頤煊（清）	0113		茫子	1077
胡聘之（清）	0027		袁嘉穀	0803
胡韞玉	0527		迺賢（元）→ 納新（元）	
范大徹（明）	0747		馬邦玉（清）	0809
范壽銘（清）	0628, 0629		馬衡	0388
范騰端	0564		高田忠周（日本）	0101

十 畫

倪 夏 孫 容 徐 納 翁 范 袁
迺 馬 高

倪濤（清）	0067, 0326
夏寶晉（清）	0028
孫三錫（清）	0454
孫承澤（清）	0294
孫星衍（清）	0259, 0507, 0920, 1025, 1068
孫詒讓（清）	0100, 0102, 0171
孫馮翼（清）	0199
容庚	0772
徐乃昌	0179
徐宗幹（清）	0970
徐渭仁（清）	0962
徐樹鈞（清）	1053
納新（元）	0336
翁大年（清）	0613, 1015

十一畫

國 崇 崔 常 張 曹 梁 凌 畢
章 莊 莫 郭 陳 陶 陸

國立北平研究院史學研究會	
	0085
國立成大歷史系	0829
崇恩（清）	0476
崔應階（清）	0309
常茂徠（清）	0458
張仲炘（清）	0636
張希魯	0739
張廷濟（清）	0598, 0599, 0600
張弨（清）	0907
張掄（清）	0603
張開福（清）	0040
張塤（清）	0574
張維	1044
張鳳藻（清）	0862

張德容（清）	0005		陳思（宋）	1049
張燕昌（清）	0363		陳經（清）	0220
張寶德（清）	0805		陳棨仁（清）	0852
張鑑（清）	0864		陳暐（明）	0217
曹溶（清）	0166		陳經（清）	0240
梁玉繩（清）	0840		陳詩（清）	0637
梁廷枏（清）	0385		陳運溶（清）	0640
梁啓超	0748		陳漢章	0692
梁章鉅（清）	0546，0547		陳鑑（明）	0750
梁鬻鴻（清）	0309		陶宗儀（元）	0091
淩瑕（清）	1010		陶滋（明）	0819
畢弘述（清）	0064		陸心源（清）	0223
畢沅（清）	0031，0046，0537，1043		陸和九	0049
畢星海（清）	0065		陸雅浦（清）	0945
章學誠（清）	0123		陸銓	0520
章樵（清）	0089		陸增祥（清）	0007，0008，0009，0010
莊述祖（清）	0843		陸耀遹（清）	0395
莫友芝（清）	0372，0387			
莫繩孫（清）	0353			

十二畫

傅　強　彭　斌　曾　盛　程　都　閔
馮　黃

郭宗昌	0359		傅以禮（清）	0184
郭尙先（清）	0343		強運開	0842
郭麐（清）	0362		彭泰來（清）	0553
陳子彝	0919		斌良（清）	0295
陳介祺（清）	0608，0706，1011，1012		曾宏父（宋）	0138
陳邦福	0856		曾鞏（宋）	0062
陳其榮（清）	0598			
陳直	0888，0889			
陳奕禧（清）	0997			

盛昱（清）	0616	楊紹廉	0355
盛時泰（明）	0126, 0836	楊慎（明）	0150, 0358
程祖慶（清）	0219	楊殿珣	0139
程敦（清）	0536	楊賓（清）	1071
都穆（明）	0215, 0401	楊翰（清）	0651
閔齋伋（清）	0064	楊龍石（清）	0797
馮登府（清）	0149, 0386, 0851	楊鐸（清）	0044, 0268
馮雲鵷（清）	0971	萬經（清）	0069, 0818
黃丕烈（清）	0244	葉志詵（清）	0004, 0109
黃本驥（清）	0061, 0094, 0377, 0685	葉昌熾（清）	0255, 0841
黃立猷	0137	葉奕苞（清）	0351, 0392
黃任恆	0953	葉封（清）	0711
黃伯思（宋）	0317	葉爲銘	0925
黃叔璥（清）	0045	葉盛（明）	0656
黃宗羲（清）	0366	董逌（宋）	0868
黃易（清）	0026, 0292, 0710	鄒存淦（清）	0522
黃瑞（清）	0106	鄒安	0090, 0543, 0878
黃樹穀（清）	0238	鄒柏森（清）	0450, 1045
黃錫蕃（清）	0269	鄒漢勛（清）	0466
黃濬	0944		
黃耀東	0302		

十三畫

楊　萬　葉　董　鄒

楊世沅（清）	0104
楊守敬（清）	0071, 0550, 0579, 0636, 0914, 0930

十四畫

熊　福　端　翟　臺　褚　趙

熊象階（清）	0975
福建通志局	0824
端方（清）	0611, 0612, 0614, 0615
翟耆年（宋）	1036
臺南市政府	0829

臺灣銀行經濟研究室		歐陽修（宋）	0693
	0832, 0833	歐陽棐（宋）	0691
褚峻（清）	0381, 0383	歐陽輔	0688, 0689, 0690
趙之謙（清）	0664	潘昂霄（元）	0361
趙均（明）	0625, 0626	潘鳴鳳	0569
趙希璜（清）	0177, 0584	蔡美彪	0060
趙明誠（宋）	0391	蔣衡（清）	0296
趙崡（明）	0154	鄧嘉緝（清）	0015
趙紹祖（清）	0098, 0178, 0357, 0525	鄭業斆（清）	0932
趙萬里	0817	鄭樵（宋）	0370
趙魏（清）	0204	魯燮光（清）	0030
趙鐵寒	1079		

十六畫

諸　錢　鮑

十五畫

劉　樊　歐　潘　蔡　蔣　鄧　鄭　魯

		諸可寶（清）	0063
劉世珩（清）	0384	錢大昕（清）	0470, 0897
劉承幹	0231, 0243, 0519	錢泳（清）	0295, 0806
劉枝萬	0830	錢保塘（清）	0581, 0582
劉青藜（清）	0396	鮑昌熙（清）	0368
劉厚滋	0421	鮑振方（清）	0367
劉球（宋）	0999	鮑康（清）	0965
劉喜海（清）	0364, 0517, 0518, 0835, 0931	鮑鼎	0185
劉聲木	0161, 0666, 0922, 1069		

十七畫

繆　謝　韓

劉瀚（清）	0540, 0541
劉寶楠（清）	0800
樊彬（清）	0904	繆荃孫（清）	0188, 0691, 0903, 1040

謝佩禾（清）	0348
謝啓昆（清）	0652
韓崇（清）	1058

十八畫

戴 瞿 豐 魏

戴咸弼（清）	0316
瞿中溶（清）	0093, 0801
瞿宣穎	0323
豐道生（明）	0390
魏錫曾（清）	0978, 0979

十九畫

羅 譚

羅士琳	0271
羅振玉	0013, 0029, 0033, 0047, 0066, 0099, 0136, 0208, 0218, 0247, 0248, 0249, 0250, 0252, 0260, 0266, 0315, 0320, 0369, 0374, 0375, 0455, 0459, 0472, 0473, 0481, 0483, 0486, 0487, 0514, 0515, 0551, 0585, 0617, 0618, 0665, 0733, 0746, 0812, 0813, 0837, 0838, 0859, 0865, 0921, 0954, 0955, 0956, 0959, 0994
羅振常	0464
羅振鋆	0746, 0859
羅福頤	0794, 0795
譚獻（清）	0417

二十畫

嚴 覺 釋

嚴可均（清）	0112, 1073
嚴蔚（清）	0151
嚴觀（清）	0200
覺羅崇恩（清）	→ 崇恩（清）
釋達受（清）	1051

二十一畫

顧

顧廷龍	0092
顧沅（清）	0018, 0229, 1003
顧炎武（清）	0147, 0241, 0352
顧起元（明）	0399
顧燮光（清）	0096, 0097, 0264, 0337, 0338, 0339, 0544, 0782, 0811
顧藹吉（清）	0998

編者略歴
高橋　繼男（たかはし　つぐお）
　1945年　秋田縣横手市に生まれる。
　1974年　東北大學大學院文學研究科博士課程單位取得滿期退學。
　現　在　東洋大學文學部史學科教授
　著書・論文　『中國史籍解題辭典』（共著）、「唐代後期の解府君墓誌と殷府君墓誌」、「洛陽出土唐代墓誌四方の紹介と若干の考察」「最古の「日本」――「杜嗣先墓誌」の紹介」「中國五代十國時期墓誌・墓碑綜合目録稿」など。

中國石刻關係圖書目録(1949-2007)

2009年2月27日　發行

編　者　高　橋　繼　男
發行者　石　坂　叡　志
製版印刷　富士リプロ㈱
發行所　汲　古　書　院
〒102-0072 東京都千代田區飯田橋2-5-4
電話03（3265）9764　FAX03（3222）1845

ISBN978-4-7629-1219-1　C3000
Tsuguo TAKAHASHI　ⓒ2009
KYUKO-SHOIN, Co., Ltd. Tokyo.